李守孔著

中國近百餘年大事述評

——中國近代現代史論文集

（一冊）

臺灣學生書局印行

李 守 孔 教 授 近 影

（時年七十二歲・1993年8月）

李教授與夫人張潤民女士伉儷。（1991年夏）

李教授在臺灣南投縣日月潭，主持中國現代史教學研討會開幕式，左側坐者爲國史館館長黃季陸，站立致詞者爲教育部次長林清江，右側第二人爲中國國民黨文化工作會副主任蔣廉儒。（1976年元月）

李教授（右起第二人）參觀南投縣草屯鎮中國國民黨黨史委員會資料庫。（1976年元月）

李教授在臺北市國父紀念館，中華民國史料研究中心所主辦之「中國現代史專題研究報告」座談會上，作學術演講，左側爲冷欣將軍，右側爲國史館館長黃季陸。（1978年3月）

李教授以中國歷史學會總幹事身分主持第十三屆會員大會。（1978年5月攝於中央研究院美國文化研究所）

李教授在國立臺灣大學歷史學系畢業生謝師宴上，受到同學之熱烈歡迎與部分同學合影留念。（1985年5月）

李教授主持香港珠海書院主辦之《中國近六十年來之憂患與建設》國際學術會議。（1986年11月）

李教授參加中央研究院主辦第二屆國際漢學會議，宣讀學術論文，
其傍爲日人伊原澤周。（1986年12月）

李教授在臺灣中華電視臺演講廳演講，聽衆踴躍。（1987年10月）

李教授便服在書齋從事寫作。（1987年8月）

李教授參觀廣州黃埔軍官學校舊址。（1992年5月）

李教授參觀廣州黃花岡七十二烈士墓園，在鄒魯所撰之紀念碑文前留影，左爲程光裕教授，右爲宋晞教授。（1992年6月）

李教授伉儷與其子女攝於七旬壽辰。（1993年8月）

李教授伉儷與次女文捷及兩外孫女攝於臺北寓所庭園。(1994年7月)

李教授伉儷攝於美國休士頓長子文宣寓所。（1996年4月）

自序

余一向留意史地之學，以百餘年來中國內憂外患，天災人禍，迄無寧歲，故對中國近代現代史尤為關切。大學時代，正值對日全面抗戰，學校屢經播遷，既乏名師啓迪，又缺資料圖書，迷途摸索，不得要津。

一九四八年春，余因機緣應聘國立臺灣大學歷史學系助教。次年冬，傅斯年先生接長臺大，名流學者延攬日多，歷史學系教授尤極一時之盛，在史學領域中各有不同之造詣。後生末學輩份既相懸殊，所知無異天壤。加以諸大師各立門户，相互攻訐，承顏覩色，週旋其間，淒風苦雨，境遇坎壈。

其時公教人員待遇微薄，生活拮据，時有捉襟見肘之憂。內子張潤民女士，早年畢業於臺灣大學中國文學系，曾任教臺北建國中學，工丹青，載譽藝林，與余結褵以來，能謀善斷，患難相扶。培育子女成人自立，料理家務井然有序，使余無後顧之慮，得能憑藉毅力，不假師承，自闢蹊徑，逐漸由助教洊升至名譽教授。教學相長，樂此不疲。研究時限，自晚清至現代；撰寫範圍，從人物到專題。

一九八九年秋，余因半生辛勞，心力耗竭，喪失造血功能，兩年之內六次住院，纏綿病榻，端賴輸血維持體力。中西醫束手，乃提前辦理退休，賴內子細心護理，得以出現奇蹟，恢復健康。近年依親美國休士頓，日以誦讀詩文，摹臨碑帖，澆花剪草，優游歲月。

邇來經常有友人建議，以余年事漸高，學術專書雖均出版，研究論文散見於期刊學報，如不合訂成册，日久難免湮没。乃商請臺灣學生書局代爲印行問世。除手邊現存之抽印本外，先後至中央圖書館、臺大圖書館期刊室覓尋舊作，加以複印。共選得論文六十篇，約兩百萬言，依記事時間先後加以編排，分訂五册，作爲中國近代現代史之部分重點記錄，定名「中國近百餘年大事述評」。以敘事互有因果，各論文內容重覆在所難免。至文中牽涉到現實政治，是非本無定，興衰自有因，乃就余所處之時地環境，依據資料所作之述評，非敢濫竽於史學界，僅供世人對百餘年來中國之際遇有一概略之認識。

李守孔謹識

一九九五年八月四日於美國休士頓

中國近百餘年大事述評
——中國近代現代史論文集——

目錄

一冊

冊二

冊　三

冊四

冊　五

一　近代中國之大變局

一

民國五十四年十一月十二日，恭逢　孫中山先生百年誕辰，海內外各地均有熱烈之慶祝。按　孫先生誕生於清同治五年（一八六六），上距道光二十年（一八四〇）之鴉片戰爭二十六年，咸豐十年（一八六〇）之英法聯軍六年；下距光緒十年（一八八四）之中法戰爭十八年，光緒二十年（一八九四）之中日戰爭二十八年。此一時期爲近代中國之非常階段，外患之交侵，太平軍及捻回諸役，促成中國之蛻變，朝野之間對於國是，發生不同之主張。

最初士大夫適應國際情勢，提倡「師夷之長技以制夷」，欲以外交治標，船砲治本，推行所謂「洋務運動」。稍後部分人士則認爲國家立國之本在於政教，學習西洋各國應自典章制度著手。是均對客觀環境缺乏瞭解者也。蓋「船堅砲利」政策誠非救國之最佳途徑，而愚昧顢頇之滿清政府亦斷不肯接受西洋文化，從事澈底之改革。惟　孫先生洞悉全局，領導國民革命，以推翻專制爲己任，以實行共和政治爲理想，再接再厲，卒收建立民國之大功。

二

中國洋務運動之鼓吹，以魏源開其端。魏氏字默深，湖南邵陽人，生平留心時務，講求經世之學。鴉片戰爭期間，曾任兩江總督裕謙幕僚，目睹喪師失地之恥，依據林則徐所譯「四洲志」及歷代史志輿地書籍，參以外國記錄，鈎稽貫串，纂成「海國圖志」一書，初刊於道光二十二年（一八四二），共六十卷。至咸豐二年（一八五二），續增四十卷。其自敘曰：

是書何以作？曰：「爲以夷攻夷而作，爲以夷款夷而作，爲師夷之長技以制夷而作。……同一禦敵，而知其形與不知其形利害相百焉。同一款敵，而知其情與不知其情利害相百焉。……然則執此書即可馭外夷乎？曰唯唯否否，此兵機也，非兵本也，有形之兵也，非無形之兵也。明臣有言，欲平海上之倭寇，先平人心之積患。人心之積患如之何？……憤與憂，天道所以傾否而之泰也，人心所以違寐而之覺也，人才所以革虛而之實也。……去僞、去飾、去畏難、去養癰、去營窟，則人心之寐患祛其一；以實事程實功，以實功程實事，艾三年而蓄之，網臨淵而結之，毋憑河，毋畫餅，則人材之虛患祛其二。寐患去而天日昌，虛患去而風雷行。傳曰：「孰荒於門，孰治於田，四海既均，越裳是臣。」

其主張不僅要學習西洋之物質文明，更要從國民心理方面作文化之根本改革；惟當時並不足以引起朝野之重視。迨咸豐八年（一八五八）五月，英法聯軍陷大沽口，脅清廷簽訂天津條約，京師震動，內外大臣始有改弦更張之議。兵部侍郎王茂蔭乃請重刊「海國圖志」，奏曰：

> 自夷務興，論者皆謂無法，遂穩忍而專於主撫，今撫雖已就，而難實未已，則所謂無法者，不可不亟求其法矣！海國圖志一書，於海外諸國疆域、形勢、風土、人情，詳悉備載，而於英吉利爲尤詳。且慨前此辦理之未得法，爲後此設種種法，於守之法，戰之法、款之法，無不特詳。戰法雖較需時，守法頗爲易辦，果能如法守各口，英夷似不敢近。

咸豐十年（一八六〇），北京條約締結後，身負外交重任之恭親王奕訢、大學士文祥等，於創痛之餘，多有深省之處。同年十一月，奕訢奏曰：「自換約以後，該夷退回天津，紛紛南駛，而所請尚執條約爲據，是該夷並不利我土地人民，猶可以信義籠絡，馴服其性，自圖振興，似與前代之事稍異。」乃思以和平方法納中西關係於正規。一時疆吏若曾國藩、左宗棠、李鴻章等，因與太平軍作戰，接觸較廣，鑒於西人之武器精良，亦開始注意西洋之機械。

曾國藩爲中國舊社會下之特出人物，其識見與魄力，迥非常人所能及。咸豐十一年（一八五一）七月，國藩奏曰：「輪船之速，洋砲之遠，在英法則誇其所獨有，在中華則震於所罕見，若能陸續購買，據爲己物，在中華則見慣而不驚，在英法亦漸失其所恃。」及在安慶自造輪船失敗，乃有同治二年（一八六三）派遣容閎赴美購買造船器物之舉。容氏曾記當時國藩之幕府曰：

懷才之士子，凡法律、算學、天文、機器等等專門家，無不畢集，幾於舉全國人才之精華，匯集於此，是皆曾文正一人之聲望道德及其所成就之功業，足以吸引之羅致之也。文正對於博學多才之士，尤加敬禮，樂與交遊。

國藩歿後，李鴻章繼承其遺志，其思想節操遠遜於國藩。鴻章於同治三年（一八六四）致書總理衙門大臣恭親王奕訢曰：

鴻章竊以爲天下事，窮則變，變則通。中國士大夫沉浸於章句小楷之積習，武夫悍卒又多粗蠢而不加細心，以致用非所學，學非所用，無事則斥外國之利器爲奇技淫巧，以爲不必學；有事則驚外國之利器爲變怪神奇，以爲不能學。不知洋人視火器爲身心性命之學者已數百年，一旦豁然貫通，參陰陽而配造化，實有指揮如意，從心所欲之快。……

前者英法各國，以日本爲外府，肆意誅求。日本君臣發憤爲雄，選宗室及大臣子弟之聰秀者，往西國製造廠師習各藝，又購製器之器，在本國製習。現在已能駕駛輪船，造放炸砲。去年英人虛聲恫喝，以兵臨之；然英人所恃而爲攻戰之利者，彼已分擅其長，用是凝然不動，而英人固無如之何也。……
鴻章以爲中國欲自強則莫如學習外國利器，欲學習外國利器，則莫如覓製器之器。師其法，而不必盡用其人。欲覓製器之器，與製造之人，則或專設一科取士，士終身懸以爲富貴功名之鵠，則業可成，藝可精，而才亦可集。

同治十二年（一八七三）台灣事件發生，明年鴻章奉命籌議海防，奏曰：「輪船電報之速，瞬息千里，軍器機事之精工力百倍。砲彈所到，無堅不摧，水陸關隘不足限制，又爲數千年來未有之強敵。外患之乘幻變如此，而猶欲以成法制之，譬如醫者療疾，不問何症？概投以古方，誠未見其效也。」仍以軍事爲著眼點。

奕訢、文祥、曾國藩、李鴻章、左宗棠等，均出身於中國舊社會，無閱讀外文書籍能力。除李鴻章遲至甲午戰後曾赴日訂約，並一度訪問歐美外，均未曾一離國土，因之忽視西洋之政教，認爲「中國文物制度事事遠出西人之上，獨火器萬不能及。」是乃清季三十餘年洋務運動致力之目標。況其既無通盤之計劃，復受制於皇室及頑固諸臣，故無顯著之成效。

三

國人對西洋政教最先有認識者，首推梁廷枏。梁氏廣東順德人，爲粵東名流，究心域外之事，鴉片戰爭期間任職廣州越華書院監院，林則徐聞其名，咨以戰守之策，廷枏悉心相助，言無不盡。所著「合衆國說」，盛道美國之政治曰：「余觀於美利堅之合衆爲國，行之久而不變，然後知古者可畏，非民之未爲虛語也。彼自立國以來，凡一國之賞罰禁令咸於民定其議，而後擇人以守之，未有統領先有國法，法也者民心之公也。」對西方民主政治頗至傾慕之意。

咸豐十一年（一八六一），馮桂芬著「校邠廬抗議」一書問世。桂芬江蘇吳縣人，爲林則徐門生，通西算之學，道光二十年（一八四〇）進士，官詹事府右春坊右中允，因英法聯軍之禍避居上海，感觸時事，復受外國傳教士影響，撰成是書。其立說本旨，一方面憧憬中國上古政治之懿美，主損益其宜於今者竭力恢復；一方面熟察西方諸國之所以强，及我國之所以弱，力求接受西方文化。其「采西學議」曰：「伊古儒者，未有不博古而兼通今，綜上下縱橫以爲學者也。顧今之天下，非三代天下之比矣。……太史公論治曰法後王，爲其近己而俗變相類，議卑而易行也。愚以爲在今日又宜曰鑒諸國，諸國同時並域，獨能自致富强，豈非相類而易行之尤大彰明較著者。」其「抗議製洋器議」，指出中國之所以弱計有數端：「人無棄才不如夷，地無遺利不如夷，君氏不隔不如夷，名實必符不如夷，四者道在反求。」他若主張徵選人才，廣開言路，改良教育，變革科舉，廢除八股文，加强地方政治組織，獎勵製造，興水利，墾荒地，植茶桑，改善耕具，皆爲切時之務。曾國藩讀其書，贊爲名儒之論，而病之難行。桂芬亦以其論事激切，恐觸時忌，不肯輕於示人。桂芬死後，其子刊刻遺稿，存者僅二十餘篇，所視爲激切者，一概刪去。

同治五年（一八六六）正月，前山西襄陵知縣斌椿，奉總理衙門命，隨總稅務司英人赫德(Hart, Sir Robert）出洋遍遊各國，其所著「乘槎筆記」，對英國議國政治頗感興趣。謂英人「每議公事，議見不合，聽其辯論，必俟衆論僉同，然後施行，若君若相，不能强也。」又曰：「倫敦屋宇器具，製造精巧，甚於中國，至一切政事，好處頗多。」此僅係對西方國家之部分認識，於整個全局尚缺乏進一步之瞭解。

光緒二年（一八七六），清廷派郭嵩燾首任駐英大臣，亦爲我國初次之駐外使節。嵩燾湖南湘陰人，道光二十七年（一八四七）進士，英法聯軍期間曾佐僧格林沁天津軍事，同治初年署理廣東巡撫，光緒元年（一八七五）以兵部侍郎銜，在總理衙門行走。及奉使歐洲，致力於西洋政治經濟社會之研究，嘗函李鴻章，謂西洋各國富强之根本「由於政教修明，風俗純厚，百姓家給人足。」認爲中國除需要西洋船砲外，尚應學習其文物制度。舉出日本留英學生二百餘人，多研究法律經濟，學兵者絶少。「蓋兵者末也，各種創制，皆立國之本也。」而鴻章覆書竟曰：「兵乃立國之要端，欲捨此別圖其大者遠者，亦斷不得一行志。」世人則譏嵩燾「中洋毒已深」，「有二心於英國，欲中國臣事之。」光緒五年（一八七九），嵩燾與副使劉錫鴻水火，奉召返國，因不容於清議，晚年廢退家居，以著述自遣，其「養知書屋文集」，至今閱讀仍不失爲有價值之著作。

繼郭嵩燾出使英法者爲曾紀澤，再繼者爲薛福成，才識均不下於嵩燾，對西方文化咸有深刻之認識。曾氏在倫敦所致丁日昌函曰：「紀澤自履歐洲，目睹遠人政教之有緒，富强之有本，豔羡之極，憤懣隨之。然引商刻羽，雜以流徵，屬而和者幾人？祇得向深山窮谷中一唱三嘆焉耳！」薛福成於其「出使英法義比四國日記」中記曰：「昔郭筠仙侍郎每嘆西洋國政民風之美，至爲清議所觝排，余亦稍訝其言過當。……此次東來歐洲，由巴黎至倫敦，始信侍郎之說，當於議院、學堂、監獄、醫院、街道徵之。」是均經驗之談也。

光緒初年，馬建忠奉派遊學法國，習政治法律之學，其於光緒三年（一八七七）「上李伯相（鴻章）言出洋工課書」曰：

竊念此次來歐，一載有餘，初到之時，以為歐洲各國，富强專在製造之精，兵紀之嚴及披其律例，考其文事，而知講富者以護商為本，求强者以得民心為要。護商會而賦稅可加，則蓋藏自足；得民心則忠愛倍切，而敵愾可期。他如學校建而智士日多，議院立而下情可達，其製造軍旅水師諸大端，皆其末焉者也。

對於西方政教多表讚揚。其時平民中最富改革思想者以王韜為最著，韜江蘇吳縣人，初同情於太平天國，曾於同治元年（一八六二）上書忠王李秀成部將總理蘇福省民務逢天義劉肇鈞，詳論攻取上海及對付外人之策略。南京陷落後走避英國，致力於西洋政法之研究。後居香港，主編「循環日報」。旋入上海申報館，力事改革之鼓吹。其「弢園文錄」中，有關變法主張甚多，認為過去之辦理洋務，「祇能為民禍而不能為民福，能為民害而不能為民利。」因之「今日欲辦天下事，必自歐洲始，以歐洲諸大國富强之綱領，制作之樞紐，舍此無一師其長，而成一變之道。」

甲午戰爭前後，香港、上海等地知識份子，目睹國勢之凌夷，多有改革主張之提出。鄭觀應著「盛世危言」，何啓著「中國極宜改革政法論」、「新政始基」、「新政變通」、「新政安行」等書，（總稱「新政真詮」，由何啓、胡禮垣合著。）陳虬著「治平通議」、「報國錄」，（總稱「蟄廬叢書」），湯震著「危言」，陳熾著「庸書」，咸倡開議院，行君主立憲之說。鄭觀應於「盛世危言」自序曰：「治亂之源，富强之本，不盡在船堅砲利，而在議院上下同心，教養得法。」又曰：「西人立國具有本末，雖禮樂教化遠遜中華，然其馴至富强，亦具有體用。育才於學堂，論政於議院，君民一體，上下同心，移實而戒虛，謀定而後動，此其體也。輪船火砲，洋鎗水雷，鐵路電線，此其用也。中國遺其體而求其用，無論竭蹶步趨常不相及，就令鐵艦成行，鐵路四達，果足恃歟！」是爲戊戌變法之先導。

諸人之主張，雖不失爲救世要策，惟梁廷枏等久染專制之餘毒，受拘於臣君觀念，談維新而諱言革命，固不瞭解舊政權之不能行新政也。況滿清政府積弊已深，顢頇無能，不可救藥。二百餘年來處處防嫌漢人，欲其放鬆政權，殊不可能。加以光緒、慈禧間之猜忌，頑固大臣之把持，新進之輕躁，均促成戊戌政變之發生。

四

太平天國之革命運動，逢清咸、同間中國鉅變之會，其政治號召與理想，多有可取。論者謂其失敗在於領導人物之愚昧無知，酣嬉國政；以及毀棄中國文化，遭受外力干涉。雖不無因，要以　孫先生之批評最爲恰當。光緒二十八年（一九〇二）　孫先生爲劉成禺著之「太平天國戰史」所作之序文，比較朱元璋抗元，洪秀全抗清，成敗之關鍵曰：

胡元亡漢，運不及百年，去古未遠，衣冠制度仍用漢官儀。加以當時士君子半師承趙江漢、劉因諸賢學說，華夏之辨多能道者。故李思齊等擁兵不出，劉基、徐達、常遇春、胡深諸人，皆徒步從明祖，群起亡胡，則大事易舉也。滿清竊國二百餘年，明遺老之流風遺韻，蕩然無存，士大夫又久處異族籠絡壓抑之下，習與相忘，廉恥道喪，莫此爲甚！雖以羅、曾、劉、郭號稱學者，終不明春秋大義，日陷於以漢攻漢之策，太平天國遂底於亡。

惟太平天國雖失敗，其民族思想則傳入湘軍、淮軍，普及民間，成爲此後國民革命之主流。而其設施，尤多稱道之處。咸豐三年（一八五三）太平天國建都南京後，所頒佈之「天朝田畝制度」，乃淵源於「周官」，而略加增損，除規定改革土地之方針外，並提出社會組織、兵役、禮俗、教育、選舉、司法各方面之改革。至其軍制之井井有條，禁蓄私財，嚴明紀律，含有寓兵於農之意。他若規定男女平等，除惡習，獎工商，無不與 國父之三民主義學說相吻合。

太平天國對於當時滿清之政治軍事更有顯著之影響。太平天國興起前，滿清係中央集權制，部院長官雖滿漢並用，而實權則操滿人之手，各省督撫滿人佔十之八九，對漢人之防範備至。及太平軍大起，清廷舊臣遷延失機，一無功效，不得不以戡亂之責寄諸漢人。同治元年（一八六二），曾國藩總督兩江，節制四省，長江數千里無一船不張曾氏旗幟，各處釐金絡繹輸送，將吏一呼百諾，湘軍人物「苟能軍無不將帥者，苟能事無不軒冕者。」於是朝廷大權旁落，形成外重內輕之局面。淮軍繼湘軍而起，勢力足與相埒，故同、光間封疆大吏，泰半爲「中興將帥」。中樞自大學士文祥引漢人沈桂芬入軍機，開漢人掌握實權之先例，其後李鴻藻、翁同龢、孫毓汶、徐用儀等繼之，一變過去滿人統治之局面。影響所及，武昌革命軍起，各省清吏紛紛反正，清室遂以顛覆。

滿清之常備兵，原係八旗與綠營，道光以來雖將驕兵疲不耐戰，然「官皆選補，兵皆土著」，徵發之權操諸兵部，絕少軍人跋扈之事端。曾國藩招募湘軍，以鄉勇代有籍世兵，利用宗族地域觀念，加强軍中之團結力量，復以指揮訓練之得法，卒收平定太平天國之大功。然從此國家武力轉變至私人手上。

湘軍初起將領如江忠源、羅澤南、王鑫、彭玉麟、左宗棠等，多係儒生，均自負才氣，雖有獨樹一幟之宏願，而無割據自雄之野心。彼此以維護名教相標榜，曾國藩僅以在籍侍郎名義，憑道義相號召，爲共同理想而努力。淮軍則不同，李鴻軍以翰林薦至大帥，所部將領均係投效而來，出身微賤，無自關乾坤之大志，惟李鴻章之命是從，其軍紀素質遠非湘軍之可比。及鴻章老死，舉袁世凱以自代，袁氏以所練新軍爲資本，辛亥革命期間操縱政局，雖助成清帝之退位，而流毒所及，便利袁氏之禍國，造成北洋軍閥十餘年之割據局面。

五

孫中山先生先世連昌公，於明清之際曾參與抗清義師，雖兵敗流散，而民族大義持之彌堅；故終清之世，孫氏世代不仕。英法聯軍後之洋務運動既不足扭轉國運，維新變法之鼓吹，對於冥頑不靈之清廷亦係徒勞而無功。惟　孫先生睿知天縱，能認清時代，融合中西所長，倡導國民革命，不僅造福於國人，更欲促進世界之大同。

孫先生以籍隸粵東，天時地利條件，造成一代之偉大人物。　孫先生十一歲時，初聞太平天國遺老，講述洪、楊軼聞，即以洪秀全第二自許。乃探本尋源，留心明清間遞嬗史蹟，光復中華之思想油然而生。及就讀檀香山，接觸西方世界，「見輪船之奇，滄海之闊，自是有慕西學之心，窮天地之想。」革命之志更加堅定。興中會老黨人陳少白記其事曰：

當　孫先生在檀香山的時候，夏威夷群島還是一個獨立的小國，沒有被美國吞併，由一個夏威夷王管理群島的行政事務。這個夏威夷既是總埠，實在也是皇城的所在地。所以　孫先生常常說：「在美國三藩市僑居的中國人，一點政治思想都沒有，這是因爲華盛頓京城在東，三藩市商埠在西，對於政治方面很少接觸的緣故；而在檀香山就不然。大埠就是京城，天天所見所聞，都是關於政治方面的事，所以中國僑民差不多個個有些政治思想。

及　孫先生回到中國，見「堂堂華國，不齒於列邦；濟濟衣冠，被輕於異族。朝廷則鬻爵賣官，公行賄賂；官府則剝民刮地，暴過虎狼。」是救國之志益加迫切。

自光緒十一年（一八八五）中法戰後，　孫先生決心推翻滿清政府，至光緒二十年（一八九四）正式革命團體興中會創立，十年之間 孫先生「以學堂爲鼓吹之地，借醫術爲入世之媒。」是爲革命之言論時代。 孫先生之上李鴻章書，撰寫於光緒二十年（一八九四）春，時中日朝鮮交涉日趨嚴重，衝突已不可免。 孫先生早料及戰爭之不可樂觀，故以西方政教立論，兼採中國維新派之學說，針對洋務運動之癥結，建議鴻章曰：

> 竊嘗深維歐洲富強之本，不盡在於船堅砲利，壘固兵強，而在於人能盡其才，地能盡其利，物能盡其用，貨能暢其流。此四者富強之大經，治國之大本也。我國家欲恢擴宏圖，勤求遠略，仿行西法，以籌自強，而不急於此四者，徒惟堅船砲利是務，是舍本而圖末也。

其論事之精賅，識見之宏大廣博，爲 孫先生思想之具體說明，亦爲當時救國之對症良藥。

鴻章在當時清吏中，最明瞭世界大勢，對滿清之積弊與中國之實力獨有深刻之認識，但以環境所限，不允其大有所爲。況鴻章以垂暮之年，既無改革之魄力，亦無放棄權勢之勇氣，故但因循敷衍，持盈保泰而已。鴻章早於光緒十七年（一八九一）致書劉銘傳曰：

> 辨天下事貴實心，尤貴虛心，非眞知灼見不能辨事，亦不能論事。貴耳賤目，最足誤事。鴻章老矣！報國之日短矣！即使事事順手，何補涓埃？願當路諸大君子，務引君

父以洞天下中外眞情，勿徒務虛名，而忘實際，狃常見而忽遠圖，天下幸甚！大局幸甚！

對當時清政已有心勞力拙之感，此時更難望其振作也。觀鴻章於拳亂期間一度同情革命，有以兩廣獨立之意，更見其內心之矛盾也。

孫先生生平之一貫宗旨，在於「和平奮鬥救中國」，非萬不得已不從事流血戰爭，既見中國海陸軍之敗於日本，益知滿清之改革無望，乃遊京師以窺清廷虛實，復至武漢默察長江形勢，及民間狀況，遂離華再赴檀香山，組織興中會，積極展開革命之實際行動。

六

孫先生之推翻滿清，較之歷代撥亂反正難易既不相同，性質亦有天壤之別。漢之亡暴秦，明之逐胡元，皆起於天下擾攘之秋，群雄並起之時，柄國者力分勢孤，然猶迭經苦戰，始克有成。孫先生創立革命黨於海外，一無所持，國內無根據之地。而清廷控制全局，統馭不失，然經孫先生十七年之奮鬥，卒實現建立民國之大業，其根本原因在於精神感召，固非威力服人也。

漢高祖、明太祖皆出身寒微，不知經書，其起兵乃基於環境所迫，英雄主義居多，故推翻舊政權，建立新王朝，統治者之更替，不足改善人民之地位。孫先生通古今之變，學貫中西，國民革命之目的非仇視滿人，乃在於反專制、反暴政，而 孫先生手創之三民主義，本乎天下爲公之心，係造福人類，使我國成爲民有民治民享之民主共和國，此所以爲百代崇拜敬仰也。

（臺北，新時代雜誌，第五卷，第十一期，民國五十四年十一月，頁一七至二一。）

二　中國近代之文化復興

一、引　言

十九世紀是滿清國運由盛轉衰的關鍵，也是中國歷史上數千年來未有之大變局。在此以前中國文化廣被遠東，自成一個體系，大放光芒於朝鮮、日本、東南亞等地。國內的治亂，朝代的興替，與西方世界不發生直接關係。在此以後，中國被捲入世界漩渦，外國政治、軍事、經濟、文化勢力的侵入，使國家民族陷入痛苦的深淵。

不過晚清七十餘年間，部分知識分子和內外大臣，爲求國家民族之生存與發展，確實曾盡過一番心力，無奈數千年專制餘毒更張不易，列强壓迫更加嚴重，國家危機日甚一日，使我們覺得有緩不濟急的感受。

二、大變局與民族覺醒

鴉片戰爭前後，國人目睹外人之船堅砲利，對外和戰之失敗，知識分子著書立說，講求

自强之道者，由龔自珍發其端。龔氏上承顧亭林、顧祖禹，講求民生利弊篤實之學，排斥專

制，提倡爲經世而學問。認爲史地之學是人類知識總匯，歷代外患多來自西北，主張新疆建

省，重視塞外部落。並認爲非禁絶鴉片，不足杜白銀之外流；非講求火器，不足與英人爭雄

海上。

林則徐繼之。林氏雖然是中國傳統舊禮教薰陶下之典型代表人物，卻也是近代中國真正認識世界的第一人。林氏在禁煙運動期間，不僅著眼於國計，更能重視民生。在廣東查禁鴉片時，覺察到自己不如人之處，力求迎合時代。於是提倡海防論，購洋船，築砲臺，積極籌備戰守。林氏曾命人翻譯澳門、新加坡、印度、倫敦等地報紙，編成「四洲志」和「國際公法」，以及外人討論中國言論之「華事夷言」。林氏不僅要認識世界，同時要真正認識自己。

至於中英戰爭的真正原因，乃在於英商在華所受之不平等待遇。在清廷係遵循天朝二百餘年之定例，在英國思一償長期通商限制之積憤，林氏當交涉之衝，致遭革職遣戍之殃。

中英南京條約之訂立，開中國對外賠款割地之先聲，列强效尤，中國門户因之洞開。不過林則徐雖然未盡其才，而道光、咸豐間具有新思想者，多半受其影響。魏源之「海國圖志」，梁廷枬之「夷氛聞記」，何秋濤之「朔方備乘」，以及馮桂芬之「校邠廬抗議」等書，均係有關海防和塞防的著作。

三、自强運動

咸豐年間，內有太平天國之亂，外有英法聯軍之禍，加以人心頹廢，政治的腐敗，滿清滅亡已在遲早之間，以後卒能轉危爲安，振衰起弊，端賴曾國藩及其同志之努力與奮鬥。曾氏對內更移社會風氣，維護中華文化道統，平定擾攘遍十七省，立國達十五年的太平天國；對外提倡自強運動，學習西方科技。曾氏不僅延長滿清五十年國運，更奠定下中國近代化的基礎。

咸豐十一年（西元一八六一年）八月，湘軍既克復安慶，曾氏目睹西洋之輪船巨砲，上疏朝廷，儘速購買外洋器物。主張始而演習，繼而製造。乃在安慶設立軍械所，造成一小輪船。旋於同治二年（一八六三）派遣容閎赴美，購買造船機械，聘請美國工程師，在上海設立江南製造局。並先後奏派幼童赴美留學，設立輪船招商局，經營沿江沿海航運。

當時內外大臣奕訢、文祥、奕譞、桂良、左宗棠、李鴻章、沈葆楨，及稍後之劉坤一、張之洞等，同感國事荆棘，分別致力於新政之推行。於是在京師設立總理各國事務衙門，另於天津、上海分設南北洋通商事務大臣。並先後設立同文館、馬尾船政局、天津機器製造局、水師學堂、武備學堂、海軍衙門，築大沽砲臺、旅順軍港，經營漢陽鐵政局及槍砲廠，興修鐵路、創辦紡紗織布局，使中國逐漸踏進工業化途徑。

自强新政的最大弱點，在於當時國家無新式之文官制度，不能編列預算和審計工作，以致人力、財力不集中，全國新政無通盤之計畫；加以各種設施多著眼於軍事，復類多官督商辦，有官場之惡習，無企業化之精神，以及實際負責者之愚昧無知，不能杜絕貪污和浪費，因之無法達成時代之使命。

四、外患之煎逼

咸豐十年（一八六〇）英法聯軍之役，京師淪陷，先後所簽訂之中英、中法天津條約和北京條約，賠款之外，沿海沿江遍開口岸，公使駐京，內地傳教。俄國乘機要挾，咸豐八年（一八五八）中俄天津條約，既享有最惠國待遇，復於同年兩國瑷琿條約及咸豐十年北京條約中，割取黑龍江以北烏蘇里江以東廣大國土。同治十年（一八七一）新疆回亂期間，俄軍再强佔伊犁，賴曾紀澤排難俄京，光緒七年（一八八一）正月兩國始簽訂返還條約，由中國賠償九百萬盧布，增開通商口岸，始將伊犁收回。

光緒十年（一八八四），因法國侵奪中國藩屬越南，引起兩國軍事衝突，是役清廷和戰不定，清軍指揮不統一，兵力不集中，以致閩海艦隊覆没，基隆淪陷，澎湖失守。幸陸軍大捷於鎮南關、諒山，兩國始於翌年四月簽訂天津條約，越南從此斷送，西南各省遂成爲法國的勢力範圍。

光緒二十年（一八九四），中日因朝鮮問題引起戰爭，中國陸軍大潰於平壤，海軍受挫於黄海。若論其真正失敗原因，並不純在於陸軍兵單，海軍艦舊，而在於清軍無統盤之作戰計畫，無完善之後勤制度，不講求戰略與戰術，和慈禧弄權，門户之見，派系之爭。戰後馬關條約，臺灣被割讓，遼東半島雖由於俄、德、法三國出面干涉而索回，卻種下了俄國借地築路，各國在華租借港灣，畫分勢力範圍之隱禍。至於二萬萬兩賠款及贖遼代價，加重了國民的負擔；允許日人在華從事各種製造，尤影響本國工商業之繁榮與發展。

五、維新與保守

甲午戰後，朝野始知僅持「船堅砲利」不足救中國，漸悟立國之道在於教育、政治、法律、經濟、文化諸端；於是維新思想彌漫全國。清德宗憤戰敗之恥，在光緒二十四年（一八九八）夏，依賴康有爲、梁啓超、譚嗣同等以變法，百日之內新政併舉。其重要者如廣開言路，裁汰閑散衙門，廢八股取士之法，籌辦京師大學堂，開經濟特科，加强國防，改良司法，獎勵製造發明，編造預算，派遣大臣遊歷各國，中國驟然有面目一新的景象。

戊戌政變的發生，在於新黨分子一切操之過急，加以保守思想深入人心，慈禧跋扈，滿漢間猜忌，乃有六君子死難，德宗被囚，慈禧三度垂簾聽政，所有新政全部推翻。康、梁等亡命海外，組織保皇黨，改以君主立憲相號召。慈禧謀廢德宗不成而立儲君，因招列强反對，乃利用無知愚民以排外。

義和團起源於山東，本係地痞無賴之仇教組織，敵視外人，反對西方文明。光緒二十六年（一九〇〇）春，蔓延於直隸，所到之處，殺教士，焚教堂，燬鐵道，拔電線，地方官吏迎合慈禧旨意，不加禁阻。

義合團既縱橫北京，擾攘天津，滿清王公大臣竟信其刀槍不入之邪術，煽惑慈禧，圍攻東交民巷外國領事館，並於同年五月二十五日對世界各國宣戰。以致八國聯軍糜爛京、津，慈禧挈德宗出奔西安。所幸東南各省督撫不奉亂命，與上海各國領事商訂互保章程，國脈得以不墜。明年七月，奕劻、李鴻章與十一國公使締結辛丑和約，懲處罪魁，賠款高達四萬五千萬兩，許各國駐兵公使館，並保護至海口通路。俄軍則佔領東北，拒絕撤退，引起光緒二十九年十二月（一九〇四年二月）爆發之日俄戰爭。俄國海陸軍屢戰屢北，至光緒三十一年（一九〇五）八月，兩國簽訂樸資茅斯條約，俄國在南滿勢力被迫轉讓於日本，日人野心因之大熾，進而於光緒三十三年（一九〇七）、宣統二年（一九一〇），與俄國簽訂兩次密約，畫分南北滿界限，互不阻礙對方在其勢力範圍內，鞏固及發展特殊利益，日本乃肆無顧忌併吞朝鮮，俄國亦逞志於外蒙古之經營，中國邊患更加嚴重。

六、立憲與革命

八國聯軍之役，清廷創痛之餘，於光緒二十六年十二月，在西安行在頒布再度變法之詔。翌年三月，設立督辦政務處，迄光緒三十一年，舉辦新政不下數十事，實際未超出百日維新的範圍。加以慈禧缺乏維新誠意，不能破除滿漢界限，一切新政徒成具文，其略有成效者，僅廢科舉，設學堂，派遣留學生數端而已。

迨日俄戰後，論者謂係立憲戰勝專制，公開提出立憲主張的漸多。清廷爲安撫人心，於光緒三十一年九月，派遣五大臣出洋考察憲政，翌年七月十三日頒布預備立憲之詔。一時張謇、湯壽潛等組織預備立憲公會於上海，梁啓超、徐佛蘇等成立政聞社於東京，全國各地乃發生空前之國會請願運動。遲至光緒三十四年（一九〇八）八月一日，清廷始定九年爲預備國會之期，並頒布欽定憲法大綱，立憲黨人漸感失望。

宣統元年（一九〇九）九月一日，除新疆外各省諮議局同時開慕。十月，各派代表集會上海預備立憲公會會所，組織各省諮議局聯合會，從此有一推動立憲之合法機構，聯合請願國會之事乃接踵而起。明年九月，清廷揑造之中央民意團體資政院復集會北京，亦以請願國會相要求。清廷不得已始於十月三日下詔縮短預備立憲期限，改於三年後（一九一三）召集國會，立憲黨人益加不平。宣統三年（一九一一）四月十日，清廷頒布內閣官制，成立皇族內閣，立憲黨人失望之餘，乃轉而參加革命事業。

國父　孫中山先生幼懷救國救民之大志，於中法戰後憂憤國事，乃創立三民主義學說，以推翻專制政體，復興中華文化，改善人民生活相號召。光緒二十年十月二十七日（一八九四年十一月二十四日），趁中日戰爭清軍失利，組織興中會於檀香山。同年冬，返香港。翌年春，合併當地楊衢雲所領導的輔仁文社，成立興中會香港總會，積極展開革命行動工動。

光緒三十一年春，國父糾合留歐學生，先後組織歐洲同盟會於比利時、柏林、巴黎等地。七月二十日，復合留日學界黃興、胡漢民等，成立中國同盟會於東京，一年之內參加者萬餘人，革命聲勢更加壯大。屢次起義雖不成功，革命浪潮已震蕩全國。宣統三年三月二十九日廣州之役失敗後，部分革命黨人宋教仁、譚人鳳等，以迭次發難偏於南方，乃改變計畫擬從長江流域著手。閏六月初六日，成立中部同盟會於上海，與武漢新軍中同盟會的外圍組織文學社、共進會相呼應。期以三年，謀長江流域各省同時大舉。

同年夏，四川、湖南、湖北、廣東四省組織保路同志會，發生反對鐵路國有風潮。其起因於清廷對於川漢、粵漢鐵路外人經營、民營、國營之反覆無常。加以國營辦法欠妥，川民受損最鉅，和領導士紳被署理四川總督趙爾豐所誘捕，風潮最爲熾烈。武漢黨人孫武、蔣翊武等乘之，初決定八月十五日起義，因消息洩露而延期。旋因機關被破獲，於八月十九日夜倉卒發難。清湖廣總督瑞澂、第八鎮統制張彪，聞變逃逸，次日乃佔領武昌，漢陽、漢口相繼光復。以 國父遠在海外，乃暫推第二十一混成協統黎元洪爲都督，組織軍政府，照會漢口各國領事團，以保護外人生命財產自任，各國乃宣布嚴守中立，承認革命軍爲交戰團體。

革命軍既起，清廷起用袁世凱南下督師，進攻革命軍。袁氏挾其所部新軍，操縱政局，陰謀爭取民國總統。會黃興抵武昌督師，與清軍鏖戰於長江、漢水之間達一月之久，促成各省之響應，清廷遂成根本動搖之勢。

七、結　語

一部中國近代史，乃中華民族奮發圖强，內求政治革新，外抗列强侵略的奮鬥史。有偉大抱負的政治家，有提供富國强兵策的知識分子。只是滿清積弊太深，加以慈禧弄權，親貴用事，宮廷中畢竟昧於世界大勢，內外大臣但圖彌縫苟安，遷就現實，意識型態只能作枝節的改革，無法適應列强角逐之國際舞臺。但歷史譬若江河之東下，有其自然推動之規律。有鴉片戰爭的挫折，乃有海防論之提出；有英法聯軍之失敗，而產生模倣西方軍事之自强運動。

甲午戰後，知識分子救國之道分爲兩途：一派希望利用舊政權維新變法，以康有爲、梁啓超等爲代表人物。一派主張推翻專制，建立共和政體，而由國父　孫中山先生所領導。起初前者稍佔上風，戊戌政變後革命聲勢乃如江河之潰決，有一發不可遏阻之勢。清廷爲挽救其國運，初則利用愚民以排外，招致八國聯軍之奇禍；繼之爲遮羞計再度變法，選派學生留學東西洋各國。青年們耳濡目染，立憲呼聲益高，革命浪潮大熾。清廷懼政權之旁落，延遲召開國會之期，成立皇族內閣，立憲派激憤之餘，轉而參加革命行列，爲促成辛亥革命成功之一大因素。

（臺北，文藝復興月刊，第一二二期，民國七十年五月，頁一四至一八。）

三　晚清知識份子與救國運動

——兼論林則徐與鴉片戰爭——

一、前言

滿清乘明季窳政與流寇之禍入主中原，開疆拓土不讓漢唐，典章制度多有可觀；惟因鞏固其政權行文字獄拘束國人思想，章句訓詁之學遂大盛於乾嘉之際。當此之時，正值歐洲文藝復興蓬勃發展之秋，而產業革命、美國獨立、法國大革命，使人類思想及社會經濟發生重大改變。由於製造品之增加，西方國家以新式武器作後盾，企圖在優厚條件下向遠東發展貿易，尋求原料，逼使滿清政府門户大開，最後演成中英鴉片戰爭，中國國勢從此一蹶不振。對外軍事既迭遭挫折，不平等條約遂紛至沓來。一向治中國近代史者，每謂道光二十年（一八四〇）後係一部喪權辱國史，書之感慨，言之痛心。其實若從另一角度加以分析，一部中國近代史，在知識份子鼓吹領導下，乃中華民族奮發圖强，內求政治革新，外抗列强侵略之奮鬥史。有偉大抱負之政治家，有提供强國之策的在野人士。龔自珍、林則徐、曾國藩、奕訢、文祥、左宗棠、李鴻章、張之洞等，處處力爭上游，希望能與外人並駕齊驅；魏源、梁廷枏、馮桂芬、王韜、何啓、鄭觀應、張謇、康有爲輩，無不著書立說，提倡改革，冀能引起當軸者之注意。因之雖在外人船砲壓迫下，彼等仍引導中國向著遙遠目標步步前進。只是滿清積弊太深，列强交侵日甚一日，使吾人感覺到緩不濟急而已。惟彼等之努力並未白費，垂延滿清數十年之國運，奠定中國工業化之基礎。迨　國父孫中山先生倡導國民革命，救國之宗旨一變，遂有中華民國之建立。

二、鴉片戰後之海防論

鴉片戰爭前士大夫著書立說號召國人「爲經世而學問」，實由龔自珍（定盦）開其端。自珍浙江仁和縣人，生於乾隆五十七年（一七九二），卒於道光二十一年（一八四一），道光九年（一八二九）進士，曾官禮部主事，當時以博學多才聞名天下，吾人在其「定盦文集」中，經常發現排詆專制之言論，影響晚清自由思想甚鉅。道光初年，自珍曾和林則徐、黃爵滋、魏源等組織宣南詩社，以推行禁煙運動。道光十八年（一八三八）底，林則徐奉命以欽差大臣銜赴廣東查禁鴉片陛辭離京時，自珍曾寫一篇「送欽差大臣侯官林公序」，希望林氏到粵以後，要堅持定見，勿爲浮言所動，徹底消除鴉片之害❶。不幸自珍去世太早，因之較諸林則

❶ 龔自珍「定盦文集」。

徐等人成就略有遜色。

道光以來之禁煙動機，內外大臣多數僅著眼於白銀外流，疆吏中以民生爲慮者僅有林則徐。道光十八年（一八三八）九月，則徐於湖廣總督任上，在其「錢票無甚關礙宜重禁喫煙以杜弊源」摺片中，除將鴉片之害與嚴禁之必要詳加論列外，最後痛切而言曰：

> 鴉片流毒天下，則爲害甚鉅，法當從嚴，若猶泄泄視之，是使數十年後，中原幾無可以禦敵之兵，且無可以充餉之銀，興念及此，能無股慄。❷

則徐生長於中國舊社會，對國際情況原本一無所知，如其道光十九年（一八三九）春抵廣州之初所致英國女王維多利亞（Queen Victoria）照會中云：「我天朝四海爲家，大皇帝如天之仁，無所不覆，即遐荒絕域亦在並生並育之中。」❸但和外界接觸之後，力求迎合時代，即刻改變對英人之態度。同年七月，則徐二次照會英王，乃改稱：「向聞貴國王存心仁厚，自不肯以己所不欲者施之於人。並聞來粵之船隻皆經頒給條約，有不許攜帶禁物之語，是貴國王之政令本屬嚴明，祇因商船衆多，前此或未加察，今後行文照會，明知天朝禁令之嚴，定必

---

❷ 林文忠公政書，乙集，湖廣奏稿。

❸ 李圭「鴉片事略」卷上。

使之不敢再犯。」❹儼然視中英兩國立於平等之地位。

中英戰爭期間，則徐積極籌備戰守，添築砲台，購洋砲二百餘尊，洋船一艘，以爲海防之用。命人翻譯澳門、新加坡、印度、倫敦報紙，並積累資料，編成四洲志（Murray Geography）和國際公法（De Vattel of Nations），以及外人對中國之議論，如「華事夷言」等。力求瞭解各國歷史疆域政治法律等情況，以爲「防夷之用」。則徐深以中國武器遠遜外人爲恥。奏稱：「即以船砲而言，必爲防海必需之物，」「此物置而不講，真令韓岳束手。」建議朝廷「以通夷之銀，量爲防夷之用，從此製砲必求其利，造船必求其堅。」❺則徐爲近代國人自覺之先驅，他開始注意外交，介紹西學，提倡軍需工業，道光、咸豐間具有新思想者多半受其影響。

林則徐密友魏源，字默深，湖南邵陽人，鴉片戰爭期間曾任兩江總督裕謙幕僚。目睹英軍之猖獗，庸臣之誤國，欲推求國家盛衰造化之理，練兵籌餉之道，根據「四洲志」及歷代史志輿地書籍，加上外人記錄，撰成「海國圖誌」一書，爲國人講外國情形破天荒之鉅著，其中包括四部份：一爲記載世界各國歷史地理和當時之政治情形，二爲講述鑄造和使用西洋大砲之方法，三爲敘說製造西洋輪船水雷和實用工業技能，四爲輯錄當時朝野和魏源本人應付西洋各國之策略。其於序言上說明編著是書之動機曰：「是書何以作？曰：爲以夷以攻夷

❹林文忠公政書，乙集，使粵奏稿。

❺同上書，乙集，兩廣奏稿。

而作，爲以夷以款夷而作，爲師夷人之長技以制夷而作。」認爲：「知夷事必知夷情，知夷情必知夷形。」❻主張不僅要學習西洋物質文明，更要從國民心理方面作文化之根本改革。此種超人之見解，直至今日仍有其極大價值，日本之明治維新受此書影響甚大。

同一時期之梁廷枏，尤究心域外之事。廷枏廣東順德人，講學廣州越華書院，林則徐在粵查禁鴉片時，耳聞其名，親往拜謁，咨詢籌防戰守之策，廷枏悉心相助，言無不盡，鴉片戰爭前後編纂許多介紹西方書籍，如「蘭倫偶説」、「合衆國説」、「夷氛聞記」等，極力頌揚西方政治制度。他若汪文泰之「紅毛番英吉利考略」，徐繼畬之「瀛環志略」，楊炳南之「海錄」，何秋濤之「朔方備乘」，夏燮之「中西紀事」等，均爲世界地理歷史知識之介紹，推動海防之輿論，其功均不可沒。

三、英法聯軍後之洋務運動

咸豐十年（一八六〇）英法聯軍之役，京師淪陷，圓明園被焚掠，身負國家重任之恭親王奕訢、大學士文祥等，創痛之餘，知此次事變多由於中國昧於外交應付不當所致。謀求在國際舞台上尋出路，希望用和平方法納中西關係於正規。仍酌擬辦理通商善後章程，請於京師設立總理各國事務衙門以專責成，另於南北洋口岸分設通商大臣，北洋大臣駐天津，負責

---

❻ 魏源「海國圖志」原序。

牛莊、天津、登州三口岸；南洋大臣駐南京，管理長江及山東以南各海口，後例由直隸總督及兩江總督兼任。旋復奏准設立同文館，招收八旗十三四歲以下兒童肄習外文，並於同文館內添設分館，招考優秀舉人學習天文算學，以爲製器之本源。

至於各省疆吏，以胡林翼、曾國藩居首，開洋務運動之先河。林翼巡撫湖北，不啻爲湘軍中之「蕭何」，對太平軍作戰期間，治軍籌餉，爲國藩後援，延攬人才，調和諸將，力薦李鴻章，披肝瀝膽，盡瘁國事，在晚清中興名臣中實居首功。林翼不憂太平軍之難平，而畏懼外人在華勢力之日熾。惜其天不假年，未能盡其所長。咸豐十一年（一八六一）夏，國藩奉命總督兩江，節制全局，及克安慶，沿江巡防，目睹西洋之輪船巨砲，乃上疏朝廷曰：「輪船之速，洋砲之遠，在英法則誇其所獨有，在中華則震於所罕見，若能陸續購買，據爲己物，在中華則見慣而不驚，在英法亦漸失其所恃。」建議「購買外洋器物，訪募覃思之士，智巧之匠，始而演習，繼而製造。」❼乃在安慶設軍械所，造成一小輪船，隱有爭雄海上之志。

同治元年（一八六二）春，李鴻章奉國藩命率湘淮軍東援上海，多賴英國輪船運輸之力。其後與常勝軍併肩作戰，深知西洋兵器之精巧，隊伍之嚴整，遠非中國所能及。一再致書國藩，以中國兵器遠遜外人爲恥，於是命所部習洋操，用洋槍，聘洋人爲教習，卒收肅清長江下游之大功。同治三年（一八六四）四月，鴻章上書主持總理衙門之恭親王奕訢曰：「洋人視火器爲身心性命之學者已數百年，一旦豁然貫通，參陰陽而配造化，實有指揮如意從心所

---

❼ 曾文正公全集，奏稿卷一四。

欲之快。」認爲「中國欲自强莫如學習外國利器，欲學習外國利器，則莫如覓製器之器，師其法不必盡用其人，欲覓製器之器與製器之人，則或設一科取士，士終身懸以爲富貴功名之鵠，則業可成，藝可精，而才亦可集。」❽其宏識遠見，在當時誠高於常人一籌。

先是同治二年（一八六三）曾國藩派我國最早留美學生容閎出洋購買造船機器，聘請美國工程師，同治四年歸國，設立「江南製造局」於上海高昌廟，自製輪船槍彈，並附設譯書局，翻譯外國自然科學、工藝、軍事等類書籍。明年，左宗棠亦在福州馬尾設立船政局，監督工程師均聘法人充任，工匠多爲湘軍弁兵。附設前後兩學堂，前學堂學習法文及造船學，後學堂學習英文及駕駛術。清季之海軍建設，大部以船政學堂畢業生爲骨幹。

容閎對於介紹西學於中國貢獻至偉。同治六、七年間，嘗建議曾國藩設立兵工學校於上海，並陳請設立輪船招商局，開採礦產，選派幼童出洋留學。至同治十一年（一八七二）容閎之抱負獲得初步實現，並被任爲留美學生副監督（正監督爲刑部主事陳蘭彬），學生員額暫定一百二十名，每批三十人，按年分送出洋。至光緒七年（一八八一），雖因美國政府反對中國學生學習海陸軍，加以留學生監督吳子登厭惡留學生西化，引起清廷撤回學生，以致大多數未竟其所學（大學畢業者僅詹天佑、歐陽賡二人），然諸生多爲清末民初社會上之領導人物❾。

---

❽ 同治朝籌辦夷務始末卷二五。

❾ 容閎「西學東漸記」。

同一時期，當内外大臣致力於西洋製造之學時，少數洞見之士，已知國家富强之道，不限於船堅砲利。咸豐十一年（一八六一），馮桂芬所著「校邠廬抗議」問世。桂芬道光間進士，通西算之學，因英法聯軍之禍自北方避居上海，感觸時事，熟察西方之强及我國之所以弱，復受外國傳教士影響，著成此書，力主接受外來文化，其於「抗議製洋器議」篇中稱：「人無棄才不如夷，地無遺利不如夷，君民不隔不如夷，名實必符不如夷，四者道出反求。」此外桂芬認為徵選人才，廣開言路，改良教育，變革科舉，廢除八股文，加强地方政治組織，獎勵製造發明，興水利，墾荒地，開礦藏，改善耕具，均為救世要策❿。

同治五年（一八六六），總稅務司赫德（Robert Hart）休假返英，總理衙門命文案斌椿率領同文館學生多人隨赫德出洋，遍遊各國，考察政情，以資印證。斌椿以其所見所聞，書之「乘槎筆記」，報告朝廷，對英國議會政治頗感興趣。謂英國議員每議公事「意見不合，聽其辯論，必俟衆論僉同，然後施行，若君若相不能强也。」又謂：「倫敦屋宇器具，製造精巧，甚於中國，至一切政事，好處頗多。」⓫對西方之政法制度已有初步之認識。

光緒元年（一八七五），中英發生馬嘉理（A. R. Margary）案交涉。光緒二年郭嵩燾奉派為首任駐英大臣。嵩燾在英期間，致力於西方政治、經濟、社會、法制之研究，所著「使西紀程」，盛道西方文明，嘗致書李鴻章，舉出日本留英學生二百餘人，多講求法律經濟，謀

❿ 馮桂芬「校邠廬抗議」。
⓫ 斌椿「乘槎筆記」，引自「小方壺齋輿地叢鈔」第十一帙。

盡力仿行，學兵者絕少。指出「真正富强之源在於政教修明，風俗純厚，百姓家給人足。」⑫繼任曾紀澤，瞭解國際情勢，在外交談判中尤有其卓越之表現，亦認爲中國要達到真正富强目的，開辦鐵路礦務，建設西式工業局廠，設立學校，和增加農業生產等，均較之購買船砲和製造各種武器遠爲重要⑬。再繼任之薛福成，對西方之科學技術亦有深刻之認識，在其所撰「籌洋芻議」中，指出「世變無窮，御變之道亦無窮。」力陳八股科舉之弊，並提出收回領事裁判權，和廢除關稅片面最惠國待遇口號，以維護國家利權⑭。另在所撰「出使英法義比四國日記」中，對於西洋外交、文化、教育、工業等知識，均有概略之介紹⑮。以上「三星使」均不失爲晚清最卓越之外交家，無不希望推動中國進入富强之途徑。

四、甲午戰後之維新思想

英法聯軍後，各通商口岸報紙刊物書籍發行日多，教堂學校醫院紛紛設立，中外情意漸通。光緒十三年（一八八七）在華新教傳教士成立廣學會於上海，（初名「同文書會」，光緒二十年始改稱「廣學會」。）以介紹西方文化鼓吹中國變法爲宗旨。其領導人物爲英國蘇格蘭

⑫ 郭嵩燾「養知書屋文集」卷十一。
⑬ 曾惠敏公（劼剛）遺集卷三至五。
⑭ 薛福成「庸盦全集」中册，廣文書局影印版。
⑮ 同上書。

長老會教士韋廉臣（Rev. Alexander Williamson），會員有美人李佳白（Gilbert Reid）、林樂知（Young J. Allen）、丁韙良（W. A. P. Martin），英人慕維廉（William Muirhead）、艾約瑟（Joseph Edkins）、李提摩太（Timothy Richard）、德人化之安（Ernst Faber）等，多能用中文著書，介紹西學，截止戊戌變法，廣學會所出版書籍近五百種，另發行「萬國公報」（月刊），由林樂知任主筆，多載時事論文及中外重大政治法令，對於維新思想之推動貢獻甚大。

光緒十六年（一八九〇）清德宗既親政，其漢文師傅翁同龢以「校邠廬抗議」呈進，力請變法以圖强。於是德宗習洋文，讀西書，欲圖有所作爲。甲午戰後，翁同龢與「廣學會」派駐北京代表李提摩太往來密切，李嘗告翁爲政之要有四端：「曰教民，曰養民，曰安民，曰新民。」[16]並以所撰之「新政策」，發表於「萬國公報」，於是疆吏承旨，主張變法者益多。光緒二十一年（一八九五）五月，新疆巡撫陶模奏稱：「窮則變，變則通，天下所當變者不止一端，而人才其尤亟。非懲前毖後破除一切拘牽之習，無以作天下之士氣，而收效於將來。」[17]閏五月順天府尹胡燏棻奏稱：「今日即孔孟復生舍富强亦無立國之道，而舍仿行西法一途，更無致富强之術。」[18]光緒二十二年九月，督辦鐵路大臣盛宣懷奏稱：「築路與練兵理財互相爲用」，鐵路之利在於「速徵調，通利源」，西方各國用「舉國之才智以興農商工藝之

---

[16] 翁文恭公日記乙未年九月九日條。
[17] 麥仲華輯「皇朝經世文新編」卷一。
[18] 同上書。

利，即藉舉國之商利以養水陸之兵，保農工之業。」[19] 光緒二十四年（一八九八）三月，湖廣總督張之洞所著「勸學篇」問世，以「中學爲體，西學爲用」相號召，以爲「知外不知中謂之失心，知中不知外謂之聾瞽。」認定保聖教，保華種，保國，爲自保與挽救今日世變之良法[20]。

其時平民中知識份子富改良思想者尤衆，光緒十四年（一八八八），康有爲以布衣伏闕上書，力請「釐革積弊，修明內政，取法泰西，實行改革。」[21] 旋在廣州長興里設萬木草堂學舍，以改革相鼓吹。先後著「新學僞經考」、「孔子改制考」，托古以行其變法理想。他若王韜、鄭觀應、何啓、胡禮垣、陳虬、湯震、陳熾等，均提倡變法不遺餘力。王韜之「上當路論時務書」，認爲過去所辦之洋務新政，「止能爲民禍而不能爲民福，能爲民害而不能爲民利。」今日時務之急，「莫在乎收捨民心，因民之利而導之，順民之志而通之。」凡「取士、練兵、學校、律例」四種舊制，應以歐洲諸大國富強之綱領與制作之樞紐，作爲變法之依據。對於英國政治倍加推崇，謂：「善於治民者莫如英國，入其國中無不優游暇豫，自樂其天，而不尚操切之政，束縛馳驟以爲能者，夫如是然後行之久遠。」[22] 鄭觀應著「盛世危言」，陳虬著「治平通議」、「報國錄」（總稱蟄廬叢書），湯震著「危言」，陳熾著「庸書」，何啓著

---

[19] 盛宣懷「愚齋存稿」卷一。

[20] 載「張文襄公全集」卷二〇一至二〇三

[21] 梁啓超「戊戌政變記」第一編「改革實情」。

[22] 載「皇朝蓄艾文編」卷一，通論。

「中國極宜改革政法論」、「新政始基」、「新政變通」、「新政安行」等書（總稱「新政真詮」），多由何啓、胡禮垣合著），咸主張開議院，行君主立憲制度。鄭觀應曰：「君主者權偏於上，民主者權偏於下，君民共主者權得其平，其立法之善，思慮之密，無逾於此。此制既立，實合億萬人爲一心矣。」㉓陳虬之主張更爲具體，認爲：「何以立國？曰富。何以禦夷？曰强。何以致富强？曰在治人。人不自治，治之以法。富之策有十四：設官鈔，定國債，開新埠，墾荒地，興地利，廣商務，遷流民，招華工，汰僧尼，稅妓博，搜伏利，彙公產，開鼓鑄，權度支。强之策有十六：更服制，簡禮節，變營制，扼要塞，開鐵路，改砲台，廣司政，併督撫，弛女足，求材官，限文童，練僧兵，禁煙酒，限姬妾，優老臣，廣外藩。富矣强矣，非人不治，治之法，開議院，廣言路，更制舉，培人才，廣方言，整書院，嚴舉主，疏閒草，定戶口，權盈虛，嚴嫁娶，定喪葬，彙祀典，正詞曲，新耳目，申誥戒，目亦凡十有六。治不必其果通，要在救時之窮。」㉔何啓、胡禮垣合著之「新政真詮」，書成於甲午戰後，對於中國致弱之由，維新變法之不可緩，議論特詳，其立憲主張及民權思想之傳播，對於後世影響甚大。謂：「橫覽天下，自古至今，治國者惟有君主民主以及君民共主而已，質而言之，雖君主仍是民主。何哉？政者民之事，而君辦之者也，非君之事，而爲民辦之者也。事既屬乎民，則主亦屬乎民。」並引孟子「得乎邱民而爲天子」一語，以爲「王者欲保世滋大，國祚

㉓ 鄭觀應「盛世危言」卷一，議院篇。
㉔ 陳虬「治平通議」，議目篇。

綿長，則必行選舉以同好惡，設議院以布公平，若是者國有萬年之民，則君保萬年之位，所以得民莫善於此。」㉕其後戊戌新政未能超出其範圍。

五、八國聯軍後之改革與立憲

戊戌政變後，逆流所及，義和團糜爛京畿，造成八國聯軍之奇禍，餘波引起日俄戰爭。清廷創痛之餘，於光緒二十六年（一九〇〇）十二月，在西安行在重下變法之詔。翌年三月，設立督辦政務處，於是內外大臣紛紛重提變法主張。光緒二十七年（一九〇一）五月，湖廣總督張之洞、兩江總督劉坤一聯銜上奏，提出變通政治要端四項：㈠設文武學堂，㈡酌改文科，㈢停罷武科，㈣獎勵遊學。認爲「非育才不能圖存，非興學不能育才，非變通文武兩科不能興學，非遊學不能助興學之不足。」㉖六月，乃酌擬採用西法切要易行者十一端：㈠廣派遊歷，㈡練外國操，㈢廣軍實，㈣修農政，㈤勸工藝，㈥定礦律、路律、商律、商涉刑律，㈦用銀元，㈧行印花稅，㈨推行郵政，㈩官收洋藥，⑪多譯東西各國書㉗。

同年七月，駐俄大臣楊儒條擬變法致強六策：㈠固封圉，㈡求賢才，㈢裕財用，㈣整內

㉕ 何啓、胡禮垣「新政真詮」第二篇。
㉖ 張文襄公全集奏議　卷五二。
㉗ 同上書奏議　卷五十四。

治，㈤重使務，㈥集衆長。其中固封圉之道有六：建陪都，設江防，練陸軍，滿蒙特簡重臣，隴桂添練勁旅，衛藏早籌辦法。求賢才之道，主張明降諭旨，凡留外學生准就近向各出使大臣報名，面試所學，分別等級，隨時奏請欽賜貢生、舉人、進士等名目。至於已成之才，則用選舉，其法或觀其政績，或憑其上書，或擢用廢員。裕財用之道有七：出產，造貨，學藝，勸商，保權，禁煙，辦郵政，興武學。關於整內治之道有三：專職司，除積弊，籌荒政。關於重使務之道，首在修訂出使章程，彙刻中西文成案。關於集衆長之道，惟有多譯西書之一法㉘。

張謇亦以地方士紳身份著「變法平議」一書，以六部爲分項總目，共四十二篇，斟酌中國歷史習慣，參以君主立憲國家可取之法，主張在和平狀態範圍內循序以進。至於施行次第：㈠設立議政院，各府州縣城設中學堂，先教測繪、師範、警察。各省設局，編小學堂中學堂課本，譯各史及各學科書。户部及各省布政使各府州縣行預算表。㈡分職省，定官俸，各府州縣實行測繪、警察、訂稅目，增法律章程，罷釐金，停捐納，變科舉，行決算法。㈢合各府州縣分設各鄉小學堂，興農工商業，抽練營兵，減官府儀衛。以上各端，或以事理階級定分數，或以省份財力定分數，分數既定，分年可辦，由督撫自定，而六部課之㉙。

光緒三十年（一九〇四）春，日俄之戰既起，日軍連戰皆捷，一時論者多謂立憲之戰勝

㉘ 清季外交史料 卷一四七。
㉙ 張季子九錄，政聞錄，卷二。

專制，公開提出立憲主張者漸多。同年四月，張謇代江督魏光燾、鄂督張之洞所撰「擬請立憲摺」上奏清廷㉚，駐法大臣孫寶琦、直督袁世凱、粵督岑春煊等，亦以立憲爲言。同年六月，張謇、趙鳳昌等刊刻之「日本憲法」送至官中㉛，各地報紙無不以立憲相鼓吹，清廷不得已，乃於翌年派五大臣出洋考察憲政，光緒三十二年（一九〇六）七月十三日，遂頒預備立憲之詔。於是張謇、湯壽潛等設立預備立憲公會於上海，梁啓超、徐勤、麥孟華等組織政聞社於東京，作爲民間之推動機關；因之全國各地乃發生空前之國會請願運動。無奈清廷缺乏立憲誠意，假預備立憲之名，行皇族集權之實。光緒三十四年（一九〇八）七月，查禁政聞社及各地報館，驅逐各省赴京請願代表，八月一日始定九年爲預備國會之期，並頒佈「欽定憲法大綱」，其精神抄自日本，惟君權較日本天皇更無限制㉜。立憲黨人漸感失望。

宣統元年（一九〇九）九月一日，除新疆外，全國二十一省諮議局同時開幕。十月，各派代表集會上海預備立憲公會事務所，組織各省諮議局聯合會，決定推舉代表赴京請願，從速召開國會㉝。十二月初，各省代表抵京師，至都察院遞送請願書，二十日清廷但傳旨嘉獎，不允所請㉞。宣統二年（一九一〇）四月，各省政團及海外僑民團體，紛派代表至京，聯合

㉚ 張謇「嗇翁自訂年譜」卷下。
㉛ 同上書。
㉜ 光緒朝東華續錄　卷二一九。
㉝ 宣統元年東方雜誌第十三期，記載一，憲政篇。
㉞ 宣統政紀　卷二八。

各省諮議局代表，組織「國會請願代表團」，復請都察院代為奏請，清廷仍堅持如故，五月二十一日諭稱：必俟九年後籌備完成，方可議開國會[35]。各代表乃議決除各省團體酌留代表駐京聯絡聲氣辦理事務外，並由各省分會廣派人員至各地演說鼓吹。復將國會與人民之關係，及請願之理由，編成白話宣傳品，分至各府州縣散發，而定於明年春再作第三次大請願。簽名需普及農工商各界，每省人數至少百萬人，各省代表近省至少百人，遠省至少五十人[36]。

宣統二年（一九一〇）八月二十日，清廷捏造之中央民意團體資政院在北京召集，九月一日正式開院，議員分欽選、民選兩種，各一百人，前者限王公世爵，後者由各省議會選出，院設總裁二人，以王公大臣特旨簡充，副總裁二人，以三品以上京官特旨簡充，所有議決事件，行政大臣不受約束[37]。留京請願代表團乃乘機上書資政院，作第三次大請願，要求明年召開國會，設立責任內閣。九月二十日資政院討論請速開國會案，全體議員合詞贊成，乃推定起草委員專摺具奏。是時各省督撫或接受諮議局要求，或不滿意清廷之中央集權政策，要求國會與責任內閣成立者甚衆，清廷以人心所趨，不得已始於十月三日下詔，准將立憲籌備期限縮短，改於宣統五年（一九一三）召集國會，在國會開幕前先將官制釐定，設立內閣，編訂憲法[38]。立憲派希望召開國會期限不應超過一年之內，清廷則僅縮短三年預備之期，立

---

[35] 同上書　卷三六。
[36] 宣統二年東方雜誌第六期，記載一，中國大事記。
[37] 民國二年正月東方雜誌第九卷第七號，「十年來中國政治通覽」。
[38] 宣統政紀　卷四三。

憲派失望之餘，乃轉而同情革命事業。

宣統三年（一九一一）四月十日，清廷頒佈內閣官制十九條，依此官制則內閣與過去之軍機處實相差無幾，至所任內閣總理及各部行政長官十三人中，漢四人，滿八人，蒙古旗籍一人[39]，其中皇族又占五人，因之號稱「皇族內閣」，爲清廷皇族集權之大暴露。而諸皇族非驕縱無知，即顢頇糊塗，於是熱心國會內閣之立憲黨人乃大不平。各省諮議局聯合會再遞呈都察院代奏，反對親貴充任內閣總理大臣。五月十四日都察院遞入，留中不報[40]。至此國人咸知捨使用武力推翻滿清政府外，終難達成行憲之目的。會保路運動發生，川變大起，革命黨人乘之，遂有武昌首義與辛亥革命之成功。

六、結論

自鴉片戰爭發生至辛亥革命成功，七十餘年間，晚清知識份子爲國家民族之生存與發展，在外人得寸進尺之威逼下，仍希望拯救國運於萬一。雖然滿漢界限難除，舊制更張不易，一切設施仍遠落人後，其艱苦奮鬥之精神，仍應給予適當之同情。吾人研究中國近代史絕不能

---

[39] 同上書　卷五二。

[40] 宣統三年六月東方雜誌第八卷第五號，中國大事記。

視作喪權辱國史，吾人反應更堅定民族之尊嚴與自信心，乘風破浪，繼續向成功道路邁進。

（臺北，中華學術院「史學論集」，民國六十六年一月，頁五〇二至五一五。）

四　曾國藩與李鴻章之相知與互信

——李鴻章襄贊湘軍幕府時代之表現——

一、引　言

清咸同間太平軍之役，滿清之幸免傾頹，端賴曾國藩、胡林翼輩之轉移世風，力挽狂瀾。李鴻章繼之，始延數十年國運於不墜。

鴻章之品學受國藩所陶冶，鴻章之事業由國藩所培植，二人之交誼在師友之間，終其生而不替。國藩歿，鴻章曾輓之曰：「師事近三十年，薪盡火傳，築室忝為門生長；威名震九萬里，內安外攘，曠世難逢天下才。」❶乃為記實之作。鴻章晚年每向其幕僚自述其受益國藩之多，生平享用之不盡。吳永「庚子西狩叢談」記曰：

❶ 引自薛福成「庸盦筆記」卷一頁八，上海進步書局石印本。

公平素最服膺曾文正公，啓口必稱我老師，敬佩殆如神聖。嘗告余：「文正公你太丈人（按：吳永係曾紀澤婿，甲午戰後入鴻章幕。），是我老師，你可惜未曾見著。余生也晚呵！我老師文正公那眞是大人先生，現在這些大人先生簡直都是秕糠，我一掃而空之。

……

別人都曉得我前半部的功業是老師提挈的，似乎講到洋務老師還不如我內行，不知我辦一輩子外交，沒有鬧出亂子，都是我老師一言指示之力。❷

鴻章自咸豐八年（一八五八）冬加入湘軍幕府，至同治元年（一八六二）三月率湘淮軍東援上海，爲鴻章一生事業發展之轉機，其間有出幕與再入幕之曲折。薛福成「庸盦筆記」記載其事之經過，與實在情形出入極大，而左舜生「中國近百年史資料」錄之❸。是作爲人所樂讀，眞像竟因之而泯失。茲考證其事，以明史事之經過。

二、出身與安徽防剿

鴻章字少荃，晚年自號儀叟，道光三年（一八二三）正月初五日出生於安徽合肥東鄉之

---

❷ 吳永口述、劉治襄筆記「庚子西狩叢談」卷四，頁一三〇至一三一，文海出版社近代中國史料叢刊本。

❸ 左舜生「中國近百年史資料」初編頁一六〇至一六二，民國四十七年十月臺灣中華書局版。

大興集，本姓許，以甥入嗣李家，遂以爲姓。鴻章父文安，道光十八年（一八三八）進士，授刑部主事，屢遷至記名御史，與曾國藩有同年之誼。咸豐三年（一八五三）十一月，奉旨回籍募勇團練。咸豐五年五月，卒於合肥軍次。

道光二十三年（一八四三），鴻章入京侍文安，以年家子受業於國藩之門，從國藩習制舉之文，大爲國藩所器重。明年鴻章中鄉榜，道光二十七年（一八四七）舉進士，改翰林院庶吉士。道光三十年散館，累充武英殿編修，國史館協修。時與曾國藩相過從，講求經世之學。咸豐二年（一八五二），鴻章大考翰詹二等，同年太平軍自廣西東出，圍長沙，陷武漢，曾國藩丁母憂回籍，奉命督辦湖南團練，自是與鴻章音問遂稀。

咸豐三年（一八五三）正月二十二日，以太平軍由湖北東犯皖省，旨命安徽旌德籍刑部左侍郎呂賢基，會同安徽巡撫蔣文慶，前署理廣西巡撫周天爵，辦理防剿事宜❹。賢基以鴻章籍隸安徽，情形熟悉，二十五日奏請隨營幫辦一切❺。

同年三月，鴻章督率團練千餘名，在潁州、鳳陽、定遠一帶堵防捻軍。五月，皖撫李嘉端調鴻章扼守江邊和州之裕溪口，敗來犯太平軍，敍功賞六品頂戴，並賞戴藍翎❻。九月，江忠源超擢安徽巡撫，鴻章轉戰柘皋、巢縣、無爲等地，並克復東關❼。十月，太平軍胡以

---

❹ 朱學勤等修「欽定剿平粵匪方略」卷二十五頁十六，同治十一年刻本。

❺ 同上書　卷二十六頁三。

❻ 國史本傳，引自李文忠公全集　卷首頁十二，光緒三十一年金陵刻本。

❼ 欽定剿平粵匪方略　卷五十五至六十。

晃部陷舒城，呂賢基死難，團練事遂不可爲。十二月，胡以晃部復陷廬州，江忠源戰死，皖北局勢大壞。

曾國藩聞鴻章協助呂賢基辦理安徽團練，特致書賢基曰：「聞閣下與少荃編修練勇剿匪，屢次奏績，伏望部署儲峙，早修同舟之誼，共圖宏濟之艱，至要，至要。」❽ 復致書江忠源，力荐鴻章之才曰：「呂鶴田（賢基）少司空與國藩契好，想與閣下相得益彰。李少荃編修大有用之才，閣下若有征伐之事，可攜之同往。」❾ 另函李瀚章（按：當時瀚章署湖南益陽知縣）盛讚鴻章之能：

令弟李少荃，自乙丙之際（道光二十五、二十六年），僕即知其才可大用。丁未（道光二十七年）館選後，僕以少荃及筠仙（郭嵩壽字）、帥逸齋（帥遠燡字）、陳作梅（陳鼐字），四人皆偉器，私目爲丁未四君子。玆令弟果能龕亂禦侮，有聲當世，竊自謂鑒賞之不謬，惜三君子未盡柄用。昨寄岷樵（江忠源字）書中，已令其親敬鶴翁、少荃二人，想鍼芥契合，必能相與有成，保護珂里也。❿

---

❽ 曾文正公全集書札　卷四頁二十至二十二，光緒二年秋傳忠書局刻本。
❾ 同上書書札　卷三頁三十八至三十九。
❿ 同上書書札　卷三，頁三十九。

當時國藩方治軍衡州，謀擴充湘軍至六千人，計劃明年東下，合江忠源所部成萬人，由忠源統率進攻太平軍。欲源章助忠源在安徽仿湘軍精神，精練淮勇，與湘軍合收夾擊之效。故其致鴻章書曰：

> 久疏音敬，想企爲勞，時從令兄處得見家書，知吾弟統領練勇，馳驅戎馬，懋勳令望，實用慰仰。今日兵事最堪痛哭者，莫大於敗不相救四字。……秋間僕與岷樵中丞書，道及此弊，以爲須盡募新勇，不雜一兵，不濫收一弁，掃除陳迹，特開生面，赤地新生，庶收寸效。今岷樵開府貴鄉，知必以此意與足下熟計。目今逆舟滿萬，橫行大江，皖楚江西禍無息日，欲爲四省合防之計，亦宜各練精勇以剿爲堵，前有募勇六千東下討賊之議，岷樵業經入奏。聞足下所帶之勇，精悍而有紀律，務望更加訓練，束以戚氏之法，明年楚勇過皖，即與尊麾合爲一軍，將士一氣，萬衆一心，一洗向日營伍之陋習，縱不能遽立勳績，亦聊欲稍變氣象，一洩積憤也。岷樵到盧求賢孔殷，足下及鶴翁、午翁（按：袁甲三字午橋）如有所知，幸盡告之。⑪

茲於國藩所致江忠源信中，看出其代忠源之謀劃，與和太平軍作戰之全盤戰略，以及對鴻章之信任與期望：

---

⑪ 同上書書札卷四，頁二十二。

今欲圖大局萬衆一心，自須別開生面，斬新日月，專用新招之勇，求忠義之士將之，不雜入營稍久之兵，不用守備以上之將，國藩之意蓋與閣下若符契耳。添勇六千之說，昨因令弟達川帶勇一千進省，即令其先將此勇趕緊赴皖，以備閣下爪牙之需，其餘五千須俟船廠辦齊，水陸並進，乃可有濟。……閣下初到廬江，亦宜將吏治民事略爲整頓，即陸路堵禦本境，剿匪有隨身帶往之勇，有達川續往之勇，有李少荃舊練之勇，亦尚足資捍衛，想卓裁定以爲然也。……

安徽紳士國藩所知者自呂鶴田、吳竹如、李少荃外，又有何愼修子永、涂宗瀛閬仙。……此外問呂鶴翁、李少荃當不差謬。⑫

及江忠源被圍廬州，十二月初八日鴻章馳赴正陽關已革陝甘總督舒興阿行營乞援，願率所部練勇自備口糧，隨同舒部以解廬州之圍⑬。而廬州於十六日被太平軍攻陷，江忠源殉難，鴻章精神上受到極大打擊。一直到六年之後，仍時常耿耿於懷。茲舉其咸豐九年（一八五九）湘軍幕中一律：

一角江城恨未消，長懷楚澤佩芳椒，中原旗鼓聲先震，半壁金湯土竟焦。蜀郡祠堂村

---

⑫ 同上書書札 卷四，頁二十四至二十六。
⑬ 欽定剿平粵匪方略 卷七十三，頁五。

社祭，趙州人士酒杯澆，當時愧乏蚍蜉救，投閣何須解客嘲。（原註：江忠烈守廬城，余隨同援軍集練協剿。）⑭

於是鴻章乃入新任皖撫福濟幕，福濟在道光二十七年（一八四七）以户部右侍郎充會試副考官，與鴻章有座師關係也。

三、皖撫福濟幕中

咸豐四年（一八五四）冬，福濟久攻廬州不下，鴻章建議先取含山、巢縣，以斷太平軍接濟。福濟乃命鴻章率千總莫青雲，會同佐領輯順，統帶吉林馬隊繞道攻含山。十二月九日開始攻城，十五日克復，殺太平軍千餘人，斃太平軍總制羅繡光⑮。鴻章以戰功賞知府，換花翎，由是以知兵名。

咸豐五年春，鴻章及其父文安，隨同副都統忠泰進攻巢縣，太平軍力守不能下⑯。五月，以文安歿於軍次，鴻章一度離軍料理喪事。六月十三日，太平軍萬餘人反撲忠泰營，全軍盡

---

⑭ 李國杰編輯「李文忠公遺集」卷六，頁七，光緒三十一年刻本。
⑮ 欽定剿平粵匪方略卷一百十六，頁十九至二十一，杜文瀾「平定粵匪紀略」卷三，頁三十至三十一，同治十年京都聚珍齋檢字版。
⑯ 欽定剿平粵匪方略　卷一百二十，頁四至五。

覆，惟忠泰逃免，鴻章因不在軍中，未及於難[17]。十月一日，鴻章從福濟，會同江南提督和春、副都統麟瑞、總兵鄭魁士等，敗太平軍夏官又正丞相周勝坤，以紳民內應，克復廬州[18]。鴻章以戰功，奉旨交軍機處記名以道府用。

咸豐六年（一八五六）九月二十九日，鴻章從福濟克巢縣，進復無爲、和州等地[19]，賞鴻章按察使銜[20]。惟福濟實不知兵，鴻章遭衆忌，頗不得志。同年夏鴻章所撰明光鎮旅店題壁詩曰：

四年牛馬走風塵，浩劫茫茫賸此身，杯酒藉澆胸磊塊，沈戈試放膽輪囷。愁彈短鋏成何事，力挽狂瀾定有人，綠鬢漸凋旄節落，關河徙倚獨傷神。[21]

不過當時鴻章仍無他就之意；至薛福成所記鴻章離皖之經過甚不足信：

中丞（按：指福濟）本不知兵，措注未盡合宜，傅相亦不甚得志。會粵賊勢益横，傅相

---

[17] 同上書　卷一百三十二，頁二六至二九。

[18] 同上書　卷一三八，頁四至六。

[19] 平定粵匪紀略　卷五，頁十八至十九。

[20] 清文宗實錄　卷二一五，頁二十。

[21] 李文忠公遺集　卷六，頁四。

病官軍之退避也，力請大舉一戰。是時鄭軍門（魁士）爲總統，謂賊强如此，君既欲戰，如能保其必勝，願書軍令狀否？傅相毅然書之。官軍與賊戰而大敗，賊漫山遍野而來，合肥諸鄉寨皆被蹂躪，傅相所居寨亦不守，封翁先已捐館，傅相與諸兄弟奉母避之鎮江，而自出謁諸帥圖再舉。既落落無所合，久之聞曾文正公督師江西，遂間道往謁焉。謂文正篤念故舊，必將用之。㉒

而後人著作多引用之。小橫香室主人所編「清朝野史大觀」抄錄其全文㉓，李書春之「李文忠公年譜」，㉔因其意而文字略有增損：

（咸豐五年）福濟本知兵，措置未盡合宜，公亦不得志。會粵匪勢橫，公病官軍之退縮，力請大舉一戰，總統鄭魁士不許，卒立軍令狀，始得行。不幸大敗，合肥諸鄉寨皆被蹂躪，公所居寨亦不守，夫人幼子皆死於是役。……

（咸豐八年）公於福濟幕甚不得志，乃奉母避之鎮江，而出自謁諸帥圖復出，然落落無所合。

㉒ 庸盦筆記卷一，頁七至八。

㉓ 小橫香室主人編「清朝野史大觀」第三輯卷四，清人逸事，頁四三六，民國四十八年臺灣中華書局影印本。

㉔ 載史學年報第一期，頁一〇二，燕京大學歷史系出版。

其實鴻章在福濟幕既非受鄭魁士所節制，亦未單獨與太平軍從事大規模之戰鬥。況自咸豐五年（一八五五）後，清軍在皖北迭獲勝仗，鴻章屢獲升遷，其不可信不辨自明。

咸豐六年（一八五六）十一月，鴻章葬其父文安於合肥東南葛州新塋㉕，服闋守廬。咸豐七年九月，福濟奏報鴻章丁憂，結束團練事務，朝旨以鴻章迭次攻剿太平軍出力，交軍機處記名，遇有道員缺請旨簡放㉖。

咸豐八年（一八五八）四月，太平軍李秀成部陷滁州。五月，捻軍陷鳳陽。福濟株守廬州，一籌莫展。六月，清廷罷福濟職，以翁同書繼任皖撫。同書未至，福濟以篆務交藩司李孟群署理離省。七月十五日，太平軍陳玉成、李世賢部陷廬州，清軍傷亡甚衆，李孟群潰退六安州。皖北糜爛，合肥諸鄉寨皆被蹂躪，鴻章世居之大興集亦不守，鴻章夫人幼子皆死於是役。

四、參加湘軍陣營

安徽大局既不可爲，鴻章仍回京供職於翰林院。咸豐八年（一八五八）冬，因至江西南

㉕ 李文忠公遺集卷四「葛洲墓志」卷一。
㉖ 清史列傳卷五十七「李鴻章傳」，頁一，民國五十一年臺灣中華書局版。

昌瀚章處省母，國藩以鴻章「久歷戎行，文武兼資」，奏留江西建昌大營襄辦營務[27]。瀚章於道光二十九年（一八四九）以拔貢朝考出曾國藩門下，咸豐三年（一八五三）署湖南益陽知縣，同爲國藩所器重。國藩治軍衡陽，奏調瀚章綜理糧臺。稱其：「內方正而外圓通，辦事結實周詳，甚屬得力。」[28]咸豐四年（一八五四）隨國藩東征，五年聞訃丁父憂，欲回皖奔喪，經國藩奏留。

咸豐七年（一八五七）二月，國藩丁父憂回籍，湘軍糧臺歸併江西省局，瀚章亦返籍終制，安徽巡撫福濟奏留辦理團防捐務。咸豐八年（一八五八）五月，國藩奉旨復出督師，仍檄瀚章回南昌，總覈糧臺報銷，瀚章乃偕母弟輩往[29]。

鴻章未赴建昌湘軍大營前，與國藩先已有約。十月一日國藩所致郭嵩燾信中已經提及：「筱泉家被賊焚劫，挈眷至南昌，日內亦即來營，少荃亦約來此一敘，風雨如晦，雞鳴不已，古人不誣余也。」[30]國藩手書日記十一月二十五日條載：「聞李少荃已過廣信，即日將來營會晤，爲之欣喜。」[31]十二月十日鴻章抵達建昌，加入湘軍幕府。此後負責文牘，兼理國藩私人事務，茲舉鴻章至建昌十日內國藩日記數則，以見二人關係之密切：

---

[27] 曾文正公全集奏稿卷十一，頁四。
[28] 同上書奏稿卷八，頁十八。
[29] 清史列傳卷五十九「李瀚章傳」，頁二三。
[30] 曾文正公全集書札卷六，頁三三至三四。
[31] 曾文正公手書日記，宣統元年冬影印本。

（十二月初十日）李少荃來久談。……與少荃、壬秋（王闓運）談至三更。
（十一日）下半日與少荃暢談和雨高（春）、福元修（濟）近事。
（十二日）日中請客，壬秋、少荃、何鏡海、王少岩諸君，酉正散。
（十三日）夜與少荃論江南北各路軍務。
（十四日）與少荃暢談一切，夜與筱泉熟敍。
（十六日）夜與次青（李元度）、少荃暢談。
（十九日）令少荃寫二封信，一與靈縣令，一與六安團總。（按：三河鎮戰後，國藩欲尋曾國華屍體。）……夜與少荃、次青密談。

可見國藩對鴻章之倚重，證以薛福成所記，純係無中生有，不值一信：

（上敍鴻章離開安徽經過）曾文正公督師江西，遂間道往謁焉，謂文正篤念故舊，必將用之。居逆旅幾一月，未見動靜。此時在文正幕府者爲候補道程桓生尚齋，前翰林院庶吉士陳鼐作梅，江寧布政使許振禕仙屏。陳鼐與傳相本係丁未同年，傳相使探文正之意，不得要領，鼐因言於文正曰：「少荃以昔年雅故，願侍老師藉資歷練。」文正曰：「少荃翰林也，志大才高，此間局面窄狹，恐艨艟巨艦非潺潺淺瀨所能容，何不回京供

職。」鼐曰：「少荃多經磨折，大非往年意氣可比，老師盍姑試之。」文正許諾。㉜

至於鴻章至湘軍大營後，因受國藩所感染，日常起居有規律而富生趣。鴻章晚年自述當時之生活曰：

我老師（按：指曾國藩）實在厲害，從前我在他大營中，從他辦事，他每天一早起來，六點鐘就吃早飯，我貪睡總趕不上，他偏要等我一同上桌，我沒法祇得勉强趕起，胡亂盥洗，矇瞳前去過卯，眞受不了。迨日久勉强慣了，習以爲常，也漸覺不甚吃苦。所以我後來自己辦事，亦能起早，纔知道受益不盡，這都是我老師造就出來的。……在營中時，我老師總要等我輩大家同時吃飯，飯罷後即圍坐談論，證經論史，娓娓不倦，都是於學問經濟有益實用的話，吃一頓飯勝過一回課。他老人家又最愛講笑話，講得大家肚子都笑疼了，個個東歪西倒的，他自家偏一些不笑，以五個指頭作把，只管捋鬚，穆然端坐，若無其事，教人笑又不敢笑，止又不能止，這眞被他擺布苦了。㉝

關於此點，薛福成亦有類同之記載，惟出入極大，其可信程度不能不令人置疑：

㉜ 庸盦筆記　卷一，頁七。

㉝ 庚子西狩叢談　卷四，頁一三〇至一三二。

傅相入居幕中，文正每日黎明必召幕僚會食，而江南北風氣與湖南不同，日食稍晏，傅相欲遂不往。一日以頭痛辭，頃之，差弁絡繹而來。頃之，巡捕又來曰：「必待幕僚到齊乃食」。傅相披衣踉蹌而往，文正終食無言。食畢，舍箸正色謂傅相曰：「少荃既入我幕，我有言相告，此處所尚，惟一誠字而已。」遂無他言而散，傅相爲之悚然。蓋文正素諗傅相才氣不羈，故欲折之使就範也。㉞

鴻章既至建昌大營，國藩乃決定由鴻章主持增練皖北馬隊，附於湘軍，用兩淮之特長，補湘軍之不足。十二月十九日，國藩爲此致函鄂撫胡林翼曰：

江北軍務非數千馬隊不爲功，頃與李少荃議，可調察哈爾馬三千匹，由上駟院派員押解來鄂，而亳州一帶有善馬之勇可募，名曰馬勇，現在德（興阿）、勝（保）二帥，亦係調口北之馬，募淮南之勇，將來馬隊非我湘人所能擅長，自不能不照此辦理。吉林、黑龍江馬隊聞已通飭止調矣，宮保似可商之揆帥（按：指湖廣總督官文），奏調察哈爾牧廠馬三千匹來鄂，國藩亦擬令少荃募馬勇千人，試行操練也。㉟

㉞ 庸盦筆記　卷一頁八。
㉟ 曾文正公全集書札　卷七，頁十一至十二。

國藩初意，命鴻章派專人至潁、亳一帶招勇五百，試操馬隊，如其可用，再行續招三千㊱。咸豐九年正月十一日國藩奏曰：

> 東三省馬隊天下勁旅根本所在，不敢多爲奏調。臣與湖北督臣撫臣緘商，由官文等奏調察哈爾馬三千匹，請旨飭上駟院押解來南，潁、亳一帶有善騎之勇可募，名曰馬勇，應即添練新馬二千餘騎，與都興阿之舊隊相輔而行，於九江、湖口等處擇平原曠野馳騁而操練之。惟以南人而騎北馬，以勇丁而學弓箭，非倉卒所能奏效，臣願竭數月之力，朝夕講求，從容訓練，期於成熟而止。練成之後，以二千匹交江北隸都興阿、勝保等麾下，以五百匹交江南隸臣麾下，以壯步軍之氣，而寒賊黨之膽。餘剩馬匹，遊牧於黃州，鞍轡等具設於九江，以備隨時添補更換之用。㊲

鴻章以此事責任重大，不敢輕加接受，特至南昌與其兄瀚章磋商，瀚章曾致函國藩代鴻章懇辭，國藩覆函瀚章曰：

> 此次招勇五百，但試淮南勇之果能操習馬隊否耳！不特少荃不敢自信，即僕亦茫無把

㊱ 曾文正公手書日記，咸豐九年正月十一日條。

㊲ 曾文正公全集奏稿 卷十，頁四十至四十四。

握也。當年辦水師，亦係冒昧試之，厥後楊（岳斌）、彭（玉麟）諸人，徐徐成箇章法，亦初願所不及，賢昆仲不必遽以任事之難爲慮。❸❽

復就國藩致鄂撫胡林翼函，可知對鴻章期望之殷切：

李筱泉之弟少荃，名鴻章，丁未編修，其才與氣，似可統一軍，擬令其招淮南之勇，操練馬隊。渠久客呂鶴翁處，閱事過多，不敢輕於任事，刻尚未相許也。❸❾

最後鴻章卒接受國藩命，遺人至潁、亳一帶招募勇丁。結果地方人士藉口團練保衛家鄉，倍加阻撓，招勇之人乃於四月上旬返回江西，兩淮馬隊之議遂不克見諸實行。四月十一日，國藩爲此函告胡林翼曰：「李少荃兄弟派人赴霍邱招勇者，頃已折回，彼中鼎沸，並馬勇亦不能招矣。水磨法道，盡三十年來消磨人才醜態，讀之慨然。」❹⓿同月十八日曾文正公手書日記曰：「與李少荃、許仙屏言團練之無益於辦賊，直可盡廢。如必欲團練，則不可不少假以威權。」乃係有感而發。

---

❸❽ 曾文正公全集書札 卷七，頁三十。
❸❾ 同上書書札 卷七，頁二二。
❹⓿ 同上書書札 卷八，頁十五至十六。

鴻章皖北招募馬隊不成，五月二十六日國藩因增兵助攻景德鎮，乃奏派鴻章協同候選知府曾國荃前往會剿[41]。國藩爲此特函鴻章予以慰勉曰：

> 閣下此行其著意在於察看楚軍各營氣象，其得處安在？其失處安在？將領中果有任重致遠者否？規模法制尚有須更改者否？一一悉心體察。在閣下既可量而後入，在敝處亦可度德而處。閣下閎才遠志，自是匡濟令器；然大易之道，重時與位，二者皆有大力者冥冥主持，毫不得以人力與其間。昨揖別時以此相箴，蓋亦近歲閱歷之餘，見得一二，非謂能以自持也。[42]

復致函曰：「閣下精悍之色露於眉宇，作字則筋勝於肉，似非長處，玉堂鳴佩優游者。倘爲四方諸侯，按圖求索，不南之粵，則東之吳，北之齊豫耳！」[43]

同年五月底，鴻章從國荃，與太平軍楊輔清部大戰於景德鎮，太平軍不支敗退，六月十四克復景德鎮。十五日克復浮梁縣，因國荃回師撫州，七月十五日鴻章與兄瀚章復至建昌國藩大營，繼續擔任文牘工作。同月二十六日曾文正公手書日記記曰：「與少荃、雪琴等久談，

---

[41] 同上書秦稿　卷十一，頁四。
[42] 同上書書札　卷八，頁二四至二五。
[43] 同上書書札　卷八，頁二八。

是日頗倦，因思古人成一小技，曾當有庖丁解牛蚼螻承惆之意。況古父之道，至大且精，豈可以淺嘗薄涉而壯實其有成者。」國藩與鴻章相知之深由此可見。十月，清廷授鴻章福建延建邵遺缺道，❹❹鴻章仍留國藩幕中未至任。

五、經營淮揚水師

咸豐十年（一八六〇）四月十九日，以江南大營崩潰，東南糜爛，清廷革兩江總督何桂清職，命曾國藩署理，並加尚書銜，馳赴蘇州相機援剿❹❺。六月二十四日，復實授曾國藩爲兩江總督，並授爲欽差大臣，督辦江南軍務，所有大江南北水陸各軍均歸節制❹❻。時江西太平軍肅清，國藩已駐營安徽祁門，鴻章以其地偏僻而形勢不利，乃建議國藩將皖南佈署少定，應親至淮、揚一帶興辦水師，以便巡梭長江，控制全局。

同年四月，胡林翼聞曾國藩總督兩江，興奮之餘，致書國藩曰：「江督之權本尊，南極長沙，東至齊、魯，西連蘄、黃，北綰陳、蔡。」從此「氣息爲之一壯，眼目爲之一明。」❹❼國藩覆函林翼曰：

❹❹ 國史本傳，引自李文忠公全集 卷首，頁十二。
❹❺ 欽定剿平粵匪方略 卷二百三十八，頁七至十。
❹❻ 同上書卷二百四十五，頁十七。
❹❼ 胡文忠公全集 卷四撫鄂書牘頁三十六，民國二十五年二月上海廣益書局版。

手教奉到，揚州一大枝，侍目下實無此力量。少荃勸我將皖南事佈置少定，即親自馳赴淮安辦一枝大水師，船在淮安造，砲亦在淮安鑄，各場各卡到處梭巡，而就場征課之鹽利可行矣。江淮湖海處處可通，而金陵蘇常之賊勢可滅矣。侍甚以其言爲然，惟必須明年乃能前去，尚不知徽浙可保否？如徽浙失而江西危，死竟不能去，公爲我籌一安皖南之法，則志在淮上矣。[48]

林翼同意鴻章主張，建議皖南軍務應由左宗棠接替，至於淮揚地方，必須有獨當一面之才代爲主持。

林翼與鴻章之相識，係在咸豐九年（一八五九）八月鴻章隨國藩至武昌與林翼計劃軍事之時，時僅一載，對其已有深刻之認識。故同年五月，林翼再四致函國藩，力保鴻章才堪大用。初請國藩奏派鴻章督師揚州，繼請國藩奏派鴻章、瀚章出任江寧、江蘇實缺。由鴻章募各路步兵一萬五六千人，立營清江浦，多隆阿、都興阿等則專司馬隊。三請國藩從速決斷信任鴻章：

北造淮安水師。南造固城、南漪等湖、寧、太水師，求丈於黃石磯營次（按：國藩於咸豐五年二月自建昌移駐撫州，八月駐黃州，十一月駐宿松，咸豐十年六月駐祁門，黃石磯位於宿松、祁門途

---

[48] 曾文正公全集書札卷十一，頁二十六。

中。）即奏定舉賢，以期速行。

少荃可治淮上之師，並帶去營哨官也。馮少廉可代少荃之任，少荃如許，骨法必大闊，才力又宏遠，擇福將而使之，亦大勛之助也。大局安危只看丈之放手放膽耳！其妙用全在水師，舉古往今來之人，非丈不能造水師，有此一副大本領，遲遲不肯放手，吾且怨丈矣。江督之所患者，非不足於財也，丈何疑乎不包攬，不把握。任何人作主，則兵不能擇，餉不能節，卻又必乏財矣。㊾

同年六月二十四日，林翼四度致函國藩重用鴻章，略曰：「少荃帶勇多年，中道自畫，若一徑到底，必有可觀。兵事尚早，毋即厭苦也。楊州水部都督，亦須另籌陸師萬人以翼之，是非不明，節義不講，此天下所以亂也。」㊿ 其實國藩對鴻章認識之深刻，自不須林翼之推薦。

七月三日，國藩爲興辦淮揚水師，奏保鴻章爲兩淮鹽運使，先行前往開設船廠，籌建水師，俟少具規模，預計明年國藩再親往主持，原奏略曰：

查蘇省財賦之區淪陷幾遍，僅留裏下河之米，各場竈之鹽，若不設法保護，則東南之

㊾ 胡文忠公全集卷四撫鄂書牘，頁六九。
㊿ 同上書卷四撫鄂書牘，頁一〇五至一〇六。

利盡棄。裏下河通泰各口，瀕江南岸之賊時欲乘間北渡。……揚州一軍兵力單薄，亦難處處置守。必須設立水師，專營上下梭巡，協力防剿，以輔陸軍所不逮。……臣已派都司成名標赴廣東購買洋砲，約冬間可以回營，明春可以繞道出淮，應即遴委大員，先行馳往淮揚一帶察度辦理。

查有按察使銜福建延建邵遺缺道李鴻章，自咸豐三年正月在編修任內，奉旨派同前工部侍郎呂賢基回皖辦理團務，在皖北軍營六年，歷著戰功，於淮揚情形聞見較確。上年五月間，經臣奏赴江西軍中，會督兵勇克復景鎭、浮梁，因其力辭保舉，是以未經奏獎。嗣隨臣周歷鄂、皖各處，十月間蒙恩簡授福建遺缺道，臣因襄贊需人，未令赴任。該員勁氣内斂、才大心細，與臣前舉之沈葆楨二人，並堪膺封疆之寄，而李鴻章研覈兵事，於水師竅要尤所究心。擬請旨飭派該員前往淮揚興辦水師，擇地開設船廠，由兩湖酌帶委員工匠，並由臣商令楊載福、彭玉麟，於水師營中選派打仗得力之將弁，交該員帶往，以資練習。……

此項水師兼爲保護鹽場，疏通引地而設，必水師辦成鹽務方有把握。二者相輔而行，尤須一手經理，始則暫分鹽課之銀供水師辦船辦砲之用，繼則全仗水師之力爲淮鹽護場護運之兵。李鴻章係隔省人員，呼應不靈，應請旨改授江北地方實缺乃可措手。倘蒙皇上天恩，破格擢授兩淮鹽運使，俾得整頓鹽課，以濟舟師之餉，實於軍務鹽務兩有裨益。……

凡興舉大事必才與事相副，人與地相宜，李鴻章籍隸廬州，洞悉皖北及兩淮艱苦，於袁甲三、王夢麟等亦相投洽，如奉旨允准，當飭該員束裝由臨淮繞道前進，臣俟皖南各軍到齊，立腳漸穩，規模漸定，明年再親赴淮揚，監造水軍，並督同該員等辦理鹽漕各事宜。51

可見國藩對鴻章之推崇與愛戴。同日另片奏保湘軍水師將領黃翼升爲淮揚鎭總兵，略曰：

查有總兵銜直隸河間協副將黃翼升，湖南長沙縣人，咸豐元年由協標兵丁出師廣西，三年六月經臣調營當差，嗣派充水師哨官、營官，身經百戰，現管帶水師右營，協剿安慶。該員治軍嚴整，廉勤自矢，臣本擬奏派與李鴻章同赴淮揚管帶戰船，如蒙皇上天恩，簡授淮揚鎭總兵一缺，將來水師辦成，更易聯絡一氣。52

同月十二日國藩之覆奏統籌全局摺，對奏派鴻章興辦淮揚水師之目的有具體之說明，亦爲國藩立意訓練淮軍之張本：

七月初三日奏派道員李鴻章興辦淮揚水師，以護鹽場而輔陸軍，無非爲力保江北起見，

---

51 曾文正公全集奏稿卷十一，頁八十二至八十三。
52 同上書奏稿卷十一，頁八十四。

惟水師庀材鳩工，赤地新立，非數月所能就緒，臣俟皖南各城立腳粗穩，乃能繞道馳赴淮揚，亦非數月所能成行。……

臣愚見淮徐等處風氣剛勁，不患無可招之勇，但患無訓練之人，擬即函商官文、都興阿等，酌帶楚師千人，先行馳往。……到江北後用楚軍之營制練淮徐之勇丁，嚴其禁約，寬其期限，李鴻章往辦水師亦照此法行之，臣明年馳赴淮揚，亦照此法行之。倘絀而不改其常，戰敗而不變其度，期於有成而後止。若仗聖主洪福，得一二名將出乎其間，則兩淮之勁旅不減三楚之聲威，此江北先行籌劃之微意也。[53]

鴻章於國藩決定奏保其爲兩淮鹽運使時，特致函胡林翼有所請益，七月六日林翼覆函鴻章曰：

鹽務不難，在本剛正不撓之節，而出以條理精密之才，堅持不搖，如放棹中流，只須三五番風浪，即穩渡矣。東南諸公袞袞登場，以我視之，均有嗜欲而無性氣，聞公之風，將始疑，中謗之，繼且畏之求之，望公憐之矣！與若輩同事，只賴此不患得患失之心耳！然與患得患失之人同處，非如公之強固，不易自立也。[54]

---

[53] 同上書奏稿卷十二，頁一至四。

[54] 胡文忠公全集卷四撫鄂書牘，頁一〇九。

另致函鴻章論用人辦事之道曰：

滌帥之改調皖南，私德於公甚厚，其公忠於國亦不薄，公可展垂天之翼，而培九萬里之風，既爲地方官，則幕中可請友朋，不可以子侄昆季干預軍旅。地方之事，即德亦怨，異日且必有冤不可言者。每年以養廉三分之一分惠宗戚，不可隨營也。以滌帥之功之德，而人猶疑沅公（曾國荃），則閣下之族，必不可在皖南無疑。55

國藩預計八九月間遣鴻章成行，於是積極延攬幕府人材，接替鴻章經手諸事。八月中，國藩與鴻章幾乎無日不商談，清理鴻章經手文件，茲舉曾文正公手書日記數則，以見鴻章在湘軍幕中地位之重要：

（八月十二日）早飯後與少荃久談於清理文件。……夜與少荃會談。

（八月十三日）早飯後與少荃久談清理文件。……與少荃會談至二更。

（八月十四日）早飯後與少荃久談。

55 同上書卷四撫鄂書牘，頁一三四至一三五。

惟黃翼升淮揚鎮總兵雖獲奏准，鴻章之兩淮鹽運使則因祁門危急，復被國藩所奏留[56]。十月四日，國藩奏明截留江西漕折二萬兩，用作建立淮揚水師造船之需，並決定翌年偕鴻章同往淮揚規劃一切[57]。

淮揚水師船集自咸豐十年（一八六〇）十月開始分別在湘、鄂等地興造，翌年正月完工。國藩乃與彭玉麟、楊載福等湘軍水師將領籌劃募勇事宜，決定暫用華陽釐金以爲餉需。咸豐十一年（一八六一）四月，淮揚水師成軍九營，五月七日國藩奏派黃翼升爲統領，並刊發關防，仿照湘軍水師，定立營制餉章，而淮揚水師乃告成立。

六、脫離湘軍與重回曾幕

國藩之駐師祁門，本非開放之局，鴻章以其地形如在釜底，建議國藩移軍他遷，以便進退自如，國藩不從。咸豐十年（一八六〇）八月十二日，太平軍楊輔清、李世賢等部陷甯國。二十五日再陷徽州，皖南道李元度一軍潰散。二十八日陷休甯，十月十九日陷黟縣，祁門日在驚濤駭浪之中。

先是李元度既失徽州，國藩將具疏劾之，鴻章以元度曾與國藩共患難，以去就力爭，國

---

[56] 欽定剿平粵匪方略卷二八一，頁十九。

[57] 曾文正公全集奏稿卷十二，頁四十七。

藩不能因私而害公，卒不許所請，乃憤而於十月中離開湘軍大營。關於此事經過，曾任湘軍重要幕僚郭嵩燾、薛福成均有記載，嵩燾所記鴻章晚年自述此事之經過曰：

> 傅相曰：文正公駐師祁門，以皖南失陷劾李次青（元度），吾力爭之，不能得，憤然求去。文正公以吾簡放延肇道，宜赴官，立遣之行。時沈文肅家居，椷詢福建情形，復書言閩事糜爛，君至徒自枉其才耳！力止之。嗒然回合肥，不復有他望矣。會接嵩燾書，力言此時崛起草茅，必有因依，試念今日之天下，舍曾公誰可因依者，即有拂意，終須賴以立功名，仍勸令投曾公，讀之怦然有動於心，乃復往祁門從文正公。[58]

嵩燾所記與實在情形頗有出入。至於薛福成所說，更難據以爲信：

> 傅相初掌書記，繼司批稿奏稿。數月後，文正謂之曰：「少荃天資於公牘最相近，所擬奏咨函批，皆有大過人處，將來建樹非凡，或竟青出於藍，亦未可知。」傅相亦自謂從前歷佐諸帥茫無指歸，至此如識南鍼，獲益非淺。既而文正進駐祁門，傅相謂祁門地形如在釜底，殆兵家之所謂絕地，不如及早移軍，庶幾進退裕如，文正不從。傅相復力爭之，文正曰：「諸君如膽怯，可各散去。」會皖南道李元度次青率師守徽州，違

---

58 郭嵩燾「玉池老人自敍」，頁六至七，光緒十九年春養知書屋鋟版。

文正節度，出城與賊戰而敗，徽州失陷，始不知元度存亡，久乃出詣大營，又不留營聽勘，徑自歸去。文正將具疏劾之，傅相以元度嘗與文正同患難，乃率一幕人往爭，且曰：「果必奏劾，門生不敢擬稿。」文正曰：「我自屬稿」。傅相乃辭往江西，閒居一年，適官軍克安慶，文正移建軍府焉，傅相馳書往賀，文正復書云：「若在江西無事，可即前來。」傅相乃束裝赴安慶，文正復延入幕，禮貌有加於前，軍國要務皆與籌商。明年，吳中紳士僱輪船來迎援師，文正奏遣傅相募淮軍赴滬，而密疏薦其才大心細，勁氣內歛，可充江蘇巡撫之任。[59]

他若劉聲木之「異辭錄」[60]記載亦多類同。按：鴻章離祁門後，係至南昌李瀚章處閑居，並未返回合肥，與國藩且時通音問，對於湘軍仍不時有所獻替。國藩對鴻章之倚重與關懷時見於函牘之中；惟鴻章態度則甚爲消極。舉其當時所作古律如下：

二十學書劍，北登黃金臺。三十負弓弩，棄繻歸去來。蚍蜉妄擬撼大樹，奮張直挾蛟螭怒，濡塢沙隄雲列屯，巢湖戰艦月橫渡。矛頭盾鼻作生涯，一椎不中再椎誤。流光瞥眼倏驚電，青春不回綠鬢變。送盡茫茫幾輩人，中夜起舞淚如霰。灞陵獵馬短後衣，

---

[59] 庸盦筆記卷一，頁七至八。

[60] 劉聲木「異辭錄」卷一頁二十至二十一，辟園史學，石印本。

昨夢封侯今已非。南浮富春下彭蠡，山川遼絕音問稀。任人呼牛或呼馬，長醉不醒胡爲者。

去年三月梁園住，明年春日知何處？雪泥風絮不暫停，冥冥主張豈定數？醉浮大白仰天高，天高不聞人悲號。世事如火煉油膏，百年瞬息無堅牢。俯視城中屋瓦綠鱗次，眼前好景須遊戲。古往今來人物多，幾逐臨川水東逝。千秋之名身後事，且尋高陽舊酒徒。酒酣提劍獵萬騎，下與濁世掃烽塵，歸老湖邊埋姓字。61

咸豐十一年（一八六一）二月中，太平軍忠王李秀成部回竄江西撫州、建昌，省會震動。二月十七日國藩曾致函鴻章，勸其出任南昌城守事宜，略曰：

撫、建危如累卵，省城必大震動，不得已調鮑軍由建德、湖口徑赴省城，先顧根本，次援撫、建，輔堂（按：署江西巡撫李桓）兄處已手緘留之，保江西即所以庇湖南，即吾湘人自爲室廬邱墓計，亦不能不出死力以保衛江西，更請閣下力勸輔堂竭力支撐，僕又勸閣下亦出而任事，料理江西城守事宜。江西倘有不虞，則令兄筱泉亦爲無巢之鳥，尊府亦乏一枝之栖。閣下如見允許，當以公牘奉委，並附片具奏。62

---

61 李文忠公遺集卷六，頁十三至十四。

62 曾文正公全集書札卷十四，頁十八至十九。

同月三十日，太平軍侍王李侍賢陷景德鎮，東攻祁門，國藩走休甯，擬全力攻徽州以自救，再函鴻章催鮑超儘速進兵景德鎮，以解祁門之圍，略曰：

> 此間自二日中旬，糧路已梗。至景德鎮失守，則與左季翁文報不通，目下四面被圍，僅建德一線之路文報可通。若鮑公不急剿鄱陽，則鄱、建、景鎮之賊聯爲一片，敝處祁、黟、休三縣便在重圍垓心之中。鮑軍現不知已抵何處？請閣下代催，速攻景鎮爲荷。僞侍王一股較之僞忠王一股更多，而凶悍過之。若不在鄱、景擊退，則西可由都昌以渡吳城，東可由萬年以達撫、建，爲禍更烈。請閣下詳告中丞及省中諸公，審明緩急，共支危局。[63]

胡林翼初聞李元度因失守徽州被劾，鴻章力爭未能挽回，深表同情，乃欲延攬元度爲其所用。咸豐十年（一八六〇）九月十二日，林翼爲此致書鴻章曰：

> 聞次青尚在，且喜且憐之，放令歸山，不過一年，仍以憂憤賷志以死。次青御士有恩，取友必信，其戰事本不長，其守事本可信。（兵負將，非將負兵，天下之兵不負將者有幾人哉。）林翼夏間與謀次青募勇之事，此次遲疑，按兵不救，林翼亦不得辭其責。……次青此

---

[63] 同上書書札卷十四，頁四十。

次被圍之時，擁強兵坐視者相環也，入城五日，草創未定，應恕其美而憐其遇，夷吾不死，小白功成，吾等將北征，可以次公畀我乎？[64]

十一月二十八日復親致函李元度曰：

昔諸葛公之短長，陳壽譏於史冊，時俗之論，何足以蔽高賢。況兄以倉卒召募之師，跛倚而疾入徽城，謂銳於行義則可，謂精於治軍則不可。失律之咎，滌帥所屬望於兄者甚賒，故其責備於兄者亦切。蓋徽防關係之重，至於急不擇言。……乃近聞右軍欲勾致閣下，遣人由祁門而江西，如蘇秦以舍人隨侍張儀故事，其用計亦巧，而兄不之卻何耶？豈未免動心耶？大抵吾儒任事，與正人同死，死亦得附於正氣之列，是爲正命。附非其人而得不死，亦爲千古之玷，況又不能不死耶。處世無遠慮必陷危機，一朝失足，則將以薰蕕爲同臭，而無解於正士之譏評。右軍之權詐，不可與同事，兄豈不知，而欲依附以自見，則吾竊爲閣下不取也。兄之吏才與文思過人，弟與希庵（按：皖撫李續宜）兄均掃榻以俟高軒之至，如可相助爲理，當亦滌帥所心許。[65]

---

[64] 胡文忠公全集卷四，頁一三七。
[65] 同上書卷四，頁一七六至一七七。

源章離開湘軍大營後，仍屢次函勸國藩移離祁門，並建議全力肅清江西腹地，以免後顧之憂。因國藩遲遲不能決定，鴻章乃央請胡林翼代爲函勸。咸豐十一年（一八六一）三月十二日，林翼爲此致書國藩曰：

江西爲江督賜履，又爲大軍餉道，即得徽州，亦須以全軍全力先清江西，使節兼三江，非專爲宣歙而設也。少荃之議頗識時務，季公潯陽之策（按：左宗棠建議移駐九江）亦握形勝，然丈未必采納。能於湖口、東流駐使節，聯絡南北兩岸之兵氣，乃合使節之體裁，且功效必大。握大符當大任以力肩大局爲義，二三邑之得失，不足較也。[66]

國藩接林翼來信後，始於四月一日移營東流，復迭次函催鴻章回營，鴻章均藉故不行。其五月十八日之函曰：

閣下久不來營，頗不可解，以公事論業與淮揚水師各營官有堂屬之名，豈能無故棄去，起滅不測。以私情論，去年出幕時並無不來之約，今春祁門危險，疑君有曾子避越之情。夏間東流稍安，又疑有穆生去楚之意。鄙人遍身熱毒，內外交病，諸事廢閣，不

[66] 同上書卷四，頁一九五至一九六。

奏事者五十日矣，如無醴酒之嫌，則請台旆速來相助爲理。[67]

鴻章大爲感動，乃於六月六日自南昌趕至東流大營，計先後脫離湘軍幕府達八月之久。同日曾文正公手書日記記其事曰：「申刻李少荃自江西來與之久談。……夜與少荃談至二更末，睡不甚成寐。」初八日復記曰：「與少荃、芋仙等久談，清理摺件，亥刻發摺，計三摺二片二單。」可見因鴻章之來營國藩內心之興奮，及對鴻章之信任不減於往昔；足證郭嵩燾、薛福成、劉聲木等所記之不確。是時淮揚水師已經成軍，鴻章因與之有堂屬之名，曾爲之分配自粵所購洋砲，但由於淮揚水師成軍乃彭玉麟、楊載福所規劃，故與鴻章關係反不如彭、楊之密切。同年八月一日湘軍曾國荃部克安慶，八月七日國藩自東流移營駐焉。

（臺北，幼獅學誌，第九卷，第二期，民國五十九年十二月，頁一至二五。）

---

[67] 曾文正公全集書札卷十五，頁四十二至四十三。

五 常勝軍協剿太平軍之研究

一、引言

清咸同之際，太平軍迭攻滬失利，耗損主力，外兵參戰之功居多。及李鴻章巡撫江蘇，利用常勝軍協同淮軍並肩作戰，逐漸收復長江下游各地，孤立金陵，促成太平天國之滅亡。雙方之得失，關係成敗之全局。以常勝軍志圖財物，驕橫跋扈，鴻章操縱駕馭，煞費苦心。白齊文（Henry Andrea Burgevine）之劫餉，與蘇州之殺降，其尤著者。茲述常勝軍之興替，以及與淮軍聯合作戰之經過。

二、淮軍援滬與常勝軍之建置

鴉片戰後，上海地位日漸重要。咸豐八年（一八五八），清廷改以兩江總督辦理各國通商事宜，廣州之對外貿易一落千丈，上海乃成爲全國通商與外交之重心。咸豐十年（一八六〇）夏，江南大營崩潰，長江下游糜爛，各地殷商富户紛紛避難上海，外國租界更成爲棲居之所。

時上海防兵有限，且不耐戰，同年四月，因蘇州失陷，蘇松太道吳煦、四明公所董事候選道楊坊（按：楊氏爲寧波在上海鉅商，商號爲大記 Ta – Kee，亦稱楊泰記。）雇美人華爾(Frederick Townsend Ward)，募集外人，組織洋槍隊，美人法爾思德（Fdward Forrest)、白齊文（Henry Andrea Burgevine）副之，募集呂宋人二百餘人，及英、美退伍軍人約三十名，成立洋槍隊（一稱綠頭軍），配合清軍，轉戰上海附近，其軍需由上海官商供給，嗣後更增募華人，兵額最高時達五千餘人，巡撫薛煥定名爲常勝軍。

同年六月中，太平軍忠王李秀成部，屢破洋槍隊於青浦，華爾所部死傷逾三分之一，陷松江府。七月初，太舉圍攻上海，時值二次英法聯軍進犯京師期間，英法以形勢所迫，自動參戰協守，其駐泊黃浦江海軍，亦發砲助威，太平軍力攻，卒爲英法軍所敗，秀成負傷撤圍，移兵經略浙江郡縣❶。外人武器之精利，大爲朝野所重視。

咸豐十一年（一八六一）秋冬間，滬上官紳以上海孤立已久，盼望援軍甚切，而湘軍已克安慶，因遣人至皖乞師。江督曾國藩乃奏保李鴻章爲江蘇巡撫，募勇淮上，以爲進軍長江下游之準備。同治元年（一八六二）三月初七日，首批湘、淮軍乘上海士紳所雇輪船東下，五月十一日全軍十三營六千五百人盡數移離安慶❷。乃結營上海城南，佈置守禦❸。

---

❶ 參照欽定剿平粵匪方略二四七至二四八。
❷ 曾文正公手書日記第十三冊。
❸ 李文忠公全集奏稿卷一，頁一至四。

鴻章初至滬，觀防軍競相奢靡，洋兵嚴整，而湘、淮軍衣幟樸陋，器械陳舊，將弁頗以爲慚。於同治元年（一八六二）三月二十一日致書國藩曰：

> 鴻章到滬以來，以官場軍營各懷怵惕，以向日習氣太壞，驟見我軍整肅，將領樸素，幾有薰蕕之異，鴻章日接見員弁，婉言勸導，不欲遽示威嚴，俟各營到齊，奉旨接任後，再徐爲清理。……
>
> （洋兵）其隊伍既整，炸砲又準，攻營最爲利器，賊甚膽寒，但與官軍同剿，洋兵每任意欺凌，遥自調派。湘、淮各勇恐不能受此委曲，將來接任後遇事必須斟酌。❹

此後鴻章在滬，遇事仍輒請益於國藩。國涵覆函鴻章，對於軍事之佈署，應敵之方略，以及待人接物，與外人交涉之態度，均有諄切之指示。茲摘舉同治元年春夏間，國藩致鴻章之函如下：

> 一、羽毛不豐，不可高飛，訓練不精，豈可征戰？縱或中旨詰責，閣下可答以敝處堅囑不令出仗，二三月後各營隊伍極整，營官躍躍欲試，然後出隊，痛打幾仗。閣

---

❹ 李文忠公全集朋僚函稿卷一，頁十二至十四。

下此次專以練兵學戰爲性命根本，吏治洋務皆置後圖。❺

二、兵勇訓練未熟，人數未齊，目下斷不宜出仗，儘可以鄙人堅持不允，力卻衆論，如賊果前來逼撲，有不得不打之勢，則尊處自爲相機辦理，國藩不遙制也。愛民乃行軍第一要義，須日日三令五申，視爲性命根本之事，毋視爲要結粉飾之文。洋人纏嬲，極難處置，尊處只宜以兩言決之，曰：「會防上海則可，會剿他處則不可。」近而嘉定、金、南，遠而蘇、常、金陵，皆它處也，皆腹地也。詞氣宜和婉，意思宜肫誠，切不可露傲惰之象，閣下向與敵以下交接，頗近傲慢，一居高位，則宜時時檢點。與外國人相交際，尤宜和順，不可誤認簡傲爲風骨，風骨者內足自立，外無所求之謂，非傲慢之謂也。薛公各營挑二三千人隨同夷兵操練駐紮一說，亦斷斷不可，明知薛營爲洋人所鄙棄，而以此愚弄之可乎？閣下只認定會防不會剿五字，自非賊匪逼撲滬城，我與英法可毫無交涉。❻

三、與洋人交際，其要有四語：「曰言忠信，曰行篤敬，曰會防不會剿，曰先疏後親。」忠者無欺詐之心，信者無欺詐之言，篤者質厚，敬者謙謹。此二語者，無論彼之或順或逆，我當常常守此而勿失。……務求我之兵力足以自立，先獨剿一二處，果其嚴肅奮勇不爲洋人所笑，然後與洋人相親尚不爲晚。本此數語以行，目

❺ 曾文正公全集書札卷十八，頁十七。
❻ 同上書書札卷十八，頁二十。

下雖若斷斷不合，久之必可相合相安。❼

四、湘淮六千五百人，宜合而不宜分，即分亦不宜過四十里，分爲頭幫二幫，聯絡駐紮，頭幫打仗，二幫可馳往援應。頭幫受傷，二幫亦可遞換休息。❽

鴻章從之，其後滬上之防守，大致遵循國藩策，亦爲克敵制勝之主要原因。

三、上海保衛戰

同治元年（一八六二）三月，鴻章率湘、淮軍抵滬之初，太平軍方二次大舉圍攻上海，時洋槍隊已於二月由薛煥改名爲常勝軍，會同英、法軍乃防軍日與太平軍慕王譚紹光部衝突於上海外圍之高橋、南橋、蕭塘、泗涇鎮、羅容港、龍珠菴、七寶、王家寺一帶，雙方互有勝負。四月三日，英軍提督士迪佛立（C. Staveley）、法軍提督卜羅德（A. Protet），率英法軍合常勝軍及防軍參將李恆嵩等部，克嘉定，十四日克清浦❾，遂逼崑山、太倉。鴻章於同月十五日接統諸軍，命常勝軍守嘉定、青浦，以部將程學啓、滕嗣武、劉銘傳、潘鼎新、韓正

❼ 同上書書札卷十八，頁二九至三一。
❽ 同上書書札卷十八，頁三七。
❾ 參照欽定剿平粵匪方略卷三百一至三百二。

國等部爲北路，攻奉賢之南橋鎮。英軍士迪佛立、何伯（J Hope），法軍卜羅德等部爲南路，攻松江、金山衛。兩軍相距百數十里⑩。太平軍忠王李秀成聞下游危急，自將精鋭萬人來援⑪，遂有五月二十一日虹橋之大戰，亦爲淮軍樹立聲望之開端。

先是四月十九日太平軍敗南路英法軍，法提督卜羅德中砲死。二十八日再陷嘉定、南翔。五月一日陷涇泗，進至虹橋、松江，復逼上海。鴻章親至新橋督師，二十一日力戰破敗之。關於虹橋之戰湘軍志、湘軍記、平定粵匪紀略，以及求闕齋弟子記等書，咸有詳細之記載，均特別推崇程學啓之戰功。茲錄「求闕齋弟子記」所記如下：

（五月）新橋距上海三十里，賊狃官軍難猝進，增壘爲久踞計，鴻章親督各軍，深夜疾行，黎明入賊卡，毀之。復以劈山砲斃賊數百，僞聽王陳炳文、僞納王郜雲官，以數萬人分十二支圍程學啓營，縱火周麾而呼，塡壕拔鹿角，學啓以槍砲禦之不及，則擲磚石擊賊，尸平壕，將躡以登，學啓開壁門大呼，賊稍卻。而賊之分股已踰新橋十餘里，勢且逼上海，鴻章自統七營往援，遇賊徐家匯，奮擊之，賊乃散。學啓瞭見旗幟，大呼出營，賊大奔。是役也，斬馘三千人，奪獲器械無算。⑫

⑩ 平定粵匪紀略卷十三，頁十九至二十。
⑪ 李秀成供狀，引自清史資料第五輯第五册，頁一四〇至一四一，民國五十八年一月台聯國風社版。
⑫ 王定安「求闕齋弟子記」卷七，頁三十至三十一，光緒二年北京刊。

學啓乘勝克泗涇，松江圍解，上海附近肅清。曾國藩聞虹橋之捷，特攻書鴻章曰：

> 得聞虹橋之捷，喜慰何極，從此上海穩固，湘淮各勇可望練成勁旅。……古人言：「戰勝以喪禮處之」。又言：「登科者須有一段謙光」。願閣下謙懷抑抑以待洋人，並偏囑全軍勇夫，切勿自誇兵精。吾輩心中有一分矜氣，勇夫口中便有十分囂張，不可不察。[13]

鴻章爲消除後顧之憂，於虹橋戰後，先用兵浦東各廳縣。六月會同常勝軍迭復川沙、奉賢、金山等地。七月十五日克青浦，太平軍慕王譚紹光自蘇州將衆十餘萬來援不及，乃進攻上海之北新涇，及法華鎮、靜安寺，以擾清軍後路，去上海僅數里。鴻章一面飛檄金山一帶劉銘傳、潘鼎新部，及松江常勝軍回援；一面命青浦程學啓、李鶴章部，一半留守，一半急趨北新涇、七寶，繞攻太平軍後。鴻章親督上海守軍當正面之敵。黃翼升復率淮揚水師，由吳淞江乘潮進擊。八月初三日遂大破太平軍於北新涇，譚紹光經南翔敗走嘉定[14]。淮軍第二次奏捷，上海附近再度肅清。

九月初二日，英法軍會同常勝軍、淮軍克復嘉定，譚紹光合蘇杭之衆十餘萬由崑山、太

---

[13] 曾文正公全集書札卷十九，頁六。

[14] 李文忠公全集奏稿卷二，頁五至七。

倉來援，圍攻四江口淮軍魁字奇字等營，企圖反撲青浦、嘉定。鴻章分遣程學啓、李鶴章、郭松林、劉銘傳等，分路合擊，自十七日至二十二日，連日苦戰，卒敗太平軍，淮軍三次奏捷。事後鴻章奏稱：

該逆恐我軍深入，糾合蘇、嘉、杭、湖數僞王之衆，圍撲四江口前敵水陸四營，必欲打破此關，竄陷嘉、青，復窺淞、滬。爲先發制人之計，經劉士奇、鄭國魁等堅忍苦守，程學啓、郭松林等督隊苦戰，十七、十九兩仗斃敵已多，猶敢築營圍困，死力抗拒。臣復調齊各路兵將，親督鏖戰，仰蒙皇上威福，殲捦悍賊至一萬數千名之多，實賴軍士用命，獲此奇捷，足以寒賊膽而快人心。⓯

從此淞滬解嚴，淮軍之勢大張，以後上海四週大致平靜無戰事。於是鴻章整編防營，招募新勇，收降太平軍，兵額漸增至六萬人左右，採用新式武器，專力征討，乃能所向而無敵。

四、自齊文之劫餉與叛清

先是咸豐十年（一八六〇）四月，滬上官紳之任華爾組織常勝軍保衛上海，實係萬不得

⓯ 同上書奏稿卷二，頁三一。

已之舉。咸豐十一年三月，華爾入籍中國，楊坊以其女妻之。而常勝軍因外籍官兵多亡命之徒，是以傲視華軍，索取多端，每遇攻戰，焚掠屠殺，所過地方幾成焦土。同治元年（一八六二）三月，江蘇巡撫薛煥奏稱：

> 臣竊窺華爾近日漸覺志滿氣驕，隱然以常勝軍爲己所部，進止自爲主持，每遇出隊不如官軍之令下即行，大有不受羈勒之意。且每戰必求重賞，谿壑亦未易盈。外國人嗜利好勝，積習固然，但性與人殊，心尤難測。臣本不敢保其始終如一；惟當默爲裁制，化其桀驁不馴，萬一所部過多，恐有尾大不掉之患。⑯

鴻章率淮軍抵滬後，華爾之專橫不減往昔。同年五月以後，太平軍三次撲攻上海之失敗，常勝軍之戰功實不可沒。太平軍忠王李秀成供狀記曰：

> 李巡撫有尚（上）海正關稅，錢多，故招鬼兵與我交戰，其發兵來破我嘉定、青浦，逼我太倉、崑山等縣。（該縣等）告急前來，此正是十二年（按：太平新曆）四、五月之間。見勢甚大，逼不得已，調選精銳萬人，親領前去。此鬼兵攻城其力甚足，嘉定、青浦到省一百餘里，（當）其攻城，（若）爾外無救（兵），

---

⑯ 同治朝籌辦夷務始末卷五，頁三三至三五。

五六時辰，其定成功也。太太利（厲）害，百發百中，打壞我之城池，打平城池，洋槍洋炮連響，一湧直入，是以見（衍字）我救不及。我接到驚（警）報，當即啓兵，救之不及，失去二城，該鬼兵即到太倉，即行攻打。外有漢軍而前，來助其之戰，打入城者，鬼把城門，凡見清官兵，不准自取一物，大少男女任其帶盡，清官兵不敢與言，若爾清朝官兵多言者，不計爾官職大小，亂打不饒，至我天王不肯用鬼兵者，因此之由也。有一千之鬼，要押制我萬之人，何人肯服？故未用他也。⑰

是時上海地方行政處處爲外人所把持，租界洋人報紙甚至提議將上海一帶全歸外人管理，華爾因圖天京財物，再三要求協攻金陵。七月十九日鴻章爲此致書國藩曰：

今日新聞紙有云：「上海各國人衆，設有事故何人管束？不如將上海地界全歸外國管理，與華官無涉，方纔周妥，未知肯與不肯等語。」肯不肯之權固操之總理衙門，吳（煦）道即有此心，亦未向薛公與鴻章提及。其實滬城內外各事實皆洋人主持，惟所欲爲，不過關稅捐釐仍爲華官收放耳！鴻章前致總理衙門公函云：「難保無他日占據。」果有是說，全在中朝衡奪，履霜堅冰，殊爲隱患。……

華爾今日見過，諄求鴻章札調協剿金陵，謂三日到，三日紮砲台，三日攻打，定可克

⑰ 引自清史資料第五册，頁一四一至一四二。

城。城克後城中財物與官兵均分等語。鴻章以接中堂信，兵力已敷，可勿添調，容再函商。[18]

同年八月二十八日，華爾以副將銜，率常勝軍會同英海軍艦長格樂（Bogle）攻克浙江慈谿，指揮登城之際，槍彈射入胸脘，自背後而出，翌日死於寧波，享年三十七歲[19]，遺言該軍暫由白齊文管帶。時常勝軍已擴充至四千五百餘人，英提督士迪佛立則欲另派英國將領接統，清廷深爲疑慮，故於同年閏八月十八日諭曰：

> 常勝軍素稱得力，第前據薛煥奏稱，募足三千人，何以此次留駐松江者有四千五百餘名，是此軍爲數不少，白齊文能否勝任，將來能否就我範圍，不可不豫行籌及。恐稍涉遷就，日後轉成尾大不掉之勢，徒糜餉項。不如交中國大員管帶，易爲駕馭。或一時無此勝任之員，仍須暫交白齊文接統，著薛煥、李鴻章悉心察度，毋貽後患。至英國提督欲派兵頭接管，尤多窒礙，著薛煥、李鴻章飭令吳煦設法阻止，如其再三懇請，亦必如華爾之歸中國版圖，受我節制，方可允行。[20]

---

[18] 李文忠公全集朋僚函稿卷，頁四十五至四十七。

[19] 欽定剿平粵匪方略卷三二一，頁一至三，清穆宗實錄卷四十，頁三七。

[20] 清穆宗實錄卷四十，頁三十七至三十八。

遲至十月十五日，以吳煦力薦，清廷始正式下詔准常勝軍由白齊文接管，嚴飭吳煦、楊坊陸續設法裁汰瘦弱，不准再行添募；並申明紀律，約束其獷悍之性[21]。鴻章以常勝軍紀律廢弛，而白齊文難以駕馭，先於九月二十日建議英提督士迪佛立，任奧倫（Capt Ain John Yate Hollond）爲常勝軍參謀長，後乘太平軍忠王李秀成糾合十三王數十萬衆圖解天京之圍時，請求國藩抽調常勝軍由吳煦率領，上援金陵。國藩最初內心雖不同意，而無所藉口，故其覆鴻章書曰：

白齊文之來非鄙意所願，然既自尊處建議，伊又欣然樂從，此時斷無尼止之理，惟有兩事須與約定：一則舍弟困於長濠之內，極不得勢，常勝軍不可再入濠內，或從下游之下關九洑洲進兵，或從上游之采石、太平府進兵，庶收夾擊之效。一則事機倘順，收復金陵，則城中貨財白軍不得大肆掠擄，須一一查封，以一半解京，一半各軍勻分，白軍酌多一倍亦可。若不嚴禁搶掠，則分財之時，必且各軍互鬥，此雖必無之事，而亦不可不預約，不可不預防者也。[22]

旋感事態嚴重，恐影響曾國荃克復金陵首功，於同年九、十月間一再致函鴻辛，阻止常

[21] 同上書卷四十六，頁三十三至三十四。
[22] 曾文正公全集書札卷二十，頁八至九。

勝軍西來。初藉口「金陸極危極險之時已早過」，㉓繼則曰：「白齊文之軍既未啓行，即可作罷。」㉔甚至曰：

> 常勝軍不來金陵亦自無害，來亦未必果有裨益。九洑洲、下關各賊壘似非輪舟炸砲所能遽破。鄙嘗疑用兵之道在人而不在器，忠逆之攻金陵官營，亦有炸砲，亦雇洋人在內，官軍不因此而震駭，舍弟亦還以炸砲禦之，彼亦不因此而動。㉕

其託詞畏懼之情躍然紙上。四江口之役後，白齊文以功高賞薄，與鴻章衝突日趨明朗。鴻章商請英提督士迪佛立，改派其他將領接統常勝軍，士迪佛立僅允轉達駐京英公使及英政府。時白齊文藉口上援金陵，索餉不遂，於十一月十四日率所部關閉松江城門，欲強行劫取，經知府方傳書、參將李恆嵩勸說，許以發餉，常勝軍始一鬨而散。十五日，白齊文復率所部數十人，趕至上海楊坊寓中，將楊坊鼻額胸膛毆傷，奪去洋銀四萬餘圓，復回松江。鴻章憤亟，乃奏撤白齊文職，並懸賞五萬兩緝捕之㉖。

同月十七日，白齊文因英提督士迪佛立之勸，自松江返回上海，將兵權交出。鴻章初擬

㉓ 同上書書札卷二十，頁十七。
㉔ 同上書書札卷二十，頁十八。
㉕ 同上書書札卷二十，頁三十六。
㉖ 李文忠公全集奏稿卷二，頁四十七。

命英人馬格里（Halliday Macartney）接統，士迪佛立不表同意。遲至二十六日，鴻章始與士迪佛立訂立會同管帶常勝軍條約十六款，大意裁汰常勝軍爲三千人，削減常勝軍雜項開支及長夫額數，暫以參謀長奧倫統帶該軍，副將李恆嵩爲幫統，不得私購軍火，懲辦士兵由中國幫統作主，松江地方事宜外國將領不得干預[27]。俟將來徵得英政府正式同意，即改以英國陸軍少佐戈登（Clarles Geoage Gordon）統帶。十二月二十四日，清廷接鴻章十二月十日整飭常勝軍片後，仍命嚴緝白齊文歸案。諭曰：

> 白齊文以劫餉毆官之犯，自應按照中國軍法懲辦，現經英國提督士迪佛立押解來滬，由英國兵船看管，並未交出。並藉口華爾、白齊文先後托買軍火帳未算清，請由中國派員會算，顯係藉詞拖延，希圖寢事，情殊狡展。已諭總理各國事務衙門照會駐京公使妥爲剖辯，仍著李鴻章飭將白齊文迅速交出，毋得任令含糊了事，將此由六百里各諭令知之。[28]

而英提督士迪佛立包庇如故。同治二年（一八六三）正月，白齊文自滬潛赴北京，向英公使阿禮國（Alcock）、美公使蒲安臣（Burlingame）表功辯誣，英、美公使同情白齊文，聯合向

---

[27] 同上書奏稿卷二，頁五十五至五十六。
[28] 清穆宗實錄卷五十三，頁二十四至二十五。

總理衙門提出復職要求，清廷懼怕外人，竟從其意願。二月十五日諭曰：

> 白齊文劫餉毆官，不遵調遣，律以中國軍法，其罪萬無可逭。而英、美公使在京饒舌，若遽允其所請，則封疆大吏無復操縱之權，自應照總理衙門所議，由李鴻章酌量辦理。現在白齊文赴滬，該撫即欲稍寬其罪，必當使所犯各節一一認伏，然後量爲施恩，則白齊文既感該撫之恩，又感不殺之惠，且遇有交涉事件，中國官員或偶傷犯外國人，各國饒舌亦可援此案以自解。李鴻章處事明決，著於白齊文到後，體察目前軍情，並久遠大局，妥籌辦理。俾知中國軍律，悉由封疆主持，總理衙門不能遙制，於辦理軍務亦不致有所掣肘也。㉙

其遷就外人，前後諭旨大相逕庭。時英公使同意戈登接統常勝軍照會早在上年十二月二十七日到滬，同年二月七日戈登已在松江正式接統常勝軍，而三月四日白齊文自北京返滬後，竟公開活動，要求恢復職權。鴻章憤清廷之朝命無常，同月十日致書國藩曰：

> 接總理衙門來函，商令白齊文復帶常勝軍，雖英美公使代爲力保，中國豈毫無法度？白齊文自京回滬，竟然得意，求鴻章即委管帶，已嚴拒之，並詳復恭邸矣！朝廷紀綱

㉙ 同上書卷五十五，頁二十六。

須共存，乃如此模稜畏事，是非何由得明？令人灰心。㉚

鴻章卒堅持初衷，不奉朝命。白齊文久謀復職不成，六月十八日率舊部數百人，（包括洋將馬惇Morton等西人約五十人）俘常勝軍高橋（Kajaw）小火輪，並大量軍火，自上海取道吳江，至蘇州投降太平軍慕王譚紹光。一時常勝軍軍心大為動搖，戈登向鴻章表示，如不照舊章付常勝軍欠餉，立即辭職。七月十日鴻章奏曰：「戈登自聞白齊文投賊，心甚恇懼，以常勝軍皆其舊部，慮其勾結為變，屢乞加增口糧，添雇洋弁，臣因事會所值，勉循其請，亦不專倚該軍。」㉛同月二十四日清廷准其奏，著鴻章對於常勝軍「妥為駕馭，籠絡用之以資其力。」㉜而白齊文統軍之爭以息。

五、蘇州殺降及其爭議

同治二年（一八六三）春，曾國荃圍攻金陵日急，太平軍忠王李秀成圖解天京之圍，自將精銳西征，計劃攻安慶，入湖北，分散湘軍兵力，長江下游之防禦遂感空虛。三月十五日，

㉚ 李文忠公全集朋僚函稿卷三，頁十三至十四。
㉛ 同上書奏稿卷四，頁十八。
㉜ 清穆宗實錄卷七十四，頁十二。

淮軍合常勝軍克太倉，四月十五日大敗慕王譚紹光，進克崑山、陽城。於是鴻章分兵三路以困太平軍：中路由崑山進攻蘇州，以總兵程學啓所部陸軍當之。北路由常熟進攻江陰、武錫，以總兵劉銘傳、同知李鶴章當之。南路由泖澱湖進攻吳江、平望、太湖，以總兵李朝斌所部水師當之。提督黃翼升督率淮陽水師往來支援，戈登統常勝軍移紮崑山，以爲各路策應。六月十四日，中路程學啓部合常勝軍克吳江、震澤，乃逼蘇州而軍。八月一日北路劉銘傳、李鶴章部克江陰，南路水師亦薄蘇州城下，蘇州乃成被圍之勢。李秀成聞下游危急，自天京間道來援，主持下游戰事。鴻章亦一度親至蘇州附近跨塘視師。故八月以後，蘇州之寶帶橋，武錫之大橋角一帶，戰事甚爲激烈。是時白齊文已至蘇州投降太平軍，非僅不能爲太平軍之助，而靡費鉅餉，反爲太平軍之累贅。英人呤唎（A. F. Lindley）所著「太平天國外記」載稱：「白齊文自願至上海招募歐人，採購軍人，屢索鉅款，而每歸輒帶勃蘭地數百箱，終以酗酒敗事，虛糜公帑，槍械不增。」㉝ 而戈登乃利用機會與太平軍從事軍火之交易，並暗中與李秀成有函札往來。九月三日，太平軍中之洋將馬惇等七人，及所部士兵二十六人，擊斃太平軍哨兵二人，出城降於戈登。戈登恐太平軍强留蘇州城內賸餘之外人（按：當時白齊文等四十名洋人尚在城內），曾致書李秀成、譚紹光，希望放出受傷諸人，並欲交易武器。九月初六日秀成、紹光合銜覆書戈登曰：

㉝ 呤唎（A. P. Lirndley）原著，孟憲承譯「太平天國外記」卷下，第二十二章。

大英會帶常勝軍戈登桂（貴）台惠覽：頃接來信，知欲放出受傷諸人，以便醫治，並欲往來買賣槍砲，兼有回去之人，道及我處待人情誼，故來候函，具見桂（貴）台義重情摯。日前馬敦在于蕩口奪獲砲船，正應賞功，不知因何事不辭而去，令人思念。馬敦去後，又有白聚文所帶數人，因前受傷，各願回去醫治，是以厚給盤纏，備船聽其歸去，其餘人等仍在我處，相待如初。至於前在五十三孔橋（按：即寶帶橋）交戰之時所獲外邦三人，均未加害，馬敦回去，必已道及。從前白聚文等來此相依，數月之間，賓禮款待，尚未立有功績，已經用銀五萬。今者桂（貴）台之助清朝，亦猶白聚文之前來我處，各從其便。至各人軍裝砲械，彼此皆知底細，你處圖利，我處置辦，聽從通商，原無禁令。此時你處如有槍砲洋貨，仍即照常來此交易。若或桂（貴）台肯到我處，我等亦樂共事。總之我國係與清爭取疆土，自有天命攸歸，與外邦不相干涉，孰得孰失，未能預料，特著外洋商人送書前來，面達一切。桂（貴）台知我情眞，我等亦知桂（貴）台義摯，倘肯前來一敍，即知我等心跡。須知我等同拜上帝耶穌，一教相傳，並無虛假損害之念。但須先行示知，約在何處等候，以便諭知各卡，庶無阻攔。即或桂（貴）台一騎進城，亦無不可。至我處關卡，稽查甚嚴，倘無路憑，斷難私越。前日馬敦不先稟知，請領路憑，聞其過卡，致有爭鬥。並非薄於外邦，幸乞不須疑慮。順候近安，立等回玉不宣。[34]

[34] 引自蕭一山「太平天國詔諭及書翰」書翰第四篇，民國五十年三月商務印書館影印版。

戈登接來信後，即將槍砲等件經洋商之手送交太平軍，並以良馬爲贈。慕王特製金鐲金珮以報之，並因白齊文等求去，乃義釋之。九月七日，譚紹光爲此再覆書戈登曰：

洋商回轉，接到復信，知所答牒已經雅照，賜馬拜收，騎之甚良，槍砲等件亦已領取。種種厚情，感謝不盡。現令小製金鐲金珮，聊以報瓊，一俟製就，即行奇呈。至外邦之人來去原聽自便，既不誘之使來，亦不禁之不去。總之，我國係與清朝爭取疆土，于外邦毫無嫌怨，前此兩軍陣前捉獲外邦之人尚且立時釋放，彼此關情，豈有來在我處買賣者特欲留難加害之理。請詢往來洋商，諒知我處底細。嗣後儘管前來，照常通商，萬勿疑慮。至於受傷之人，已于桂（貴）處未經來信之前妥送南潯，難以追轉，希爲原諒。又另示洋書，亦已拜悉。此時桂（貴）台既在清地，事涉嫌疑，難述寒喧，謹此布謝，維祈心印。

再啓者：洋官白聚文身患重病，回轉上海醫治，路經桂（貴）處，懇祈勞心，飭令輪船護送，庶免妖卡阻攔侵害。㉟

是爲此後清軍誘降納王部永寬等之張本。十月九日，程學啓、黃翼升、戈登等合軍克滸墅關及虎邱，進逼蘇州閶門街口，以斷無錫通路。十月十二日，鴻章自上海抵蘇州督師。同日戈

㉟ 同上書第五篇。

登致書譚紹光勸降，紹光不應。十八日，李秀成率親軍千餘，自望亭繞滸墅關背後靈巖、木瀆小路入蘇州城協守[36]。時納王郜永寬等，與淮軍副將鄭國魁有舊，乃密介向清方議降。是夜由康王汪安鈞爲代表，與程學啓、戈登私會於洋澄湖。十九日，鴻章親督程學啓、黃翼升、戈登諸軍，猛攻蘇州，破婁門長城及齊門石壘，蘇州城外險要盡失。二十日，李秀成見軍心散亂，知事不可爲，乘夜由胥門出光福、靈巖小路，離蘇州而去，惟譚紹光仍堅守不退。

先是納王郜永寬等幼受李秀成提拔，惟與譚紹光結怨甚久。秀成在城曾明告之曰：「主上蒙塵，其勢不久，爾爲兩湖之人，此事由爾自便，可不必相害也。」永寬等各誓忠心，自言不能負義[37]。故拒程學啓殺秀成之請，但允徐圖紹光。及秀成出走，十月二十二日夜郜永寬等再與程學啓、戈登會於城下議降，學啓並與永寬換蘭譜以堅其決心。二十四日太平軍納王郜永寬、康王汪安鈞、比王伍貴文、寧王周文佳，天將汪有爲、范起發、張大洲、汪懷武等八人，遂刺殺慕王譚紹光於蘇州慕王府會議廳。翌日永寬送譚紹光首級於程學啓，開蘇州北東兩門以降。二十六日，鴻章殺降將八人，並其黨二千餘人。戈登以鴻章背信，持槍到船，欲懲鴻章不果，留書責其奸惡無信，攜永寬首級及其子郜勝鑣回崑山，要求鴻章辭去江蘇巡撫，將印信交戈登以待清廷意旨；否則即攻擊淮軍，奪回常勝軍所得城鎮，交還太平軍。鴻章急遣英人馬格里（Macartney）偕道員潘曾緯、總兵李恆嵩前往疏解，戈登始中止其激烈之

---

[36] 李文忠公全集奏稿卷五，頁十二。

[37] 李秀成供狀，清史資料第五輯第五册頁一六二，民國五十八年一月台聯國風出版社版。

行動。關於蘇州殺降一事，一向各種記載皆謂出自程學啓之建議，鴻章並不同意。如「湘軍記」所記其事之經過曰：

我軍三面薄城，賊益洶懼。譚紹光夙凶忍，猶率悍黨死守，而郜雲官等貳心，密款於副將鄭國魁。學啓、戈登單舸見雲官等於城北洋澄湖，備得其要領，命斬秀成、紹洸以獻，而給雲官等二品武職，學啓與爲誓，戈登證之，雲官益不疑，而不忍殺秀成，許圖紹洸。甲午（十月二十一日）秀成微覺之，顧事已無可爲，涕泣握紹洸手爲別，乘夜出胥門，由雲巖、木瀆以逸，官軍攻益急。紹洸以事召雲官，攜僞天將汪有爲往，即坐刺殺紹洸，並殺其黨千餘人，開齊門迎降。學啓令鄭國魁領千餘人入城，戊戌（十月二十五日）獻紹洸首請驗。學啓入城撫視，降酋列名者八人，精壯猶踰十萬，群酋方歃血誓生死，乞學啓白鴻章，要總兵副將官，署其衆爲二十營，仍屯閶、胥、盤、齊四門，雲官且未薙髮。學啓密白鴻章，恐不可制，必誅之以定衆。鴻章猶豫不忍發，而徇學啓請弗能阻。己亥（十月二十六日），僞納王郜雲官、比王伍貴文、康王汪安鈞、寧王周文佳、僞天將范起發、張大洲、汪懷武、汪有爲，出城謁鴻章，鴻章先備二品冠服待之，甫參謁，鴻章遽入帳，學啓先已置人帳後，伏起悉斬之。學啓入城諭衆，誅拒命者二千餘人，餘皆聽命，遂克蘇州。庚子（十月二十七日），鴻章整部入城，而副將鄭國魁故與郜雲官誓不相殺，憾學啓負約，涕泣不食，臥三日，鴻章亦頗咎學啓輕發，曰：「君亦降人也，何爲已甚。」學啓恕，還營，將引軍去。其營弁奔告鴻章，鴻章復過學啓營，陽論他事，笑語甚歡，事乃解。鄭國魁終以誑殺雲官，怨不已。洋將戈登夙暱學啓，至是以殺降詈之，揚言挾其軍且爲變，覓雲官首擕之哭，並索得其養子送崑山。鴻章乃令國魁爲雲官設佛事七日，親詣祭弔，國魁叩棺大哭，呼曰：「殺汝者自有人，吾不汝詐也。」鴻章泣數行下，衆乃輯服。[38]

其他平定粵匪紀略卷十六、湘軍志卷五、求闕齋弟子記卷八、庸盦文編卷四，以及清史列傳「程學啓傳」，朱孔彰「中興將帥別傳」中「程忠烈公傳」等書，所記略同。惟據鴻章私函及奏摺，並殺降文告，知蘇州殺降顯係鴻章所預謀，程學啓不過爲奉命執行之人。況驟然接納太平軍二十餘萬全師降衆，如不誅其首腦，使其上下仍有節制，將有防不勝防之患。故實亦基於實際之需要。如同年十一月十五日鴻章所致曾國荃書曰：

> 拴殺僞王六，僞天將五，皆忠逆部下悍黨，稍可自娛。而鬼方不謂然，幾欲構釁，今已稍就安帖，但常勝軍終無結局，外間不知者以爲好幫手，其知者以爲磨難星也。[39]

同月十七日鴻章爲此復致書郭嵩燾曰：

---

[38] 王定安「湘軍紀」卷十，頁二一至二二。

[39] 李文忠公全集朋僚函稿卷四，頁二四至二五。

蘇州、無錫苦戰數月而得之，所少愜意者誘斬六僞王四天將，而解散忠黨二十萬之衆，竊謂猶有古人遺意，而戈登與英提督嘵嘵辯爭，欲挾常勝軍與我爲難，訟言於總理衙門，不知何時定此疑案。[40]

是時駐滬各國領事多不值鴻章之殺降行爲，外人輿論對鴻章攻擊尤烈。十一月初一日英陸軍提督柏郎（Brown）自上海至崑山，與戈登商定常勝軍由其節制防禦上海，不再受李鴻章調遣。次日柏郎復至蘇州，要求李鴻章備文認錯，鴻章不允。初三日鴻章乃上奏殺降之經過曰：

先是官軍入城，查探降衆實有二十餘萬，其精壯者不下十萬。郜雲官等歃血立盟，誓同生死。獻城後遂佔住閶、胥、盤、齊四門，於街巷各口堆石置卡，隱然樹敵。又添招蘇城附近賊黨，陸續進城，堅求准立二十營，並乞奏保總兵副將官職，指明何省何任，其挾衆要求之狀，種種堪虞。臣思受降如受敵，必審其強弱輕重，能否駕馭。在我若養虎貽患，苗沛霖、宋景詩皆其前鑒，即幸如李世忠，至今滁州等城仍未退出。蘇省財賦名區，豈容該酋等擁衆盤踞，致貽無窮之憂。況郜雲官等積歲巨酋，在賊中封至僞王、僞天將，其罪惡已至不可赦，今圍困始降，無悔罪之意，仍多非分之求，

---

40 同上書朋僚函稿卷四，頁二六至二七。

將來斷不能遂其所欲，即斷不能無反側之心。因傳令該酋等八人來營謁見，詎郜雲官並未薙髮，維時忠逆李秀成尚在望亭，距蘇甚近，郜雲官等皆係忠逆黨羽，誠恐復生他變，不如立斷當機，登時將該僞天王天將等駢誅，派程學啓督隊入城捕搜逆黨，於是降衆二十餘萬悉繳軍器，乞就遣散。臣復派妥弁，挑留精鋭二千人，分置各營，其衆陸續資遣安置，臣即於二十九日入城駐守，督率官紳分投撫卹，人心大定。

不謂戈登因臣先調常勝軍回駐崑山，未與入城之功，忽生異議，先曾謂納逆不應殺幕逆，茲又謂不應殺納逆，聲稱即帶常勝軍與官兵開仗，經道官潘曾瑋、總兵李恆嵩勸止，乃又招去納逆義子郜勝鑣，暨久從賊之廣東人千餘名，意殊叵測。又慫恿英國提督伯郎，繙譯官梅輝立來蘇辨詰，臣告以自督軍來滬，先收南匯降酋吳建瀛，准帶千人。次收常熟降酋駱國忠，准帶二千人。均肯退出城池，謹受約束，故以戰功保至副將，信用不疑。臣並非好殺降者，茲郜雲官等所求太奢，欲踞省城，關係太大，未便姑容，養癰成患。且誅八酋而後能解散二十萬衆，辦法似無不是。戈登先期調回崑山，事在倉猝，未及商量，蓋一商詢則彼必極力沮格，此事遂無了局矣。該提督則以英國人不喜殺人，是使戈登無詞以對外國，強派臣辦理錯誤，臣姑勿深辯。惟其悻悻見於詞色，據稱申請公使與總理衙門議定，再將常勝軍作何區處，其意殆挾該軍與我爲難耳！臣維戈登助剿蘇城近來頗爲出力，是以督同程學啓曲意籠絡，俾爲我用，疊經據實奏報，仰懇恩奬，不料成功之後，既索重賞，仍生釁端。値此時事多難，中外和好，臣斷不敢稍涉鹵莽，致壞大局。惟洋人性情反覆，罔知事體，如臣檮昧，恐難駕馭合宜。設英公使與總理衙門過於爭執，惟有請旨將臣嚴議治罪，以折服其心，臣不勝感激悚惶之至。[41]

同月初五日，鴻章復奏稱：「臣駐蘇省，偏察賊中城守規劃，布置極有條理，深以未得拴殺此酋（按：指李秀成）爲恨。」[42] 益可見殺降係鴻章之預謀。清廷驟聞淮軍克復蘇州名城，十一月四日降旨李鴻章著加恩賞給太子少保銜，並賞穿黃馬掛。黃翼升、李朝斌、程學啓均賞給雲騎尉世職，學啓賞穿黃馬掛，並權授江蘇省總兵，戈登賞給頭等功牌，並賞銀一萬兩以示嘉獎[43]。及接鴻章蘇州殺降附片，同月十三日諭稱：

（上引鴻章原奏）（李鴻章）所辦並無不合，而戈登乃因該撫先期調令常勝軍回駐崑山，未得入城，忽生異議。强謂李鴻章辦理錯誤，有欲帶常勝軍與官兵開仗之語，招去郜雲官義子郜勝鑣，及久從蘇賊之廣東人千餘名，意殊叵測。又慫恿英國提督伯郎、繙譯官梅輝立來蘇辯詰，其悻悻之意，見於詞色。據稱申請公使與總理衙門議定，再對常勝軍作何區處，其意殆挾此軍與我爲難。洋人不明事理，性多謬執，往往而然，其於

---

[41] 同上書奏稿卷五，頁二一一至二一二。

[42] 同上書奏稿卷五，頁二一七。

[43] 欽定剿平粵匪方略卷三五七，頁十四至十八，清穆宗實錄卷八十四，頁二十至二十二。

殺降一節，亦曾與總理衙門時常議論，不以爲然，而不知此中權衡自有一定之理，殊難與爲曉譬。當此時事多艱，中外和好，此等唇舌，我自不值與之深辯。然其藉端曉瀆，亦惟有據正理駁斥，以折其心。李鴻章辦理此事甚爲允協，嗣後於剿撫一切事宜，仍期準情酌理，一歸至當，豈能妄爲外人之所牽掣。將來英國公使如果向總理衙門議及此事，亦必據正理駁斥之也。蘇城散遣降衆二十餘萬，人數過多，著李鴻章妥爲籌辦，毋稍大意，一面詳細奏聞，將此由六百里各密諭知之。44

其後事件之得以和平解決，主要原因：一爲鴻章之處理得法。蓋常勝軍之協助淮軍作戰，原以圖利爲目的，鴻章於蘇州克復後，除清廷一萬兩之賞銀外，曾一次犒賞常勝軍銀七萬兩，使戈登大爲感服。45 二爲常勝軍之兵力遠不如駐守蘇州之程學啓部，（按：程部約八千餘人）即是發動戰爭，並無勝利把握。況所部華籍士兵肯否力戰，亦屬疑問。三爲英政府之態度消極，戈登知本國毫無援助之希望。故同治三年（一八七四）正月初七日，李鴻章之蘇州殺降文告，已說明與戈登對於殺降一事，初雖誤會，現已完全獲得諒解。略曰：

照得常勝軍自戈總兵接帶以來，協力助剿，所向有功，迭經本部院奏奉諭旨嘉奬。迨

---

44 清穆宗實錄卷八十五，頁十三至十四。
45 李文忠公全集奏稿卷五，頁三五。

於僞納王郜逆等就謀機變，在臨時頃刻之間，戈總兵因不在當場，未及得悉其中緣故，頗疑此事辦理與前議不合。兹恐中外人等，猶執傳聞之説，未深悉本部院與戈總兵之用心，實有不同而同之處，必須曉諭一番而後共得明白。蓋當蘇州攻剿得手之時，郜逆等窮蹙乞降，本與南匯、常、昭等縣投誠於官軍未到之先者大有分別。戈總兵商請本部院允受其降，以免於城破時多所殺戮，爲是保全城內數十萬生命起見，非專爲曲全郜逆等數人性名起見也。尤非謂一經定議不可更變，遂任其於投降之後挾制要求，復萌叛逆而亦必曲宥之也。此理甚明，無論中國法律與外國辦法總是一樣，無可疑者。其先立議投降，殺慕逆，獻婁門，定期來營面見層層，皆戈總兵所知也。及其到營進見時，僞納王並不薙髮，叛跡顯然，又不肯散其所帶之衆，硬請開立數十營，又硬請保爲總兵、副將官職，帶衆仍守蘇州，不但毫無悔罪之意，實有預爲復叛地步之心。情詞既閃爍無定，其神色尤兇悍異常，均在已經投降之後，以致本部堂不得不立刻防變以自救，種種皆戈總兵所未知也。論其先則本部院既與戈總兵議定受降，實無預料其臨時反覆之心；論其後則事機變動在俄頃之間，若必告知戈總兵而後舉發，既遲緩不及，而亦無消弭兩全之術。假令本部院稍涉拘泥，致此數賊脱去復叛，而受其禍者將數十萬人，亦非初時受降之本心。幸而當機立斷，不過數賊就誅，餘黨悉就遣散，而受其福者不啻數十萬人。正是曲求保全之本意，始終辦理此事祇爲蘇城得手時免於多所殺戮，故曰本部院與戈總兵之用心，不同而實同也。惟十月二十六日僞納王等來營之時，戈總兵先謂事已停妥，未曾同來，遂回崑山，當場之情景既未親見，是後之傳說更多恍惚，總以爲既允投降旋加誅戮，未免不守初議，殊不知此中有極緊極險關繫，迫不及待，是以本部院强行軍法也。除本部院業經詳細函陳總理衙門轉達公使外，爲此示仰中外人等一體知悉，如有造作游說，煽惑生事，一定嚴行查禁，毋違特示。㊻

時戈登經潘曾瑋、李恆嵩勸解，「感激之餘，漸知悔悟。」但因伯郎赴香港未回，賞銀「不敢擅收」。鴻章乃命常勝軍會合郭松林部進攻宜興㊼。同治三年（一八七四）正月二十八日奉上諭：「戈登性情無常，該撫當密飭郭松林等妥爲聯絡駕馭，藉敦和好，而維大局。」㊽是清廷對常勝軍仍多疑慮也。而長興卒賴常勝軍力戰，於正月二十四日攻克。三月二日，常勝軍再復漂陽。曾國藩聞鴻章與戈登之誤會冰釋，而下游戰事順手，致函鴻章曰：「威棱所指，無堅不摧，而駕馭洋將，擒縱在手，有鞭韃龍蛇，視若嬰兒之風，尤以爲佩。」㊾益可見鴻章操縱之術矣。

六、常勝軍之遣撤

㊻ 太平天國詔諭及書翰，詔諭附件。
㊼ 李文忠公全集奏稿卷五，頁四八。
㊽ 清穆宗實錄卷九十三，頁二十四。
㊾ 曾文正公全集書札卷二十三，頁三十。

同治二年（一九六三）十一月初二日，淮軍統領李鶴章，提督劉銘傳、郭松林、黃翼升，總兵周盛波、張樹珊等合軍克無錫，俘太平軍潮王黃子隆。五日鴻章抵無錫籌劃進軍方略，分兵兩路：命程學啓、李朝斌、劉秉章、潘鼎新等部水陸各軍，由平望、太湖、乍浦進攻浙西之太平軍，策應浙江巡撫左宗棠、布政使蔣益澧所部浙軍，以收夾擊之效。命李鶴章、劉銘傳、郭松林各軍直搗常州、宜興，以與曾國荃、鮑超等部湘軍相呼應[50]是時淮軍因招降日衆，軍紀漸加廢弛，而諸將領戰勝之餘，志驕氣盈。曾國藩爲此特致書鴻章曰：「聞貴處各統領驕氣日深，士卒騷擾，聲望遠遜去年，不知傳聞失實，抑或微有端倪，尚祈悉心體察，反復申誡，保全令名，至幸至幸。」[51]十一月二十八日，程學啓等入浙之軍克嘉善。十二月十五日李鶴章、劉銘傳等圍常州之軍，敗太平軍忠王李秀成、侍王李侍賢等部於奔牛鎮。時總稅務司赫德（Hart）至崑山調停戈登與鴻章之衝突已取得諒解，十二月二十五日戈登至蘇州會晤鴻章，願自無錫進攻宜興，以斷洋商接濟太平軍之路，並隔絕江蘇、浙江太平軍之聯絡。

同治三年（一八六四）正月十二日，戈登率常勝軍自崑山出發，進攻宜興。二十四日會同郭松林部克復之。二月二日，再復溧陽。同月十八日，程學啓、李朝斌率淮軍克復嘉興，學啓率衆先登，左腦受重傷，送至蘇州就醫，至三月十日死[52]。時常州久攻不拔，鴻章親臨

[50] 李文忠公全集奏稿五，頁二七至二八。
[51] 曾文正公全集書札卷二十二，頁三九。
[52] 欽定剿平粵匪方略卷三六九，頁二三至二六。

督師，戈登亦率常勝軍會攻。三月二十二日，常勝軍利用重砲轟坍常州南門城垣數十丈，四月六日克復之，俘太平軍護王陳坤書，太平軍戰死者數千人。曾國藩聞淮軍、常勝收復常州，特致書鴻章致賀，略曰：

常州克復，全股剿滅，奇功偉烈，不獨當世無雙，即古人亦罕倫比。自閣下入滬，屢瀕危險，皆躬率諸將決戰，出死入生，得保全於呼吸之頃。數役之後，賊萃各路悍黨專與尊處爲仇，故皖、浙、金陵諸軍皆得少省氣力。尊處出奇制勝，如塞洪水，如捕惡蛇，始終無一隙之暇，無一著之懈，不特全吳生靈出水火而登衽席，即東南大局胥藉餘威以臻底定，壯哉儒生事業，近古未嘗有也。[53]

四月七日，鴻章以長江下游戰事即將結束，與戈登商定解散常勝軍辦法。同日鴻章奏稱：

權授江蘇總兵戈登，帶隊協剿，自前月二十二日轟破（常州）南門城垣，未得爬入，弁勇傷亡多人，日夜與臣及李鶴章商籌布置挖壕築牆安砲搭橋，虛衷和氣，誓必合力殲除此寇，其忠勇勤勞，允堪嘉尚。常州既克，蘇省軍事稍定，便欲辭退回國。因常勝軍洋槍隊近來老勇大半逃亡，逐漸新募打仗，不甚得力，欲將洋槍隊調回崑山，妥爲

---

[53] 曾文正公全集書札卷二十三，頁四三至四四。

遣散，以節糜費。暫留砲隊六百人，並外國大小炸砲送交臣處派員接管，其所用外國弁目，陸續資遣，志趣甚屬公正。[54]

清廷聞常州收復，四月十四日賞鴻章騎都尉世職，李鶴章提督，劉銘傳、郭松林、王永勝、劉士奇等穿黃馬褂，黃翼升權授江蘇省總兵，戈登照鴻章奏賞加提督銜，頒給旗幟功牌。[55] 惟清廷對戈登之自動繳出兵權不無惑疑，故同日復諭稱：

戈登帶隊協剿常州之賊，甚爲出力，該撫所奏前項賞銀一萬兩，戈登不肯收領，擬仍作遣散洋弁經費，固係該洋將爲要好起見，惟洋人素性嗜利，究竟是否出於本心，尚不可知。現在常州攻克，該洋人不言進攻金陵，竟肯先行遣散，免將來許多枝節，實屬不可失之機會，該撫自應乘勢利導，妥爲遣散。如戈登對所部布置妥協，洋弁均皆回國，則是戈登眞心要好，始終如一，僅此頒給旗幟功牌，不獨無以酬其勞，且恐無以饜其欲。即著李鴻章飭令丁汝昌、李恆嵩與戈登妥爲辦理，一俟辦理就緒，即將如何再行嘉獎戈登之處迅速奏聞。[56]

---

[54] 李文忠公全集奏稿六，頁四九。
[55] 欽定剿平粵匪方略卷三七一，頁三一至三二。
[56] 清穆宗實錄卷一〇〇，頁十一至十二。

蓋是時常勝軍已成暮氣，其作戰精神不及淮軍遠甚。若得相常報酬，將士亦樂於遣散。況江、浙漸就肅清，該軍實無用武之地。鴻章復不願繼續擔負該軍巨餉，加以節制困難，稍一不慎，即有譁變之虞。是以戈登不顧上海英領事巴夏禮（Harry S. Parkes）及總稅務司赫德之反對，毅然接受鴻章之遣散計劃。四月二十六日，常勝軍在崑山防地實行解散，留洋槍隊三百人由李恆嵩統帶，砲隊六百人由羅榮光統帶，並留外國將弁十一人幫同教習。五月初二日鴻章奏報裁遣常勝軍之經過曰：

常勝軍起於美人華爾，其初不滿千人，陸續增至四千餘人，糧餉軍火惟意所欲，無從核減。同治元年秋冬間，調令助剿金陵不能成行，遂致白齊文之變，臣在上海與英提督領事反覆論議。舌敝唇焦，始得更定章程，兵額裁至三千，月餉發至七萬餘元，合之購辦軍火，賞卹雜支各款，每月須十萬元有零。戈登接帶後，臣加意撫馭，遇事尚受商量，而性急多疑，每有反覆。自今春金壇、楊庫兩次挫衄，戈登頗覺氣餒。三月二十二日常州之役，城已轟破，未能爬入。戈登目擊常勝軍之不能得力，四月六日再舉攻城，戈登即請以我軍爲前敵，常勝軍爲後隊，蓋自知不如我軍之用命也。常城克復，即將洋槍隊調回崑山，派令丁日昌前往會商撤遣，戈登意甚欣悦。乃臣於十五日接巴夏禮申陳，以議裁常勝軍一事，必須知會駐滬英官，轉稟駐京英使查核辦理。並據赫德來函，謂蘇省雖已肅清，金陵、湖州兩處賊竄可虞，引咸豐十年以前之事爲戒，亟言常勝軍不可遽裁，譬喻百端，戈登似爲所動。丁日昌等往復開導，忽迎忽拒，尚欲迎合巴、戈二人之議。……丁日昌復探其情謂之曰：「爾在中國助剿功成回國，中外傳名，不及此時裁撤，將來接統者儻如白齊文之類鬧出事端，豈不爲爾聲名之累，巴夏禮、赫德係局外人，方以常勝軍爲十分可靠，故不肯遽裁，爾何不對此軍近日不能得力實情，自爲剖論，免得自己聲名爲他人所累。」戈登深以爲然。[57]

是時常勝軍外國弁目共一百零四名，受傷頗多。除月餉外，按官階大小給遣散費自七十五元至四千元不等。士兵共二千二百八十八名，除月餉外，發給遣散費自二元至一百元不等。共用遣散費十二萬二千八百元，另補發月餉六萬元，所有常勝軍軍械裝備全數呈繳鴻章驗收[58]。事上聞，五月十一日賞戈登穿黃馬褂，戴花翎，並頒給提督品級章服四襲以示寵榮[59]；於是長江下游除湖州、長興外，悉爲淮軍所收復。

（臺北，姚從吾先生紀念論文集，民國六十四年四月，頁五九至七九。）

---

[57] 李文忠公全集奏稿卷六，頁五二至五三。
[58] 同上書奏稿卷六，頁十四。
[59] 清穆宗實錄卷一百三，頁一至二。

六　淮軍平捻之研究

一、前言

清咸豐初年，捻軍乘太平天國之興紛起於兩淮，清廷傾天下之力從事於金陵之圍攻，捻酋張洛行、李昭壽等，乃得從容依違於清軍太平軍之間，勢遂寖盛。朝旨迭命周天爵、袁甲三、勝保、僧格林沁督師剿捻，捻軍飄忽不定，終難就殲。

同治三年（一八六四）夏，太平天國敗亡，餘黨遵王賴文光、首王范汝增等，與捻軍張宗禹、任柱等合流爲一，益不可制。同治四年（一八六五）夏，僧格林沁追捻敗沒曹州，清廷以曾國藩節制直隸、山東、河南三省軍務。國藩剿捻，採圍堵堅壁清野策，「以有定之兵，制無定之賊。」但因淮軍不爲所用，督師期年，終無大成。同治五年（一八六六）秋，捻軍自河南陳留潰圍大出，遵王賴文光東走齊魯，梁王張宗禹西趨秦晉，國藩不安於位，乃薦鴻章以自代。

淮軍之平捻，論者以劉銘傳戰功最著。然同治六年（一八六七）正月鄂北尹隆河之役，銘傳以輕敵故，全軍幾盡覆。幸湘軍鮑超部適時而至，破敵解圍，始轉敗爲勝，東捻之勢從此一蹶不振。而鴻章袒銘傳而抑鮑超，超乃告疾開缺，霆字軍因之而廢。至於西捻之追剿，銘傳並未參加，湘軍劉松山部，苦戰經年，窮追數省。銘傳師發旬日，攔截潰捻於魯西茌平之馮官屯，卒收全功，爵賞在諸將之上，亦鴻章有意成全之，是人生之際遇有幸有不幸也。

計自捻亂之興衰，首尾達十五年之久，騷擾所及，歷經皖、豫、鄂、魯、蘇、秦、晉、冀八省，所過殘破，黃河南北元氣大損。茲討論其事之經過，以就正於方家。

二、曾國藩之督師與剿捻戰略之確立

同治四年（一八六五）四月二十四日，僧格林沁追捻敗沒曹州，所部馬隊盡失，捻勢大張。二十九日，清廷命曾國藩爲欽差大臣，馳赴山東督師，以李鴻章暫署兩江總督。五月一日復命鴻章撥派勁旅，由海道北上，或由膠州登岸西趨濟南，或由天津登岸保衛畿輔❶。鴻章鑒於僧格林沁之失，在於窮年累月逐捻而行，所統馬步隊到處掠食，而不在險要形勢及捻軍歸路布置扼紮，以逸待勞。五月六日密陳剿捻事宜，略曰：

非令直東皖豫各省居民堅壁清野，官督民團去邪扶正，認眞辦理，則賊得就地覓食擄人，增黨爲患，竟無底止。非令各省整練步隊勁旅扼要紮營，伺近邀擊，則賊得任意

---

❶ 朱學勤總纂「欽定剿平捻匪方略」卷二百卅一頁二至三，同治十一年刊本。

去來徵調，徒增疲乏，無裨實用。非令各將帥多練馬隊，則無力兜追，剿辦殊難痛快。❷

所論頗能切中要訣，亦爲此後國藩設立四鎮採取圍堵戰略之張本。同月九日，鴻章奏派潘鼎新率淮軍十營（內有開花砲隊一營）由滬航海赴津。❸於閏五月初三日到達，而捻軍已休息南還，乃移紮濟寧以爲北方之屏障。

先是國藩既奉督師之命，以「精力頹憊，不能再任艱鉅」爲辭，接連五次奏請另簡知兵大員，督辦北路軍務。五月九日復奏曰：「衰態更增，說話至二十句舌尖輒木強蹇澀，不能再說，以接見客人爲苦」。❹同月十三日再奏曰：「今則精力衰頹，公事廢弛，心神則無故驚怖，多言則舌端蹇澀，自問蒲柳之姿，萬難再膺艱鉅。即久駐徐州專辦十三府州捻匪，亦自度能言之而不能行之。」❺而清廷不准，不得已將篆務於五月二十二日交鴻章接辦，二十五日自南京督師北上。時金陵未撤湘勇約十六營，聞有山東之行，紛紛告假求去，勸諭三日，人心始定❻。隨行者僅張詩日一營，不得已檄調駐防皖南北劉松山、易開俊二部北征。松山部

---

❷ 李文忠公全集奏稿卷八，頁三六至三七。
❸ 同上書奏稿卷八，頁五十二。
❹ 曾文正公全集奏稿卷二十二，頁卅九。
❺ 同上書。
❻ 同上書奏稿卷二十二，頁卅四至卅五。

下約三千人，自寧國開拔至龍潭，紛紛請假，不肯渡江。耽擱四五日，准假者千餘人，始於閏五月十四日自儀徵取道運河北行❼。而淮軍之參加作戰者則有劉銘傳之銘字軍，周盛波、周盛傳之盛字軍，張樹聲之樹字軍，以及潘鼎新之鼎字軍，約二萬七千人。以後陸續增加李昭慶、劉秉章、楊鼎勳、劉士奇、吳毓芬、王永勝等軍，總數約六萬人。閏五月二十一日，國藩在清江浦奏陳剿捻方略，略曰：

> 將來安徽即以臨淮爲老營，江蘇即以徐州爲老營，山東以濟寧爲老營，河南以周家口爲老營，四路各駐大兵，多儲糧草子藥，爲四省之重鎮，一省有急，三省往援，其援軍之糧藥即取給於受援之地，庶幾往來神速，呼吸相通。❽

其所擬戰略同於五月六日鴻章之建議。同月二十九日國藩進駐臨淮關，乃以劉銘傳駐周家口，張樹聲駐徐州，劉松山駐臨淮關，潘鼎新駐濟寧，「以有定之兵，制無定之寇。」❾命鄉民設立圩寨以爲守，「四路皆有重兵，則無此剿彼竄之虞，各縣皆有圩寨，則無擄人擄糧之患。」乃佈告應行事宜四條：㈠堅壁清野，㈡分別良莠，㈢發給執照，㈣詢訪英賢❿。而剿捻之戰

❼ 曾文正公手書日記同治四年閏五月十二日條。
❽ 曾文正公全集奏稿卷廿二，頁五七至五八。
❾ 同上書卷廿二，頁六十八。
❿ 王安定「求闕齋弟子記」卷十一，頁九至十。

略因以確立。惟以湘淮軍均爲步兵，軍火砲械笨重，行軍不如捻軍之便捷。六月三日淮軍提督周盛波、劉銘傳等，敗捻軍於皖北雉河集，捻軍分作二股流竄：梁王張宗禹、淮王邱遠才等，自河南柘城、商邱、太康西趨，是爲北路。遵王賴文光、魯王任柱、荆王牛洪等，由太和、沈邱、陳州西趨，是爲南路。八月初四日，國藩自臨淮移駐徐州，鑒於捻軍多騎兵，乃整頓馬隊以供追敵之用。九月初六日，清廷以河洛現無重兵，豫省又無著名宿將可以調派，命鴻章督帶楊鼎勳等部，馳赴河洛一帶扼要駐紮，以顧山陝門户，俾國藩得以專力於東路⓫。九月十九日，國藩奏請阻其行。以「目下賊勢仍趨重東路，秦晉暫可無患。」「李鴻章視師河洛，該處現無可剿之賊，淮勇亦别無可調之師。」⓬ 十月初八日鴻章覆陳兵勢不能遠分，餉源不能專恃，軍火不能接濟。略曰：

臣籍隸廬州，實在淮南，所部淮勇則廬州、六安、安慶、揚州人等居多，皆濱江之處，於長江上下防剿最宜。軍士戰於其鄉，亦較得力，其性情風氣與淮北迥殊。……用之於江淮南北千餘里内必可指揮如意，若遂漸調移山東、河南邊境，尚能勉强相從。若遽遠赴河、洛、山、陝，並預備剿除京東馬賊，甘肅回匪之用，水土不習，誠恐遷地弗良，勇心渙散，不獨素食穀米驟改麥麵一端爲可慮也。……

⓫ 欽定剿平捻匪方略卷二百四十四，頁十一。
⓬ 曾文正公全集奏稿卷廿三，頁十七。

臣若赴豫欲圖兜滅此捻，必須多練馬隊，以備衝突，廣置車騾以資轉運，需餉甚鉅。豫中蹂躪已久，力難供應，若專指蘇餉，目下蘇滬稅釐分供前敵淮軍已虞飢潰，再添募馬步，人數益衆，道路益遠，勢必不支，臣一經離任，恐亦不能遙制，此餉源不能專恃之實情也。……

臣若遠赴他省，則砲局與鐵廠久必廢弛，不但技藝不能漸精，且慮工需多有缺乏，而臣軍接濟亦將有斷絕之時。臣部將士皆已熟習洋器，慣用剿賊，設此後臨敵不能應手，或遠道解運不及，將若之何？⓭

清廷從之，乃罷前議。是時淮軍惟劉銘傳所部爲大支，而以敢戰稱著。清史本傳載曰：

銘傳壁周家口，連破捻於瓦店南，頓解扶溝之圍，國藩以其兵精捷，改爲游擊之師。於是詔授直隸提督，仍命率師援鄂，克黃陂，追北至穎州，破之茅屋店，兼旬之間，逐賊千七百里，優詔褒美。⓮

曾嘯宇「談劉銘傳」，謂銘傳納幕僚朱明經建議訓練馬隊情形曰：「時討捻之師久無功，劉公

⓭ 李文忠公全集奏稿卷九，頁五三至五五。
⓮ 引自劉壯肅公奏議，頁九四至九五，文海出版社近代中國史料叢刊本。

憂之，默存（按：朱明經字）笑曰：『捻如馬賊，官軍欲步武勝之，如何哉？惟以捻法制耳！』劉公大悟，即日燃短香，置巨金壁門外，令曰：『能刻寸香繞六營帀，首至者取此。』軍士皆樂奔赴，最後並有刻寸香繞十四營三帀者。」[15] 銘字軍遂以精捷稱著。

國藩督師期年，師久無功。一則淮軍不爲己用，指揮未能靈便。同治四年（一八六五）夏，國藩爲此致書鴻章曰：

> 以私事而論，君家昆仲開府，中外環目相視，必須有一人常在前敵，擔驚受苦，乃足以折服遠近之心。而幼泉（按：李昭慶字）之才力器局亦宜使之發憤自強，若戰立功，不必藉諸兄之門蔭以成名。以公事而論，目下淮湘諸軍剿捻似秀才考二三場時，視之無關得失，潦草塞責，若非僕與閣下提起精神，認眞督率，則賊匪之氣日進日長，官兵之氣日退日消。若淮勇不能平此賊，則天下更有何軍可制此賊，大局豈復堪問？吾二人視剿捻一事須如李家曾家之私事一般。……若六七月毫無起色，國藩當奏請閣下北征剿捻，蓋鄙人不能上馬督戰，閣下能匹馬當先，不過偶率一二次，而士氣振興百倍矣。……區區微忱，非強賢昆仲以所難，實見捻匪非淮勇不能滅，淮勇非君家不能督率。[16]

---

[15] 載國聞週報第十二卷第卅六期，民國廿四年九月版。

[16] 曾文正公全集書札卷廿五，頁廿五至廿六。

復致鴻章弟李昭慶書曰：「淮勇隊伍之整，器械之精，迥非各部所及；惟驕矜輕敵之心蘊之甚堅，又於聖人臨事好謀之訓不甚厝意，欲抑之則恐餒其氣，求閣下善爲勸誡，俾諸統將皆沈愼好謀，而氣不少滅則妙矣。」⓱可見其内心之怨懣。再則國藩精力衰竭，自始即無戡定捻亂之勇氣與決心。試舉其同治四、五年（一八六五、一八六六）督師期間日記數則，以見一斑：

（同治四年六月二十五日）日内體中不適，每於早飯後困憊，若不克自持者，中飯後亦然。又有腹泄之疾，本日瀉凡三次，諸事癈閣，本日遂至不辦一事，即見客亦係勉强支應，老境可嘆，而頹惰亦可愧也。

（同治四年八月二十日）因心緒不安，借棋消遣，而神爲之昏，志爲之荒。

（同治四年十月二十二日）二更後倦甚，又似畏寒者，老景侵逼，頹然若難任也。

（同治五年二月初十日）二更後忽然頭暈，若不自持，小睡片刻，三點睡後彌復昏暈，右腿麻木，似將中風者，殆因昨夕憂煎不寐，本日説話太多，夜間治事太細之故，輿然老境駸駸不復所有爲矣。

（同治五年五月十三日）聞捻匪張、牛、任、賴兩股均集於徐州城外，各軍熟視而無如之何，焦灼無已。

⓱ 同上書書札卷廿五，頁廿五。

（同治五年十二月十八日）此歲諸軍五萬人入楚，合之鄂軍將七萬人，乃鄂軍兩次挫衄，而客軍未及一戰，深爲可惜。而余以衰病，爵位不獲，從違兩難。

（同治五年十二月卅日）本年治軍毫無成效，捻匪較去冬之勢更盛，殊爲焦灼，惟一年看書未甚間斷，三禮略有所得。

（同治六年二月初二日）本日説話太多，遂若衰頹不堪者，蓋自此學問德業日見其退。

同年七月，御史朱學篤劾國藩自督師以來，捻勢「蔓延愈廣，迄未大受懲創。」⑱十一月，御史穆緝香阿復劾國藩「督兵大員日久無功，請量加譴責。」⑲清廷雖爲之剖辨，而國藩益不安於位。同年八月國藩自周家口大營所致鴻章書曰：「聞都中議論紛騰，是非歧出，鄙人衰年多病，不敢與人爭辨，但求免於大戾。」⑳乃奏請朝廷飭命鴻章攜帶兩江總督關防，馳赴徐州就近指揮各軍㉑。十月十三日，復奏請以奉命剿捻一年零五月毫無成效，請將所得封爵暫行註銷，另簡欽差大臣接辦軍務，個人以散員留營效力，不主調度賞罰之權㉒。八月二十九日，清廷乃命鴻章駐紮徐州，指揮徐、海、淮、泗各府軍事。十月二十日，清廷復命欽差大臣關

---

⑱ 欽定剿平捻匪方略卷二五八，頁廿一。
⑲ 清穆宗實錄卷一八九，頁七。
⑳ 曾文正公全集書札卷廿五，頁卅九至四十。
㉑ 同上書奏稿卷廿四，頁七十一至七十二。
㉒ 同上書奏稿卷廿五，頁十五。

防由李鴻章暫行署理，曾國藩著賞假一月在營調理，就痊以後即來京陛見㉓。十一月初一日乃命曾國藩回兩江總督本任，改授李鴻章爲欽差大臣，專辦剿捻事宜㉔。於是剿捻重任遂由鴻章所擔承。

同年九月十二日，捻軍大會於河南陳留、杞縣，分爲二支：魯王任柱、魏王李允，與太平軍遵王賴文光、首王范汝增等，東北走山東，是爲東捻。梁王張宗禹、幼沃王張禹爵、德王邱遠才西南走陝甘，是爲西捻。西捻僅係「往連回衆，以爲犄角之勢。」故其實力不若東捻遠甚㉕。

三、尹隆河戰役

鴻章既奉督師徐州之命，九月九日自江寧渡江北上，十月三日抵達徐州，重新佈署剿捻軍事。命李昭慶所統四營守禦徐州城廂內外，王永勝所統十一營進紮皖徐交界之雙溝，劉士奇所統七營進紮運河西岸，劉銘傳、潘鼎新等部回師東援㉖，淮軍士氣爲之一振。十月廿六日，劉銘傳大敗東捻於山東曹縣，賴文光、任柱被迫南走，取道河南歸德、陳州，於十一月

㉓ 欽定剿平捻匪方略卷二六一，頁三四。
㉔ 同上書卷二六二，頁十三。
㉕ 參照賴文光自述，見清史資料第五輯第五册，頁三五二，民國五十八年一月台聯國風出版社版。
㉖ 李文忠公全集奏稿卷十，頁四九至五十。

十六日破湖北麻城。十二月六日敗提督郭松林於鍾祥，松林重傷。十二月廿一日與總兵張樹珊大戰於德安新家閘，樹珊戰死，所部六營盡覆㉗。同治六年（一八六七）正月十五日，遂有尹隆河之大戰，亦爲剿捻軍事勝敗之關鍵。此役淮軍劉銘傳部大敗，總兵唐殿魁、田履安均戰死。幸湘軍鮑超部適時趕至，始轉敗爲勝，捻勢自此一蹶不振。關於此次戰爭經過，薛福成「書霆軍尹隆河之役」記載甚詳：

> 六年春正月，霆軍銘軍會於安陸，賊走踞楊家墠、尹隆河等處；於是霆軍駐臼口，銘軍駐下洋港，期以庚午日辰刻進軍夾擊。先是劉鮑二公意氣不相下，鮑公自謂宿將，殲勍寇，功最多，劉公後起，戰績不如霆軍遠甚，乃亦比肩爲總統，意稍輕之。劉公謂鮑公勇而無謀，僅一戰將才耳！顧聞其威名出己上，尤邑邑不怡，然此時鮑公志在協力剿賊，無他意也。劉公召諸將謀曰：「度我軍之力可以破賊，若會合霆軍而獲捷，霆軍必居首功，且謂我因人成事，不如先一時出師，俟翦此寇，使彼來觀，亦當服我銘軍之能戰也。」乃於庚午日卯刻秣馬蓐食，由下港逼尹隆河，賊隊盡在隔岸，劉公分五營留護輜重，躬率馬步十五營渡河鏖之。任柱以馬隊撲左軍，牛洪撲右軍，賴汶光、李允合撲中軍。左軍劉成藻五營先遇賊，不能支，敗退渡河。任柱來攻中軍甚急，惟右軍唐殿魁擊退牛洪，來援中軍，中軍亦亡敗退矣。群賊萃於右軍，唐殿魁及其營官

㉗ 同上書奏稿卷十一，頁三至四。

吳維章、田履安等力戰死之。殿魁銘軍之良也，師大奔，賊益縱，渡河追擊，銘軍崩潰。適霆軍以辰刻踐期而來，勢如風雨，張兩翼以蹴賊，酣戰良久，呼聲震十餘里，大敗賊衆，剗燬楊家埄、拖船埠、尹隆河賊館數百，生拴老賊八千有奇，殺賊萬餘，奪獲騾馬五千餘匹，救拔劉公及劉成藻等於重圍之中，暨銘軍將士二千人，奪還銘軍所失洋槍四百桿，號衣數千件，一切輜重軍械，及劉公之紅頂花翎，俱於次晨送還劉公營中。是役也，銘軍不先期出師則不敗，既敗無霆軍救之，則必全軍盡沒，鮑公疆自抑，若無幾微德色。劉公內慚，不可以言，自以訾謷霆軍久，邂逅擊賊，一敗一勝，慮爲霆軍所笑，益恚不能自釋。謀之主文案者，具牘報大帥合肥李公，大旨謂：霆軍既約黎明擊賊，未能應時會師，銘軍孤進，初獲小勝，忽後路驚傳有賊，隊伍稍動，不知實霆軍也。我軍抽五營過河，還保輜重，賊瞯暇來撲，以致大敗。我軍復奮與相持，會合霆軍迎擊，遂獲全勝。李公據以入告者如此。蓋歸咎他營，歸功本營，固咸同用兵以來數十年之積習，不獨銘軍爲然，李公之右銘軍左霆軍，亦事勢所必至。李公新握兵符，亦頗慮鮑公不秉節度，鮑公疏陳獲勝狀，並據實咨報李公，李公已先入劉公言，幕府執筆又稍有揚抑，軍機大臣左都御史汪公元方，謂鮑超虛張戰功，言盡不讎，彼既懲期貽誤，又驚動銘軍，以致大敗，若科以失機與掩飾之罪，鮑超可斬也。先是左文襄公嘗密疏言鮑超驕橫，已面折之，左公方將入關剿回寇，屢請廷旨趣霆軍入關，其意蓋欲朝廷稍摧折之，然後羅爲己用也。汪公不省左公權略，頗篤信其辭，又不知鮑公實有大功也。故平生遇事不甚可否，此次持議獨堅，且云：不一懲艾，不

足僘驕將。同列均以爲疑，乃僅擬嚴旨責之。㉘

其言大致可信，黃壽鴻「清史紀事本末」據之㉙，已可成爲定論。惟當時鴻章之奏報，避重就輕，頗有意爲銘傳洗刷。其初聞銘軍戰敗消息，同年二月初一日之上奏已顯失公平，略曰：

疊接鄂省探報，鮑超、劉銘傳剿任、賴捻股，於安陸府屬之楊家垗、尹隆河一帶。正月十五日劉銘傳統軍先至，迎擊獲勝，追逐四五里，因軍中訛傳後面有賊，分隊回救，賊衆悉力回犯，銘軍挫退，兵將頗有折損。幸鮑超督隊接應，奮力轟擊，殺賊數千，大獲勝仗，該逆仍向安陸西路竄去。㉚

及接劉銘傳不實軍報，更藉口銘軍此次之敗，係由鮑超期會誤時所引起。故二月初八日復奏曰：

㉘ 庸盦海外文編卷四，頁五十三至五十七，光緒乙未孟冬刊本。
㉙ 黃壽鴻「清史記事本末」卷五十二「捻事之起滅」，下册，頁三六三至三六四，民國五十二年二月三民書局影印版。
㉚ 李文忠公全集奏稿卷十一，頁十。

茲接劉銘傳文稱：正月十四日由安陸馳抵下洋港，知賊衆麕聚尹隆河，與鮑超函約次日分道前進，霆軍由西而東，銘軍由北而南，以期兩面夾擊。十五日辰刻，銘軍先至尹隆河，望見賊股均紮對岸，當將輜重寄放河邊，留王德成、龔元友兩營護守，劉銘傳即督部過河進剿，馬賊千餘向北包抄，步賊繼進，經陳振邦、保成等率馬隊擊敗騎賊，而步賊亦向南遁，我軍馬步分追四五里，忽後路驚傳有賊，疊次飛報，不知係霆軍亦由此路進也。劉銘傳恐後路有失，兩營守護太單，復由前敵抽派步隊三營，馬隊二營，回顧後面，賊見我軍抽隊過河，悉力回犯，劉銘傳以十二營分三路迎剿，任逆率衆先僕左軍，牛逆撲犯右軍，賴、李二逆抵拒中軍，中左兩軍尚未交手，而任逆大股已將左軍全隊包裹，劉盛藻鏖戰多時，漸不能支，劉銘傳當令黃桂蘭、張士元、李錫增三營暫舍賴、李兩股往救左軍，行不數武，左軍已敗退過河，李錫增見賊追左軍，奮力衝擊，深入賊中，中鎗陣亡，賊即乘勢擁進，復將中軍圍住，唐殿魁急率部援救，詎任、賴、牛、李各股併力包抄，劉銘傳親率中軍且戰且退，右軍衝突不出，唐殿魁率部戰至河邊，殺賊無數，賊衆攢圍，馬斃墮水，與營官田履安、吳維章同時陣亡，弁勇陣歿六百餘名，賊衆馬步全行過河跟追，劉銘傳督飭王德成、龔元友等接應擊退，賊敗過河，鮑超乘勢踵進分剿，大獲全勝，殺賊數千。並准曾國荃函稱：是日劉銘傳，所部殊死戰，頗爲喫力，各情前來。臣查劉銘傳剿賊向稱得力，自四年四月親王僧格林沁殉節後，捻勢猖獗，尚賴劉銘傳督隊苦戰，兩載以來屢挫賊鋒，未曾稍敗，惟去年三赴山東兩入湖北，往來徐豫皖各境，逐賊而行，寒暑無間，該部步隊居多，勞苦疲乏，遠過他軍，該提督血性忠勇，平素好戰輕敵，曾國藩與臣皆慮飢疲日久，或有意外之挫，疊經批函勸戒，令其益加持重，不料尹隆河之役接仗過猛，又因鮑超期會偶誤，致有此失，幸霆軍援應奮勇，再接再厲，乘機大捷，轉敗為功。㉛

是說為劉銘傳清史本傳所依據㉜。亦為鮑超所憤激不平。同年正月二十五日鮑超奏報尹隆河之戰經過曰：

正月初八日，臣督兵趣至郢城，捻逆已遁往舊口，適准撫臣曾國荃函稱：下游東北兩路要隘均已派有大軍，囑臣與劉銘傳兩軍由西側進剿。適奉諭旨，飭臣兼程赴陝救援，臣亟應兼程入關，惟賊牽掣我軍未能西向，其時劉銘傳追賊抵郢，因與熟商兩路夾擊。十三日劉銘傳軍由東路下洋港前進，臣軍沿河直向舊口，該逆已先遁楊家埲、拖船埠、永樂河一帶盤踞。十五日兩軍並出，辰刻臣軍將抵楊家埲，而劉銘傳先進遇賊，已為該逆大股所敗，臣當令總兵宋國永、陳由立等分路迎敵，該逆猛力來犯，我軍鏖戰一時之久，賊之前隊已敗，後隊復蠭擁而來，宋國永等奮勇直前，總兵譚勝達等張兩翼繼之，乘勢殺入，抄賊歸路，臣督飭各軍一齊猛進，賊勢不支，登時潰敗，我軍四面

㉛ 同上書奏稿卷十一，頁十四至十五。

㉜ 劉壯肅公奏議，頁九十五。

圍剿，追殺六十餘里，踏毀楊家埣、拖船埠、永樂河賊館數百處，生拴老賊數千餘名，共約斃賊一萬有奇，救出裹脅難民甚衆，奪護贏馬旗幟刀矛無數。據生拴賊供，僞魯王任懷邦受傷甚重，僞遵王賴文光不知下落等語。陣亡之提督銜候補總兵陳永康、候補總兵王開國、副將柳金山、參將張金魁、游擊李宏勝、李占彪，均因力戰陣亡。[33]

所奏大致可信，陳昌「霆軍紀略」採之[34]。諭命湖北巡撫曾國荃覆查，國荃竟誤鮑超所奏不實，謂銘軍所剿者任柱，霆軍所剿者賴文光，是時捻勢任強而賴弱，故霆軍勝而銘軍敗。鮑超鬱憤，乃告疾開缺。鴻章六次咨催，五次函勸，調霆軍由南陽取道信陽、羅山、光山、固始東進，鮑超終不應命。國藩爲此於三月初自金陵致書鮑超，有所慰解，略曰：

> 月初接奉寄諭，始知閣下有引疾求退之請，正欲作函詢候起居，適接尊函，並致送二月十七日疏稿，又接李少荃來函，並抄與尊處，往復數書，亦悉閣下以上元日之捷，與舍弟遵旨覆奏情形不符，不無芥蒂。舍弟疏中所稱銘軍係與任股接仗，霆軍係與賴賊交鋒，益誤聽擒賊之供詞，賊中任強而賴弱，人人共知，擒賊之供，蓋心中實畏霆軍，而口中故作不畏霆軍之辭。以爲霆軍所攻破係賴股之弱者，非破任股之强者，作

---

[33] 欽定剿平捻匪方略卷二七〇，頁十七至十八。

[34] 陳昌「霆道紀略」卷十二，頁五至八，文海出版社近代中國史料叢刊本。

此誇張之辭，以欺騙舍弟。舍弟既不知任賴強弱之逈殊，又不知擒賊之大言欺騙，遂據此語以入奏，致閣下正月十五日之奇功，五日窮追之苦戰，幾致埋沒一半，宜閣下憤憤不平，浩然思歸也。惟舍弟此次奏片之錯，由於誤聽擒賊欺騙之言，而平日於閣下實深愛而敬佩之，數年來舍弟寄敝處家信數十封，無一封不稱閣下之好也。自去秋至今春，寄諭多責備閣下之詞，閣下告病開缺，知者以爲與舍弟新有隙，不知者或疑爲於朝廷微有怨望，雖寄諭亦疑其要挾。人生在世，所爭者名耳！古來賢將帥以流傳萬世，不過得一忠字美名耳！閣下苦戰十餘年，久著忠勞之美名，豈可因與舍弟小有嫌隙，而令外人疑爲要挾乎？……僕欲勸閣下力疾治軍，又恐閣下名望大減。僅爲舍弟奏片錯誤，則僕當代爲負荆謝過；若別有鬱抑之處，則請閣下勉強忍耐。古來忠臣未有不多受磨折者，幸無堅執爲荷。㉟

鮑超稱病篤終不出，所部三十餘營分別留散，霆字軍遂廢。而銘軍雖敗，卹死撫傷，簡補士卒，數月之後，復成勁旅。國藩致鴻章書曾曰：「省三有過人之聰明，所慮者亦恐其棘手之際或不耐煩，望公常以此二字勗之，講求紀律，禁止騷擾，即耐煩中之第一義，亦淮湘二軍之令望也。」㊱蓋係有感而發也。

㉟ 曾文正公全集書札卷三十一，頁二至三。
㊱ 同上書書札卷二十六，頁十二。

四、東捻之肅清

同治五年（一八六六）十月二十七日，鴻章於謝署欽差大臣瀝陳大略摺中，認爲今後剿捻之戰略：「應用謀設間，徐圖制賊，或蹙之於山深水複之處，棄地以誘其入，然後各省之軍合力三四面圍困之。或陰招其飢疲裹脅之衆，使其內亂殘殺；否則投降免死，給資遣回，以解其窮蹙致死之心，而披離其黨羽，或另有設守致困之法。」㊲同治六年正月十一日，清廷以鴻章爲湖廣總督，仍在軍營督辦剿捻事宜，以李瀚章爲江蘇巡撫署理湖廣總督。四月，東捻自湖北入河南。五月入山東，破運河長牆，過濰縣，趨平度、萊陽。以捻入膠東，鴻章乃創膠萊河防之策。六月二十日奏稱：「與其馳逐終年，流毒江、皖、東、豫、楚各省，不如棄一隅以誘之。與其往復運東濟、泰、兗、沂、青，及蘇之淮、徐、海各屬均受其害，不如專棄登萊以扼之。膠萊河之守不密，則登萊無險可扼；運河之守不密，則膠萊仍不足恃。賊蹤已向膠東，事勢至此，機會可圖。臣意必運隄與膠萊河兩防均已布定，乃可抽兵進剿，庶滅一賊少一賊，賊智自困，而兵力不疲。」㊳乃命劉銘傳、潘鼎新於膠萊河南北二百八十里分築長牆，會合豫，魯駐軍，分汛設守。

㊲ 李文忠公全集奏稿卷十，頁五七。
㊳ 欽定剿平捻匪方略卷二八〇，頁三十至三十一。

東捻聞歸路遮斷，七月二十日回師撲渡濰河，膠萊防軍復潰。七月二十六日鴻章抵濟南督師，因東捻已自日照南走江蘇贛榆，命各軍嚴守運河防務，以劉銘傳、郭松林、楊鼎勳三軍爲游擊之師，往來躡擊[39]。十月十七日，提督劉銘傳、杭州副都統善慶等，統馬步軍三十二營，追捻及於安邱、濰縣之交，一日三戰，東捻大潰，精鋭損失迨盡。二十四日復追敗於贛榆，任柱戰死，賴文光率餘衆繞道高密、諸城南走。關於東捻之敗，任柱之死，乃清軍縱反間之所致。薛福成「庸盦筆記」記其事曰：

同治五、六年間，捻衆竄突蘇、皖、鄂、豫、山東等省，黠猾以賴汶光爲最，而慓悍善戰莫如任柱，所統馬隊頗多。方諸軍劃運河而守，捻衆馬步約近十萬，盤旋濟、青、沂、海之間，行蹤猋忽，官軍追逐往往落後，實尚未能制勝。一日銘軍逐賊於安邱、濰縣之交，獲一賊目曰潘貴升者，訊知爲任柱帳下健兒，將殺之，貴升呼曰：「赦我，我願投誠。」其甥有唐姓者，在銘軍作哨官，亦願保而釋之。劉省三軍門聞之，呼貴升曰：「汝能爲我殺任柱乎？」對曰：「能」。乃畀以洋槍一枝曰：「此去若成功而返，賞汝三品銜花翎，及白金二萬兩。如不能殺，亦不汝責，汝相機爲之可也。」蓋劉軍門之意，本非望其必成，以爲即不能成，不過棄一洋槍耳！貴升執鎗馳馬而去，復歸任柱，任信而不疑，仍置帳下。明日復戰，貴升忽以槍擊任柱，殞於陣前，縱馬奔向官

---

[39] 清史列傳卷五十七「李鴻章傳」，頁四。

軍，告劉軍門曰：「我已殺任柱矣！」始猶不信，繼見捻黨不復耐戰。銘軍與諸軍連日大捷，賊勢如土崩瓦解，追至贛榆、沭、宿境内，降賊供稱任柱實死，乃賞貴升如前約。賴汶光既哭任柱而埋之，其黨震懼，潰散略盡。[40]

同年十一月初五日，鴻章之「查明鎗斃任柱情形並銘軍保案摺」，則謂潘貴升係自動約降，其刺殺任柱之經過與「庸盦筆記」所記頗有出入：

查潘貴升係任柱内五營頭目，素有膽氣，前於安邱戰勝，密信約降，遂投入陳鳳梧馬隊營内，願殺任逆圖功。是日接仗正酣，該降酋密商馬隊哨官鄧長安，於煙霧之際冒充賊中旗號，混入賊陣，乘任逆督戰不暇後顧，施鎗中斃，飛馬回陣，善慶等即乘勢率隊猛進。[41]

按捻軍領袖雖多，惟以任柱最爲兇悍，善將騎兵，飄忽不定，十餘年來剽掠數省，清軍無能制之者。任柱死後，東捻遂潰不成軍。

十一月二十九日，提督劉銘傳、郭松林、副都統善慶、提督楊鼎勳等，再敗東捻於山東

---

[40] 薛福成「庸盦筆記」卷二，頁十二至十三。

[41] 李文忠公全集奏稿卷十二，頁三六至三七。

壽光，首王范汝增戰死，劉銘傳等窮追百餘里，斬獲三萬，捻軍器械騾馬輜重拋棄殆盡，賴文光率餘衆千餘，再奔江蘇，由清江浦走高郵、邵伯，搶渡天塘河，竄至揚州東北灣頭，瓦窰鋪一帶。十二月十一日夜，爲淮軍道員吳毓蘭所擒獲，殘部除被俘外，紛紛投河死，東捻平。關於賴文光之被擒，鴻章於「生拴賴逆東捻肅清摺」中記其經過曰：

> 捻逆餘衆自壽光大捷後，南奔江境，由清（江浦）、淮（安）下走高（郵）、寶（應）、邵伯，疊經追軍擊敗，復竄揚州東北灣頭、瓦窰鋪一帶。……淮軍華子營淮勇即達道吳毓蘭稟稱：十一日戊刻，賊衆突至灣頭，立即出隊迎擊。……由運河東岸向前追殺，遇賊於瓦窰鋪，雨夜昏黑，逆騎數百拚死拒戰。五更時該逆縱火燒屋，志在逃逸，我軍冒雨直前砍殺，吳毓蘭於火光中望見一騎馬老賊，手執黃旗指揮，知是逆首，連放數鎗，賊馬創斃，餘逆紛紛投河淹斃。……據賊指認，生拴者實係逆首僞遵王賴汶光，該逆亦自認不諱，年四十一歲，面黃有鬚。[42]

而「湘軍志」則謂文光以勢不敵，自投於吳毓蘭營，其言曰：

> 十二月，東捻首賴文光率殘黨突渡六塘，循淮安、寶應、高郵南走，諸軍至者如風雨，

---

[42] 同上書奏稿卷十二，頁六十五至六十六。

文光知必死，下檄揚州防將吳毓蘭，歷詆官軍將領，而以毓蘭爲愈，使得己以爲功。乘夜投毓蘭營，軍中傳誦其僞檄，言至深痛，群帥嚴禁秘其事，使毓蘭謬上捷，言兩中陣俘之云。㊸

文光係太平軍餘黨，同治三年（一八六四）夏，金陵被圍急，自漢中回援天京，至湖北而金陵城破，始與捻軍合而爲一。與任柱相依爲命，任柱善戰，文光善謀。文光在清軍營中，曾自書供詞，述其起事經過。末云：「天不佑我，至於今日，夫復何言？古之君子，國敗家亡，君辱臣死，大義昭然。今余軍心自亂，實天敗於予，又何惜哉？惟一死以報國家，以全臣節，惟祈鑒核，早爲裁奪是幸。」㊹就其語氣觀之，文光係因軍心自亂，自投於清軍。則湘軍志所記應非捏造之詞也。

同月二十二日，清廷以東捻平，賞鴻章騎都尉世職，直隸提督劉銘傳三等輕車都尉世職，福建提督郭松林、湖南提督楊鼎勳、副都統慶善，賞騎都尉世職。其餘諸將均升賞有差。當是時皖北、豫東、蘇北各地，大亂之後十室九空，曾國藩於同治六年（一八六七）春，自徐州回任兩江總督途中，據其日記所記：「自北征以來，行經數千里，除兗、徐略好外，其餘目之所見，幾無一人面無飢色，無一人身有完衣。忝爲數省軍民之司令，憂愧實深。又除未

㊸ 王闓運「湘軍志」卷十四「平捻篇」，頁六。

㊹ 引自清史資料第五輯第五冊，頁三五二至三五三。

破之城外，鄉間無一完整之屋，而余家修葺屋宇，用費數千金，尤爲慙悚。」㊺可爲真實之寫照。

五、西捻之殲滅

同治五年（一八六六）九月，張宗禹、邱遠才自河南陳留、杞縣西竄，經陝州、華陰，於十一月逼近西安。清廷從曾國藩請，命鮑超、劉秉章、劉松山諸軍追剿西捻。同治六年（一八六七）正月一日，復任左宗棠爲欽差大臣，督辦陝甘軍務。時鮑超所部分紮豫、鄂之交，宗棠檄令隨同西征。二月初八日鴻章之上奏，則認爲西捻之勢不如東捻，張宗禹西竄之目的，在圖與回匪勾結，而回匪志戀根本，未必肯爲所用；況秦地瘠苦多山，西捻終必回竄。鮑超西征，不過驅西捻東來；故仍主鮑扼紮原防，全力先剿東捻㊻。所論不爲無見。

同治六年（一八六七）三月，西捻久攻西安不下，爲總兵劉松山所敗，北走三原、富平。九月，劉松山追至，復走洛川、甘泉、安塞、綏德等地。十一月，自宜川乘冰渡黃河，入山西境，攻垣曲未下，南走河南濟源。左宗棠追剿不及，同治七年（一八六八）正月，西捻復自河南臨漳進入直隸保定境。四月，攻靜海，遂逼天津。京師戒嚴，清廷命恭親王奕訢會同

㊺ 曾文正公手書日記同治六年二月二十日條。
㊻ 李文忠公全集奏稿卷十一，頁十二。

神機營王大臣辦理巡防事宜。時東捻初平，淮軍百戰之餘，士卒面無人色，手胼足胝，衣履不全，疲憊不堪，馬匹倒斃大半[47]。而清廷以軍情緊急，於正月初一、初四、初七、初八等日，迭次嚴諭鴻章，飭催劉銘傳、善慶等迅赴河北進剿[48]。十二日復以西捻竄入直隸，直隸總督官文、陝甘總督左宗棠交部議處，欽差大臣李鴻章應援不力，拔去雙眼花翎，褫去黃馬褂，革去騎都尉世職。時清軍漸集，騷擾閭里，鄉民多怨之。湘軍志載稱：「(清軍)頗多掠商民居市，直隸民患之，相約格殺，日有狠鬥，戎服乘馬車十餘人猶不敢輕行，枉殺者不可勝計。」[49] 西捻勢因之大振。

鴻章既奉協剿西捻之命，於正月十二日奏稱：「臣軍專剿任、賴等股，力竭筋疲，已成強弩之末，劉銘傳適因傷病，暫難遠征，諸將亦多告疲乏，休養整頓實需時日。」[50] 乃請飭命直省各地援剿辦東捻例，堅壁清野。奏曰：

張總愚本極狡猾，又係窮寇，南有黃河之阻，必致縱橫馳突，無處不流，百姓驚徙蹂躪，詎有已時，徒深浩歎。且畿疆河北平原曠野，古稱四戰之地，無險可守。辦流賊與辦守城踞寨之賊情形迥異，流賊專於避兵，守此則竄彼，迎左則趨右，交臂旋失，

---

[47] 同上書奏稿卷十三，頁八。
[48] 參照欽定剿平捻匪方略卷二九四至二九五。
[49] 湘軍志卷十四「平捻篇」，頁六。
[50] 李文忠公全集奏稿卷十三，頁二至三。

情勢使然，非盡兵將之不力也。……今欲絕賊糧斷賊馬，惟有苦勸嚴諭直隸、山西、河北紳民，趕緊堅築圩寨，一有警信，收糧草牲畜老弱壯丁於內，既自固其身家，兼以制賊死命，及今爲之，亡羊補牢尚未甚晚，若待深受荼毒再議補築，經費更難措籌。[51]

正月二十八日，復奏圈賊之策。略曰：「臣懸揣局勢，惟懷慶、衛輝北阻太行，南逼黃河，地形較狹，似可設法圈制。若左宗棠、趙長齡等趕派軍嚴扼澤、潞各山口，及垣曲來路，使其無可竄遁，憑山設險，本易爲力。各軍由東北節節兜迫，過廣平、大名後，或分紮漳、衛各河，或進扼懷慶之沁河，機局更緊。再派隊蹙之一隅，仍仿照上年扼賊運東，稍需時日，冀收聚殲之效。」[52]二月十一日，鴻章親至德州督師，所部提督郭松林、楊鼎勳，藩司潘鼎新，總兵周盛波、周盛傳，以及副都統善慶、溫德勒克西等，馬步各軍陸續分道兼程北上。獨劉銘傳百戰之餘，「積受寒濕，傷疾並發，手足麻木，瘡癤偏體」，未能從征。乃休軍邳州，返籍療養[53]。

三月十日，鴻章至大名。十五日左宗棠續至。四月五日，西捻攻至天津濠牆外十二里之

[51] 同上書奏稿卷十三，頁四。
[52] 同上書奏稿卷十三，頁十三。
[53] 同上書奏稿卷十三，頁一。

稍直口，法兵船及洋鎗隊教官英人柏郎（Brown）禦卻之，張宗禹自靜海南走山東高唐州。鴻章乃與宗棠及山東巡撫丁寶楨議定，就馬頰河西北岸至陵縣、臨邑一帶圍築牆濠，作爲裡圈。就運河、滄州減河間圍築牆濠，作爲外圈，引誘張宗禹入圍[54]。清廷以西捻擾天津，四月十五日將李鴻章、左宗棠均降爲二級留任。二十四日，復嚴諭限一月之內肅清捻軍。

閏四月初八日，張宗禹由直隸東光猛撲運河，爲提督劉松山、總兵張曜所敗。五月二十七日，劉松山、郭松林、周盛波等連破張宗禹於直隸南皮、吳橋。三十日復追敗於商河之李家坊，再敗之於樂陵之劉村，張總禹督率黑旗隊衝陣，中鎗落馬，子彈自背後穿小腹而出，西捻傷亡極衆，被拴千餘人，喪騾馬三千餘匹[55]。六月十二日，復敗之於濟陽，淮王邱遠才勢蹙降清，西捻遂不復成隊。

同年四月二十日，鴻臚寺少卿朱學勤劾直隸提督劉銘傳，身膺專閫之寄，畿輔地方皆所統轄，數月以來「晏然安居，視同秦越，殊負干城腹心之寄。」[56]請飭命李鴻章催令劉銘傳，迅速赴直，隨同剿捻。同日諭稱：

劉銘傳自剿滅賴汶光等股匪後，乞假養疾，該員本係直隸提督，值捻匪竄犯近畿，即

[54] 同上書奏稿卷十四，頁六。

[55] 同上書奏稿卷十四，頁一至五。

[56] 欽定剿平捻匪方略卷三百十，頁七至八。

應力疾銷假，以副專閫之寄。況假期已滿，若竟晏然安居，豈人臣急難赴公之義。著李鴻章催該提督統率所部，馳赴直隸、山東一帶，隨同該大臣剿賊，將此股捻匪迅速殄除，以圖報稱，儻或始終遷延，即由李鴻章參奏，以肅綱紀。[57]

鴻章、國藩迭致書於銘傳，銘傳始於五月十六日自安徽合肥北上，六月初八日到達山東東昌，十四日銘字營全軍集中德州待命。二十八日合福建提督郭松林、山東布政使潘鼎新、豫軍總兵張曜等，堵殲西捻餘衆於山東茌平南馮官屯運河圈套之內，西捻傷亡殆盡，張宗禹棄馬投徒駭河死，捻亂全平。七月八日，鴻章奏報張宗禹敗死經過情形甚詳，略曰：

> 張總愚於亂軍中先帶數十騎逃走，經官軍追急，餘賊潰散，該逆僅帶八人向東北林中走去，劉銘傳等派隊四路跟尋，杳無蹤跡。……據統領豫軍張曜稟稱：該營續收降賊王雙孜供稱，是日實隨張總愚逃至徒駭河邊，親見張總愚棄馬投河淹斃，當將王雙孜解送德州，臣督同候補京堂袁保恆等親提訊問，供稱跟隨張逆九年，二十八日之敗，張逆帶小兵八人逃走，王雙孜即在八人之內，張逆自稱罪孽已重，無可求生，先欲逃過黃河，無奈黃河水漲漫，萬不能近，走至徒駭河濱，勸令隨從七人各自逃命。張逆

---

57 同上書卷三百十，頁八至九。

即下馬脫衣，投水而死等語。58

清廷以捻亂平，七月初二日開復李鴻章、左宗棠等處分。初十日李鴻章、左宗棠著賞加太子太保銜，鴻章並以湖廣總督協辦大學士。晉封劉銘傳一等男爵，郭松林一等輕車都尉，宋慶、張曜、善慶、潘鼎新等均升賞有差59。而湘軍劉松山追捻數省，力戰破敵，以宗棠之請，十七日始賞穿黃馬褂，並賞給三等輕車都尉世職60。西捻之追剿劉銘傳並未參加，軍至旬日，攔截潰捻而收全功，爵賞在諸將之上，是二人之際遇有幸有不幸也。

（臺北，新時代雜誌，第十一卷，第十、十一期，民國六十年十、十一月，頁一九至二二，二六至三〇。）

---

58 李文忠公全集奏稿卷十四，頁二二至二三。
59 欽定剿平捻匪方略卷三一八，頁十六至十七。
60 左文襄公全集奏稿二十八，頁十三。

七　晚清雲南回變始末

前言

雲南爲漢回雜處省份，清代之邊疆政策，一向護漢而抑回，回民强悍成性，積久不平，時思報復。中葉以後，國威日替，漢回衝突逐漸增多，疆吏不能持平辦理，惟以屠回爲能事。及咸豐六年（一八五六）杜文秀、馬如龍等起兵，數月之間，滇省糜爛，昆明屢被圍，時因中原多故，聽其蔓延而已。直至同治十二年（一八七三）禍息，先後歷時達十八年之久。掃境殘破，漢回死者十之八九，災變之烈，空前罕有，誠人間之浩劫也。

一向官書所載，及雲南各屬所修志書，敘述漢回互鬥之事，涉回人必張大其過，言漢人則隱匿其短。記清軍則表揚其戰蹟，載回軍敗則詳書，勝則簡略；蓋皆出自漢人之手筆，對於回民掩善揚惡勢所必然也。若光緒十一年（一八八五）劉毓珂等重修之「永昌府志」，文中稱回作「狪」，杜文秀作「杜汶秀」。光緒二十二年（一八九六）清廷刊刻之「欽定平定雲南回匪方略」，雲南疆吏之奏報，亦以「狪匪」、「叛逆」、「狪逆」等詞加之於回民，對事實真像多所歪曲，殊失治史者應有之態度。蓋回變之起，回民好事野心之徒固不能辭其咎，漢民地痞惡紳劣吏亦難脱其責也。茲分就晚清雲南回變之發生及其演變，採取客觀立場，逐步加以討論，以證官書之不足信。

一、道光年間漢回之尋釁與仇殺

(一) 猛緬滅回

雲南在元朝以前，本無回教之蹤跡，一切禮教實未開化。至元年間，咸陽王賽典赤駐滇，種五穀，開河道，立學校，設老人房，建清真寺十二所於城內外，招徒設教，輔以官力，漢民入回教者駸衆。

明初沐英、傅友德久鎮雲南，所部多回教徒，子孫繁衍。惟直至清初，其總數尚不及漢人十分之一；然以教民性堅忍，善營商業，乾嘉之後，漸稱富庶❶。是時雲南承平日久，好事之徒顧盼自雄，鄉里之間時有爭鬥，風聲所播，漸有滅回之謠。

先是雲南雲龍州（雲龍縣）所屬白羊廠，盛産銀礦，漢回往來求利者良莠不齊。道光元年（一八二一）四月，漢回因爭廠，糾衆仇殺，漢人勢衆，回民死者九十餘人，是爲晚清雲

❶ 王鼎臣「清咸同間雲南回變紀聞」，曹琨（佩瑤）「騰越杜亂紀實」，均見「回民起義」第二册。

南漢回衝突之肇端❷。回民金有光等爲父兄伸冤，赴京上控，諭命雲龍州官究辦。州官但償死者家屬葬金，飭其領屍安埋而已。回民之冤未伸，而亂機隱伏❸。道光十三年（一八三三），保山縣屬七哨漢民，設牛叢會，擅殺回民，官吏不能制，回民之怨益深❹。

道光十八年（一八三八）十二月，署猛緬（緬寧縣）通判張循徵，與回民馬萬舉有嫌，擬在清真寺對面空地修建聖諭亭，回民因該地僅五丈，且非公產，乃集議築照壁以拒之，循徵誤萬舉所主使，嫌隙更不可解。道光十九年（一八三九）正月，猛緬惡紳楊耀斗、趙士志等，爲參將瑞麟送萬民衣傘，命回民出銀四十萬兩，回民不允，瑞麟大恨之。二月初六日，清真寺照壁動工時，楊耀斗乃遣四川客長楊奎等加以攔阻，並控告於巡檢田九如。初七日九如會同瑞麟出示禁止，回民咸懷不平。五月二十五日，楊耀斗、趙守志，與參將瑞麟、守備鍾得禮等，謀於城內壽佛寺，定於六月初八日大舉屠回。屆期千總朱澤文率兵把守各門，舉砲爲號，城內回民屠殺將盡，城廓附近之洪本村、那布村、街頭村、廳界村，共計回民七百五十四户，男女三千餘口，僅餘男四百餘人，女九百餘人，所有民居、店舖、清真寺盡成焦土。回民領袖馬名揚被綁至靈官廟，梟首解屍。初九日清軍分五路出城清剿回民，將距城七十里之遮奈村，距城一百五十里之幫東村，距城一百八十里之戛裏江，距城一百二十里之馬

---

❷ 王文韶等纂「續雲南通志稿」卷八十一，武備志「平定回亂略」上。
❸ 趙清（平湖）「辯冤解冤錄」，見「回民起義」第一册
❹ 「續雲南通志稿」卷八十一，武備志「平定回亂略」上。

江台，距城二十里之鑾紅村，回民一百七十餘户盡行殺戳，財物悉被掠奪，甚至刨毀墳塚，損壞碑碣。

猛緬回民初聞清吏屠回之謀，推馬元爲代表於六月初七日赴順寧，求救於知府魏襄，魏襄不應。猛緬屠回之後，初十日城内張帖知府告示：「清真寺改爲聖諭亭，房間作爲公所，漢夷俱不得侵佔。」遲至二十三日，魏襄始抵猛緬視察，其上奏竟稱：「得信當即馳往，回民被累，漢亦傷亡，查獲屍身四十餘具。」顯圖隱其事而卸其過。

七月十八日，新任通判張景沂抵猛緬接事，有回民來告者，張竟責以「回民刁惡，自招其害。」掌頰告者，起獲贓物，亦不准回民具領，回民情急，乃赴迤西道呈控。迤西道馬志變一面行文申飭張景沂，一面命回民歸猛緬領取贓物，並委專人查辦。旋即親赴猛緬勘驗，檢獲屍體五百餘具，乃賑濟難回，每人發銀五錢，受惠者一千四百餘人，共用銀七百餘兩。並會同臨元鎮總兵豐伸、雲南知府周澍，拿獲要犯百餘人，解省訊辦。其後回民馬文昭復至北京遞封章伸冤，馬發科亦赴都察院控訴，諭命雲貴總督桂良重審，桂良乃將順寧知府魏襄撤任，復命迤西道將被控文武員弁一併拘解來省，聽候查詢，事乃漸息[5]。

(二)永昌香把會之跋扈與回變之初發

先是永昌府(保山縣)所屬各縣漢民有燒香結盟者，名曰香把會，以哥弟相稱，橫行鄉

[5] 引自白壽彝「咸同滇變見聞錄」内「雲貴總督札一件」，及「緬寧回民叩閽稿」，均見「回民起義」第一册。

里，強悍少年，勢豪劣衿，競相加入。城廓內外，共有八處，是爲八把香哥弟。每把香內有大爺一人爲首領，城內有莊大爺，南門外有耿大爺，金雞村有孟大爺，板橋街有萬大爺，沙壩街有劉大爺，皆威勢駭人；其中尤以板橋街之萬大爺爲特甚，每逢外出，仿總督儀衛，坐八抬轎，前後擁護至五六百人，各執兵器，地方官不敢攖其鋒。

向例每年三月二十九日爲保山縣五嶽大帝廟會之期，先二日縣民以八抬轎迎東南西北中五嶽帝像至萬壽亭院中安置，（按：萬壽亭俗呼「皇殿」，即供奉清帝「皇帝萬歲」牌位之處。）召僧道多人，誦經叩祝。復迎五嶽像至城南諸葛營東嶽廟祭祀，路經同豐街清真寺，回教學生觀望者，輕視漢人所爲，妄言譏誚，甚至以甘蔗渣果皮等物投擲五嶽轎前，以相取笑，漢民憤怒，始則口角，繼則鬥毆，今年如是，明年復然，雙方仇怨日深。永昌府及保山縣曾嚴究肇事回民，然刁賴滋事者仍不稍止❻。

又保山縣龍泉門外有龍泉寺，寺內有轉輪殿，俗稱人死後由此轉輪託生，故每年七月十日漢民在此作法事者甚衆。回族輕薄少年乘機調戲漢民婦女，雙方時有鬥毆事件發生。道光二十三年（一八四三）七月，漢回復大戰於龍泉門外，城內爲之罷市，知府陳桐生緝捕回首馬有德，籠治斃命，漢回仇恨愈深，香把會遂有屠滅回族之意❼。

保山縣屬之板橋街，共有居民一千二三百戶，其中回民約佔四分之一。道光二十五年

---

❻ 李元丙「永昌府保山縣漢回互鬥及杜文秀實行革命之緣起」，見「回民起義」第一冊。

❼ 劉毓珂「永昌府志」卷二十八，武備志「戎事」。

（一八四五）四月十四日，漢回少年各一人，歌唱於村頭。回少年唱曰：「稻草綁秧新接舊」，漢少年和曰：「回子趕豬公領孫」。回少年惡其污辱回人，始則口角，繼則鬥毆。回民張世賢糾眾千餘人來援，香把會盟正萬桂林，副盟萬重、張杰等亦率漢民相抗。漢民張占魁等被殺害，回民馬大、馬老陝等亦被毆傷。於是回民延楊忠爲教練，習拳棒於清真寺，將圖報復。保山知縣李嶸捕拏楊忠，餘人逃散，萬桂林等乘勢將清真寺折毀，回民以官不能保護，乃求救於雲州、緬寧、順寧等地回教徒。於是雲州大白象、九坎貓等八十餘人前來相助，他處回民有挾漢民前嫌相從者，有被脅迫入夥者，群至保山滋擾。

五月二十五日回民馬大、張世賢、張富等，糾眾千餘人，焚保山所屬樊家屯，窯上等地，沿途張帖傳單，不惹他處漢人，但與板橋萬林桂等爲敵。武生張占魁欲赴縣城報信，回眾截殺於途以祭旗。途經金雞村，漢紳香把會總太爺沈聚（聚成）率鄉民力戰，回眾死者數十人，乃退走猛庭寨，沿途搶掠，負固不出❽。

七月，居猛庭寨回眾，復聲言欲赴保山報復。雲南巡撫鄭祖琛命迤西道羅天池、委員恆文，赴永昌查辦。及新任雲貴總督賀長齡至省城，復以卸事迤南道周澍在滇日久，熟悉邊情，素爲漢回所信服，飭令星夜馳往，會同地方文武妥爲籌劃。並咨雲南新任提督張必祿，於接任之後，趁查看營伍之便，就近赴永昌一帶，督率將弁，嚴密堵禦各要隘，相機剿捕。必祿未至，八月二十九日，馬大、張世賢等率回眾千餘人攻思母車，焚枯河街、陶家寨，進犯大

---

❽ 參照「耐菴奏議存稿」卷十一「審辦永昌滋事匪犯摺」，「永昌府志」卷二十八。

田壩，丙麻，佔據東山、蓮花寺等地，世職高朗戰死，都司楊朝勳、守備潘惠揚，及清兵百餘人被俘，進距保山六十里，協都司楊春富，集潰兵退守陰山❾。

永昌回變既起，同年十月十日，清廷諭賀長齡等曰：「該回匪等因教習拳棒被縣查拏，疑爲漢民舉發，輒敢糾衆報復，既經設法開導，仍復堅持相抗，擾掠附近村寨，實屬頑梗異常。見據該督飭委迤南道周澍，會同提督張必祿，嚴密堵禦，毋任稍有疏縱，亦不得過涉張皇，總期邊防永謐，漢回相安，方爲妥善。」❿ 及聞回衆逼近永昌，同月二十二日復諭曰：

> 該匪等膽敢抗殺兵練，焚掠村莊，且逼近永昌郡城，猖獗已極。現經提督張必祿、王一鳳等分頭帶兵前往剿辦，自可迅就撲滅。惟永昌毗連順寧、雲州、騰越等處，漢回錯雜，順寧之右甸等處，爲該回匪後路，尤屬緊要，該督現已親往督辦，著與張必祿、王一鳳督率文武，激動將士，添派弁兵，迅即兩面兜剿，毋任竄擾滋蔓。首要各犯，務須悉數拴獲，勿使一名漏網，其安分良民，尤當隨時安撫，不可稍滋擾累。至永昌府知府金瀓於有事之時，藉病推卸，迭次批示文劄，置若罔聞，實屬荒謬，著先行革職，俟事竣從嚴查辦。署永昌協常景運，保山縣知縣李崢嶸，係該管地方，均難辭咎，著一併摘去頂帶，責令實力防護城垣，儻有疏虞，即行嚴參治罪。其署永昌營都司楊

---

❾「耐菴奏議存稿」卷十一「回匪逼近永昌親往督辦摺」。

❿ 清宣宗實錄卷四百二十二。

春富，不能實力堵禦，輒因衆寡不敵，畏怯逃跑，著革職拏問，鎖交大理府監禁，由該督審明治罪。並著查明潘惠揚、楊朝勳實在下落，餘著照所議辦理。⓫

足見清廷對永昌回變之重視。先是八月底迤西道羅天池既抵永昌，以城內回民衆多，城外回民猖獗，恐其內應，督帶兵練晝夜提防。以金雞村沈盈曾敗回衆，且聞其有邪術，能避槍砲，乃與永昌知府金瀓、保山知縣李嶧嶸、署永昌協副將常景運謀，召沈盈至城協防以滅回。予其印結，略曰：「永昌全體官員紳民，公請沈盈統率團丁，屠滅永昌回人，倘上司懲究擅殺之罪，與沈盈無涉。」於是沈盈挑選金雞村練勇三千人，於九月初二日二更潛至永昌城下，攀繩索以登。先由城內官紳密令漢民以敬門神爲名，焚香門上爲暗號，通夜不熄，練勇但視無香火之户，即破門屠殺，老少不留。回民死者四千餘，漏網脫逃避匿山林者僅數百人⓬。事後雲貴總督賀昌齡依羅天池等之報告，上奏其事曰：

> 是月初二日寅刻，忽聞城內清眞寺樓上，鎗砲齊發，各街巷回民四路殺出，喊聲沸騰，各弁立即開放鎗炮，奮力攻捕，燒其住房，保山縣練總沈聚成飛帶哨練，以一半在城外防截，一半入城赴救，合力圍打，而寺樓堅固異常，鳥機劈山等砲發至百餘出，分

⓫ 同上書。
⓬ 永昌府保山縣漢回互鬥及杜文秀實行革命之緣起。

毫無損，因火槍穿入窗户，將該匪私藏火藥一時轟起，寺樓盡傾，於是兵練得手，將該寺藏匿各匪，盡行擊殺。⓭

顯與事實不符，而回變仍不息。九月十三日回衆恨沈盈之屠回，由丙麻等地，直撲金雞村，騰越鎮中軍遊擊朱曰恭戰死，練目沈聚成之子沈振宗陣亡。會提督張必祿率大軍至，竭力督戰，自己至未，殺回衆百餘人，回衆大潰敗，逃回猛庭寨者僅三四百人而已⓮。

先是四川成都回民閔應奎，在永昌賣卜度日，與馬大等交素厚，及馬大等滋事，被清軍剿捕，應奎欲爲之助，乃於十月初改易道裝，至迤西柏葉樹、倖線幫、董草場、寶石場等地，煽惑野人，十一月二十一日，進攻杉木籠，思取道騰越至永昌，與馬大等合流。騰越廳李恆率兵迎擊，野人四散，二十七日拏獲閔應奎，解至永昌正法⓯。

同年十月，雲貴總督賀長齡抵永昌按問，訪聞回衆滋事係與香把會盟正萬桂林等結怨而起，乃將萬桂林斬決，其副盟正萬杰、張重發往極邊充軍。出示招回衆復業，其不願返永昌者酌給撫卹，隨地安插。惟屠回之清吏反邀封賞。同月二十三日清廷諭曰：「迤西道羅天池、鄧川州知州恆文、遊擊劉桂茂、練總沈聚成等，同心協力，加意提防，當黃夜倉猝之間，設

⓭ 耐菴奏議存稿卷十一「搜捕永昌府城内應回匪片」。
⓮ 同上書卷十一「進剿回匪獲勝及現辦情形摺」。
⓯ 同上書卷十一「拏獲邪術回民從嚴審辦摺」。

法剿捕，又能鎮靜不擾，使郡城得以保全，實爲奮勉出力，著該督迅速查明，破格保奏，候朕施恩以昭激勸。」[16]回民仍不服。

(三) 黃巴巴之倡亂與失敗

道光二十六年（一八四六）正月二十五日，有外來及永昌逃散回民百餘人，聚永昌所屬永平縣衙，訴稱：「永昌死難回民遺產應歸回民管業，無須官爲清查，應派役護回民認種，並賞銀數千兩以爲盤費。」署永平縣知縣景堯春告之曰：「田各有主，固不准漢民霸種，亦難聽回民妄認，致啓爭端，且國家經費有常，何能濫給回民。」回民以所求不遂，乃思叛變。有黃巴巴者，熟習可蘭經，謊稱能閉鎗砲，不懼清軍，以相煽惑。並言破永昌後，助力者得財分享，助財者十倍償還。回首張富、蔡阿洪、馬小老、馬良、朱洪元、馬逢山、木汶達、楊秉鈞、田祿等從之，輾轉糾合，聲勢大盛。乃以保山縣屬之猛庭寨爲根據地，屯積糧米火藥以禦清軍[17]。藉口去年永昌屠回，四處張貼檄告，以圖報復，文曰：

> 彼夫永昌團匪者，勢積億萬，性同梟獍，始困吳令於佛寺，幽餓三日，協台知府莫可如何？兇燄愈張。繼則桂制軍巡閱，抗不供役；葉學院歲試，擅拆差房。旋於科試團

[16] 清宣宗實錄卷四百二十二。
[17] 耐菴奏議存稿卷十二「審辦永昌滋事回匪並安插良回摺」。

內子弟有未取入者，膽敢糾集千多人闖入學闈，辱罵學憲，凡有盜案命案，俱是團頭具結，其藐官抗法非一日矣。吏治廢弛莫甚於此，何怪屠殺回民也。

回民自悉宜白羊等廠被殺，猶辨曰川湖匪殺也。至緬寧則官兵助漢殺回，搜殺者五十日，被戮者二千人，而上憲化大爲小，因此匪人得計，效而尤之，搜殺雲川，攻殺順城，燒殺習臘，圍殺中山二村，惟猛庭、猛右、施甸三寨備金四千，倖免屠毒。回民控告，則管押治罪，擬斬擬軍，王法何在？天理何存？處處效尤，一言殺回，則官兵與漢人連爲一體，雖銅打鐵鑄之回民莫不立化塵粉。

此次永昌被殺，更爲較甚，城外五十餘村化爲平地，猶辯曰互相械鬥，力不能支，自取滅亡。乃城中良善回民八千餘丁口，爲官爲兵，爲士爲商，各安本分，有變爲漢人數代者，有遵諭變爲漢人者，不料官豔女子，團分玉帛，先行詐計。示有：「擅殺回民一人，三人抵命。」至九月初二日四更時分，放團入城，屠滅一空，致使新魂飽鷹犬之腹，故鬼發校尉之金，傷心痛骨，可勝言哉！於焉脫逃者效包庭之哭，同類者矢拔刀之助。是以大田之役而大兵集齊，一味助漢，儼同敵王所愾，無殊剿殄之賊。是以隱忍，潛逃稍偷生，冤中之冤莫白，仇上之仇難報，即抒以自新，無如置而不問，亦不見漢官深仁，猶復多方羅織差捕。竊聞昔之人化盜爲良，今且激良而爲盜矣！

夫回之自唐入中國，至我聖朝，爲將相，爲輔弼，入昭忠，崇名宦，代不乏人。既如宋之蘇祖沙，元之脫脫、賽典赤父子公孫，明之沐英、鐵鉉等，我聖朝之哈元生、蘇爾相，斑斑可考，從無作奸犯科之人。至維正之供不敢緩，力役之征不敢後，我皇上一視同仁，較宋元明待回更爲優渥，我回之咸知懷仁慕義，恪守王章，無如守土官吏歧視回民，不詢理之曲直，不思人之衆寡，惟恐殺回不力。今回民者，人人自危矣，處處無生人之樂矣。

夫民不畏死，不可懼以罪，人不樂生，不可勸以善，所以殺永昌回民者，此誤國殃民之西道羅天池、知府金澂、知州恆文、妖人沈聚成等，罪大惡極，死不足惜。我回民若再不報仇，則處處效尤，靡有孑遺，此不得不報者一也。回民控告壅於上聞，此不得不報者二也。官兵助漢，滅絕回民，屍山血海，疼痛莫白，此不得不報者三也。二三大員憫恤回死，尚有人心，而畏彼剛强，欺我愚弱，此不得不報者四也。回民脫逃者不過數千人，而兵差嚴拿意欲斷草除根，此不得不報者五也。

今者原無歸之難民，報永昌之大仇，捨命相拚，勢不兩立，志在報仇，並無別意，上不抗官兵，下不擾平民，所過關津隘口不動一草一木，所需柴米油鹽公平交易，凡鄰境良善各安生業，勿得驚惶，我回衆中自有統領，斷不他爲，特此告白。⑱

三月六日黄巴巴率回衆二千餘人，破飛石口清軍營壘，守備趙元發、外委楊廷佐戰死。旋攻江橋，敗千總張永祥，乘勢焚掠沿瀾滄江村寨，遂趨永昌。三月九日雲南提督張必祿與署騰越鎮總兵蔭德布，合軍一千八百人，迎擊回衆，相值於牛角關，砲斃黄巴巴，回衆死者數百

---

⑱ 錄自白壽彝「咸同滇變見聞錄」，見「回民起義」第一册。

人，殘部退回猛庭寨，改推蔡阿洪爲首領。

滇督賀長齡爲平回民之怨，奏請將前請羅天池從優議敍，恆文儘先補用，賞戴花翎，劉桂茂儘先升用補授普洱中營遊擊，沈聚成拔補千總，先換頂戴，並賞藍翎一併撤銷，並自請交部議處⑲。而回變仍不止。

四月五日，提督張必祿、署騰越鎮總兵蔭德布，自灣岡、黃草壩移營，逼近猛庭寨附近之大麥地，紮營未穩，蔡阿洪命田祿率回衆數百人自山凹突出猛撲，張必祿督部奮力截殺，回衆死者七八十人，餘黨逃回猛庭寨。初六日，清軍分兵圍攻猛庭寨，張必祿自東北，蔭德布由西南，合力進擊，會狂風暴雨，清軍藥繩皆濕，回衆自後山樹林內開槍抗拒，密箐內伏回復起，清軍大敗，把總陳德功、土把總左大雄，以山陡路滑，救援不及，署都司韋成喜、守備嚴方訓以下清軍，死者數十人。初八日，回衆分股進攻清營，參將桂林、陳啓貴力戰、自晨至酉，回衆始退，死者百餘人。時猛庭寨回衆三四千人，三面環水，後有山險，加以深林密箐，欲加消滅，其勢甚難⑳。

四月底，雲貴總督賀長齡，因猛庭寨回衆屯聚尚多，進剿無效，親率昭通鎮總兵劉定選，至大理督催策應。命劉定選率部由蒙化前進，檄張必祿等剋期進兵。時各路清軍大集，回衆

---

⑲ 耐菴奏議存稿卷十二「會剿回匪獲勝並請撤銷上年保舉摺」。

⑳ 同上書卷十二「出省督辦回匪並奏明委署撫藩各篆摺」。

攻右甸、威遠皆失利，乃堅守不出㉑。

五月初六日，清軍攻猛庭寨急，回衆百餘人潰圍出走，清軍追至達丙橋，擒回首田祿。初九日寨内回衆知不敵，焚清真寺，分兩股大出：一股入附近猛庭新寨，總兵蔭德布圍之，悉數就殲，回首楊秉鈞被俘，梟首示衆。一股至達丙橋，被練勇蘇士儒、李老五等四面包圍截擊。蔡阿洪率親信三十餘人奔至永平縣被格殺，馬小老、馬良、朱洪元、木汶達、馬逢山等皆被俘。惟張富在逃，猛庭寨以復。所有回犯盡解大理，由賀長齡親自鞫訊，依謀叛律，不分首從，一律斬決。六月十三日，長齡上奏，剖論永昌回變之起因，略曰：

> 近年廠務漸疲，四外游匪散在各處，漢回夙嫌未釋，偶有爭端，而游匪之好事者非慫恿漢民，即附和回民，遂致迤西一帶凡有漢回錯處之區，内相疑忌，外各猜防。回民本護其同類，漢民又私設牛叢，分朋樹黨，積不相能，往往釀成鉅案。上年之張世賢，此次之黃巴巴等，雖首要均就殲除，而餘孽終未淨盡，化之實難遽化，誅之不可勝誅，總由氣類各分，是以猜嫌易起。必須破除界限，方能永杜禍根。臣現會同撫臣，剴切示諭，責成道府督率所屬州縣，禁革牛叢，力行保甲。無論漢回，凡土著民人，悉令互相保結，聯爲一體。牛叢革，則衆無可持；互相保，則隙無自生。並擇明白誠實衿者，遇事勸導，驅逐遊匪，以絕其交構互煽之端，尤在地方官遇有漢回交涉事件，秉

㉑同上書卷十二「攻燬永昌猛庭回寨匪潰散摺」。

公持平，結之以恩，示之以信，日漸多摩，庶幾潛移默化，可期邊境敉安。㉒是長齡主張今後對回政策，在於恩威並用，撫重於剿。故當閏五月二十九日回首張富帶領同黨大象（馬效青）等至薩德布營投降時，乃飭命查明確實，准予免罪，以爲我用㉓。旋有人劾長齡，剿回不能盡殲，七月四日清廷諭長齡曰：「回匪時聚時散，最爲地方之害，必須辦理得宜，毋致稍貽後患。著賀長齡再行體察情形，據實奏辦，務令匪徒匿跡，邊境肅清，以靖地方，而安善良。」㉔同月二十日復諭長齡曰：「嚴禁牛叢，力行保甲，凡土著民人，無論漢回，悉聯爲一體，如有外來遊匪，即行驅逐，以絕其構煽之端。至遇漢回交涉事件，尤當秉公持平，一視同仁，無分畛域，庶令信義相孚，猜嫌悉化，以靖邊域。倘不能認真辦理，事事覈實，嗣後仍有滋事之處，惟賀長齡是問。」㉕八月十三日長齡覆奏曰：「就目前情形而論，各處均已敉安，並無蔓延滋擾，似於善後可以放心。至爲地方久遠之計，必須州縣得人。臣與撫臣熟商，惟有慎選牧令，隨時化導，遇事懲創，凡有漢回交涉案件，秉公持平，令其潛移默化，日久相安。其提鎮營汛亦飭各勤加訓練，務使兵力精強，足資彈壓，以仰副皇上肅清邊圉之至意。」九月二日復以張富係真心投誠，並已招出同黨，情願今後約束回民，不復

㉒ 同上書卷十二「漢回夙嫌未釋亟宜化導片」。
㉓ 同上書卷十二「要犯張富投誠現在查辦摺」。
㉔ 清宣宗實錄卷四百二十二。
㉕ 同上書。

滋事，奏請開復緝拏，以觀後效㉖。而長齡竟以此獲罪。八月二十三日奉上諭：

上年雲南回匪滋事，經賀長齡親往督剿辦理，果協機宜，何致本年復有蠢動。現在雖據該督奏稱連獲勝仗，地方安謐，惟究未能及早籌訪，優柔從事，致復勞師糜餉，已屬咎無可辭。甚至以總督重任，兩省營伍皆其統轄，豈竟調遣乏人，轉藉一軍犯之力練勇助剿，謬妄無能，莫此爲甚，賀長齡不勝總督之任。……著即降補河南布政使，毋庸來京請訓。㉗

改由李星沅繼其任。星沅未至前，由雲南巡撫陸建瀛兼署。另以陸建瀛爲江蘇巡撫，張日晸爲雲南巡撫，俟李星沅、張日晸到任交卸後，建瀛即赴江蘇就任新職。長齡遂於九月二十二日離滇赴豫，而雲南回變復發。

㈣ 雲州之役

長齡離滇後，十月十五日大小猛統游回千餘人，闖入緬寧新寨相仇殺。同月二十八日雲

㉖ 耐菴奏議存稿卷十二「覆奏兩年辦理回匪情形摺」。
㉗ 清宣宗實錄卷四百五十三。

州處決回犯馬子鳴、易國亮時，回衆百餘持械蜂至，殺傷兵弁，劫奪犯人，從客逃逸㉘。十一月初八日李星沅抵昆明蒞新。同月十一日奏稱：「治回必先治匪，安回即以安民。」力主「就案重懲，實力振作。」㉙乃奏革雲州代理知州顧壬濬，命署提督蔭德布駐順寧會剿，復飭臬司普泰扼要堵緝。

緬寧回衆聞清軍大至，陸續散盡，有逃入雲州回寨者，大夥六七百人則向大小猛統而去。旋折回雲州，該處回首馬國海、馬登霄、海連升、張富、馬效青（大白象）等，乘勢復叛，約同緬寧逃回，取清真寺公費，購買槍械，欲圖大舉。蔭德布分命總兵李能臣、鶴麗鎮遊擊倭什渾泰、署提標遊擊陳得功、土守備左大雄等，率領兵練前往緝拏。十二月初三日總兵李能臣進紮把邊關，初四日倭什渾泰至樂黨，回衆群聚雲州東山，放鎗砲相拒，清軍敗之。初五日清軍進至鑾帕寨，遭回衆數百截擊，復敗之，回衆乃退入州街，一面迎敵，一面燒焚州署，開獄釋囚。及提標千總汪海、守備左大雄等攻入城內，回衆漸不支，死者二百餘人。夜二更，回衆復劫廣福寺清營，遭左大雄迎擊，回衆乃棄城出走。

十一日清總兵李能臣率部進攻雲州城外之鑾朵山，用劈山砲助戰，轟斃回衆數十人。十二日回衆自象山旁突出，邀擊清軍，復被清軍擊退。十三日清軍合力攻回寨，回衆設伏誘敵，以鎗砲猛轟，清軍大敗。十五日，李能臣分兵三路往攻，已進頭道栅門，回衆披散頭髮，臉

㉘ 李文恭公奏議卷十三「緬寧游匪滋事請將該管總兵先行議處摺子」。

㉙ 同上書卷十三「附奏查辦猛緬匪徒情形片子」。

塗紅黑，手執刀矛，死力相拒，清軍復大敗。十七日，清軍再攻，仍不利，外委陸春戰死，官兵死傷數十人。二十一日李能臣設伏佯敗誘戰，首擊退中山、蒙化、灣子渡來援回衆，寨内回衆漸不支，乃於二十四日先將劫去處決回犯馬子鳴、易國亮二名送出，繼復綑獻多人，並繳呈銅砲、抬槍、鳥槍、矛刀各件，聲稱歸誠，清將認回衆係緩兵之計，拒其降。

道光二十七年（一八四八）正月初五日，總兵李能臣分五路環攻田寨，回衆亦分股迎擊，晝夜苦戰，雙方死傷均重。十一日署提督蔭德布親率大軍至，自十五日起輪番以槍砲猛攻，回衆死者益多。二十六日寨破，殺回首張富，回首馬國海、海連升、馬效青等皆被俘，均依謀叛律，凌遲處死㉚。先是清軍既圍雲州回寨，道光二十七年（一八四七）正月初九日，清廷諭雲貴總督李星沅曰：

雲州回寨匿犯拒捕，恃險負嵎，不法已極，雖據稱殲斃五六百名，並捆獻劫囚重犯，交出夥犯及砲械等件，而藏匿寨外勾結人數尚多，若非實力痛剿，示以兵威，遷就於目前，必致貽患於事後，該督等著即嚴飭鎭將，激厲軍心，立加攻剿，斷不可因獻出數犯，收繳器械數件，遂信爲賊勢窮蹙，又復將就了事。儻官兵甫撤而匪徒滋擾如前，豈不又墮奸計耶！至前次緬寧散匪逃入猛統地方，仍當偵查賊蹤，密速堵緝，如敢別

㉚同上書卷十四「審結雲州回匪全案摺子」。

圖竄擾，即移兵練追拏，嚴加懲辦。㉛及雲州回變平，三月二日賞李星沅太子太保銜，並賞戴花翎，所有出力文武官員准其擇優保奏。前任雲貴總督賀長齡、迤西道羅天池一併革職永不敘用。星沅上奏辦理雲南回民通盤籌畫片曰：「邊郡不知有法，由來久矣，方今亟務莫如執法，莫如持平以執法，漢回同體，犯則重懲，始治亂絲，必徐爲理，如束急水，必大爲坊，凖除暴安良之施，絕欲速見小之弊，慎選文武責成公當，保甲以清內匪，團練以禦外匪，各路嚴巡關卡以杜匪之往來，各廠嚴簿籍以防匪之出入，庶於元氣無損，而於大局有裨。」㉜雲州回變暫告平息。

(五) 丁燦庭之京控及其餘波

道光二十七年（一八四七）三月，清廷改任林則徐爲雲貴總督。四月，以程矞采爲雲南巡撫。先是永昌屠回案發生後，回民丁燦庭、木文科、杜文秀、劉義等，先後赴京具控，羅列永昌香把會首要自百餘名至二百餘名不等，懇請代伸冤抑㉝。道光二十七年（一八四七）七月二日，由都察院遞入，同日諭稱：

㉛ 清宣宗實錄卷四百三十九。
㉜ 李文恭公奏議卷十四「辦理雲回通盤籌畫片」。
㉝ 永昌府志卷二十八「戎事」。

此案關奸匪挾讎尋釁，串謀倡亂，被害至一萬餘命之多，如果屬實，必須徹底根究，水落石出，庶足以服難民之心，而除地方之害。林則徐、程矞采甫經到任，無所用其回護，著即平心研鞫，毋枉毋縱，務將棍徒會匪嚴行查禁，首要各犯從重懲辦，以紓積忿，而快人心。儻係從前辦理不善，亦應據實平反，奏明辦理，不得因案已將了結，顢頇塞責，遂將萬餘人屈抑，鬱而不伸。代人受過已屬不可，況數萬生靈之沈冤，身為大吏者竟置之不問耶！懍之！慎之！㉞

則徐奏曰：「此時斷不可再行用兵，致濫殺而轉滋藉口，即緝拏匪類，亦須先除外匪而內匪始可漸清。所謂外匪者本係無籍游民，自稱為回，而未必真回；自稱為漢，而未必真漢。何處搶殺，即隨何處助兇。此等匪徒，現在拏到即辦，並處處嚴查保甲，務使無地容身。其所謂內匪者，如漢回同壤而居，安分者即為良，生事者即為匪，若必一時窮治，追溯搜查，則查漢人而漢人即目為護回，查回而回人又目為護漢，漢回各執一說，分辯不精，治絲而棼，終非了局。」復曰：「目前所最亟者，在彈壓之使不妄動，化導之使不互疑，是以首飭文武將永昌、順寧等處，無論絕產逃產，官為悉數清釐，無論漢民回民官為設法招復。漢回中各有紳衿耆宿，以及掌教頭人，責令於本處同類之中，自相約束，又令各具互結，以回保漢，以

㉞ 清宣宗實錄卷二百四十四。

漢保回，永禁浸凌，務敦和睦。」㉟其見解較之賀長齡、李星沅等實高一籌。是時雲南各地漢回械鬥事件仍層出不窮，舉其著者如下：

一、東川府（會澤）湯丹廠之役　湯丹廠清真寺後有泉水，向爲漢回所公用，道光二十六年（一八四六）十二月，因天旱水缺，回民馬四銅錘將水攔阻，經漢紳倖坤發理論，雖仍照舊規，漢回從此不睦。同月十八日，漢民蘇耀赴廠賣糖，回民馬石詳賒欠不付，初則爭吵，繼則邀衆互毆。道光二十七年（一八四七）正月十三日，漢紳倖坤發命漢民羅其潰邀回民馬石詳之祖馬成潰評理，適遇馬四銅錘，云羅其潰多事，羅返告，倖坤發乃藉口回民阻水欺漢，在禹王宮糾衆八十餘人，以圖報復。馬四銅錘亦在清真寺聚回民五十餘人相抗。十八日上午，倖坤發率衆各持刀矛至清真寺喊罵，鬥毆乃起，漢民勢大，回民死者三十餘人，漢民燬清真寺，延及附近民房，回民逃避者甚衆㊱。

二、姚州（姚安）白井之役　道光二十七年（一八四七）八月，姚州回民偰三竅、馬國良、偰伊麼等，諗知白井廠竈長漢民羅晴川，家道殷實，欲圖糾衆搶劫，私將器械寄藏友好張汝淮、陳典家，因在偰小雙茶鋪漏洩其事，被井民聞知，報於地方官，遣差將偰三竅、張汝淮、陳典等人拏獲，並搜出刀械等物，馬國良等逃逸，十三日至白塔街，匿藏回民沙文英家，被漢民王開文偵出，沙文英之戚偰小老將王開文殺死，漢民高添佑、馬致禾等前往理論，

㉟ 林文忠公政書丙集雲貴奏稿卷一「附審辦回民丁燦庭京控片」。
㊱ 同上書丙集雲貴奏稿卷二「審擬湯丹廠漢回互鬥各犯摺」。

致啓械鬥，斃傑小老、沙文英等回民十一人，毀其房舍，附近漢回隨聲附和，於十五日相互仇殺，白塔街、洋派、北關、官屯等村漢民被燒房屋達二千六百八十餘間，傷亡男女三百二十七人。山腳、官莊二村回民被燒房屋僅二百六十餘間，傷亡男女六十五人。漢民損失數倍於回民，乃大恨之㊲。

他若永平回民之截殺保山漢民三人於阿枝、柳河。永昌遣回捆縛保山解役於下關，而割其兩耳。至於回民之截路搶掠，無日不有，兩路爲之不通㊳。

十月十七日，京控回民丁燦庭等由部咨解至滇，另起杜文秀等亦於十一月初三日返昆明。滇督林則徐以所控人數過多，難以盡行提審，乃札飭迤西道、永昌府就地分別首從切實偵辦。其無甚關係者，得就地取供釋放。至屠回之香把會，必提至省城與原告對質。

永昌漢民聞回民京控獲准，舊案重翻，乃圖反抗。時保山境內香把會共分七哨，約十餘萬人，其中尤以金雞、板橋二村最爲强悍。其首沈聚成及其義子沈振達，係應解之列，乃師事大理擺夷遊方賣藥之金混秋（鐵帽子），假藉邪術，謂能招調陰兵，刀槍不入，聚衆相抗㊴。十一月二十九日，迤西道王發越會同永昌府、保山縣，率清軍數百人解押京控案主犯周曰庠等九名赴省，周子際岐奔告於金雞村沈振達，乃設伏距城四十里之官坡。及王發越至，

㊲ 同上書丙集雲貴奏稿卷二「姚州白井漢回互鬥大概情形摺」。
㊳ 韓棒日「迤西漢回事略」，見「回民起義」第一册。
㊴ 林文忠公政書丙集雲貴奏稿卷四「審辦倡亂妖匪金棍秋摺」。

香把會槍砲齊發，奪取囚犯，清軍奔散，器械馬匹悉被搶劫[40]。

十二月初一日，保山城內官員正會議劫案時，香把會大衆越城擁入，聲稱搜殺回民，放槍不已。城內招復回民逃至縣衙呼救，香把會趕至，焚縣衙，殺縣役，開獄釋囚，屠盡城內回民，自鎮道府縣以下官員皆被軟禁。乃拆城東瀾滄江橋，聚衆扼守各隘口，城中市糧每日限數出糶，禁止人民出入，盜用官印，捏詞逼令書吏繕寫遞省。

久之，雲貴總督林則徐始聞其事。奏稱：「逆情如此昭彰，直欲負隅梗化，若再化大爲小，不獨永昌竟成域外，而凡漢回匪類熟不恃居邊遠，群起效尤。」[41] 乃命雲南提督榮玉材將提標及維西、永北、鶴麗、劍川、景蒙等營兵二千餘人爲前隊，越永平駐劄，相機前進。另派省標六營，及曲昌、開化各地兵約二千人爲中隊，至大理廳候調遣。復飭昭通鎮總兵劉定選率昭通、東川兵七百人，安義鎮總兵秦鍾英率貴州提標及威甯、安義二鎮兵一千二百人爲後路，陸續進發。並飛檄永昌以西騰越、龍陵一鎮一協之兵約二千人來援，以收夾擊之效。道光二十八年（一八四八）正月十九日則徐自省城起程，親赴大理指揮軍事，留巡撫程矞采在昆明督催各路官兵，籌辦糧餉接濟。軍行，則徐傳諭永昌所屬各縣香把會，略曰：

附近各村漢民如不敢隨同附和，定不概予株連，即先已被脅勉從者，但能悔罪輸誠，

---

[40] 永昌府志卷二十八「戎事」。
[41] 林文忠公政書丙集雲貴奏稿卷三「籌辦永昌哨匪起程日期摺」。

亦可量邀末減。其心存畏懼，不敢始終怙惡，須將首要各犯迅速自行縛獻，以正刑誅。所有江橋板片，亟須照舊鋪平。各處隘口不許阻攔行旅往來，文報毋得截留撕毀。被搶軍械作速照數繳還。以上各事如果逐一遵行，或可網開一面，免致盡數殲除。若仍冥頑不靈，罔知利害，則大兵一臨，惟有痛加剿洗，人皆粉骨碎身，地盡犁庭掃穴，不能曲予保全。㊷

先是滇西彌渡地方，川陝客回沙金隴、沙玉隴，合匪類古明發，土回麻汝淮、麻春融等，糾衆六七百人，闖入通判衙門，擊斃監犯，殺死彌渡巡檢司，佔領彌渡縣城。道光二十八年（一八四八）正月十八日，在彌渡北門外之五顯宮，燒香結拜，歃血飲酒，號曰「進山」。以九排分其衆，曰大爺，曰二爺，曰五爺，曰么大，曰滿大，曰滿五，曰十爺，曰么五，曰小老。二十日起分隊搶劫附近村莊，二十四日聞大軍將至，始稍收歛㊸。

則徐師次楚雄，聞彌渡之變，或謂回鋒正銳，宜緩進攻，則徐曰：「不然！吾救焚拯溺，有如獅子全力搏兔，克此而進，西路諸匪直破竹耳！」於是移駐祥雲縣，規劃進攻。回衆聞清兵大至，分守彌渡六門，添造木柵，增設檑石，多鑿牆間槍砲眼，架列火器，樹大小白旗以圖對抗。則徐先於附近要隘置兵扼守，防其竄逸，二月一日分道攻城，回衆堅守不能下。

㊷ 同上書。
㊸ 同上書丙集雲貴奏稿卷三「生擒彌渡匪犯審辦摺」。

或謂敵强兵弱，宜更選鋒，則徐曰：「兵力强弱無定，視統兵者之勇怯爲轉移耳！」初二日乃命千總施嘉祥持令箭申告提督以下刻期攻入，不用命者殺無赦。初三日早晨，提督榮玉材、總兵陰德布親赴東山督戰，游擊陳德功、守備王國才首先破柵，回衆發大砲，國才手刃之，奪敵砲轟回衆，清軍各路併進，回衆大潰敗，殺沙金隴、麻春融等，回衆死者四百餘人，餘黨麻汝淮、古明發等百餘人悉被俘。初四日，則徐入彌渡城，安撫人民。初五日，引兵駐大理，永昌香把會恐懼，始有獻俘之議[44]。

則徐以鶴慶鎮總兵陰德布，昔年參予永昌軍務，歷時最久，民情較熟，命統鶴慶兵自北路直趨城下。飭昭通鎮總兵劉定遠統昭通、順雲兵，自東路進紮金雞村旁。安義鎮總兵秦鍾英統貴州兵繼陰德布後，屯於官坡。二月中則徐親統大軍進駐永平，以圖大舉[45]。當是時迤西各處交通梗阻，回民借報復爲由，聚而爲盜者甚多。永平縣所轄之曲硐等回莊，强劫勒贖往來客商，糾搶居民，擄掠婦女。則徐遣人掩捕，旬日之間獲犯一百餘人，地方秩序因之恢復[46]。

保山城中衿耆，聞清軍大至，約集千百人向所囚鎮道府縣磕頭謝罪，並迎之入衙門辦事。及則徐示諭至，香把會已瓦解，府縣乃召集衿耆，著開導香把會之明大義者，令鋪板橋以渡

[44] 續雲南通志稿卷八十一，武備志「平定回亂略」上。
[45] 韓捧日「迤西漢回事略」，見「回民起義」第一冊。
[46] 林文忠公政書丙集雲貴奏稿卷四「保山哨匪輸誠獻犯仍飭嚴拏摺」。

清軍，修驛館以資住宿。還劫獄之囚，繳納私製砲械三千餘件。乃設甲長爲耳目，募丁壯爲爪牙，清廷威令復張。凡指名緝拏之香把會，截至三月五日，自行捆獻者一百三十餘人。

三月十五日，則徐至永昌，拆金雞村圍牆，半月之間由犯人指供，明拏暗擒，共三百二十九人，沈振達、張時重、張汶儒、萬鐸、趙育、張汶健、周曰庠、劉書、沈聚成等皆被拏獲，除沈聚成在獄病故外，主犯依罪等凌遲、斬梟、絞決。從犯或作官奴，或流徙邊地。被難回民，令保山縣驗明殮埋，所有被焚衙署由則徐捐廉重修，仍飭文武員弁督率兵役嚴緝餘黨[47]。此後分別自永平、右甸、順寧、蒙化、趙州、太和、賓州、姚州等地續獲漢回匪犯八百餘人，均依罪等分別治罪[48]。則徐並以此次抗官劫囚事件多由金棍秋妖言惑所致，遣人在保山城南蕭祠將之擒獲。棍秋隨帶護身八人，無一逃脫。遂殺金棍秋，懸竿示衆，迤西之亂遂平[49]。

四月，則徐返省城，提京控回民丁燦庭、木文科、杜文秀、劉義四人，及拏獲被控之主犯黃潰等，並人證卷宗，會同巡撫程矞采，及司道逐加研訊。知黃潰係道光二十五年（一八四五）代理永昌府候補知州恆文差役，素與回民有隙，九月二日金雞、板橋各村之香把會進城屠回之時，黃潰乘機執刀至杜文秀未婚妻馬小有家，砍殺其父，並將馬小有帶回寓所窩藏。

---

[47] 迤西漢回事略，林文忠公政書丙集雲貴奏稿卷四「保山哨匪輸誠獻犯仍飭嚴拏摺」、卷五「審辦保山哨匪並酌撤官兵摺」。

[48] 迤西漢回事略。

[49] 林文忠公政書丙集雲貴奏稿卷四「審辦倡亂金棍秋摺」。

同時丁燦庭、木文科、杜文秀、劉義等家屬均被慘殺，財物焚燬，丁等於亂中伺機逃走。惟則徐認其呈控內失實之處甚多，所指城內被害回民一萬餘人，顯有誇張之詞。（按：道光二十四年永昌知府金澂統計保山回民共三千有零，一歲之間當不致增加此數。）而移七月間回衆燒枯河街，攻思母車、陶家寨、丙麻事於九月二日永昌屠回之後㊿。於是則徐上奏，詳陳近年雲南迤西漢回衝突之起因曰：

總之，數年來永昌之案，漢回各有曲直，漢人之逞忿於回者，莫甚於二十五年九月初二之事，而回人之逞忿於漢者，前後併計，實亦厥罪惟均。此次將哨匪辦至四百餘名，回民皆已心服。而回匪之流毒各處，先前拒敵官兵，近時劫殺商旅擄掠婦女者，亦經拏獲懲辦。不但漢民心服，即各處回教中之良民，亦謂匪類既除，伊等免累，咸知感激。是此番但分良莠，不論漢回之辦法，似有明效大驗。51

於是請准，將黃潰等斬決，傳首犯事地方，道員羅天池、知州恆文一併革職永不敘用。丁燦庭等京控雖有失實之處，以其家屬被戮，情有可憫，從寬釋放。至黃潰所擄之馬小有，仍由

㊿ 同上書丙集雲貴奏稿卷七「審明丁燦等兩次京控摺」。

51 同上書。

杜文秀領回完娶[52]。所有保山縣城內餘回二百餘户，命其出售産業，官結盤費，移徙距城二百餘里之官乃山，欲使漢回從此「各遂其生，永無可開之釁。」[53]而京控案告一結束。惟官乃山在潞江西岸，係煙瘴之地，僅有少數膽怯回民前往，其强悍者則流散各地，成爲盜賊，漢民怨之，遠近各屬遂有滅回之意[54]。

二、咸豐六年雲南之滅回

(一) 他郎石羊之仇殺

雲南山脈雄厚，各種礦藏遍地皆是，乾嘉以來清廷弛禁，聽民開採，而抽取百分十五之稅。一時永北之白牛，魯甸之羅馬，南安之石羊、馬龍，開化之白牛等銀廠，東川之礦山，巧家之老廠、湯丹、茂綠、落雪，易門之萬寶等銅廠，及蒙自之麻姑，開化之老摸多，他郎之金廠等金礦，皆大興旺，利之所在，趨者若鶩，五方雜處，良莠不一，司其事者不善駕馭，縱暴欺懦，憑衆凌寡，厝火積薪，而亂機潛伏矣[1]。

[52] 同上書。
[53] 林文忠公政書丙集雲貴奏稿卷十「保山縣城内回民移置官乃山相安情形摺」。
[54] 李元丙「永昌府保山縣漢回互鬥及杜文秀實行革命之緣起」，見「回民起義」第一册。
[1] 佚名「他郎南安爭礦記」，見「回民起義」第一册。

道光二十九年（一八四九）春，旨命雲貴總督林則徐查勘雲南礦場情形，將舊廠核實清釐，新礦試行開採，以期除弊興利，行之有效❷。則徐奏稱：普洱府他郎廳通判所轄坤勇箐地方，距城約九十里，有土山數座，含金砂甚多，任由外來游民私挖淘洗。前總督李星沅曾派員會同他郎廳通判驅逐游民，將該山封閉。惟因金砂不時湧現，游民散而復聚。乃將離山數里之三股檣及小凹子二處礦區開放，由官督辦，擇殷實商人招募砂丁開採，並派兵駐守，嚴禁私挖偷運，漢回礦工日多，他郎廠務遂盛❸。

先是道光二十八年（一八四八）十二月，有游民黃應昌，率衆恃强，至他郎挖礦，附近居民受其騷擾，協力將之逐退。道光二十九年（一八四九）二月，黃應昌復率其黨邱綱等，佔據普洱戛楚也方。另有臨安游民支老五，元江夷民楊卜喇等，在麻栗樹、石頭寨等處械鬥，棄機竄擾偏僻村寨。同年四月，則徐命臨元鎮總兵李能臣，會同署普洱府知府崔紹中、署元江州知州李杰、署他郎廳通判倭克金布等，分途搜剿，捕得黃應昌及其黨徒四十六名，支老五及其黨徒二十一名，楊卜喇及其黨徒十一名，起獲槍砲鉛藥召矛多件，一時廠務頓覺森嚴❹。

道光三十年（一八五〇）九月，他郎金廠漢民睹徒復肇亂，逐殺廠回。先是臨安府建水

❷ 林文忠公政書丙集，雲貴奏稿卷九「查勘礦廠情形試行開採摺」。
❸ 同上書。
❹ 林文忠公政書丙集，雲貴奏稿卷十「訪獲他郎廳廠匪黃應昌等大概供情摺」。

縣屬西莊，有漢民周鐵嘴，及其弟綽號四鐮刀者，爲賭徒中最強橫者。一日廠回馬綱，在周鐵嘴所開之賭場與西莊漢人李經文鬥賭，李輸馬銀將及百兩，力不能付，雙方幾至用武，經周鐵嘴出面調停，約定異日送還。屆期李復爽約，而馬索討益急。李經文及其弟經武，遂約同黨潘德等，至周鐵嘴處密謀，思殺馬綱以洩憤，馬微聞其事，每值外出，多有防護。久之馬復至賭場，周佯款洽，暗嗾李、潘掩至尋釁。馬外奔街心，周、潘、李窮追不捨，馬黨迎擊，械鬥乃起。逾時經武死，鐵嘴、潘德均負傷，馬黨亦死傷各一人，雖經痞首黃和排解，暫時平息，而潘德以平時素負盛名，受此奇辱，因思殺馬綱以洩憤。乃告西莊村紳黃鶴年曰：「金廠之利爲回壟斷，若能逐回得廠，臨安必成黃金世界。」鶴年心爲之動，命其侄武舉殿魁，挑選鄉人五百名，於中秋節後陸續赴廠以逐回。

廠紳回民馬亮、納福海、馬明鑑、保泰、金滿斗、金滿堂等聞悉，以事急迫，商諸漢紳遲鵬萬、楊新民等，聯名上訴他郎廳，轉詳府道司院，以廠地遊賭日，恐生不測爲由，請求從速派員駐廠，以資鎮懾，而迄未批覆，九月初，到廠潘黨益衆，勢益鴟張，金滿斗、馬明鑑等奔赴他郎廳籲救，潘德乃於十日晚襲殺馬綱，摘其心肝祭李經武，並烹炙而食之。盡誅聯呈諸回紳，於是馬亮、納福海、金滿堂等均被害，回民逃避不及死者達百餘人，盡擄其財物，而漢紳遲鵬萬、楊新民等坐視不問。金滿斗、馬明鑑知事變，泣訴於衙署，廳判但命其另具稟轉詳，而無積極對策。其後金滿斗、馬明鑑迭赴府道司院哀訴昭雪，遷延二載，明鑑病故，滿斗不知下落，回民冤抑竟不能伸❺。

潘德既據他郎廠，漢回礦工乃奔走楚雄府南安州屬之石羊廠。石羊廠盛產銀礦，稅課甚豐，由署南安州崔紹中兼督廠務。咸豐四年（一八五四）三月，有回民馬開林、馬中貴弟兄，與漢民顏爾安、王三毛牛等，因債務之爭，報請廠紳馬長年處理，馬祖回民，顏爾安等乃暗通他郎潘德、李經文等，欲引之以殺回。會他郎金廠自潘德、李經文等佔踞後，因產金無多，亦思他往，及接石羊來書，乃由潘留守，李經文、周鐵嘴、周鐮刀等，率黨衆數百人，進攻石羊廠，於三月二十七日屯紮距廠六十里之獨田村。

廠委崔紹中以所部五百人守廠，五百人前往堵截。既接戰，內外咸喊殺回子，迎敵漢勇因受賄買，亦倒戈相向，回民死者一百八十餘人。李經文傳令：「回人殺不宥，窩留者罪同。」餘回乃涉水逃避。崔紹中賁夜奔至州城，王三毛牛等遍尋不得，乃搜括石羊廠課銀數十萬，並盡焚清真寺及回民廬舍。

崔紹中一面調團守城，一面將失廠事申報總督吳文鎔。奉批飭記大過一次，嚴限集團，協力攻剿。紹中乃商同回籍廠紳李本開、金鼎，募得建水回民馬老十、馬學裕等二百餘人，於五月底分兩路攻入石羊廠。是時李經文部因護送銀兩回臨安者甚多，而新來之西莊人能戰者有限，聞馬老十等來攻，倉卒潰散，兩路鄉勇遂於二十八日進廠。怨回民之被慘殺，大舉報復，漢民死者三百餘人，勾引李經文之顏爾安、王三牛毛，及主使漢勇倒戈之貢生王某，

---

❺ 他郎南安爭礦記。

客長顏亭泰等皆被獲。崔紹中聞石羊收復，自州城兼程而至，乃將四犯就地正法，總督吳文鎔奏保紹中同知，請賞戴花翎，准其就此次立功團勇，擇尤保獎。

李經文、周鐵嘴等聞石羊廠失，集衆圖再報復。七月初，西莊人至他郎金廠者數百人，月中復來數起，達數千人之多，揚言將赴石羊決戰。崔紹中以來敵勢大，率部卻走。七月二十日李經文等乃分三路至石羊廠，不惟回人逃避，即漢人前遭蹂躪者亦紛紛離廠。四處劫食，遠近騷然。崔紹中奔至南安州，閉門不出，恐被嚴議，匿不上聞。越數日，李經文遣人至州衙請求包課，紹中大喜，遂允所請，回民大不平。

先是五月底回練收復石羊廠時，竇揚硐主崔萬、天發硐主楊雲、大發硐主楊興等，曾多暗助，至是李經文乃奪其礦硐，並搜捕崔、楊諸人。崔、楊至州城求救於崔紹中，紹中不敢應，崔、楊等乃秘商金鼎、李本開、馬老十等，齊赴建水回龍村，邀請回酋馬如龍代爲保護。時如龍方自白牛廠回，初不欲過問，繼聞李經文等無人道，屠回不分良莠，乃憤然曰：「人而不能扶弱抑强，撥亂禦侮，非丈夫也」。即邀回龍、館駟、五山漢回夷八百餘人，於十一月底由館駟啓程，十二月初三日進抵距石羊廠里許之紅椿樹，崔萬、楊雲等復募漢回夷數百，分紮扼要，合力進擊。李煜文集精鋭二千，自恃勢大，毫無佈置，如龍自後山攻入，前後夾擊，自寅至酉，李經文部死傷三四百人，餘均逃遁，回衆復將石羊廠攻克。衆議各礦硐仍歸原主，另選課長、街長、客長、爐頭，一應柴米什物公平買賣，市面重歸平靜。回紳李本開等報請崔紹中到廠坐鎮收課，紹中以此次復廠，渠未預聞，反責回紳專横，且稱將有不利之舉，各硐主乃大懼，馬如龍見事不可爲，乃於咸豐五年（一八五五）正月二十三日將所掠財物細載出廠，回民硐主李本開、金鼎等，亦暗將含礦之岔硐填塞，相約出走，李經文等復率黨進踞石羊廠，崔萬、楊雲等皆被誘殺，領班逃亡一空，李經文部無所食，乃出廠四處焚劫回民村寨。

二月，李經文、周鐵嘴、潘德等，分頭殺戮鄂嘉、旱谷地、大水溝、小松樹、馬市鋪、法拉本六回村，回民死者三百餘户，男女一千餘人。四月，復攻馬龍廠，回酋馬雲珍、馬明等兵敗被害，回民死者百餘人。六月，再屠廣通縣屬羅川鎮附近十三村回民，焚清真寺十一座，於是他屬回漢衝突之事接踵而起❻。

(二) 漢回衝突之擴大

方漢回爭奪石羊廠時，各地漢回衝突事件層出不窮。咸豐二年（一八五二）正月，大理有回民楊長壽、楊騰雲之變。先是大理防營舉行春操，千總楊騰雲、楊長壽箭不上靶，都司和鑑撤二人職，騰雲等遂匿居城内四牌坊清真寺，以日用拮据，乃從經師馬阿略讀經，阿略女阿鳳習左道，回民奉爲仙姑者也。於是潛通川陜回，日購薪米，陰謀據城爲變。守備沙得章疑之，據以上聞，提道命都司和鑑、知縣吳世涵予以緝拿。和鑑、世涵將親兵數十人至寺内掩捕，騰雲等率回衆併力狙擊，戕和鑑、世涵，從容逃免。提督榮玉材、大理知府唐惇培，調兵四營圍攻清真寺，火焚其居，獲騰雲等家屬二十餘人，擒回黨楊芳林等磔之於市。事後

---

❻ 佚名「滇南雜記」，見「回民起義」第二册。

提道申詳，謂此次變亂距城五里之遙，小其事以息事端❼。

咸豐四年（一八五四）四月十三日，口羊廠臨安漢民游勇數百人，遠至武定州向回民尋釁，回民悉避入城內，知州曹某閉門拒守，游勇焚西村清真寺，城中官紳醵銀八百兩以爲禮，游勇始退。事後城廓回民手執兵器集東城下，喧稱與臨安游勇爲敵，經武定參將德某善言開導，始行解散。自此回民私製槍砲，團聚四百餘人，由馬大師兄領導，勾引廠回馬肆大，欲脅迫武定漢民修復清真寺，漢民驚擾，亦團結自保❽。

同年春，回首藍老陝、馬金保等據大姚、姚州倡亂，進窺鎮南等地。永昌協副將福兆率兵五百往剿，至鸚鵡關，回衆突至，圍之數重，糧盡汲絶，親殺坐騎以餉士，衆心激奮，乃破圍而出。提督文祥親率大軍進攻，各地漢練亦紛起助剿，遂圍藍老陝部於鎮南靈官橋及姚州城內。回衆糧盡援絶，乃向文祥求降。文祥慮漢練數破敵，驕不可制，且其眷屬居大理，欲見好回衆，乃許之。漢練嘈曰：「吾儕拼頭顱，始困賊於此，今垂成功，竟縱虎歸山，倘有後患，無與我輩事也。」遂譁散，回衆乃趨蒙化、大理。文祥以大理不靖，遣標下回兵三百至大理守城，遂與回衆通消息❾。

咸豐五年（一八五五）十月，建水漢練黄殿魁、林五代等，糾衆屠鎮南州阿雄鄉各村回

---

❼ 周宗麟「大理縣志稿」卷八，續雲南通志稿卷八十一。

❽ 佚名「武定州」，見「回民起義」第二册。

❾ 大理縣志稿卷八。

民，焚清真寺八座，民房四百餘所，死男女一千餘人。咸豐六年（一八五六）正月，建水漢練梁花腳，焚楚雄龍頭村回民二百餘户，搜殺男女七十餘人⑩。而廣通、羅川、祿豐等處回民，被臨安漢練不分良莠慘殺殆盡。其倖免者，逃散於新興、昆陽、澂江等處，生活所迫，乃肆搶掠。於是謠言四起，人人自危，省城以外，糧道不通⑪。迤西各地赴省鄉試者，皆繞道雲龍返回永昌⑫。

同年九月二十五日雲貴總督恆春奏稱：「現查滇省東川府之巧家廳，曲靖府之尋甸州，漢回互鬥，回民聚衆焚掠，首要各犯未獲，難保不恃衆負嵎。蒙化、景東二廳，亦有土匪滋事。」⑬是爲疆吏對雲南回變給清廷之首次報告，惟其所陳僅滇北一帶，有意小其事以卸其過。十月二十四日陝西道監察御史陳慶奏稱：

> 臣查漢民質樸，耕種爲生，回則善於經營，兼以貿易致富。永昌膏腴之地多爲回子所有，自平定後，將回子驅逐徼外，腴田盡予人民，回子失其故業，往往勾結夷人，沿邊滋擾，且自曲靖至永昌，上下二千餘里，處處回民雜居，回子每思乘機報復。臣以爲漢回皆朝廷赤子，豈容過分畛域，善良自應撫育，頑梗方可誘勦。現在黔省苗匪不

---

⑩ 他郎南安爭礦記。
⑪ 馬觀政「滇垣十四年大禍記」，見「回民起義」第一冊。
⑫ 永昌府志卷二十八。
⑬ 欽定平定雲南回匪方略卷一。

靖，已有乏餉之虞，若滇省有事，誠恐更爲棘手，相應請旨飭下該省大吏，轉飭地方官，體察各處情形，善爲撫輯，總期弭亂未萌，先事有備，庶邊圉永靖，而黎庶受福矣。⑭

是廷臣仍昧於雲南情勢，不知事態之嚴重也。

(三) 滇境滅回之一斑

一、昆　明

咸豐六年（一八五六）四月九日，有回民馬凌漢（三新）者，新興州石狗頭人也。憤臨安漢練強橫，清吏不爲保護，乃率回衆千餘人至省城外，駐紮順城街清眞寺，聲稱堵禦漢練，保護回民。雲貴總督恆春、巡撫舒興阿聞之，命雲南府知府梁全詔、昆明知縣王同春，及漢紳倪應謙、周鳳岐等出城諭令解散，凌漢不應。會臨安漢民武舉黃殿魁率衆自石羊廠返臨安，道經昆明，距城四十里之碧雞關，督撫恐其有所驚擾，飭人諷之曰：「回人聚省，意圖報復。」命其假道迤南回里，殿魁乃繞城而過，至城東二十里之小板橋，肆行搶劫，當鋪商李芬被劫尤甚。凌漢聞訊，率回衆馳往逐殿魁，奪其搶擄財物，各自奔散。李芬不察，遂報凌漢

⑭ 同上書。

劫掠，清吏益疑懼回民。漢紳且揚言回人謀叛，遂有翦除之意。以無罪名，乃陰使人誣告陝回妥福、妥壽，造無門之鎖，陰謀作亂，時黃琮奉旨練團，意在剿滅回人，乃與舒興阿秘議，飭各府廳州縣聚團以殺回⑮。

四月初，臨安漢練聚城外三義廟，城中居民因團練故家中均藏有軍器。十日藩司青盛上院請示，持巡撫舒興阿「格殺無論」令，集臨安漢練及各堡村團紳於省城，以供驅使。衆誤「格殺」爲「各殺」，乃相議定於四月十六日在雲南各地分頭搜殺回民。屆期昆明城內回民，不論良莠，男女老弱，悉被殄滅。督撫不設法彈壓，聽其慘殺。至四月十九日，青盛之母道經沙腊巷口，見婦人被害者，赤身剖腹，橫臥街中，胎兒猶蠕蠕轉動，不忍卒睹，歸責青盛曰：「男子作事與婦女何涉，乃酷毒至此？」由是青盛乃下令止刀，總計昆明回民被難者二萬餘人，纔遺男女四五十人。男子被禁於臬署中，婦女則幽於報國、愍忠等寺。事後漢練見婦女有姿色者，刀割其襟以爲號，次日擄去，號曰「割襟」。其時雲南各府廳州縣，於奉令滅回後，亦大肆屠殺，而滇禍遂不堪收拾⑯。

雲南巡撫舒興阿於昆明屠回之後，五月十八日揑詞奏稱：「回衆潛蓄異謀，猝於十六日夜城外喊聲大作，火光四起，城內火藥局左右拏獲回匪三十餘名，身上皆有砂磺引火之物，並生擒妥福、妥壽等數十名，供認豫謀內應，縱火開城，起獲搶矛等物，甚至婦女腰間亦藏

⑮ 參照馬觀政「滇垣十四年大禍記」，徐元華「咸同野獲編」，均見「回民起義」第一冊。

⑯ 張濤「滇亂紀略」、王鼎臣「清咸同間雲南回變紀聞」，均見「回民起義」第二冊。

有放火器具。始命城外鄉團四路兜圍，回民將清真寺自行焚燒，奪路逃走，其城中良回亦有畏懼闔家自盡者。」⓱顯與事實有所不符。

二、楚　雄

楚雄縣令王某，以境內回民衆多，爲自謀防患計，佯倡回漢互保，維持地方秩序；陰則調兵守城，監視回民。咸豐六年（一八五六）三月初，漢練分紮楚雄城內外者兩萬餘人。臨安鄉團既屠省城回民，乃趨向楚雄。

楚雄漢紳聞臨安鄉團將至，漸生殺回之心。其附近雙柏、廣通、羅川諸縣，亦有殺回之醞釀。同年四月，雙柏回民被搶擄燒殺者五百餘户，而楚雄南區之保山村、塔普村，回民死者凡五千餘人。及臨安鄉團至，縣令王某不惟不設法堵禦，反嗾使漢紳胡興等約臨安鄉團以滅回。首戮距城五里之萬家壩回民五十户，後引臨安鄉團入城，共殺金、何、馬三姓回民二百餘户。旋出城燒殺城東馬石鋪回民四十餘户，李家嘴子回民二十餘户，羅左美回民一百三十餘户，錢糧橋回民九十餘户，呂河街回民一百餘户，馬家莊回民三十餘户，周家沖回民四十餘户，前後三日之間，楚雄回民慘殺殆盡⓲。

⓱ 欽定剿平雲南回匪方略卷一。

⓲ 姚華亭回述、馬承天筆記「楚雄丙辰抗變事略」，見「回民起義」第二册。

三、華寧

先是滇中華寧縣婆兮鄉回民馬朝、李德隆、馬文炳等，在石羊廠被臨安漢練逐出逃回後，手不釋兵，欲圖報復。當地漢民亦生戒心，處處提防。咸豐六年（一八五六）春，九店村漢紳薛超率黨至婆兮鄉趕街，因口角與回民互毆，彼此均有負傷，婆兮鄉漢紳雷超、雷嘉、陳道等，素與回民有隙，乃從中慫慂之，以擴大事端。

三月初三日，婆兮舉行廟會，雷超暗發傳單，集合華寧附廓各村寨漢夷三百餘人，匿伏家中，陰謀屠回。是夜遂盡圍回居，馬朝等以勢不敵，破圍逃往彌勒，雷超追趕不及，乃焚婆兮清真寺，並將所有回人田產房屋牲畜家俱什物搶奪霸佔，視作已有。

馬朝旋至開化府文化縣茂克寨，寨盡回民，乃秘密約衆以圖報復。附近田心寨、大莊等地回民咸應之。並得回龍寨馬如龍之助，集衆二百餘人，分兵二路：一向華寧，一取道他格拉向婆兮。敗雷超，追至九店村，因薛超率漢練力堵，馬朝、馬如龍勢孤不敵，被迫退走回龍寨，而報復之志不稍衰⑲。

四、武定

武定回民約一千數百户，除住城内及東廓南北兩街外，以賈國村，大西村爲最多，上枯

⑲ 佚名「婆兮事略」，見「回民起義」第二册。

柏、湯巴哨、下古柏、和尚莊、馬家莊等村，各七八十户或四五十户不等。咸豐六年（一八五六）四月，武定既奉雲南督撫殺戮回民之命，謠言四起。回民驚惶失惜，乃暗中籌謀自保之法，漢回猜忌，咸懷戒心。會黑井、松平等地回民五六人至武定大西村販賣騾馬，漢紳誤爲回民搬衆滋事，知州曹某乃傳集境內團練，將大西村並州城包圍，欲實行滅回。大西村紳馬國棟聞變，亦率回練一百八十餘名在後山挖濠溝以資防守。城內回民約八十户則逃避參將衙門。十月二十四日晚，漢練放砲爲號，一面搜殺城內回民，一面進攻大西村，城內回民逃出者僅三十餘人，惟大西村因回練堅守，並得城內逃出回民夾擊，漢練大敗，死傷百餘人。事後大西村回練決心抗官，將十五歲以上五十歲以下男子盡編入兵册，五人一伍，二伍一棚，十棚一營，合城內逃回共得三百人，統由馬國棟管轄。

二十六日晨，漢練二千餘人自五鳳山來攻，再圍大西村，馬國棟復督回練敗之。此後四五日接連戰鬥，回練皆獲全勝，並追至舊城村，燒漢民房屋數十間，殺漢紳周自明以報之[20]。

大西村既久攻不克，武定知州曹某乃分調附近各縣漢練實行會攻。香水村漢紳陶興至富民引臨安練數百至，尋甸武士張登科、傅長春等亦集境內漢練來會。十二月初二日，祿勸漢紳李朝相、練目胡老八復率境內漢練千餘名相援，遂於十一日大舉進犯，回練遂敗，破大西村，馬國棟戰死，回民被殺者三百餘人，殘回向元謀方面逃竄，至烏龍硐附近大坡菁地方，

[20] 佚名「武定事略」，見「回民起義」第二册。

遭漢練堵截，除陣亡外，餘均投水死㉑。

五、昭通

咸豐六年（一八五六）四月，省城既屠回，迤北昭通府漢紳王四丫頭、李三札刀、陳毛紅等，與魯甸邵、戴、曹、夏諸大姓，亦暗中結盟欲滅回。值魯甸陶家灣回民嫁女，路經昭通之布戞村、陳毛紅等搶新婦，予以羞辱，回人不堪，乃集衆報復，殺陳毛紅等多人，王四丫頭等遂報官，知府吳某，總兵吉某，誅回首賽老阿宏，昭通城内回民被殺者近千家，四鄉漢練與回民遂成互鬥之勢㉒。

六、新興

咸豐六年（一八五六）四月，臨安漢練既誅楚雄所屬回民，進駐安義州，新興（玉溪縣）漢族與回民乃有不能相安之勢。回民勢孤，不敢先發。同年六月，臨安漢練大至，圍攻新興境内九村回民，九村回民亦舉馬敏、馬占春等爲首，團練自保，自夏至冬，戰爭無休息，雙方互有傷亡。十二月清新授臨元鎮總兵申有謀抵任，首調解昆陽漢回衝突，次及新興，雙方

㉑ 佚名「武定州」，見「回民起義」第二册。

㉒ 率真子「昭魯變亂紀聞」，見「回民起義」第二册。

始暫安無事㉓。

七、騰越

咸豐六年（一八五六）八月，杜文秀既起兵大理，迤西震動（詳第三節）。警報至騰越，漢回均懷疑懼。先是騰越綠營奉調會攻姚州，遺留者半屬老弱，總兵明慶復庸闇貪鄙不治事，郡中漢民不逞之徒趙連城、李枝培、兵陽成、董大用、黃在萬等，乃假大理失陷名義，拜把於各鄉，造謠惑衆曰：「回教聚徒，剋期舉事，漢人不先治回，必遭屠戮。」狂熱青年附和者甚衆。廳同知王秀毓慮殺機一發難收，邀漢回信用素著士紳親往城鄉排解，而把黨勢焰益熾。十月三日，李枝培等率衆鬨於街，適回民無賴何啓浩與回紳某有怨，欲傾陷之，於是夕在其住宅附近發槍數響，意在激把黨與之爲難，枝培等誤爲回民先發，乃縱火肆殺，回民良懦者殉難，强悍者聚集東門外禮拜寺以相抗。四日把黨復往攻，回衆傷者投水死，餘人突圍至馬家村，合當地回民四出燒殺附近漢民村落以報之㉔。因檄告四方以圖大舉，略曰：

（上略）（指漢民）約定十月初三日，火起於四更之後，戕我父母，戮我兄弟，屠我妻子，掠我財物，霸占我田土，覬覦我室家，各處清眞寺盡皆燒燬。且嬰兒有何罪？加以斧

㉓ 佚名「滇南雜記」、中國回教俱進會玉溪分會「新興河西紀聞」，均見「回民起義」第二册。

㉔ 曹琨「勝越杜亂紀實」，見「回民起義」第二册。

鉞？孕婦有何辜？肆其刳剔？尸盈城野，血滿溝渠，强少艾而爲妾爲奴，掠幼聰而假怙假恃，又其餘事耳！言之不忍，聞之何堪，死難瞑目，生倍寒心，踴足擗胸，枯淚泣血，天不共戴矣！兵不能返矣！……斬木爲梃，揭竿爲旗，壯士雲從，悍夫響應，渠魁不殲，烽燧不息，故土不復，干戈不休，不將狗黨剪除，何以對亡人於地下？不使狐群絕滅，何以置此身於人寰？㉕

回勢既大張，騰越廳同知王秀毓募漢練萬餘人，命趙連城統帶往攻馬家村。咸豐七年（一八五七）春，連城以大砲遠擊，不敢近逼，回民則軍火鹽糧且盡，勢將不支。有請連城乘機猛攻者，連城曰：「馬家村爲吾輩生活所，多延一年富室資財不患不盡爲吾有。」以故馬家村終不破。旋村回獲增援，劫漢練營，漢練大敗，乃撤退保城，各鄉漢民爲自衛計，紛紛結團以自保。

是時雲南無處不亂，而迤西爲最甚，巡撫舒興阿不究根源，一惟歸罪於回民。同年六月十六日奏稱：

滇省回民無處不有，其數不及漢民十之一二，而其勢倍强，性多疑而極狠，此次燒殺情形尤爲慘毒。漢民積怨成岔，紛紛具稟，請兵剿辦。經臣分別批飭，但令集團防守，

㉕ 佚名「咸豐丙辰年騰越報復檄文」，見「回民起義」第二冊。

不准先肇釁端。現在臨安東川各屬，皆有回匪燒搶村寨情事，經臨安府知府方俊、東川府知府汪之旭率同所屬州縣，會合營汎，分頭彈壓勸諭，而回勢益張。……目前光景非用兵無以折回匪之氣，亦無以服漢民之心。㉖

至於朝廷大吏，不明真像，更視滇回若寇讎，甚且有誣滇吏護回而抑漢者。八月九日户部右侍郎何彤雲奏曰：

滇省漢回雜處，前此永昌互鬥之案，幾經痛剿，始獲相安。乃該回潛蓄異志，近因與臨安人爭廠，遂籍端滋擾。漢民良懦，又爲官所抑勒，强之講和，是以不敢報復，聽任蹂躪。臨安及大小騍川之人不勝其憤，與之相競，地方官遂以臨匪騍匪與回匪並剿。其意但欲兩邊講和，而回匪兇詐，焚殺如初。㉗

此項歪曲事實之言論，對此後清廷之決策不無影響也。

㉖ 欽定平定雲南回匪方略卷一。
㉗ 同上書卷二。

三、雲南回勢之彌張

㈠ 西回軍之勃興

先是永昌板橋街有漢民杜某，及金雞村回民楊某，均以經營牲畜爲業，往來緬甸雲南間貿易，日久漸成莫逆之交。杜某生四子均已完娶，某歲其季子赴緬甸經商，途遭瘴瘧而亡，遺婦懷孕四月，杜姓不忍其媳孀居，乃商諸楊某，許與楊子爲婚。未幾婦生一子，貌俊好，取名楊秀，入學讀書，聰穎過人，小考名列前茅，學政奇其文章，邀其面試，得知遺腹情由，命其歸宗，改名杜文秀，收爲門生，是歲文秀入庠，科試補廩❶。

道光二十五年（一八四五）永昌屠回案發生後，文秀因家族被戮，其未婚妻馬小有復被代理永昌府後補知州恆文家丁黃潰所霸佔，憤懣之餘，與丁燦庭等間關至京師控訴（已詳第一節第五目），及告准回滇，懼漢民再報復，不敢回永昌，乃在雲州、蒙化間從事小本商業。

咸豐六年（一八五六）春，雲南各地既屠回，掃境糜爛，迤西漢回均集衆以自保。漢民張正泰、張逢泰、張遇泰兄弟，招兵於鶴慶，回民蔡七二（發春）招兵於江迤，而陝回藍老陝（金喜）、七倚謨（馬朝珍），及滇回馬金保、杜文秀等，亦結盟於蒙化。張正秦聘四龐村

❶ 佚名「滇西變亂小史」，見「回民起義」第二冊。

回民武舉馬耀龍爲教師，聚衆萬人，約期舉事，索款於民，百姓無以應，而鶴麗鎮總兵不能保護，乃密議商請馬耀龍刺殺張正泰爲民除害。不料事機不密，被正泰所覺，盡屠四龐村回民，次及鶴慶，麗江、劍川等地❷。

消息傳至大理，太和縣令毛玉成恐禍亂波及大理，集回族父老於縣衙共商對策，請願於大理知府唐惇培，唐告之曰：「漢民（八月）初三迎團，出東門進南門，本府不能挽回。」於是滿街人言嘈雜，回民爲自防計，乃備叉桿棍棒以自衛，並派人至各地請求回民聲援。

八月五日，大理城內漢民集合三四千人，欲屠盡城中回民，回首杜萬榮率回衆踞守衙門口、塘子口、西門城樓數據點，一面燃放竹砲禦敵，一面選死士五六十人奪取武營大庫，漢練雖衆，回民亦足以自守。

八月初八日北鄉漢練進城點名，軍械窳劣不堪，有以鈍柴刀縛竹竿爲長械者，歸時劫取店鋪貨物，回民輕之，入夜遂截殺於途，乘勢劫燒漢民村落。初九日，南鄉回衆大至，回練勢驟盛，初十日，漢練邏者遇回練於西門，各放槍炮，回練因縱火燒西城樓及西門內大街民房。回首黃金印、李捷魁等並劫軍裝庫，擁入參將衙門，參將懷唐阿仰藥死，提道兩署皆被圍，郡城南北不通消息❸。

大理道府見回勢鴟張，集兵助剿，十一日守備李占先、千總李煜元、李家惠、武生楊經

❷ 林文忠公政書，丙集雲貴奏稿卷七。
❸ 滇西變亂小史。

文等，率營兵增援提督署，知縣毛玉成率漢練增援道台署，皆不能達。武生楊剛、趙雲壽，率漢煉鄉團與回練戰於西門，楊剛中砲死，雲壽退保知府衙門❹。

初蒙化回民接大理回民求援之信，近廓各村乃在城內清真寺集會，決議援助。集衆八九百人，定行軍律例，推馬天有將衝鋒隊，藍金喜、七倚謨（馬朝珍）、馬金保佐中軍，馬雲霄爲後隊，馬三進士（名魁）總辦糧務，杜文秀掌號令，八月五日出發，途中糾合趙州（鳳儀）回衆，破下關，直趨大理❺。漢練團首雷有聲、劉尊邦戰歿，貢生段復元，文生楊其真、李根龍，武生張距，禦於陽南塘、觀音塘皆失利，蒙化、趙州回衆遂於十一日入大理，回燄乃不可收拾。

十二日，回中有穆洪者，向任道署差役，導回衆入道署，迤西道林廷喜被害，眷屬皆殉難。漢民避道署者死以千計。十七日，知縣毛玉成分兵二隊：一隊戰城南，一隊戰城北，玉成自將北路，戰死於桂香書院門前，所部潰散。十八日清軍擁知府唐惇培走賓川，大理遂陷❻。漢民遭駢戮及驅投水火死者三萬餘人。回民復縱火焚燒漢民房舍，自五華樓至北城門，六條大街不餘一椽。其餘城内漢民房屋悉被回民佔據，回首乃拆數十户改建巨廈❼，於是趙州、浪穹（洱源）、鄧川、賓川、蒙化等地，繼之淪陷。

---

❹ 周宗麟「大理縣志稿」卷八。
❺ 滇西變亂小史。
❻ 大理縣志稿卷八。
❼ 佚名「蒼洱悴町」，見大理縣志卷三十二引。

八月十九日雲貴總督恆春奏曰：「現查滇省東自楊林以至平彝，遍地皆賊，廣西州屬回匪，復勾結猓匪乘間竊發，澂江、臨安兩府屬幾無完善之區，海口則屢次進兵，均未能取勝❽，姚州亦未收復，浪穹縣失守，文武不知下落。…………開化府亦有回匪勾結猓匪之事。」咸豐七年（一八五七）正月初六日，恆春復奏曰：「查回民性雖獷悍，不乏良善之人，臣此次旋滇，細加訪查，本年四月間省回勾結外回，與臨匪互鬥，前署藩司青盛出示飭令民間齊團，遇有滋事回匪，准其格殺勿論，而不法漢奸從中煽惑，以至省內良回多被漢民殺害，省外亦紛紛蠢動，激成事變，茲若概以殺回為務，既無以服回民之心，且愈以速漢民之禍。」❾是恆春已洞悉雲南回變之根源，而深悔省城屠回之非計。清廷不查，仍圖採用高壓政策。旋奉上諭：「今該省道府等官已為回匪所愚，儻該督等再受劣員慫恿，不使逆回痛受懲創，安能帖服？恆春等既分兵前赴大理、開化等處，著即飭令帶兵各員痛加剿洗，早復城池，不得專事姑息，致令蔓延益甚。」❿清廷之態度如此，滇事遂不可為矣。

(二) 杜文秀建國大理

先是鶴麗鎮千總張正泰素有勇略，咸豐初年嘗從征太平軍。雲南回亂大熾，適由安徽撤

---

❽ 欽定平定雲南回匪方略卷二。
❾ 同上書卷四。
❿ 清文宗實錄卷二百十七。

歸，遂募義勇助剿姚州、鶴慶、麗江、劍川、鄧川、浪穹等處。及聞大理警報，乃自鶴慶將數萬衆分兵二路南下，自率一路攻牛街，別遣部將陳良攻劍川。陳良饒勇，圍劍川數日，身先士卒，遂克劍川，復至牛街會正泰，破鄧川、浪穹，直入上關，自灣橋至五里橋，連營數十里，逼大理而軍。

大理城中回首馬金保、藍老陝、蔡七二等，見正泰兵勢大，料難拒敵，率黨千餘，由大理南門退出，至掃把營，遇杜文秀將姚州援兵五六百至，力諫諸人曰：「公等捨此天險，去將安適？縱死，亦得其所。」於是衆情奮激，合軍返大理，築壘堅守。

九月十三，正泰軍由上關進發，夜半抵大理北城下，縱兵圍四門，杜文秀、馬金保、藍老陝等，登北門望敵陣，金保、老陝均震怒，惟文秀鎮定如常，笑顧衆人曰：「公等以爲敵兵强，以吾觀之，直如土偶木肘耳！」衆驚問其故？文秀微哂曰：「吾觀張正泰兵卒雖衆，然軍伍不整，戰壕不修，此兵家之大忌，公等但看吾三日之內大破張兵必矣！」於是衆鼓掌稱善，公舉文秀爲領袖。

九月十四日，文秀升上座，執兵符，分派兵將，井井有條，飭馬金保率兵數百出東門，蔡七二率兵數百出西門，自與藍老陝率兵數百出北門，命守城回兵以砲助攻。時張兵毫無紀律，或三五十人一叢，或百十人一叢，全無防備，回兵乘懈縱擊，張兵大潰敗，於是上關、鄧川、浪穹、牛街、觀音山等處，復爲西回軍所得[11]。

---

[11] 參照佚名「鶴慶紀聞」，見「回民起義」第一册。又大理縣志稿卷八。

大理事已定，遠近回民響應，滇禍乃不可收拾。回首藍金喜、馬金保、馬朝珍、馬良、杜萬榮、馬名魁等，皆自矜有功，各不相下，藍金喜待下尤剋虐，軍心日趨散亂。識者乃獻議曰：「諸人互爭雄長，將召釁端，應集諸將大開，推勇略邁衆者爲領袖。」及期諸將多以攻城掠地自誇，獨杜文秀嘿然，厥後乃曰：「欲舉大事必須收拾人心，不宜專尚威力，且漢衆回寡，尤須重用漢人。」復揚言於衆曰：「天下現已大亂，正英雄造時勢之際，若失此機會，回教子孫無遺類也。欲保全子孫，必做一番致大危行，使後世不再有滅回之舉者。」衆大悦服⑫。軍師沙謙尤韙其論。沙謙原名呂藩，貴州貴筑縣漢人，有才略，客居大理，城衿某因小節迫使離境，乃逃匿豐呈莊回民沙九家，贅其妹而從其姓，遂信回教。回變既起乃出而復仇，西回軍遂奉爲軍師。於是衆議於九月二十五日築壇於校軍場，推杜文秀爲總統兵馬大元帥。文秀乃設官分職，組織政府，錄其重要爵等如下：

職銜	人名	職銜	人名
揚威大都督 總理各路軍事	蔡春發	左翼將軍	楊德明
中軍將軍	馬金保	右翼將軍	竇文明
平東將軍	劉綱	前軍將軍	馬天有

⑫ 趙清「辯冤解冤錄」，見「回民起義」第一冊。

鎮西將軍	陳義	後軍將軍	馬朝珍
平北將軍	馬良	總理軍機正參軍	張子經
平南將軍	朱開元	總理軍機左參軍	馬國忠
奮勇將軍	藍金喜	總理軍機右參軍	馬印圖

⓭

其下文職爲參軍、參議、參謀、主政、主簿、司務、首領等，武職爲都督、將軍、中郎將、翼長、領軍、指揮、先鋒、統制等。又分其兵籍曰微，有大理微、上八鄉微、永昌微、江迤微、迤東微、蒙化微、六省微等軍目。旋授馬名魁、馬駟良、拴長興、馬騰霄、馬祥麟等爲都督。柯里莊回教武舉王國安違法不從，文秀殺之以徇衆。示告所屬曰：「不分漢回，一體保護。」衆皆大悅。於是趙州、蒙化、永平、雲州、順寧、龍陵、賓川等地，相繼來歸⓮。乃遣使與太平天國通音問，欲合力顛覆滿清⓯。

初蒙化回軍既入大理，文秀遣人守護提督署，插白旗於門首，上書：「不准閒人出入，不聽軍令者斬。」以此提督文祥全家不受驚擾。及文秀被推爲元帥，接其眷屬住提督署北花

⓭ 大理縣志稿卷八。
⓮ 大理縣志稿卷八。
⓯ 徐元華「咸同野獲編」，見「回民起義」第一冊。

廳，文祥妻拜杜母爲義母，文秀拜文祥妻爲義姊，文祥四子亦拜文秀爲舅父，旋文秀遣人護送文祥眷屬離境返京，人心益傾服⑯。

(三) 東回軍圍昆明

咸豐六年(一八五六)四月，昆明既屠回，迤南臨安所屬各州縣回民，紛紛逃赴建水之回隴、曲江(館驛)諸村，推武生馬如龍(原名馬現)爲領袖，結寨自衛。同年五月，建水西莊漢練，擁入建水，回民無論少長屠殺且盡，全郡大亂，如龍乃據回隴以叛。六月，臨安府知府方俊、署臨元鎮總兵伊昌阿，遣守備沈裕後率兵攻回隴，如龍敗之，裕後陣歿⑰。如龍乃移檄遠近，數雲南官紳之衆，以報仇雪恥爲號名，文出本鄉廩生李有成手筆。略曰：

(上略)本局職居子弟，志在父兄，傷同類之無辜，痛先人之罹難。臥薪嘗膽，志切報吳，乞食吹簫，意不忘楚。請司民之命，興仁義之師，旌旗舉處，神鬼皆驚，車馬臨時，山河震動。爰此檄文，遍告同志，只論良莠，何分回漢？受其殃者莫存觀望，被其害者志切同仇。至於義聞宣昭，共殲魁首，大兵所向，罔治脅從。倘能捆獻元凶，

---

⑯ 滇西變亂小史。
⑰ 朱炳册「原仕湖南提督馬公雲峰傳」，載續雲南通志稿卷八十一。

尤當厚加優奬，若再互相比黨，勢必禍延炎崗。無昧先機，毋貽後悔，檄文到處，惟君子圖之。⑱

是時舒興阿以雲南大局糜爛，藉口久病請假回京調理，將巡撫篆務暫交布政使桑春榮護理，省城局面日益險惡。

咸豐七年（一八五七）閏五月，如龍合澂江徐元吉部，集沙甸、大莊、館驛等十八寨，並婆兮竹園之衆數萬人，藉口省城回民無辜被戮，大舉進犯昆明。時有馬德新者，字復初，迤西下關人，初由天方歸來，傳教於新興，衆尊稱老爸爸，如龍、元吉推之爲首，迤南迤東回衆蜂起應之，聲勢大盛。

東回軍至晉寧，遣使告總督恆春，請嚴懲首倡滅回者以服衆心，恆春不准，且擬派兵剿滅。閏五月二十一日，東回軍猛撲省垣，城外二十四鋪煙火蔽天，清軍遇回軍即敗，督撫及團練大臣均束手無策，乃閉四門堅守，城外居民不得入，投滇池自縊者數萬人⑲。

德新、如龍駐距城五里之萬壽宮村堡，餘衆分紮西嶽廟、小壩、馬村、王家樓等處，鄉民具款請降，爭先恐後，輸納糧草。二十九日，恆春、桑春榮登城巡視，懸示曰：「有出城禦敵者予重賞，官職銀錢惟其所欲。」數日寂無應者。恆春見四郊屍橫遍地，火光沖天，歎

---

⑱ 李有成「建水回民檄文」。錄自中國回教俱進會玉溪分會「新興河西紀聞」，見「回民起義」第一冊。

⑲ 參照馬觀政「滇垣十四年大禍記」，徐元華「咸回野獲編」，均見「回民起義」第一冊。

曰：「天道好還」。邑紳南宮觀等以城外漢民橫遭慘禍，責難恆春，恆春妻博禹特氏復恚告恆春曰：「制軍不許城外百姓遷移，卒被慘戮，二十四鋪盡爲瓦礫，吾亦不欲生矣！」遂吞金自盡。恆春計無所出，乃於六月一日自縊於省城四知樓[20]。

省城被圍日急，糧道阻絕，米一斗售銀二十兩，銅錢一文僅購蠶豆二枚，所有五華山樹皮及翠海浮萍荷葉野草等物，民俱食盡，餓死者枕藉相望，有飢斃於路者，腰間尚繫有黃金。無營葬之人，棺木置古廟，堆積如阜，而拋棄於五華山者不計其數[21]。

臨安漢紳潘么大，聞省城被圍急，將漢練數百，於六月十五日自富民進兵，取道清水關，乘夜下梨煙村，欲破圍通昆明，因寡不敵衆，至沙溝尾，全軍盡覆[22]。

八月，元蒙營都司褚克昌、署武定州知州夏家疇、昭通鎮游擊孫鈺、何有保，署楚雄知縣章源，都司韓寶、趙德昌，自武定、祥雲、楚雄、鎮南率兵練分道援省城，紮營石子坡、渾水塘、鐵峰庵、北校場、蓮花池等處，破西路回壘數十，至八月十五日遂入昆明，糧道復通，克昌鎮北城，開門易市，出者印膊，驗而後入，省城復大定。

克昌治軍嚴明，有聽斷才，民間大小詞訟，皆就克昌伸理，衆皆悅服，惟克昌主剿回，當道主撫，議不合[23]。咸豐八年（一八五八）正月，川勇練目周勝、宋祥、楊春和等，據城

---

[20] 參照欽定平定雲南回匪方略卷五，滇垣十四年大禍記。
[21] 參照張濤「滇亂紀略」，載「回民起義」第二册；馬觀政「滇垣十四年大禍記」，載「回民起義」第一册。
[22] 咸同野獲編。
[23] 參照續雲南通志稿卷八十一。

內爲亂，署督桑春榮束手無策。川勇肆行搶劫，克昌時充翼長，不動聲色，立誅爲首數人，餘乃震懾求撫。克昌設計驅逐出城，陸續遣散，人心大定，桑春榮嘉其功，保署雲南提督。

清廷聞昆明被圍急，恆春自縊死，六月三日命舒興阿來京，以內閣學士候補，以布政使桑春爲雲南巡撫，改調四川總督吳振棫爲雲貴總督，四川總督印務交藩司祥奎護理。命振棫就近在川省挑選精兵二千名，親自督率赴滇會剿，並賞張亮基五品頂帶，幫辦剿回事宜。四月二十六日諭曰：

> 雲南回匪滋事，已閱年餘，其始由地方官區分漢回之見，不能秉公剖辦，及至勢成燎原，復未能分別良莠，剿撫兼施，以致回匪猶蓄異志，常謂漢人欺回，日事報復。吳振棫於雲南情形頗能熟悉，經朕委以艱鉅重任，務即先行出示，剴切曉諭，但分良莠，不分漢回，俾先聲奪人，解散黨與。[24]

較過去態度已有重大轉變。吳振棫既奉督川之命，七月二十五日奏曰：「上年回匪滋擾，逼近省城，城內紳民傳聞有奸細內應之事，遂將城中回户，無論男婦老幼，概行殺戮，不下數千餘人，撫臣舒興阿不能禁阻，從此回民得所藉口，益肆猖狂。」[25] 同年十月，振棫駐曲靖，

---

[24] 清文宗實錄卷二百三十。
[25] 欽定平定雲南回匪方略卷五。

張亮基及按察使徐之銘駐宣威。三十日復奏曰：「滇省回匪滋事，實係漢民啓釁於前，回民報復於後。……其近省地方如河陽、宜良、呈貢、昆陽、陸淳、嵩明、廣西、師宗、彌勒等州縣，或勾串夷匪，或招納漢匪，相助爲虐，情事各有不同，而大端總由挾仇報復而起。」[26]故急欲以撫結局。

振棫探聞回人鄭竹生、馬協台、李知縣、馬椿齡等，在蜀浙有聲名，先後咨調來滇委用。咸豐八年（一八五八）正月，迤東道汪之旭奉振棫命偕回員至省城招撫圍城回衆，馬德新許之，乃由漢回紳士逐一畫押，回人並呈「永不滋事」甘結。二月十五日東回軍陸續散歸本籍，省城圍解，軍民安堵如初[27]。

五月，清廷任張亮基爲雲南巡撫。八月，吳振棫、張亮基以馬德新「熟習經典，深明大義，向爲回衆所信服。前此遣散回夷人等，皆係馬德新主持其事。」奏請賞給四品頂戴，以示鼓勵[28]。十二月總督吳振棫引疾罷，詔授張亮基雲貴總督，升按察使徐之銘爲雲南巡撫。

(四) 褚克昌之敗沒

——清軍第一次西征之失敗——

㉖ 同上書卷六。

㉗ 參照續雲南通志稿卷八十一，欽定平定雲南回匪方略卷七。

㉘ 欽定平定雲南回匪方略卷七。

馬德新、馬如龍、徐元吉等既就撫，乃委軍事於馬永。永駐省城外大街，隨從稀少，張亮基陽與委蛇，陰則調兵防範之。是時漢回衝突仍蔓延不已，而大理回衆勢力發展更速，迤西郡縣相繼淪陷。咸豐八年（一八五八）三月，臨安、曲江回衆聯合犯臨安，總兵申有謀督兵練破之㉙。馬德新暗約昆陽回首楊振鵬，水陸夾攻省城附近漁村、九甲、五甲水陸各營，九甲團總諸生李煓告急請軍火，省城不能應，九甲水陸各營以次陷落，李煓等力竭戰沒，團勇死者以千計。總督吳振棫恐敗撫局，莫敢究詰㉚。四月，揚振鵬合回首田慶餘部陷武定州，知州金耀遠死之，漢民被殺者數萬人。復陷祿勸縣，知縣吳增光遁走。五月，回首金成海據易門之太和川。八月，廣通生員何天福、姚州營弁郭兆祥，率漢練竄擾黑鹽井，搜殺就撫回民，守吏不能禦，歛貲遣之。同月，馬如龍復叛，圍攻臨安，至十月始解圍去。咸豐九年（一八五九）二月，澂江回首馬倖陷富民，昆陽回首馬凌漢陷昆陽。三月，澂江回首馬成林等自易門陷廣通、定遠。六月，馬如龍陷阿迷州。於是省城附近州縣先後失守，地方官員多被執。亂回不加殺害，文報非經回手不得發，故已失縣城，省城有不知者，亦有知而不問者㉛。

先是太和義民趙雲壽、張福吉等避亂耳海東，志切復仇，集太和勇士，創立義興營，與賓川諸生董家蘭合謀，請於鶴慶鎮總兵張正泰，願率義勇渡洱海，西攻杜文秀，正泰許之，

㉙ 同上書。

㉚ 續雲南通志稿卷八十一。

㉛ 同上書

助以軍火。咸豐八年（一八五八）七月初一日，雲壽、家蘭率義勇會合正泰勁旅，渡洱海而西，連敗回衆，進營新溪邑，及石嶺、沙村，距大理三十里，背水爲營。雲壽探知城內空虛，決地道於東城下，埋火藥二棺，約期引發轟城，屆時城傾數丈，前路選鋒已登城，而舟師阻風不得濟，杜文秀率部拒戰，乃敗退㉜。

正泰既敗歸，計無所出，乃閉門不出，日命其弟逢泰、遇泰四出科索金帛，稍不如意即加非刑，甚至掠搶子女，無所不至，大失民望。正泰復以耽溺聲色，軍心瓦解，乃由鶴慶代理知州韓君元出首，與城中紳耆密謀，命其部將張瑜、張瓚弟兄刺殺之。正泰父張鴻勳同時遇害，其弟逢泰、遇泰率所部走大理，降於杜文秀，文秀各授以都督、將軍等職，命大將軍米映山督衆五千，偕逢泰、遇泰進攻鶴慶，韓君元因衆寡不敵死離，張瑜、張瓚亦戰死，鶴慶遂陷，迤西事遂不可爲矣㉝。

咸豐九年（一八五九）春，杜文秀部將蔡春發陷右甸，三月，徐文明陷元謀。四月，馬從泰陷景東廳。六月，彌渡、祥雲復陷㉞。九月，雲貴總督張亮基以迤西郡縣相繼陷敵，而提督文祥擁兵鎮南，逗留不進，上疏劾之。清廷命文祥來京，改任傳振邦爲雲南提督，振邦未到任前，由臨元鎮總兵申有謀署理。亮基以有謀剿辦館驛、沙甸回亂未竣，奏委永昌協副

㉜ 大理縣志稿卷八。

㉝ 佚名「鶴慶紀聞」，大理縣志稿卷八。

㉞ 續雲南通志稿卷八十一。

將福兆護理。十二月，福兆懼回勢猖獗，託疾不至，亮基乃以騰越鎮總兵褚克昌署理雲南提督，主持西征軍務。

咸豐十年（一八六〇）春，褚克昌督軍西征。二月，首破西回軍於鎮南沙橋，再敗之靈官廟，斃回衆二千餘人。乃遣千總孫占魁、聶大發規取姚州，千總張福保、守備鄭洪順規取大姚，克昌親統中路由鸚鵡關進趨祥雲縣。閏三月，大破西回軍於普昌河，斃其將軍、統制數十人，乘勢進攻彌渡、祥雲，分圍大姚、姚州，軍威大振，大理附近州縣多爲清軍所有[35]。

先是克昌屢捷，致函張亮基曰：「軍勢頗利，但孤軍深入，勢雖首尾兼顧，倘我軍前進，車南賊躡其後，危可想矣。」亮基答曰：「公前進楚雄，已派有援兵，當弗慮。」[36]克昌遂大進。杜文秀以大理勢危，密發傳帖，向東南二迤回首乞援。時馬德新居澂江，恐西回軍不支，密促東回軍馬如龍、楊振鵬等往援。三月十三日，如龍由易州、羅州破廣通，四月十八日逼楚雄而軍。二十二日以地雷崩城入，署知府楊觀巷戰死，軍民死者萬餘人[37]。復陷南安、鎮南、定遠諸地，與西回軍相通，褚克昌後路遂斷。文秀復遣蔡春發率雲州、順寧、緬寧、蒙化之衆三萬餘人出彌渡，楊德明、馬金保率部八千人破紅岩，克昌腹背受敵，漸不能支。七月二十四日大營陷，克昌短兵衝突，身被十餘創死，一軍盡覆，省城清軍從此不敢輕言西上

[35] 同上書。
[36] 張濤「滇亂紀略」，載「回民起義」第二冊。
[37] 欽定平定雲南回匪方略卷九；佚名「咸豐十年庚申楚城陷碑記」，載「回民起義」第二冊。

矣㊳。

文秀既勝清軍，乃分兵略地，以尋甸回首虎應龍爲前凝將軍，桂春亮爲都督，合寶文明部攻永北。以陳義、馬金保、楊德明、姚得勝、張裕泰等，分攻鶴慶、劍川、麗江，以楊榮（果勇）攻雲龍。同年九月，先後皆陷之，各地清吏多有開門迎降者。

同年十月，文秀遣陳義將西回軍數萬由永平出北部，楊榮（果勇）率西回軍萬餘由右甸出南路，會攻永昌。蔡春發總督大軍爲合後。陳義恃衆輕進，渡瀾滄江至官坡，永昌軍功楊鍾南糾團勇設伏黃山哨，誘陳義部入，大破之，乘勝窮追一晝夜，至瀾滄江，西回軍爭先渡橋，壓斷鐵索，積屍填江，潰不成隊。出南路楊榮部亦無功撤回。咸豐十一年（一八六一）春，蔡春發將大軍復犯永昌，一路由右甸、施甸攻南路，一路由猛廷砦、大小田壩攻東路，楊榮親率精鋭自曹澗、瓦窰攻北路。陳義復集所部反攻，各地土司望風迎降。時各屬難民逃避永昌者極衆，米價騰貴，軍糈所出，無法供應，回勢日熾，民力漸疲。永昌副將福申禦西回軍於施甸，不支敗退。廩生張世祿率團丁數百人禦西回軍於大樹屯，被圍無援，力竭戰死。團總奚增譽率七哨練勇禦陳義部於水雄，復敗潰，官兵氣索，不復能戰。二月初，永昌遂被圍。西回軍連營環攻，紳民猶登陴堅守，殭餓者纍纍仍無變志。六月二十二日，回目何遇春由城南鐘樓縋西回軍登城，守陴練勇驚潰，永昌城遂陷。署知府官正伍，署副將福申逃遁不及，被俘皆降，軍民死者萬餘人。西回軍乘勢西進，七月陷雲龍，八月陷龍陵，九月二十一

㊳續雲南通志稿卷八十一，大理縣志稿卷八。

日，騰越鎮總兵明慶率騰越文武開門迎降，至是迤西二十餘州縣，全被杜文秀所佔據㊴。蔡春發雄略爲諸回冠，賞罰嚴明。既破永昌，所部刦掠過甚，一日集衆誡之曰：

> 財色最足挫人志氣，要圖大事，而志在搶掠，滅亡無日矣！茲與爾等約，漢人多而回人少，安可自樹大敵，今後禁止虐待漢人，且必須重用漢人，養精蓄銳，休兵三年，兩路進軍，規取西蜀，繼收黔省，暨滇垣東南兩迤，後更屯糧，嚴守邊境，又再蓄養三年，且於此三年之中，揀選思力精細之人數百，分道深入緬地，學習經商，查探道路，風土人情既熟，然後仍出師兩路，取緬得手，再圖暹邏，成一大國，即可自雄。㊵

當是時蜀中糜爛，緬政腐敗，果春發之計行，則此後中國西南當成另一局面。同年十一月，騰越監生劉光煥、董國紳等，在古勇砦起兵抗回。明年正月，蔡春發親督回軍往攻，中鎗戰死。㊶西回軍既失主將，群雄不相上下，內爭日烈，驕逸自恣，乃日就寖衰矣。

㊴ 永昌府志卷二十八「戎事」。
㊵ 大理縣志稿卷八。
㊶ 曹琨「騰越杜亂紀實」，載「回民起義」第二冊。

四、東回軍之降清與舋變

(一)馬如龍之降清

先是馬如龍之陷楚雄，杜文秀欲授以官職，如龍不受，另與蔡春發約，省城由東回軍進攻，楚雄以上歸西回軍經略。雲南平定後會師外征，掃除滿清，矢不相侵。❶如龍乃退守澂江，合回務掌教馬德新、副掌教徐元吉部，藉口就撫，不時侵犯省城。雲貴總督張亮基以滇省軍務棘手，且與巡撫徐之銘交惡，（亮基主撫，之銘主剿。）於咸豐十年（一八六〇）十月引疾辭，清廷以劉源灝繼任，未到任前仍著張亮基暫留本任。十一年春，亮基屢劾徐之銘「曲意徇庇」，「任性妄殺」，並「貪財漁色」諸款，疏發即行。清廷命徐源灝到滇後逐一詳查，據實參奏。源灝逗留四川不進，七月命源灝來京另候簡用，以福濟補授雲貴總督。十一月，復以福濟逗留不進，以前湖南布政使潘鐸繼任。自張亮基離滇，雲貴總督即由雲南巡撫徐之銘兼署，雲南提督則自褚克昌敗死後，由福陞接充。以福陞方在昭通，由臨元鎮總兵林自清署理。❷

---

❶ 佚名「滇南雜記」，引自「回民起義」第二册。
❷ 參照欽定平定雲南回匪方略卷九至十，續雲南通志稿卷八十一。

先是咸豐十一年（一八六一）三月，馬德新督徐元吉、馬如龍、楊振鵬等，由澂江破呈貢縣，據小板橋。石虎崗，直抵省城南三里之江右館，傳信捆石上，拋入城頭，定要入城，昆明二次被圍。署理提督何自清開門迎戰，敗東回軍於大樹營，殺徐元吉，回軍死者三千餘人，收復呈貢縣，馬如龍收潰兵退走館驛，省城被圍達十日，糧路復通，各物復照常售賣❸

徐元吉既死，馬如龍總領東南回營，號稱三迤大元帥，回勢仍不衰。十一月，如龍將東回軍大衆三萬餘人，由晉寧、呈貢進逼昆明，分股竄踞安寧、富明，及板橋、楊林、碧雞關、上下普坪各要隘，省城三次被圍。林自清屢次出戰不勝，昆明勢日危。❹如龍密遣諜者入城，貼示於三牌坊，以伐罪弔民自居，斥提督何自清「借滅回之虛名，啓漢夷之實禍，有十罪而無一功。」最後復謂：

> 本帥提兵而來者，非與官民爲難也，爲何氏耳。爾等與其再從何氏，誤國殃民，何如共誅何氏，息事甯人？況何氏之於回民也，不問良莠，概行屠殺。若本帥之於漢也，逆者剿，順者撫，凡投和者即秋毫不犯，各府廳州縣及省洹遠近俱有明徵，爾等果開城迎接，細獻何氏，則官民回漢從此共敦和好，永享昇平，上爲國家，下爲百姓，豈不善哉！倘再附和何氏，抗拒大兵，城破之時，死不能再分玉石也。省垣安危在此一

❸ 欽定平定雲南回匪方略卷十。
❹ 參照徐元華「咸同野獲編」，引自「回民起義」第一冊；欽定平定雲南回匪方略卷十三。

舉，惟智者裁之。❺何自清素持戰義，至是大懼，態度驟變，遂要之銘決意謀和。❻會典史署宜良縣知縣、兼署路南州知州、兼攝澂江府知府岑毓英，帶兵練赴省城增援，之銘乃遣毓英往說之。同治元年（一八六二）正月二十六日，毓英率省城紳耆十餘人，親詣馬如龍營，信宿飲食，談笑自若，如龍頗敬重之。毓英邀如龍至省城面議降款，其僚屬馬龍（負圖）疑有他意阻之，乃遣其黨楊振鵬、馬錫恩等十餘人隨往。巡撫徐之銘、提督何自清，殷勤接待，是日議未定。二十八日，如龍再遣馬龍（負圖）往議。時省城缺糧，而如龍軍食充足。之銘、自清請求借糧十五石，馬龍允加倍借付，議遂定。暢談至日落，清吏用官轎送馬龍自大東城門送出，二月一日，馬如龍遂入居省城。徐之銘奏請清廷以如龍署臨元鎮總兵，留省辦理安撫事宜。馬德新二品伯克，楊振鵬署督標中軍副將，其他回目分別以參將、游擊、都司、守備委用。初四日，徐之銘、何自清與馬如龍約為兄弟，於是如龍交出所據新興、昆陽、晉寧、呈貢、嵩明、羅次、易門、富民各城，滇省東南兩迤回衆粗安，而撫局以定。❼

馬如龍既居省城，要求百端，徐之銘無不接受，如龍兼用大元帥銜，印大如斗，與總兵

---

❺ 錄自白壽碑「咸同滇變見聞錄」，引自「回民起義」第一册。
❻ 馬觀政「滇垣十四年大禍記」，引自「回民起義」第一册。
❼ 參照馬龍「馬負圖私記」，引自「回民起義」第二册；張濤「滇亂紀略」，引自「回民起義」第一册。

印並列，回衆佔據民房，奪取民女，一時街坊競相嫁娶，不復成禮。市面不敢售豬肉，地痞無賴爭投回教，俗呼爲「假回子」❽。如龍脅徐之銘，委岑毓英署理雲南布政使，之銘不得已從之。❾。

先是咸豐十一年（一八六一）十一月初十日，清廷以雲南巡撫徐之銘舖張戰功，聲名狼籍，予以撤任。十二月二十二日，命張亮基督辦雲南軍務，復以潘鐸到任需時，所有雲南督撫印均著張亮基接署。同治元年（一八六二）三月，及聞馬如龍就撫，認爲徐之銘「於文武官員委署重務任意紊亂，且鎮將重任輒令甫經投誠未有官職之回人署理，勢將不可復制。」「皆庸謬妄，實已罪不勝誅。」命潘鐸、張亮基迅速赴任，遵照前旨，將徐之銘撤任，聽候查辦。其爲馬如龍代辦各缺，亦應分別罷除，並命臨元鎮總兵福陞，迅速赴昆明，就任提督新職。❿

自林自清署理雲南提督後，姿睢不法，人皆側目，和議成後，省城人民咸唾罵⓫。同治元年（一八六二）三月，自清托徐之銘代奏，擬於三月十五日帶兵八萬，自備伕馬糧草，入川會剿太平軍。一俟川省底定，即全師進攻江南。清廷不允，但希其統率所部進取大理。自清竟將提督印務交馬如龍署理，率部數百人入川，沿途散發傳單，命各地預備口糧伕馬。四

---

❽ 滇亂紀略

❾ 馬負圖私記。

❿ 欽定平定雲南回匪方略卷十三。

⓫ 滇亂紀略。

川總督駱秉章命各處憑險扼守，並節錄諭旨，咨令林自清欽遵回滇，自清置不顧。同年閏八月，張亮基自湖南整軍入川，遇林部於重慶、瀘州間，自清勢孤不敵，被迫退回雲南，所部悉被遣散⓬。九月十一日潘鐸抵昆明任事，以徐之銘辦理撫局保全甚大，請暫緩撤任，朝旨再變，諭稱：「徐之銘在滇年久，熟悉情形，一切地方事宜潘鐸正可與之和衷商榷，妥爲籌辦，徐之銘亦當振刷精神，勉策桑榆之效，正不必以萬里孤臣自危自阻也。」⓭十一月二十八日，張亮基復劾徐之銘心術譎詐，恐潘鐸驟與親近，墮其術中，而岑毓英又不可恃。得旨：命亮基署理貴州巡撫，著即行折回黔省，接印任事⓮。滇局益不可爲矣。

(二) 馬榮之亂與潘鐸遇害

同治元年（一八六二）九月，潘鐸初到昆明，見馬如龍仍稱大元帥，其黨尤驕橫不法，且與杜文秀聲息相通，深以軍務無從下手爲憂。是時岑毓英威權自用，而陰險多謀，徐之銘與潘鐸徒擁虛位而已。毓英欲煽惑群雄，自相角逐，坐收漁人之利，以博取功名，乃勸潘鐸遣馬如龍進攻梁士美。梁時踞臨安，自署臨元鎮總兵，保境息民，不奉朝命，亦不與杜文秀相通，而與馬如龍有隙者也。鐸召如龍詢計曰：「剿賊應自何路始？」如龍請先除梁士美，

⓬ 欽定平定雲南回匪方略卷十三至十五。

⓭ 同上書卷十七。

⓮ 同上書。

鐸欲殺如龍清內患，遂詐許之。如龍率衆往攻，鐸密令士美固守不與戰，又密檄調昭通鎮總兵楊盛宗速赴臨安，與士美夾擊如龍。擬俟盛宗道經省城，先誅城內回黨，以鞏固根本基地⑮。

十月，馬如龍、岑毓英率衆進攻臨安，道經江川，被梁士美伏兵截殺，傷亡甚多。及抵館驛，復遭梁士美圍攻，進退頗失據。十二月，毓英先回昆明，如龍遂與士美相持不下⑯。

是時昆明回衆無多，僅有掌教馬德新、署中協楊振鵬等數十人，並各回眷屬，本不難圖，奈盛宗路遠，未能即至，徐之銘知其謀，以爲已與回和，誓不相害，今反道而行之，無以對回衆，遂洩其謀於馬德新，德新恐懼，星夜調署武定營參將馬榮，率回部馬士琳、馬有才等五千餘人，藉口赴臨安增援馬如龍，於同治二年（一八六三）正月初八日突入昆明，馬榮住五華書院，其黨分踞城隍廟、翊靈寺、藎忠寺等處，民情駭懼，紛紛遷徙。二月十五日總督潘鐸親至南門月城彈壓，午後至五華書院欲晤馬榮，飭令出城，馬榮不肯謁見。潘鐸傳諭催令速行，榮要求三日之限。潘澤返督署，已行至四牌坊，馬德新聞之，遣回目飛馳至書院，與馬榮密謀，飭快卒持手版追請鐸回五華書院，面稟事件，鐸誤信之，乃回輿至，馬榮迎入，請鐸北座，跪拜而稟事。榮部士卒私相謂曰：「北座何人？有偌大威權，能跪吾大人乎？」遽執戈躍而刺之，榮不阻止，潘鐸遂遇害，隨從均死難。明日棄鐸屍於書院照牆下，外回砍

---

⑮ 參照徐元華「咸同野獲編」，馬觀政「滇垣十四年大禍記」，均見「回民起義」第一冊。

⑯ 參照「馬負圖私記」，欽定平定雲南回匪方略卷十八。

各城門而入，分踞民房，肆行搶殺，十室九空，雲南知府黃培林、昆明知縣翟怡曾，均於途中遇亂回被戕，巡撫徐之銘佯狂，易僧服逃匿民間楊某家，臬司花詠春、糧道宋延春，均易服逃入藩署，鹽道夏家疇踰城遁走。申刻，馬榮攻藩署，毀大門徑入二堂，毓英率勇五百拒戰，回衆敗退，於是堵東西轅門爲營柵，四面防守。十七日，徐之銘亦逃避於此❶⓻。

馬榮等屢攻藩署不下，齊集南門內之昭靈觀，必欲殺毓英以洩憤。馬德新聞之，誓於衆曰：「如有害岑者吾決不許。」衆議乃止，遂邀毓英往議。毓英告其家屬曰：「我勇無多，賊十倍於我，若以全力來攻，亦必死，曷往彼處，見機而行。我若死，勇可護太夫人斫城出，否則尚可圖，帶人反示怯弱，不如獨往。」乃於十七日單騎袖洋槍詣昭靈觀。榮等驚異，毓英挽馬榮手慷慨而言曰：「汝等已得省城，必給我來，是欲迫我死也。我豈甘獨死乎？但我已籠中鳥，尚何能爲？倘需我辦事，我尚能助一臂力。」榮曰：「汝意如何？」毓英曰：「滿祚將終，洪王（按：指洪秀全）領有十餘省，而公等又得雲南，豈非天意耶！我雖清吏，然皆幕燕釜魚，公等若不害我，能爲公等勷辦筆墨，運籌帷幄。」榮曰：「恐爾詐耳」。岑曰：「吾素知貴教尊重天經，凡盟誓皆捧天經作證。今吾以沐浴而來，願憑天經以爲誓。」榮許之，乃置天經於庭而誓，誓畢，毓英曰：「得城以安民爲主，茲城中民多舉火自焚，民胥亡，空城安用？」榮曰：「安民奈何？」毓英曰：「今大事已定，可立老爸爸爲平南王，速通使杜元帥爲一氣」榮曰：「王可稱乎？」曰：「可，若暫不稱王，且俟大元帥歸再爲定議。余意

⓱ 張濤「滇亂紀略」。

先請老爸爸（按：指馬德新）護總督，禁兵勇入民房。」榮曰：「老爸爸不從奈何？」毓英曰：「我令百姓親往叩之，諒無不允。」議遂決。毓英挽馬榮手不釋，曰：「尚有事商，君可與我同歸。」馬榮不得已遂偕行，徒步至藩署門外，毓英急回，速下令曰：「民間男婦年過六十者，手執香花，赴老爸爸公館，叩求民安，並請署總督。」十八日，城中年邁男婦數十人手捧香花赴老爸爸前哀求，斯時火港、威遠街、登仕街一帶，擁擠不能過人，毓英入，言未盡，而健有力者扶老爸爸入轎內，毓英、馬榮傍侍，肩往督署，時馬德新甫禮拜畢，首纏白巾，尚未脫也。

馬德新既入督署，出紅示曰：「欽賜二品伯克、滇南總掌教、護理雲貴總督馬，爲上任事：本護督部堂，擇於癸亥年正月十八日到任視事。」示末只書癸亥年，不用滿淸年號，其謀叛之意顯明。毓英短衣戰靴，紅頂花翎往詣德新，德新大喜[18]。

㈢　岑毓英之崛起

岑毓英以智略謀定滇局，陽尊崇馬德新，陰假德新名密馳蠟丸血書於馬如龍曰：「馬榮戕害官吏，罪該萬死，吾今爲民所迫，權護總督，不得已也。軍門爲朝廷命官，手握大兵，願速旋省城，翦此醜類，以報國恩，蓋世功勛在此一舉，飛速火速。」[19]復刺血書致梁士美，

---

[18] 參照張濤「滇亂紀略」，馬觀政「滇垣十四年大禍記」，均引自「回民起義」第一冊。

[19] 滇垣十四年大禍記。

勸其維持大局，勿與馬如龍爲難⑳。時如龍從兄參將馬青雲、僚屬馬龍等，亦先後修書，催人繞道至臨安大營求救㉑，如龍大感憤，痛哭誓於衆曰：「我前聚衆復仇，未敢叛逆，今馬榮戕官踞省，朝廷震怒，回教無遺類矣。」即日拔隊行，與梁士美書曰：「我倆私忿也，我今援省討賊，汝無躡我後。」㉒士美覆書曰：「我輩所爭者私仇，今所急者公義，請逕行救省，如有緩急，我當以兵助公，不救公家之急，而欲乘人之難，非丈夫也。」㉓如龍得書，星夜遄歸，士美欲以兵三千相助，如龍慮其躡己，婉卻之。馬榮以如龍歸清未久，不慮其仇己，又以其遠在臨安，與梁士美相持，不能遽歸，無妨範如龍意。如龍至晉寧，夜率精兵數百人，遂由昆明湖水道進城。

先是馬龍（負圖）於二十八日天未破曉接如龍信，知援兵準於二十九日夜由昆陽湖水路而來，乃於次日雞鳴時，率親隨十餘人先至小西城安頓開門納士卒，後至白馬廠迎如龍。如龍軍至，梯城而入。楊榮聞如龍至，遣楊振鵬、田慶餘等代爲求情，楊、田告如龍曰：「事已如此，任榮離省了事。」如龍佯對曰：「省城余不久留，官亦不好做，余接眷屬回館驛，省中之事任汝等自爲之。」僞催家人「趕快收拾下船，莫誤船家生意。」楊、田等憤如龍之不相助，勃怒而去。如龍乃命馬龍暗中通知將弁，午時飽餐佩帶，鳴鑼爲號，分頭攻剿。屆時如

⑳ 咸同野獲編。
㉑ 朱炳冊「原任湖南提督馬公雲峰傳」，錄自「滇南碑傳集」。
㉒ 滇亂紀略。
㉓ 原任湖南提督馬公雲峰傳。

龍督率馬青雲、夏毓秀等部攻西南五華書院、藎忠寺，岑毓英率所部攻東北城及圓通寺、府倉一帶。楊部大潰敗，陣斬榮將馬士琳、馬有才，獲其後將軍李俊，凌遲處死。楊榮知不敵，焚藏書樓以逃。二月一日卯時，城內全部肅清㉔。如龍旋下令毀大元帥印，禁止部下呼為元帥，其誠心歸清自此始㉕。

先是馬榮等既居省城，馳書至大理，邀杜文秀速來共議戰守。文秀授馬榮平東大將軍，其部將馬士琳大都督，馬有才大將軍，復榮書略曰：「省城於正月十五日業已得手，請本帥迅速下來，以定大功，功莫大焉。但教門之吉凶禍福，成敗利鈍，在此一舉。楊（振鵬）、田（慶餘）諸公深通韜略，暢曉戎機，諸事協衷商辦，以期妥善，不可視為兒戲。本帥准於二月初旬改裝伴卒，督率大隊到省，商定大事。」㉖書發，文秀遣大司疆段成功將兵數萬東犯，正月底陷鎮南州，破楚雄府，知府周之彬死難。另分遣諜者四處煽惑回衆，同時併起。於是富民、羅次、武定、祿勸、嵩明、尋甸、陸涼、祿豐、廣通、南安各州縣，並黑、元、永三鹽井，先後被西回軍所佔領。南路之普洱府、他郎廳亦相繼失守，故昆明之回亂雖定，省城附近之回勢方熾㉗。

昆明秩序恢復後，徐之銘復出兼攝總督，揑詞上奏其事。三月九日奉旨：「徐之銘在滇

㉔ 馬負圖私記。
㉕ 滇亂紀略。
㉖ 馬負圖私記。
㉗ 欽定平定雲南回匪方略卷十九。

有年，於回衆勾結進城未能先事防範，致令督臣被戕，府縣殉難，該撫尚靦顏苟活，實屬咎無可辭，徐之銘著即革職來京，聽候議罪。」命賈洪詔補授雲南巡撫，林鴻年補授雲南按察使㉘。四月，復以勞崇光補授雲貴總督㉙。洪詔既奉命，托詞逗留，遲至同年十月始抵成都。同治三年（一八六四）八月，復藉口「嘔血益劇，病體難支」，請求開缺。清廷以其「規避取巧」，著予革職，由林紹年補授，另任命劉嶽昭爲雲南布政使，席寶田爲雲南按察使㉚。林紹年遷延至同治五年（一八六六）正月始抵四川敍州，清廷復革紹年職，以劉嶽昭補授雲南巡撫，雲南布政使仍著岑毓英署理。劉嶽昭時駐貴陽，辦理貴州苗亂軍務，未能迅速離開黔省。徐之銘以久無人代，遲難卸任，遂於同年春病逝昆明。二月，雲貴總督勞崇光道經貴州、平彝抵達昆明。明年正月，崇光薨於位，清廷改授廣西巡撫張凱嵩爲雲貴總督，未到任前命雲南按察使宋延春護理。凱嵩沿途逗留，至同治七年（一八六八）三月始抵四川夔州，復藉口「病體未痊」，奏請開缺。清廷乃以劉嶽昭補授雲貴總督，岑毓英補授雲南巡撫，宋延春補受雲南布政使，李元度補授雲南按察使㉛。是時西回軍已包圍昆明，嶽昭駐曲靖，僅能聲援毓英而已。

㉘同上書卷十八。
㉙同上書卷十九。
㉚同上書卷二十三。
㉛同上書卷二十七至三十二。

五、西回軍之極盛

(一) 勞崇光勞師無功

—清軍第二次西征之失敗—

先是同治元年（一八六二）春，東回軍馬如龍降清，五月初六日致書西回軍領袖杜文秀，勸其從速來歸，命副將楊振鵬持住曉諭，略曰：

（上略）竊念穆民一家之誼，今兩迤議和不遺迤西，是亦一家之誼，特令揚三（振鵬）兄到榆面議一切機宜，實爲穆民大局，可知並無一毫傷害迤西之心。請閣下集執事再三籌畫，如以爲可，則照兩迤辦理，何處首領即予何處官職，異日之事三迤同揆，兩迤失宜，則迤西亦同失宜，兩迤得宜，則迤西亦同得宜，和局一定，無論首領得免計議之勞，百姓亦安生涯之務，文無籌餉拮据之煩，武無披堅執税之苦，共享安靜之福，昇平之休，何樂如之。（下略）❶

❶引自民國二十五年「逸經」文史半月刊連載何慧青「雲南杜文秀建國十八年之始末」一文。

振鵬在途中，復修函文秀，以罷兵息民爲請。五月十四日，文秀接振鵬來函，明日覆振鵬書，認爲「統大勢而論，有不可和者六，專迤西而論，有難於和者三。」其略曰：

想滇南大勢，自興師以來，我等所踞城池不少，所戕官員甚多，而今竟轉爲和息，復予官職，是無異殺刺史者爲刺史，殺宰相者爲宰相，體制何在？在朝廷豈不慮貽笑於天下後世乎？推其心不過因江南未靖，西洋復來，各省紛爭，天下鼎沸，暫爲緩此急彼，俟彼處少定，必將舉全師以壓我境。迨至彼時我兵已散，我將各離，始知朝廷包藏禍心，則謀不及施，勇不及逞，噭噭待斃，悔之晚矣，此不可和者一也。

數年以來，我兵到處殺其父母，奪其子女，掠其玉帛，焚其房屋，凡受害者無不飲恨於心。所持者用威之後，繼之以恩，縱有一二不平之人，亦因兵權在握，一切精壯盡爲我用，彼即思逞技能，附和無人，若一從和，則精壯散，兵權分，不平之人於以得計，暗中調釁，乘隙生變，以雪前恥，以報前仇，彼時外兵逼境，內患迭興，眞使我輩手足無措，必將坐受其困矣。此不可和者二也。

當此時也，我以圖謀大事，施惠漢民，虛情漸民以仁，摩民以義，凡有驅策，莫不聽命，則此時之民無不視我爲父母，即視彼爲仇讎，爲我驅策，無不聽命，若一從和，是爲朝廷之民，歸之朝廷，彼又將視朝廷爲父母，視我爲兄弟，一旦有變，猶欲驅百姓以迎敵，則是驅兄弟以攻父母，有是事乎？有是理乎？況爲兄弟也者，勢必顧父母以攻抗傲之兄弟，未有順弟兄以攻恃怙之父母，此不可和者三也。

若一從和，則半年兩載之後，或朝廷另委督撫，另委提鎭，來滇視事，將現受其職者調往別省。欲不從則抗違君命，欲從之則虎已離穴。當乎其際勢必不從，不從即叛矣。昔日之叛，實因滅回激成，猶可說也，後日之叛，必因違命而起，有何言哉？則是前日之誤猶爲不誤，後日之誤，終爲大誤矣。此不可和者四也。

天下穆民，本屬一家，何分低昂，今之所設都督、將軍、先鋒、統制等官，外雖各有官職，而內實顧持教門。所以遠近親友，無不樂從。若一受大清之職，則某也身榮貴顯，某也食貧居賤，富貴失望，貧賤攸分，人心含怨，勢必至操戈入室，同類相傷，禍有不可勝言者矣。想朝廷以和相議，以官相餌者，盡在此矣。此不可和者五也。

抑或謂既受清職，權自我操，遠近親友，莫不尊親。豈不思襄日之督、提、鎭、州、縣、府、廳，實因滅回之故，遂至戕殺多員。彼朝廷命官尚難免此，況由叛而得之官乎？異日人思報復，心懷不平，將謂我殺官而得官，彼又殺官而得官，又何不可乎？出乎爾，反乎爾，事有必至者矣。此不可和者六也。

至若迤西，回之受職者數千，漢之受職者數萬，十八土司俱各襲職，文則劃策，武則立功，三教同心，聯爲一體，縱不能遠期大成，亦可偏安小就，效法南詔，歷年八百，揆諸時勢，差堪自信。若一從和，則回之受職者固無庸議，漢之受職者將置之於何地？富貴失望，貧賤交迫，勢必至操戈入室，同類相殘，禍有不可勝言者矣。此難於和者一也。

凡此舊官，秩然有序，若謂現在城池，即令守其土者仍舊職守，我迤西官多地少，安彼則此怨，安此則彼怨。況此同僚，視同手足，一切英雄素有大志，誓不願爲貪官所屈，若一從和，則各率兄弟，分別四方。昨接來涵，傳集面議，無一應者，此難於和者二也。現在迤西邊患已息，内政就緒，府廳州縣，安堵如常，士農工商，各歸本業，同心抗衛，衆志成城，一聞講和，紛紛聚訟，情願敵愾，不願從和，尤恐誤中奸計，別生事端，則已安之地反遭蹂躪，揆之人情，和之一說，不惟回不願，而漢更不願矣。此難於和者三也。❷

所論不無見地。最後復曰：「省垣之和，兄（文秀自稱）不敢非之，迤西之不和也，亦無煩相強。各守疆界，各行其事，乘此機會，罷兵息民，以仰副各公至意。二三年後，如果和之有益，同歸於和未爲晚也。如其和之無益，則同歸於不和亦無不可。」❸並拒絕振鵬至大理，振鵬乃折返省城。

同治二年（一八六三）二月，馬如龍既平馬榮之亂，復屢次遣人勸杜文秀降清，文秀仍不從。四月，再遣馬龍率同黨數十人往大理，文秀則以馬如龍與馬龍受其官職爲降清條件，

---

❷ 同上書。

❸ 同上書。

馬龍不從，議和之望乃絕❹。

同治二年（一八六三）五月，岑毓英督副將楊振鵬、參將馬青雲、夏毓秀等率師西征，先後克復富民、安寧、羅次、嵩明、祿豐、武定、祿勸、廣通、陸涼、南安等地。八月，敗西回軍於羅川，斬文秀將丁明太等，包圍楚雄，至十月克復之。另遣同知尉遲品玉攻鎮沅廳，西回軍棄城遁。十一月署麗江知府朱慶椿克中甸，游擊楊思潤克猛統。十二月，楊振鵬克賓川。鄧川舉人王開先，諸生甘潮，以大義說西回軍將領王廷鑾、范文光等舉城降。毓英遣部將分徇各地，於是永北、祥雲、趙州、浪穹、鶴慶、彌渡等地皆降清。同治三年（一八六四）正月，毓英再破西回軍於鎮南，分兵復定遠縣，清軍勢大振❺。

先是馬榮退出省城後，合馬聯陞等分據迤東尋甸、曲靖、霑益等地，旋陷平彝，分擾宣威、馬龍、東川。同治三年（一八六四）春，杜文秀以清軍西征之師逼大理，密函馬榮、馬聯陞等，約定秋後分路進兵，潛襲昆明。書信爲馬如龍截獲，告於雲貴總督勞崇光。崇光時駐貴陽，變訊檄岑毓英東歸。會杜文秀遣其右將軍馬得才間道援鎮南，毓英戰不利，以後路空虛，乃於三月留副將李維述守楚雄，率部返昆明。七月，岑毓英督師由陸良進攻曲靖，馬聯陞、馬榮等堅守不下。九月，馬如龍復將兵往援，遂圍曲靖。十月六日擒馬榮，解返省城，摘其心肝，以祭潘鐸。十一日曲靖城破，復獲馬聯陞，如龍斬之於軍前，旋復尋甸、霑益等

---

❹ 馬負圖私記，引自「回民起義」第二冊。

❺ 續雲南通志稿卷八十一。

地，雲南迤東平。毓英以與如龍意不合，欲另樹一幟，藉口辦理善後暫留曲靖，如龍仍回省城。雲貴總督勞崇光據以奏聞，賞岑毓英布政使銜，馬如龍提督銜❻。至於迤西已收復各地，自毓英率部東歸，先後復被西回軍所攻陷。

同治五年（一八六六）春，雲南迤東既平，岑毓英謁雲貴總督勞崇光於平彝，陳以「用兵宜先東而後西」，「宜收旁落之權」，崇光大奇之，問毓英曰：「迤西軍務幾載可以成功？」毓英對以十年，速亦五年，崇光曰：「我年邁，是不能親見成功之日。」❼二月，崇光至昆明，馬如龍率漢回將弁兵勇郊迎，恭維無不至，崇光又以前言問如龍，如龍對曰：「杜文秀何足道也？百日內可擒以獻。」崇光欲收速功，遂壯其言。因奏請以馬如龍督辦迤西軍務，岑毓英辦理貴州豬拱箐軍務（時苗首陶三春踞滇川黔三省間之豬拱箐爲亂），其言曰：「岑毓英有勇有謀，其才可用，然心隘識淺，意氣未平，狃於一偏之見，而未籌全局，臣不敢隨聲附和。」❽乃專倚馬如龍以西征。

同年八月，勞崇光與馬如龍議商進兵方略，中路派參將楊振鵬、副將李維述，由楚雄進攻鎮南，爲正兵。副將銜楊先芝、游擊合國安，由大姚攻賓川爲奇兵。馬如龍督率親兵於楚雄、定遠一帶，往來策應。北路派署昭通鎮總兵楊盛宗，由東川取道四川之會理，先攻永北，

---

❻ 欽定平定雲南回匪方略卷二十四。

❼ 張濤「滇亂紀略」，引自「回民起義」第二冊。

❽ 欽定平定雲南回匪方略卷二十七。

迨永北克復，即由麗江、鶴慶進攻大理之上關。南路派署騰越鎮總兵田仲興，由景東攻蒙化，又派護理普洱鎮總兵李錦文，由普洱進攻威遠、雲州、緬寧。所有南北兩路官軍，均歸馬如龍節制。同年底各路分途出動，馬如龍親督官兵八千九百名，亦於十二月二十日自昆明西進。同治六年（一八六七）正月，如龍軍次祿豐，聞勞崇光薨，軍心一挫。如龍遣楊先芝、合國安自大姚攻賓州，楊振鵬、李維述由楚雄攻鎮南。四月，西回軍大舉東犯，各路清軍均潰敗，如龍留李維述守楚雄，撤隊保省城❾。

(二) 西回軍之南侵與東攻

先是咸豐十一年（一八六一），杜文秀既遣蔡發春攻取永昌，盡有迤西之地，同治元年（一八六二）十月，乃以楊德明爲大司馬，率兵萬餘，破景東南下。蔡得春由雲州率兵八千陷威遠、鎮沅，兩路會師合攻普洱。十一月，普洱府城遊擊呂飛鵬、守備王起，開門迎降，城遂陷。清迤南道吳德清、總兵特克慎、署知府曾紹珵逃奔元江。楊德明親統西回軍攻思茅，遣部將馬敏功攻他郎。杜文秀復派大司衡楊榮攻碍嘉，先後皆陷之。

同治二年（一八六三）十月，岑毓英既復楚雄，（詳本章第一節）遣偏師普洱總兵田仲興等復景東、他郎，思茅、鎮沅、威遠等地復爲清有。楊榮以所部疫死者衆，西撤大理。同治三年（一八六四）春，岑毓英已敗西回軍於鎮南，分道併進，意圖大舉。杜文秀乃遣撫西將

❾ 同上書卷二十八。

軍李國綸、左廣將軍劉應貴援永北，大司寇李芳園、平南將軍馬國春、定西將軍馬興堂援賓州。鏖戰數月，會毓英東返，同年三月，西回軍再奪賓州。七月，復取永北。十一月，南路清軍田仲興部叛降文秀，景東復陷，思茅、威遠再爲文秀所有。文秀仍授李芳園爲大司寇，馬國春爲大司戎，馬興堂爲大司平，李國綸爲大司空，劉應貴爲大司平，以酬其勞❿。

是時岑毓英另遣副將楊振鵬攻姚州，西回軍杜文秀命驃騎將軍楊榮往援，以鎮西將軍陳義，及後丞將軍馬國富駐雲南縣爲後援。榮誘振鵬擒之，解交陳義，振鵬說陳義謀殺文秀而代其位，陳義大悦，乃約駐大理典兵之竇文明，定期舉事。十二月二十四日，陳義、振鵬至大理，率部攻入大元帥府，文秀自後門逸出。適西回軍左軍將軍馬旭、平西將軍馬得重，先因鎮南危緊，自雲州、順寧應調至，聞變合力誅叛黨，擒陳義及竇文明磔於市。楊振鵬遂降於文秀。馬德新聞清西征軍敗退，潛由昆明馳至大理，與杜文秀等議曰：「省吏授東回重權，使同類相殘，此最毒之狡謀，吾儕反其道行之，必使彼官吏入我範圍，吾曹不可墮其術中。」乃分東西回軍駐區，西回軍以鎮南、定遠、姚州、白鹽井爲界，東回軍以楚雄、三井、大姚爲界。議既定，德新偕振鵬東歸昆明，隱匿其事，岑毓英、馬如龍不知其謀⓫。

同治六年（一八六七）春，馬如龍督軍西征時，楊振鵬、合國安等乃密致書杜文秀，告

---

❿ 參照大理縣志稿卷八，續雲南通志稿卷八十一。

⓫ 大理縣志稿卷八。

以昆明空虛，如以重兵來攻，與東回軍內應外合，城可立破⑫。會如龍分兵攻鎮南、姚州、永北，與西回軍大司徒馬得才、撫西將軍馬應良，日久相持未下。四月，文秀遣劉誠、劉應貴援永北，馬旭援鎮南。授楊榮大司衡，米映山大司勳援姚州。楊振鵬遂代表東回軍與西回軍密約，合力攻取省城，佔領全滇。自願供應西回軍糧糈器械。乃與楊先芝、合國安等，不戰而退。杜文秀原計劃分道自永北、元謀出兵四川，與太平天國互爲聲援，至是乃改變戰略，大舉東侵⑬。

文秀既決心東征，同治六年（一八六七）夏，乃合永昌、騰越、順寧、雲州、緬寧等地西回軍，以及怒江外土司，共二十餘萬人，號稱四十萬，分由十八大司統率，出兵五路，浪捲飆馳而來。軍發誓師於衆曰：

> 此次出師，本爲興漢，戒勿濫殺，如臨其境，如遇其民，各當發明宗旨，但得滿回一心，以雪國恥，是爲至要。統兵官等須知仁義之師，以道德爲甲冑，以親愛爲戈矛，以相應爲攻擊。
>
> 我軍有三事焉：始則鋤滿，次則附漢，三則除奸。而彼軍反對，然後戈矛相見。彼殺我先殺，彼止我先止。

---

⑫ 滇亂紀略。

⑬ 大理縣志稿卷八；徐元華「咸同野獲編」，引自「回民起義」第一冊。

> 戰勝攻取之際，毋肆擄掠，毋貪財貨，毋凌婦女，遇官吏頑梗不服者殺之，良善被挾者撫之，諸惡元兇法所必誅，嚴加懲辦，理宜不赦。[14]

復傳檄各地，以「除殘暴，安良善」示告滇民。謂滿清疆吏，「始也助漢以殺回，今也助回以殺漢；繼也助漢以殺漢，今則助回以殺回。」「民不聊生，人心思亂。」是以「分五路以並進，效一怒而安民。」[15]其佈告則曰：

> 竊聞文能安邦，武將定國，五帝憑禮樂而有封疆，三王用征伐而定天下，事分順逆，人有良能，此次出師純爲滿人奪我中夏，主政二百餘年，視人民如牛馬，以姓命如草木，傷我同胞，滅我回族，是以用彰天討，罪有應得。今統十萬之衆，假以東伐，凡大兵所到時，但有錢糧軍器，馬匹夫役，一律應付，倘有抗令不遵，仍蹈前轍，大兵一至，螻蟻不存。[16]

用排滿興漢回作號召，以爭取廣大人民之同情。六月二十六日，西回軍陷定遠，七月三日攻

---

[14] 錄自白壽彝「咸同滇變見聞錄」，見「回民起義」第一冊。
[15] 同上書。
[16] 同上書。

大姚，東回軍合國安、楊先芝不戰而遁，所部回弁開城迎降[17]。八月，杜文秀部署諸將，令大司閫馬旭、大司衡楊榮、大司映米映山，由定遠進取鹽興、羅次、武定、富民，爲北路。大司政劉誠、大司令馬清、大司藩安長興、大司隸劉綱，取祿豐、易門、安寧、碧雞關爲西路。楊威大都督蔡廷棟、大司平馬興堂、大司寇李芳園，由大姚取元謀、祿勸、柯渡、嵩明爲東路。另以大司戎馬國春攻楚雄。各路皆捷，惟楚雄爲清將李維述堅守不下。十一月二十一日，維述以聲援斷絕，詐降文秀，遁歸昆明。明年正月，省城遂被圍[18]。

是時省城軍政大權悉歸馬如龍，護督藩司宋延春俯首聽命而已。西回軍大司衡楊榮、大司政劉誠、大司閫馬旭，致書如龍，謂其「內無屯糧，外無援兵，守之何益？棄之何咎？」勸其「作速歸來，勿庸聽宵小之言而自誤。」如龍覆書拒之，且以大義責楊榮，早日反正歸順清廷[19]。

同治七年（一八六八）二月，昆明被圍急，馬如龍督衆堅守，總兵合國安等潛通西回軍，如龍從兄騰越鎮總兵馬青雲於夜間巡視城防之際獲其密信，如龍乃授李維述機宜，誅國安。二月十五日，駐守昆陽副將楊振鵬、新興副將田慶餘，叛降西回軍，襲陷晉寧、呈貢等縣。二月十九日，參將楊先芝、馬天順，遊擊馬世德，千總馬文成等，乘如龍出城迎敵時，復走

[17] 欽定平定雲南回匪方略卷三十。
[18] 大理縣志稿卷八，欽定平定雲南回匪方略卷三十一。
[19] 白壽彝「咸同滇變見聞錄」。

依杜文秀。文秀授振鵬大司略，田慶餘大司撫，馬天順大司理，馬世德大司靖，昆明勢日危，馬如龍効忠清廷之志益堅⑳。

昆明既久攻不下，同年夏，杜文秀以其將大司平馬興堂與馬如龍爲金蘭交，命其東來，再致書如龍勸降。如龍覆書，痛責楊振鵬、田慶餘等翻旌降杜文秀，「不仁不義，無廉無恥，忽而歸東，忽而歸西，較之妓女中稍有恥節者亦不肯爲者多矣。」最後堅稱：「總之，弟今日萬不可轉，既歸之朝廷，唯有以身報答朝廷，雖回教中以不肖之名加弟，亦所不辭。」㉑於是如龍於圍城中散財濟餉，晝則出擊，夜則張燈演戲，聽民觀看，或至達旦，以安人心。守軍僅一萬五千人，而士氣振奮，西回軍雖百計環攻，城終不破㉒。

(三) 杜文秀之軍政設施

杜文秀既建國，遙奉東南太平天國號召，不別漢回，但以排滿爲宗旨。於是改正朔，蓄全髮，易衣冠，恢復明代典章制度。「田賦征糧米，除丁銀；訴訟速審判，禁羈押。」民多便之㉓。漢回信服，漢民多樂爲之用，代造槍炮，製火藥，彫印信，築營壘，無不盡其所長。

⑳ 參照續雲南通志稿卷八十一，大理縣志稿卷八，欽定平定雲南回匪方略卷三十三。
㉑ 咸同滇變見聞錄。
㉒ 參照朱炳册「原任湖南提督馬公雲峰傳」，錄自「滇南碑傳集」；馬龍「馬負圖私記」，見「回民起義」第二册。
㉓ 大理縣志稿卷八。

趙清於所著「辯冤解冤錄」中，稱贊文秀建國之初曰：

> 出示招投降者，既往不究。設學校備脩金以養寒士，給耕牛發籽種以助老農。興修造廢製作以來百工，建行店肆市廛，以安商賈。春秋祀孔子，錢帛濟窮民，迎春東郊，播種南畝。回犯法則從重加辦，漢犯法則量刑輕減。委鎮地方，回漢同任，招待賓客，回漢同席，俾兩教人民，雖在干戈擾攘之中，猶出作入息之樂，且老有所終，幼有所長，孳生不息，嗣續頻添，豈非杜文秀□抱爲懷，一視同仁，而能救此大功哉？㉔

是時大理附近，東則有大姑者、魯道人之亂，南則有鹿窩河、羅金剛之亂，西則有崗大、二保駕之亂，北則有黃家坪、謝老十之亂，燒殺搶掠，回漢逃亡，文秀遣兵討平之，民乃獲安㉕。文秀對於政治尚能留心，尤明於聽斷案件，嘗語人曰：「做人當遵守教義，能照聖經所行，可使境內路不拾遺，夜不閉户。」㉖其優待漢民不遜於回衆，回漢有訟者，必先考回人有無仗勢欺壓漢人之弊，然後處理焉。其與太平天國所大異者，不強迫漢人入回教，不違背中國傳統文化也㉗。

㉔ 趙清「辯冤解冤錄」，見「回民起義」第一册。
㉕ 王鼎臣「清咸同雲南回變紀聞」，見「回民起義」第二册。
㉖ 同上書。
㉗ 同上書。

杜文秀之軍政組織亦略具規模，非同於一般烏合流寇。咸豐十一年（一八六二）文秀公佈「軍政管理條例」，其中「帥府執行條例」，規定凡有關軍機事件，先由親近官員議商妥當，再請元帥執行。國家財政收入應逐一造册，交入銀庫，依官等轉發，不得越級領用。年終總核算，有無盈餘。文武晉見元帥，不得佩武器，帶隨從，久坐閑談。保舉官員需量才計功，若不稱其任，則原保人受罰。

「各地鎮守官吏執行條例」大致規定，府廳州縣地方，如文武同城，文管刑事，武管軍務。遇有疑難，和衷共濟。均須廉潔自持，不得枉法壞事，不得多支薪餉。錢糧課稅，每月一申報，一季一彙解。稅科照舊有例抽收，不得私加名目。地方私款尚未入公者，如屬苛派，予以豁免，否則仍須報入公款。衙內不得養閑人，不准用猾吏，所有六房書吏，兩班差役，以及門房簽押等，須選忠厚明白者用之。官員不得與平民交易什物，不得以民間婦女爲妻爲妾，審判詞訟案件不得徇情枉法，而應爲地方興利除弊，與百姓共享甘苦，違者均依輕重治罪。

「軍令執行條例」規定，發兵征討須聽號令，不得退避。論功大小，秉公給賞，戰利品一概歸公，不得私自瓜分，以多報少。攻破城寨三日內招撫流亡，不准姦淫搶擄，焚燒民房，擅自殺人，藉故復仇。如遇敵人投誠，勿得阻攔驚嚇妄殺。違者或立斬，或依輕重治罪。

「行營執行條例」規定，不分教別，一視同仁，不准互相凌虐。軍中不得私議軍情，妄造謠言，播弄是非，士兵有口角爭執，不得妄動軍器。官兵不得盜賣糧草，以下犯上，或以上凌下，不得踐踏田禾，强買估賣，沿途拉夫，酗酒賭博，强奪民女爲妻。更不得私通敵人，違者或立斬，或依輕重治罪㉘。

當時雖軍事浩繁，而迤西自楚雄以上，社會秩序大致安定㉙。文秀曾設回文學校於帥府，經常親臨課讀。其各地守將，亦多有關心民瘼者。同治六年（一八六七）文秀總理內閣軍機大冢宰馬仲山所撰「重修趙州城碑記」，謂大司徒馬得才之鎮守趙州，「德及信敷，人和政暇。」並稱文秀「凡屬固國保民之所，無不發帑以修。」趙州飛來寺「重修功德碑記」，載有馬仲山等親爲倡導，並曾傳戒士民曰：「事不難於成，難於畏其不成，而怠於爲。原士民以費用爲慮，予尚爲爾捐出之，籌辦之，即不敷則募捐之亦無不可。」㉚是爲西回軍重視建設之明徵。

美中不足者，西回軍之舉措仍不無庸陋之處。杜文秀利用大理城內偏南舊提督署，並圈入民户數十家，建造宮室，歷時數年，其功始竣，勞民傷財甚多㉛。復效太平天國，重視聯額。如其紫禁城聯曰：

效法三皇恐未能，剪除奸佞，矢志繼逢唐虞盛世；

兵吞六詔猶豫事，願擇賞良，□□帶領龍虎雲風。

㉘ 參照白壽彝「咸同滇變見聞錄」內「管理軍政條例」，引自「回民起義」第一冊。

㉙ 清咸同雲南回變紀聞。

㉚ 民國三十三年一月，大理下關出版「戰時滇西回教月刊」。

㉛ 大理縣志稿卷八。

又如其帥府楹聯曰：

九重瑞氣擁龍樓，不數唐家花萼；
五色祥氣連鳳閣，再見漢家柏梁。

各地望風承旨，紛以匾額呈送文秀，如蒙化之「大蒙日新」，太和之「一人定國」，趙州之「天與人歸」，雲南縣之「保民爲王」，鶴慶之「順天應人」，鄧川之「伐暴救民」、「景運維新」，賓川之「選賢使能」，浪穹之「定國安邦」等㉜。

同治九年（一八七〇）文山儒生劉道衡，見於西回軍勢力日蹙，上書杜文秀，自請爲使，「自緬甸泛海，直達西洋，請大英大法二大國速滅清朝以定中華。」然後坐收其利，文秀雖讚許之，而終不能用㉝。果文秀遣道衡奉使歐洲，未必能贏得英法之同情，而文秀之失敗，孤立無援則係重要原因。

六、杜文秀之敗亡

㉜ 白壽彝「咸同滇變見聞錄」。
㉝ 同上書內所錄劉道衡「上杜公書」。

(一) 昆明之攻防戰

先是岑毓英於同治六年（一八六七）春，奉前任雲貴總督勞崇光命辦理貴州豬拱箐軍務（已詳第五章第一節），以一百二十四日削平之，擒斬苗首陶三春、周國瑞，殺叛苗數萬人，救出老弱男婦四萬餘，軍威大振，於同年十月旋師曲靖。及昆明被西回軍所圍，同治七年（一八六八）正月，旨命雲貴總督張凱嵩、雲南巡撫劉嶽昭速援雲南省城。時凱嵩逗留四川夔州，嶽昭駐節貴陽，督辦黔省軍務。三月，革凱嵩職，授嶽昭雲貴總督，岑毓英雲南巡撫。

初岑毓英與馬如龍有隙，及昆明被西回軍所圍，偵知如龍不甘居杜文秀下，而無異志，始決定督師相助，乃首先肅清東路糧道。同治七年（一八六八）二月十三日，毓英督所部自黔省入援雲南。別遣楊玉科、潘體仁繞道四川會理襲攻元謀，以抄敵後。復檄昭通鎮總兵楊盛宗、臨元鎮總兵梁士美，各率所部夾攻西回軍，以分敵勢。二月二十一日毓英駐七甸，距昆明七十里，屢敗西回軍於大小石壩、小板橋等地。三月初二日克大樹營，省城東路道通，遂與馬如龍合軍。是時北路遊擊楊玉科，已於二月二十八日克馬街，敗西回軍援兵。三月六日克元謀，十一日克武定、勸祿，圍攻羅次。文秀主將征南大將軍張遇泰知勢不敵，於四月一日舉城僞降，玉科遂逼富民而軍，以通省城北路。文秀主將大司衡楊榮出城迎戰，張遇泰復潛襲玉科後，清軍大敗，羅次復陷，玉科退守武定州❶。

❶ 楊玉科「從軍紀略」上卷。

岑毓英既至昆明，駐於城外小板橋，指揮各路援兵以迎敵。命副將楊國發屯於楊林、大板橋，進圖嵩明、尋甸，保障省城東糧路。遣總兵李維述、馬忠、知縣岑毓寶等，合力攻南路。閏四月五日，維述等遂克石虎岡，南路之圍復弛。是時雲貴總督劉嶽昭將所部楚軍二萬已至曲靖，遣總兵李家福圍尋甸，破西回軍於七星橋一帶，嶽昭親往視師，清軍士氣一振。七月二日毓英所遣參將何秀林，間道克晉寧，八月十四日收復呈貢縣，十月十四日再克澂江，遂解昆明之圍❷。

同年九月，劉嶽昭奏請清廷，飭命兩江總督曾國藩，就近派員前往上海，代購新式槍炮，並奏稱已命人前往領取。旋奉旨傳諭曾國藩，就近遣人赴上海代爲採買，應需銀價由江寧藩庫籌款墊付，將來仍歸滇省撥還❸。其後四川總督吳棠、成都將軍崇實，多有餉銀軍火接濟。兩廣總督瑞麟除協餉外，復派工匠運送開花洋砲多尊，及洋槍等來滇相助。岑毓英遂在昆明設局仿造❹。清軍軍械既優於西回軍，成爲此後平定滇省回亂之一大因素。

杜文秀聞清援兵大至，於同年閏四月復遣大司衛姚得勝、大司平馬興堂、大都督金肇盛、大將軍陳定邦，將援軍數萬人東來，合力攻武定，馬玉科堅守不退，糧盡援絕，至九月十七日，西回軍以地雷轟塌城垣而入。未幾，祿勸復陷，玉科率殘部東走，留部將徐聯魁等守元

❷ 欽定平定雲南回匪方略卷三十四。
❸ 同上書。
❹ 同上書卷四十九。

謀，間程赴省城求援❺。

十一月，西回軍援尋甸，連營數十里，勾引降回，初九日，城外諸營堡相繼陷落。土司安紹欽所統各練勇復潛與西回軍合，滇督劉嶽昭大營遂被圍。十二月十九日，大營崩陷，劉嶽昭復退曲靖，以所部道員劉嶽曙駐馬龍，總兵李家福紮王家庄，遙爲犄角❻。

西回軍既東援尋甸，後路空虛，省城清軍欲收夾擊之效，總兵李維述、參將張保和，於十二月三日敗西回軍於廠口，襲取富民縣。及尋甸大營潰，昆明附近西回軍乘勢攻陷東門外各營壘，岑毓英、馬如龍苦戰三晝夜，始將已失各地收復❼。同治八年（一八六九）正月二十六日，遊擊黃文學復武定州，明日張保和遣千總張占元復羅次❽。

西回軍主將姚得勝等，聞後路被截，由尋甸率衆回救，另遣馬周繞山路襲陷澂江。同治八年（一八六九）二月，姚得勝等陷楊林，守將何秀林退保宜良，西回軍進至昆明東小板橋、十里鋪一帶，省城糧道再斷，人心恐慌。岑毓英檄楊玉科、張保和、徐聯魁諸軍入援，自二月十六日至三月十八日，晝夜混戰，西回軍死者六千人，不支敗退。五月，清軍盡克板橋、十里鋪、楊林等地，省城東路復通。西回軍轉攻城南，馬如龍瘡傷未癒，聞槍聲奮然率親兵出城迎戰，連克五花寺、羊神廟等地，乘勝偪江右館，身先士卒，直薄敵壘，雖砲傷臍腹，

❺ 從軍紀略上卷。
❻ 欽定平定雲南回匪方略卷三十五至三十六。
❼ 同上書卷三十六。
❽ 同上書卷三十七。

而指揮若定❾。是時清軍糧餉奇絀，勇丁日給米一觔，月給鹽菜銀三錢，尚多缺欠。毓英與士卒同甘苦，日常帕首草鞋，步行數十百里，撫傷問疾，是以軍心終不變❿。

省城既解圍，同年五月，岑毓英命楊玉科、岑毓寶等進規嵩明。西回軍大司寇李芳園、大司平馬興堂，率部拒守。杜文秀慮兩人不相上下，遣其女蔡杜氏至嵩明監軍，玉科督軍環攻，蔡杜氏等知不敵，乃率部三千餘人詐降，意欲攔入省城，以圖大舉。玉科窺知其僞，親解蔡杜氏、李芳園、馬興堂等至昆明，而告其陰謀於岑毓英，毓英殺蔡杜氏、李芳園，命玉科挾馬興堂馳回嵩明，將其降卒進攻迤西⓫。

同年八月，文秀將大司戎馬國春病卒，各大司互相疑忌，大司疆段成功借貸於文秀婿楊威大都督蔡廷棟，廷棟弗與，又借貸於大司令馬清，亦不可得，乃於十二日暗致降書於馬如龍。八月十三日如龍戒備出城見成功，是夜成功部碉樓二十餘座盡易紅幟。十五日，文秀婿蔡廷棟亦降。毓英、如龍乘勢出擊，省城附近西回軍所餘者惟西路劉誠據守之土堆、紅廟、夏家窰，北路米映山據守之馬村、岡頭，及楊振鵬據守之昆陽數堅壘而已⓬。

---

❾ 續雲南通志稿卷八十一，從軍紀略上卷。

❿ 張濤「滇亂紀略」，引自「回民起義」第二冊。

⓫ 欽定平定雲南回匪方略卷三十八。

⓬ 馬觀政「滇垣十四年大禍記」，引自「回民起義」第一冊。

㈡　楊玉科之西征

——清軍第三次西征——

同治八年（一八六九）六月，省城之圍既解，雲南巡撫岑毓英命楊玉科總統李維述、岑毓寶、徐聯魁、何秀林、段瑞梅、蔣宗漢等軍西征。玉科遣徐聯魁攻定遠，段瑞梅、蔣宗漢攻大姚，親率大隊攻六井。七月中，玉科合李維述部連克元興、草溪、阿陋、永濟、黑琅、六鹽井等地，分攻廣通、安寧。八月一日何秀林部克易門，八月七日段瑞梅、蔣宗漢部克大姚、廣通，乘勝追擊，十七日克安寧，二十六日克南女，二十七日克楚雄。九月三日徐聯魁部克定遠，西回軍先後戰死者八千餘⑬。

九月初，劉嶽昭抵昆明接篆視事，西回軍米映山等因後路斷絕，棄馬村宵遁，清軍勢更盛。馬如龍督副將張保和攻昆陽，楊振鵬因所部離散以城降，如龍併其黨盡誅之。十一月，如龍督軍攻克土堆、紅廟各回壘，俘獲西回軍大將馬德良，其大司政劉誠死亂軍中，省城附近西回軍全部肅清⑭。僅祿豐仍爲楊榮所踞守。李維述、何秀林圍之。十一月十四日城破，楊榮率親隨十餘人潰圍出走，晝伏行夜，逃奔鎮南。於是迤西各州縣漢民，無不團結響應清軍，西回軍勢日蹙。

---

⑬ 參照「從軍紀略」上卷，欽定平定雲南回匪方略卷三十九。

⑭ 參照「欽定平定雲南回匪方略」卷四十，徐元華「咸同野獲編」，引自「回民起義」第一冊。

岑毓英於克復楚雄後，命楊玉科乘勝攻姚州，都司張士進攻鎮南，遊擊錢大川攻雲南縣，遊擊陳定邦攻賓川，都司王鍾祥攻彌渡，同知尉遲品玉攻馬街，是爲中路。又命署永北同知劉昌筠、參將王遇春攻永北廳，署維西協中軍都司張潤攻麗江，是爲北路。復檄署迤南道張同籌，督同署普洱府知府許繼衡，合威遠同知張家銘攻緬寧、祿豐，是爲南路。再飭李維述、何秀林等會攻鎮南。毓英、馬如龍親至前敵督師，清軍士氣大振。

是時各路清軍皆勝，九月二十三日克彌渡，生擒西回軍大參軍馬遇春。十月二十五日克馬街，十一月二十三日克麗江、賓川。十二月初九日克劍川，十五日克緬寧。同治九年（一八七〇）正月二十六日克威遠。四月一日，楊玉科以炸藥轟塌姚州北城入，生擒西回軍大司軍馬金保、鎮東大將軍藍貴平，回衆死者三萬餘人⓯。五月初，岑毓英督何秀林部圍澂江。馬如龍克新興州（玉溪），殺西回軍大司輔田慶餘，旋以傷發回昆明就醫，獨大司衡楊榮堅守鎮南不下。

同治九年（一八七〇）正月，清總兵李維述攻鎮南，西回軍大司衡楊榮空壁迎戰，維述軍大潰敗，東撤楚雄。榮留部將守鎮南，將精銳疾馳雲南縣，督同守城西回軍搏戰，敗清遊擊錢大川。二月初，楊榮間道入大理，毀家招軍，日備戰事。三月，率衆數千援蒙化，惡戰五六日，清都司王鍾祥中砲歿，陷清營壘二百餘座，追擊至彌渡、雲南縣，清軍望風敗走，

⓯ 從軍紀略上卷。

先鋒渡普昌河，鎮南西回軍日久待援至，至是乃破圍出，李維述軍不能支，楚雄、昆明震動⑯。

馬玉科聞後路危急，於五月初命千總吳萬元率兵五百先發，親將千人疾馳回救。楊榮聞玉科將至，止兵不進。初六日兩軍遇於雲南驛，玉科力戰敗之。明日榮將西回軍萬餘西走，玉科兵單不能追。於是玉科乘勢盡復錢大川、王鍾祥所失營壘，劉嶽昭乃以玉科署鶴麗鎮總兵，命其督辦迤西軍務。六月，玉科乃至姚州布置西征軍事。

楊榮西歸大理後，整軍復大出，南援趙州（鳳儀）、賓川，北陷鄧川、浪穹、鶴慶、永北（永勝），聲勢仍不衰。於是西回軍大權悉歸於楊榮，杜文秀徒擁虛位而已。玉科聞鶴慶失陷，率親兵二千間道往援。八月十九日復鶴慶，九月二日復永北，十一日復浪穹，十二日復鄧川，北路悉平。於是間道疾馳，一晝夜行四百里，大破楊榮於賓川附近，楊榮左肩中彈，逃回大理，清軍南北聲勢遂通，清廷賞玉科提督銜以酬其勞⑰。是時清總兵李維述已克鎮南州，楊國發、張國保逼近彌渡，西回軍漸失主動能力。

同治九年（一八七〇）冬，清千總王祖祐、守備李鳳祥、軍功王誠等，自滇北南下，克麗江、劍川，大理以西西回軍雲龍守將大司寇趙炳南乞降。時兵戈日久，農桑俱廢，米珠薪

⑯ 大理縣志稿卷八。
⑰ 從軍紀略上卷。

桂，餓殍遍野，清兵無紀律，肆行搶劫，殘暴更甚於西回軍⑱，是以迤西回衆各懷觀望。同治十年（一八七一）春，楊玉科分兵前往麗江、劍川等地駐紮，秩序漸恢復。六月，玉科命李鳳祥、李鳳呈兄弟攻永昌，蔣宗漢助之。七月二十三日西回軍將領楊德林越城降，遂復永昌，擒西回軍大司馬楊德明、大司武馬連三等，乘勝復龍陵、施甸。玉科親督率大軍圍永平、曲硐，至同治十一年（一八七二）正月二十五日同時攻克⑲。

同治十一年（一八七二）二月，清總兵李維述合錢大川、楊國發軍進攻雲南縣，楊榮遣大司定馬天善、馬榮耀、楊德恆等分道馳救，維述將不支，楊玉科命徐聯魁將勁率四千往助，岑毓英復飭游擊岑有富往援，開地道轟城，四月十六日克之。玉科自永平移師攻趙州，四月底破西回軍經略蔡廷棟於城外之飛來寺，五月三日遂復趙州。李維述進軍圖蒙化，楊玉科進軍圖大理⑳。

三 清軍復大理與西回軍之覆滅

先是同治八年（一八六九）夏，岑毓英既命楊玉科統軍西征，親督馬如龍進取南路澂江府，圍城至同治十年（一八七一）二月一日始破之。毓英迭檄臨安梁士美出兵夾擊，梁僅足

---

⑱ 永昌府志卷二十八「戎事」。
⑲ 欽定平定雲南回匪方略卷四十三至四十四。
⑳ 參照大理縣志稿卷八，從軍紀略下卷。

自守，終不能至。毓英、如龍乃指揮總兵馬忠、張保和、何秀林等，繼續南征。同年十二月十六日，利用開花砲轟塌館驛西回軍營壘，復用地道炸毀城牆，遂破之。同治十一年（一八七二）正月十三日，再破小石山，及沿撫仙湖各回壘數十處，乘勝拔田心、紅果樹、木龍諸村鎮，西回軍大司靖馬世德不敵自焚死。九月，盡破婆兮、馬街諸回壘，東南一帶肅清。十月，毓英自通海旋師昆明。十一月，親率大隊西援楊玉科，會攻大理㉑。

楊玉科既克趙州，五月七日督軍攻大理上下兩關。蔣宗漢率精銳由倉山攀籐附葛而下，抄出下關後路，脅從練目漢民董正性、魯達，樹紅旗降。玉科督衆攻克下關、石城，及附近堅壘二十餘座，西回軍死者三千餘人。經略蔡廷棟、大司勳馬榮負傷遁。同日玉科部將段瑞梅、張潤等亦克上關、喜州、上下陽溪等地，各地回民紛紛請降。五月中，玉科會李維述軍攻蒙化，城內漢民西回軍大都督馬永盛內應，十七日乃梯城克之。留維述守蒙化，玉科旋師復攻大理㉒。

六月，玉科合大軍十餘萬督諸將分道攻大理，命遊擊陸純綱等率兵一萬五千攻東南廓外附城回壘，命蔣宗漢等率兵一萬攻南城外大路中所建碉樓敵樓並阻出城之回，命徐聯魁等率兵一萬趨南五里橋攻西南一路，命段瑞梅等將兵一萬五千攻城北五十橋及沿途回壘，命張潤等率兵一萬攻西北三塔寺，命和述廷等將兵一萬攻東北洱海附近。玉科統親軍數萬，清剿大

㉑ 欽定平定雲南回匪方略卷四三至四六。
㉒ 從軍紀略下卷。

理四鄉回壘百餘座。七月，諸軍皆逼城立營，惟東門外之豐呈莊，西南角之一塔寺爲西回軍堅守，屢攻不能下。玉科督軍火攻豐呈莊，槍傷手指而不顧，竟克之。十月，再克一塔寺、三塔等據點，城遂合圍，乃穴地道以轟城。西回軍楊榮、馬耀榮等悉衆出戰，披髮塗面，分股猛撲，王科督衆抵死相博。十一月城東南角地道成，初五日轟塌城坦數十丈，清軍蜂擁而入。西回軍拼死抵抗，清軍被迫復退出，西回軍仍將塌垣填堵。二十日玉科復轟塌東北城垣百餘丈，清軍遂大入，西回軍仍死鬥不已。杜文秀據守皇城，玉科以開花大砲二十餘門集中轟擊，西回軍官兵死者日多㉓。加以子彈告竭，食用俱盡，文秀知事不可爲，乃於二十五日召集楊榮等將領暨牧師耆老等會議，楊榮曰：「如今兵臨城下，將至濠邊，事已不可爲，莫如大元帥出城投降，可顧全城中老小。」文秀允諾，乃由楊榮等致降書於清軍。二十七日黎明，文秀全家沐浴，由甘肅河州老爸爸誦經，親視家屬服毒後，胸掛孔雀膽，於辰時乘黃呢大轎出，隨侍習經學生二人，文武相送，哭不成聲。轎出大理北門，摻孔雀膽以毒藥，飲其汁，逕行至城南五里橋下楊玉科營請降。玉科按問之，已舌張語澀，對答不明，乃戮其首，函解楚雄呈送岑毓英㉔。

十二月三日，毓英抵大理，駐紮五里橋，時城中漢回十餘萬，皆秉命於楊榮，毓英誘其至五里橋議事，盡殺其魁楊榮、蔡廷棟、馬國才、馬榮耀等十餘人。復命諸將搜殺城內回目，

㉓ 同上書。

㉔ 參照佚名「滇西變亂小史」，見「回民起義」第二冊；從軍紀略下卷，大理縣志稿卷八。

初九日全城肅清。各將領競奪財物，取回漢大宅以居㉕。

同治十二年（一八七三）正月三日，楊玉科復合李維述會克蒙化之大小圍埂。二月二十五日克順寧，四月一日克雲州，四月十八日克大小猛統，五月三日克騰越，迤西全部肅清，雲南回變平㉖。

同治十三年（一八七四）三月，岑毓英以滇回總掌教馬德新，包藏禍心，私通杜文秀，西回軍之屢叛皆其主使，「罪魁禍首，萬死不足以蔽辜。」乃遣鶴麗總兵馬忠赴新興捕之，德新於馬榮之變，嘗自署總督，毓英隱忍事之，及亂定，德新避居馬如龍寓，至是匿新興，毓英遂殺之以奏聞。

毓英初依馬如龍平西回軍，推心以待之，至是復忌其功，念前怨而銜恨之。奏稱在如龍寓中搜獲開花砲十六尊，洋砲五十四門，洋槍五百桿，各類武器一百四十餘件，火藥一萬餘斤。新興馬德新窩藏處搜獲開花砲十五尊，開花砲彈一萬餘顆，硝磺七千餘斤，不無陷害之意㉗。清廷命馬如龍來京陛見，旋調爲湖南提督，實授楊玉科雲南提督以酬其功㉘。

㉕ 佚名「蒼洱悴乢」，引自大理縣志稿卷三十二。

㉖ 欽定平定雲南回匪方略卷四八至四九。

㉗ 同上書卷五十。

㉘ 朱炳册「原任湖南提督馬公雲峰傳」，錄自「滇南碑傳集」。

七、結論

自道光元年（一八二一）雲龍州屬白羊廠漢回互鬥，至同治十二年（一八七三）杜文秀失敗，雲南擾亂不安者五十餘年。僅自道光二十五年（一八四五）永昌屠回，回民開始糾衆抗官計算，亦近三十載。清廷調兵籌餉，回民毀家奮戰，兵連禍結，誠人間之浩劫也。亂定後之二十年，昆明城內外仍一片瓦礫❶。迤西一帶當更過之，可知當時破壞之慘烈。

我國一向大亂發生，或由於國政腐敗，或由於天災流行，而雲南回變則盡在於清吏偏持漢回之見，而激成兩族之仇視也。道光年間緬寧、永昌之屠回，始於香把哥之跋扈，回民怨憤，乃結衆報復，清吏但派兵攻剿，初於香黨且多獎勵也；香黨之勢因之大熾。回民之有識者初向大吏申訴，申訴無效，乃赴京上控。無識者則糾合同教以殺漢民，而逞快於一時。雲貴總督賀昌齡、李星沅迭次用兵，此伏彼起，雲南竟無寧日矣。其後回民丁燦庭、杜文秀等京控獲准，命滇督林則徐秉公究辦。則徐遺員至永昌，拘香黨首犯至昆明對質，香黨竟劫奪人犯，困窘官吏，目無朝廷。迨則徐親率大軍至永昌彈壓，其勢始瓦解。則徐遷永昌餘回於潞江西岸之官乃山，欲使回漢安居生業，而杜其爭。以地屬煙瘴，回民多不願往，良者乃紛至各礦坑謀生，劣者則流爲盜賊，互相煽惑，人無固志。故則徐雖使滇西安寧於一時，而禍

❶張濤「滇亂絕略」，引自「回民起義」第二册。

機潛伏，待他郎、石羊爭礦事起，大亂遂一發而不可收拾。

咸豐初年，雲南各地漢回衝突日漸擴大，廠匪乘之，肆行搶劫。總督恆春、巡撫舒興阿，漠然視之，亂起惟發兵征討，而無善後辦法。咸豐六年（一八五七）械鬥波及昆明附近，舒興阿疑回民爲變，乃有省城滅回之舉，各地繼之，回民被迫，亂乃大起。

馬如龍發難於臨安，隱爲東路回軍領袖，杜文秀建國於大理，盡統迤西回衆以抗清。滇局遂以糜爛，總督恆春自縊死，潘鐸遇害，巡撫徐之銘庸懦無能，清廷新授督撫復皆趨避不前，岑毓英遂以狡梟之資，坐收其利。及馬如龍降清，雲南局勢爲之一變。先後平定馬榮之亂，招降東回，固守省城，其維持全局之功，實有不可磨滅之貢獻。

杜文秀之起兵，效法太平天國，以民族革命相號召，其重用漢人不遜於回民，其設施多有可取之處。究其盛時，鑄印所題不過「總統兵馬大元帥杜」，初無稱王潛號之心。加以不強迫漢民改教，所破郡縣鮮有傷官屠城者。惜其錯過時機，不能於馬如龍降清前聯絡東路回軍合力規取全滇，乃於昆明基礎已固之後，始於同治六年（一八七七）命十八大司分將數十萬衆東下，互不統屬，各行其事。故昆明被圍二年，終不能破。及至將領攜貳，紛紛變志，加以軍械劣窳，孤立無助，清軍乘勢反攻，局面遂形逆轉。惟文秀終以得人心之故，竟以迤西一隅之地支持達十八年之久，大理之攻守戰竟逾半載。或謂文秀服毒降清前，大理紳老跪地遮道，竟不忍其死❷。以其遺愛民間，直到民國初年滇西社會上每議事不合，輒曰：「若在

---

❷ 佚名「鶴慶紀聞」，引自「回民起義」第一册。

杜公當不若是」，足見其感人之深❸。是故吾人不能以成敗論英雄也。

附錄

一、晚清雲南回變期間歷任總督表

總督姓名	任期時間	備註
史致光	嘉慶二十五年十二月，至道光二年八月。	前任總督爲慶保。
明山	道光二年八月，至道光四年十二月。	調京任職。
長齡	道光四年十二月，至道光五年九月。	調陝甘總督。
趙慎畛	道光五年九月，至道光六年五月。	未到任前由雲南巡撫韓克均署理。
阮元	道光六年五月，至道光十五年二月。	原任兩廣總督，道光十三年入覲，由巡撫伊星布兼署。八月回任，道光十五年二月升調軍機大臣。
伊里布	道光十五年二月，至道光十九年十二月。	雲南巡撫升遷，後改調兩江總督。

❸ 玉溪縣回教俱進分會「新興河西紀聞」。

桂　良	道光十九年十二月，至道光二十五年四月。	原任閩浙總督，道光二十四年十一月入覲，由巡撫吳其濬兼署。
賀長齡	道光二十五年四月，至道光二十六年八月。	貴州巡撫升遷，後以雲南回勢彌張，不能及早防範，降補河南布政使。
李星沅	道光二十六年八月，至道光二十七年三月。	江蘇巡撫升遷，後改調兩江總督。
林則徐	道光二十七年三月，至道光二十九年七月。	陝西巡撫升遷，後因病請辭。
程矞采	道光二十九年七月，至道光三十年十一月。	雲南巡撫升遷，後改調湖廣總督。
吳文鎔	道光三十年十二月，至咸豐二年十月。	浙江巡撫升遷，後改調閩浙總督。
羅繞典	咸豐二年十月，至咸豐四年十一月。	湖北巡撫升遷，咸豐三年五月，因病由巡撫吳振棫署理，至咸豐四年十一月，繞典卒於任所。
恆　春	咸豐四年十一月，至咸豐七年六月。	山西巡撫升遷，咸豐七年正月，以雲南回變大起，奉旨革職留任。六月，以省城被東回軍圍急，憂憤自殺。
吳振棫	咸豐七年六月，至咸豐八年十一月。	原任四川總督，未到任前，由巡撫桑春榮署理，省城東回軍圍不解，藉病請辭。
張亮基	咸豐八年十一月，至咸豐十年十月。	雲南巡撫升遷，與巡撫徐之銘交惡，引疾請辭。
劉源灝	咸豐十年十月，至咸豐十一年七月。	貴州巡撫升遷，奉命後憂懼雲南大局，逗留不進，總督篆務始終由巡撫徐之銘兼攝，至是命來京另候簡用。

福濟	咸豐十一年七月，至咸豐十一年十一月。	原任成都將軍，規避不敢赴任、革職。
涑鐸	咸豐十一年十一月，至同治二年正月。	原任湖南布政使，奉命署理滇督，被回首馬榮所弒害。
馬德新	同治二年正月，至同治二年二月。	馬榮戕滇督潘鐸，回首馬德新自署總督。及馬榮亂平，德新匿居馬如龍寓。
徐之銘	同治二年二月，至同治二年三月。	馬榮亂平，巡撫徐之銘兼攝總督。旋奉旨革職來京議罪，以久無人代，病逝任所。
勞崇光	同治二年四月，至同治六年正月。	原任兩廣總督，同治五年二月始抵任，同治六年正月病逝任所，由按察使使宋延春護理。
張凱嵩	同治六年三月，至同治七年三月。	廣西巡撫升遷，奉命後藉病規避不至任，由按察使宋延春護理。
劉嶽昭	同治七年三月，至同治十二年八月。	雲南巡撫升遷，滇亂平定，奉旨入覲，由滇撫岑毓英兼署。

二、晚清雲南回變期間歷任巡撫表

巡撫姓名	任期時間	備註
韓克均	嘉慶二十五年十二月，至道光五年九月。	
伊里布	道光五年九月，至道光十五年二月。	升遷雲貴總督

何　煊	道光十五年二月，至道光十七年四月。	原任陝西布政使，後卒於任所。
顏伯燾	道光十七年四月，至道光二十年九月。	升遷閩浙總督。
張澧中	道光二十年九月，至道光二十三年閏七月。	山西布政使升任，調京後署刑部右侍郎。
吳其濬	道光二十三年閏七月，至道光二十五年四月。	原任浙江巡撫，後改調福建巡撫。
鄭祖琛	道光二十五年四月，至道光二十五年八月。	陝西布政使升任，後改調福建巡撫。
梁萼涵	道光二十五年八月，至道光二十六年正月。	原任山西巡撫。
陸建瀛	道光二十六年正月，至道光二十六年八月。	改調江蘇巡撫，道光二十七年正月兼署兩江總督。
張日晸	道光二十六年八月，至道光二十六年九月。	原任河南布政使，後以丁憂去職。
徐廣縉	道光二十六年九月，至道光二十六年十二月。	原任江蘇布政使，後改調廣東巡撫。
程矞采	道光二十六年十二月，至道光二十九年七月。	原署江蘇巡撫，後升遷雲貴總督。
張日晸	道光二十九年七月，至道光三十年八月。	服闋巡撫授職，後卒於任所。

張亮基	道光三十年八月，至咸豐二年五月。	雲南布政使升任，後改調湖南巡撫。
吳振棫	咸豐二年五月，至咸豐四年十一月。	四川布政使升任，後改調陝西巡撫。
舒興阿	咸豐四年十一月，至咸豐七年六月。	原任塔爾巴哈台參贊大臣，爲咸豐六年雲南省城屠回之主使者，及回變大起，藉病將巡撫篆務交布政使桑春榮護理，離滇赴京，旨命以命閣學士補用。
桑春榮	咸豐七年六月，至咸豐八年六月。	雲南布政使升任，咸豐七年六月滇督恆春自縊死，兼署雲貴總督，後以病免。
張亮基	咸豐八年六月，至咸豐八年十一月。	原任山東巡撫，革職戍黔，命以五品頂戴幫辦貴州剿匪事宜，後升任雲貴總督。
徐之銘	咸豐八年十一月，至同治二年十一月。	雲南按察使升任，張亮基離滇後，潘鐸至滇前，兼署雲貴總督。
賈洪詔	同治二年三月，至同治三年八月。	曾任雲南布政使，奉命後規避不至任，罷革。
林鴻年	同治三年八月，至同治五年正月。	曾任雲南布政使，奉命後規避不至任，罷革。
劉嶽昭	同治五年正月，至同治七年三月。	曾任雲南布政使，並辦理貴州軍務，授滇撫後解省城之圍，東路始通，後升任雲貴總督。
岑毓英	同治七年三月，至同治十二年八月。	雲南布政使升任，解省城之圍，督師西征。以平定杜文秀之功，後兼署雲貴總督。

（臺中，東海大學，歷史學報，第一期，民國六十六年四月，頁九九至一四五。）

八　咸豐六年雲南省城滅回考實

引　言

咸豐六年（一八五六）四月，雲南省城之滅回，影響所及，各地效尤。回民聚衆報復，馬如龍肇亂滇南，杜文秀起兵迤西，攻城掠地，其禍始烈，爲雲南回變之直接原因。今觀雲南巡撫舒興阿對當時雲南省城滅回之奏報（按：時雲貴總督恆春，以苗亂駐貴州。）發現可疑之處甚多，此後官書記載，多因之以爲據，遂使真像不明，有失史實。茲論其事如下：

一

咸豐初年，因雲南普洱府（今寧洱縣）屬他郎廳，及南安州（今雙柏縣）屬石羊廠，漢回爭礦，廠匪乘之，激起各地漢回之衝突。臨安（今建水）漢民黃殿魁等，遂糾衆四出，屠殺回衆。於是武定、楚雄、廣通、羅川、祿豐等處，回民多被殺。回民糾衆抗爭，其流散於新興、昆陽、澂江等處者，亦不免搶掠漢民，昆明附近秩序紊亂，城內回民恐懼萬端。

咸豐六年（一八五六）四月，回民武舉馬凌漢，率衆與黃殿魁等戰於昆明城東二十里之小板橋，殿魁敗逃。雲南巡撫舒興阿疑城中回民內應，乃於四月十六日，命省城內外分頭搜殺回民。事後舒興阿於五月十八日到京之奏報稱：

滇省漢回交惡，到處皆然，惟省城尚屬相安。突於四月初九日，有昆陽州回匪馬三新（凌漢），率領千餘人，竄至省城外，分據東西順城街。聲言：前路有臨安匪徒過境，糾約本處回民，同往邀截，其勢洶洶。當經齊團防捕，並傳諭掌教頭人，驅逐解散。而本地狡黠之回，陽奉陰違，詭言業已潛逃。夜間掩至距城二十餘里之小板橋地方，殺斃臨匪數十人，臨匪敗逃，該匪乘勢搶劫，殺死鄉團漢民數人，紛紛四散。其時有人瞥見本地回民楊春科、妥福等，率領餘匪，仍回至清眞寺中。城內外人心驚疑。……乃該回潛蓄異謀，猝於十六日夜，城外喊聲大作，火光四起。幸城內防守嚴密，旋於火藥局左右，拏獲回匪三十餘名，身上皆有硝磺引火之物。又於臣署側介福寺內，格斃昆陽州回匪馬三新（凌漢）等，並生擒妥福、妥受、馬尚元等十四名。訊據供稱：「豫謀內應，縱火開城」，等情不諱。維時城外鄉團齊集，四路兜圍，回匪因將清眞寺自行焚燒，奪路逃走。我兵分起跟追，沿途續有斬獲。仍恐餘匪潛藏，多派員弁，協同各街紳耆，逐一搜查。又拏獲楊春科等二十餘名，起獲槍矛火藥等物，並糾人傳單數紙。即婦女腰間，亦藏有放火器具，屬實。同惡相濟，變出非常，亟將首從各犯，訊明正法。其城內讀書良回，亦有畏懼，闔家自盡者，情殊可憫。容當確查，分別辦

理。惟回情狡詐，聲息最通。現當各處漢回未靖之時，難保不暗相勾結，別有陰謀。❶

（下略）

如依上奏，則滅回之起釁，其曲似盡在回民。而回民之被殺者，爲數當不過數十人。且謂回民自焚清真寺，間有闔家自盡者。顯有張回民之過，匿屠殺之實之嫌。

光緒二十四年（一八九八）王文韶等纂修之「續雲南通志稿」，即依舒興阿奏爲根據，而略有不同。同書卷八十一「平定回亂略上」記其事曰：

（咸豐六年）夏四月，新興回酋馬凌漢（三新），率悍回千餘至省城外清眞寺，聲言復仇。雲南府知府梁金詔，率王同春及漢紳倪應謙、周鳳岐，赴清眞寺諭令解散。凌漢抗不受命，追敗廠丁於小板橋，殺斃數十人，還據清眞寺。回弁妥福、妥壽陰謀叛應凌漢，使其黨焚火藥局，爲守者所獲，謀洩。按察使清盛飭兵團圍捕妥福、妥壽，皆格殺之。凌漢乘夜遁入海口，兵團遂搜殺城內外回民，歷晝乃已。時叛回多隨凌漢先遁，所殺強半良回也。舒興阿出示安輯，並招廠丁爲勇，分紮各隘，人心稍定。

似回民確有謀叛之實。舒興阿有安輯之功，而無滅回之過。「清史稿」未爲舒興阿立傳。「清

---

❶ 欽定平定雲南回匪方略卷一。以下簡稱方略。

史列傳」卷四十二「舒興阿傳」，對咸豐六年（一八五六）雲南省城滅回事避不涉及。僅謂：

（咸豐六年）四月，楚雄府屬漢回尋釁鬥殺，擾及南安州城。昆陽回民亦聚衆千餘，突竄省垣，肆行焚劫。壘經提督文祥等勦辦，始就撲滅。

是書本滿清國史館所修，而史館所撰人物傳記，多依據所呈送之行狀，隱惡揚善，自不足成爲信史也。

二

今據咸豐七年（一八五七）七月二十五日新任雲貴總督吳振棫到京之奏摺，即與舒興阿之陳報多有出入。其言曰：

上年（指咸豐六年）回匪滋擾，逼近省城。城內紳民傳聞有奸細內應之事，遂將城中回户，無論男女老幼，概行殺戮，不下數千餘人。撫臣舒興阿不能禁阻，從此回民得所藉口，益肆猖狂。❷（下略）

❷ 方略卷五。

僅謂傳聞城中有奸細內應，而無辜回民被殺者竟達數千之多。振械原任四川總督，時方拜命，即行就道者也。以其身任疆吏，自不致無中生有，而開罪於同僚。況川省地接雲南，消息傳遞甚爲速迅，加以事隔一年之後，真像已盡明瞭，斷無訛傳之理。是回民之冤抑已可斷定。另依馬觀政「滇垣十四年大禍記」，則所記出入更大。其論雲南昆明漢回起釁之由曰：

> 回人武舉馬凌漢（三新）者，新興州石狗頭人也。憤臨人之强横，官吏之不爲保護，乃率衆到省，駐紮順城街清眞寺。意在堵禦臨人，保護回衆。當道聞之，派昆明縣王某（按：爲王同春），邑紳黃琮（按：在籍兵部侍郎）等出城彈壓，令其解散。凌漢（三新）歷陳回教受害各情，要求伸理。官紳漠然視之，反行袒護臨人。凌漢（三新）憤極，大罵狗官，幾至用武。
>
> 巡撫舒興阿聞臨人至碧雞關，距省僅四十里，飭屬下以「回人聚省，意圖報復」諷之。並令假道迤南。臨人遂至小板橋，距省東二十里，肆行搶劫。當商李芬被劫尤甚。凌漢（三新）聞信，馳往逐之，臨人奔逃。凌漢（三新）奪取臨人搶擄各物，並不退還，各鳥獸散。李芬不察，反報凌漢劫掠。由是官吏對於回人，益加疑懼。

是其過盡在雲南官紳處理之不當，而臨安漢民黃殿魁等肇禍於前也。同書復記雲南滅回之經過曰：

是後，漢紳時言回人欲反。嗣因馬凌漢（三新）之舉，官吏益疑，欲剪除之，而無其名。陰使人誣告陝西回人妥福、妥壽造無門之鎖，陰謀作亂。時黃琮奉旨練團，亦意在勦滅。與舒興阿祕議，飭各府廳州縣聚團殺回，須橫直勦滅八百里。此咸豐六年丙辰事也。

四月初十日，召集臨人及各堡村團紳於會城，以聽號令。藩司青盛上院請示出，疾告於衆曰：「格殺無論。」於是臨人與團練，遂分頭搜殺回民，不論良莠男女老幼，悉殄滅之。此四月十六日至十八日事也。

四月十九日，藩司青盛之母道經沙朧巷口，見婦人被害者，赤身剖腹，橫臥街中，胎兒猶蠕蠕轉動，情形慘極，令人不忍卒睹。青母大驚，歸責青盛曰：「男子作事，與婦女何涉？乃慘毒至此！」由是，乃下令止刀。幸得老太婆具此不忍心，從此止刀。不然，回人靡有孑遺矣。

統計省垣纔遺男女四五十人，幽於臬署中。回民婦女未溺死者，則幽於報國寺、憫忠寺。事定，臨人入寺游玩，見婦女有姿色者，則以刀割其襟爲號，次日擄去，號曰「割襟」。而各府廳州縣亦於奉令後，一律屠殺。

認爲雲南官紳係有計劃之屠殺回衆。臨安漢民實與清吏通聲氣，助城內團練官軍以滅回。且述其慘酷情狀甚詳。觀政一名定邦，字敏齊，雲南華寧婆兮回人，道光十五年武舉。雲南屠回時，方在家以弓馬授門徒，屢次調解漢回爭執，素反對回民藉端報復者也。❸加以華寧地近省城，耳聞目睹，不能謂其記載之無據。「滇垣十四年大禍記」書成於光緒十二年（一八八六）八月，距雲南回亂肅清已十三年，其自序曰：

> 蓋亂之作也，必有所自：或出於不平，或出於不軌。當道者能一秉大公，而有以遏亂源，則亂未有不熄者。否則潰裂不可收拾，互相屠戮，塗炭生靈，如滇垣十四年之禍亂，至今思之，猶令人心痛神驚也。

蓋係由感而發。如認觀政係回教中紳士，有所偏袒。茲舉張濤「滇亂紀略」以證之。

> （上略）是年（咸豐六年），省垣謠言四起，咸稱回民糾眾謀逆，其實無據。當路者左右袒。邑紳少司馬黃琮請終養回籍，奉旨團練眾數萬。琮書生，承平久，民不知兵，眾無益也。有臨安府匪眾與回匪爭石陽礦，互有殺傷。回糾其教與角逐，乘勢搶掠距省二十里小板橋之當商。臨匪追回至省會城外，麕聚三義廟。居民齊團久，家有軍器。臬司青某（按：即清盛）出「格殺無論」示，民誤「格殺」爲「各殺」，於四月十六日，省垣內外搜殺回民。强悍者逃之，文弱婦女老稺殺無算，督撫不能彈壓。閉城三日，

---

❸ 佚名：婆兮事略。

事定亦不查究，省亂自此始。❹

濤籍漢民，世居昆明，親身經歷其事，而追述於光緒十七年（一八九一），距雲南省城滅回時已三十五載。當時雲南主政大吏多已謝世，自無庸避諱，所記應較可信。儻有不實之處，亦不過少減官紳措置之失當，決不致對回民有所迴護也。依此與「滇垣十四年大禍記」相較，馬觀政所記失實之處不多。

三

事實既如上述，而清廷惑於舒興阿之奏，竟不認雲南疆吏處置之失當。及回變大起，同年六月十六日諭稱：

滇省漢回互鬥，相習成風，全在地方官辦理得宜，自能消患未萌，不致釀成巨案。茲據奏稱：該處回匪自燒搶漢民村莊及至省城滋事後，仍敢四處糾人，遠近響應。……匪勢鴟張，非痛加勦洗，不足以儆兇頑。惟其中良莠不齊，自應分別，勦撫兼施。著即責成舒興阿、文祥（按：雲南提督），先將其不畏法之徒，痛加勦辦，聲威所至，餘衆

❹錄自秦光玉「續雲南備徵志」稿本。

自必畏罪投誠。儻官軍一到，即能悔悟，捆獻首逆者，即予免罪。仍剴切曉諭，解散黨與，總當除莠安良，先剿後撫，分別辦理。……恆春現在貴州，所有滇省回匪應如何布置辦理之處，仍著隨時知照舒興阿等，妥籌商辦。❺

仍依重舒興阿，以爲對於回民，捨使用兵力外，別無途徑之可循。八月二日，以雲南回勢大張，而舒興阿「於籌辦機宜尚未得手」，著恆春即行折回雲南，與舒興阿會商，妥爲布置。❻同年九日，户部右侍郎何彤雲之奏，竟謂回衆起事之由，皆因歷任地方官袒護回民，抑壓漢民之故，以致「該罪肆無忌憚，竟於四月十六日，圖撲省城，幸而逆謀敗露，危城獲安。」請求飭下四川、貴州各督撫，於所屬川，陝、雲、貴交界處所，「嚴密盤查，毋許回人偷越，混入滇中，庶幾外匪不增，而本省匪勢稍孤，可以剋期撲滅。」❼同日奉上諭：

據何彤雲奏，滇省回匪滋事情形，請飭勦辦一摺。據稱：該省回匪起事之由，皆因歷任地方官袒庇回匪，抑勒漢民，以致匪衆毫無忌憚，肆行焚殺，所奏自係實情。當漢回互鬥之初，彼此尋仇報復，自應持平辦理，迨至因爭廠而焚殺，因焚殺而弒官，則

---

❺ 清文宗實錄卷二〇一。
❻ 清文宗實錄卷二〇五。
❼ 方略卷二。

回匪已成叛逆，而臨安及大小驃川人並無此事。❽

清廷之不明真像如此，無怪回勢之愈烈也。同月十二日，雲貴總督恆春之奏曰：「滇省漢回，彼此猜忌，互相仇鬥。本年四月十六日，省城內拏獲回匪奸細數名，群情汹汹，搜殺回民，其倖免者，僅止數家，以致迤東回民，愈形蠢動。」❾較何彤雲之摺大不相同。是何摺之捏造不實可知，而清廷竟受其愚。同日從恆春奏，以雲南各屬「回匪滋擾，勢極鴟張」，命署理四川總督樂斌，即速抽調四川精兵二千人，派遣得力人員率領入滇會勦。❿

咸豐七年（一八五七）閏五月，馬如龍、徐元吉、楊振鵬等，推馬德新（復初）爲領袖，合澂江、昆陽、建水、華寧等處回衆數萬人，藉口報復，進圍昆明。杜文秀亦建國大理，掩有迤西之地。省城內外隔絕，總督恆春憂憤自縊死，大局岌岌可危。舒興阿竟藉口「動履維艱，請假調理。」將巡撫篆務交布政使桑春榮護理，不問政事⓫。同年十月三十日，新任雲貴總督吳振棫行抵貴州境內之奏報到京，對雲南回亂之起因，更有確切之說明。略謂：

節據雲南迤東各地方官，及臣派往滇境探事人員稟稱：滇省回匪滋事，實係漢民起釁

---

❽ 清文宗實錄卷二〇五。
❾ 方略卷二。
❿ 清文宗實錄卷二〇五。
⓫ 方略卷五。

於前，回民報復於後。……其近省地方，如河陽、宜良、呈貢、昆陽、陸涼、嵩明、廣西、師宗、彌勒等卅縣，或勾串夷匪，或招納漢匪，相助爲虐，情事各有不同，而大端總由挾仇報復而起。⓬

振棫復奏雲南漢練之害。謂黃琮、竇垿等：

刊印聯銜告示，偏貼城鄉，並發各府廳州縣張貼。其意，專主痛勦。民間得有團練告示，即紛紛集練，回民見此舉動，日深疑忌。地方官苦心解散，而漢民往往鬨堂塞署，逼官殺回。故團練在他省是要務，而在滇省則竟爲大患也。黃琮、竇垿每言：省團可得六十萬，設有寇警，可保無虞。前督臣信爲實然，遂注意於迤西軍務，省城漫不設備。閏五月二十一日，回匪初至城外放火，不過數十人。其後續至，亦不及千人。而所謂團丁六十萬，招之不來，來即奔潰。遽將四城關閉，城外居民遂被燒殺殆盡。皆爲團練局所誤。⓭

是團練肇釁有餘，禦回不足之明證。清廷對真像始稍有瞭解。同日奉上諭：

⓬ 方略卷六。

⓭ 方略卷六。

雲南各屬漢回讎殺，幾遍三迤，一載有餘，兵連禍結。朕以起釁根由，總因地方官辦理不得其平。……此次回民滋事，半由漢民倡議滅回，以致回民疑畏，憤激而成。……若使起釁之初，地方官即從公判斷，以服人心，何致報復相尋？重煩兵力。今吳振棫既查知回民有負冤之處，而漢民中乘機搶掠，可誅者亦復不少，則從前辦理錯謬已可概見。所有散貼告示倡議殺回之前任侍郎黃琮、前任御史竇垿，業經降旨革職治罪，並將辦理不善之大員，交吳振棫查明參奏。朕大公無我之心，雖在愚民亦當共喻。著吳振棫宣播朕旨，曉諭各屬回民，果係止圖報復，並無叛逆之心，准其悔罪輸誠，各安生業。大兵所至，毋許妄戮一人。其能解散脅從，縛獻兇渠，實在出力者，不特寬其既往之罪，仍准該督等據實保奏，給予獎敍。其漢民中有藉團練爲名肆行殺掠者，即以軍法從事。⑭

其態度大異於前。蓋因雲南兵力不足，而東南太平軍之焰方張，他省可協撥兵餉不多，非採用懷柔政策，不足以挽救危局也。故其同日復諭稱：

雲南漢回搆釁，以致省城日久被困，原應懾以兵威，使莠民知所儆惕，再議撫綏。惟

⑭ 清文宗實錄卷二三八。

現在東南各省軍務未平，兵力斷難厚集，餉需亦艱於籌措。……此時匪徒蜂起，幾遍三迤，儻率行進勦，深恐於事無濟，徒損兵威。⓯

明白看出清廷之事出於不得已，非有愛於回民也。

四

今論咸豐六年（一八五六）雲南省城之滅回，起原於臨安廠匪，成於團練之跋扈，而幕後縱使者則爲巡撫舒阿興。城内回民初無陰謀叛亂之確證，而遇害者竟達數千人之多。其禍之慘烈，決非如舒興阿陳奏之輕略。清廷初不明真像，且認雲南疆吏素來庇回而抑漢，但命痛加勦辦回民而已。迨昆明被圍，迤西糜爛，而援兵不能至，故於新任雲貴總督吳振棫奏報滇亂實況後，態度始變，方命振棫等秉公處理。

至於舒興阿，並未以滅回而獲咎。咸豐六年（一八五六）五月，舒摺上聞後，但以「初時未及掩捕，致令勾結爲患。」⓰降官二級。七年六月，仍命其來京，以內閣學士補用⓱。是

⓯ 清文宗實錄卷二三八。
⓰ 清史列傳卷四十二「舒興阿傳」。
⓱ 清文宗實錄卷二二九。

時雲南各地回變已大起，在清廷固爲失策，追其禍始，舒興阿之過可不大哉！

（臺北，大陸雜誌，第二〇卷，第六期，民國四九年三月，頁一〇至一三。）

九　馬如龍降清之研究

引　言

咸豐六年（一八五六）四月，雲南巡撫舒興阿於省城滅回後，各地繼之，回變遂大起。五月，馬如龍據建水回龍村以叛，隱爲東路回軍領袖。八月，杜文秀建國大理，盡統迤西回衆以抗清，滇局遂以糜爛。自咸豐七年（一八五七）五月，至咸豐十一年（一八六一）冬，如龍將東南回衆，與杜文秀相呼應，屢敗清軍，三度圍昆明，省城已不可支，幸如龍於其時降清，雲南局面爲之一變。其後如龍平馬榮之亂，招降東回，固守省城，清軍始得陸續入援，扭轉頹勢。杜文秀雖於同治六年（一八六七）派兵東下，逼困昆明，而雲南基礎已固；故省城被圍二年，終不能破。及清軍合力反攻，西回攜貳，終至覆滅，是如龍維持之功，實有其不可磨滅之貢獻。向之官書記載，對如龍降清之經過多欠詳實，蓋多述其自始對清廷之忠順，而不及其弄兵之過失，顯與事實有所違背。茲論其事如下：

一

對馬如龍之行事表彰最著者，首推朱炳册之「原任湖南提督馬公雲峰傳」，其於如龍降清前之事蹟記載甚略，於如龍降清之經過隱匿不明。

（上略）咸豐六年，值楚雄屬之石羊廠，漢回以爭礦互鬥，各縣群不逞之徒，藉仇回爲名，遂釀成杜文秀之亂。大亂既起，臨安各州縣回族，遂紛紛逃赴建水之回龍村，舉公主持軍事以自衛。（按：杜文秀起兵在馬如龍後，所記有誤。）時中原多故，未遑遠圖，滇大府亦無弭兵方略。漢回相仇殺，禍亂日滋。公念長此不解，兩族將有同盡之憂，遂與父老籌商，詣省納款。公從兄青雲首先贊成其謀，因統衆到省，呈白衷曲，請洗去叛名，創和漢安回之議。附省各州縣回族聞公之來，群起景附，署滇督徐公之銘據情入告。

清史稿列傳二四三「馬如龍傳」對如龍之起兵記載稍詳：

馬如龍雲南建水人，本名現，回中世族，以勇聞。咸豐間，滇回倣擾，如龍以武生起澂江，自立爲僞帥。時杜文秀僭號大理，如龍遣使與通，授以僞職，不受。………據有新興、昆陽、晉寧、呈貢、嵩明、羅次、易門、富民，入寇省城，勢駸盛。同治元年，巡撫徐之銘復主撫議，提督林自清臨陣宣播朝威，招之歸款。如龍自稱三世效忠願反正，岑毓英單騎往諭，如龍益心折，與盟南門外，悉反侵地。朝旨破格授如龍總兵，楊振鵬等（按：如龍部將）分署六營武職。

而記如龍降清之經過，則錯誤甚大。茲依「婆兮事略」（作者佚名）記載，回龍村距臨安（按：即建水）約十里，居民二百餘户，盡屬回教，多以趕馬走廠爲生，一半走開化之白牛廠，一半走南安之石羊廠。如龍幼習弓馬，膂力過人，有睥睨全世之概。年十八應童子試，府院皆第一，因候鄉試，嘗同村人往石羊辦廠，所在結納英雄，撫弱抑强，遠近之人無不敬服。是如龍自幼即以回民領袖所自居。

及咸豐初年，他郎、石羊爭礦事起，漢回迭相屠殺。咸豐四年（一八五四）冬，回民馬老十、馬學裕等，復被建水漢民李經文、周鐵嘴等所逐，乃奔回龍村，求援於馬如龍。如龍聞回民之被殺，乃憤然曰：「人而不能扶弱抑强，撥亂禦侮，非丈夫也。」因糾衆數百人，敗李經文等，復奪石羊廠。旋懼南安知州崔紹中責問，乃於咸豐五年（一八五五）正月，填塞礦硐，並將所擄財物捆載離廠。❶ 是如龍之行事初無異於一般俠盜也。

---

❶ 佚名：他郎南安爭礦肇亂記。

二

咸豐六年（一八五六）四月，雲南滅回事起。五月，建水西莊漢團，擁入城中，屠戮回民，無少長皆盡，境内大亂，如龍乃據回龍以叛。六月，臨安府知府方俊、署臨元鎮總兵伊昌阿，遣守備沈裕後率兵攻回龍，如龍敗之，裕後陣歿。❷如龍乃移檄遠近，數雲南官紳之過，以報仇雪恥爲號召，文由本鄉廩生李有成所撰，略曰：

蓋聞堯舜之世，殃民者誅；湯武之朝，不仁者伐。………本局職居子弟，志在父兄，傷同類之無辜，痛先人之罹難。臥薪嘗膽，志切報吳；乞食吹簫，意不忘楚。請司民之命，興仁義之師。旌旗舉處，神鬼皆驚；車馬臨時，山河震動。爰此檄文，遍告同志，只分良莠，何分回漢？受其殃者，莫存觀望；被其害者，志切同仇。至於義聞宣昭，共殲魁首；大兵所向，罔治脅從。倘能捆獻元凶，尤當厚加優獎；若再互相比黨，勢必禍延炎崗。❸（下略）

❷王文詔等纂：續雲南通志稿卷八十一，武備志「平定回亂略」上
❸李有成：建水回民檄文。引自中國回教俱進會玉溪分會「新興河西紀聞」

大有替天行道之氣慨。雖不敢斷言其有稱帝稱王之野心，而其遇機揭竿而起，謀霸一方之企圖則甚明顯。若謂其自始即有求撫之心，則殊不足信。

咸豐七年（一八五七）閏五月，如龍合澂江徐元吉等，推馬德新（復初）爲領袖，集沙甸、大莊、館驛等十八寨，並婆兮、竹園之衆數萬人，遂圍省城，總督恆春自縊死，巡撫舒興阿稱病不出，政事一委布政使桑春榮。至咸豐八年（一八五八）二月，新任總督吳振棫，命迤東道汪之旭與德新等議和款，由振棫奏保德新四品頂戴，德新呈「永不滋事」甘結，陽許受撫，而陰謀另圖發展。❹

同年三月，德新、如龍等，暗約昆陽回首楊振鵬，夾擊附近漁村、九甲、五甲水陸各營，各營以次陷，團練死者千餘人。振棫恐敗撫局，莫敢究詰。❺八月，如龍圍建水，至十月始解圍去。咸豐九年（一八五九）六月，如龍再陷阿迷州（今開遠）。❻及褚克昌西征屢捷，杜文秀勢危，乃乞援於如龍。咸豐十年（一八六〇）四月，如龍襲陷楚雄，克昌腹背受敵，遂敗沒。❼文秀授如龍官職，如龍不肯居文秀下，不受，乃與文秀將蔡春發約，省城由東回軍圍攻，楚雄以上歸西回軍經略，滇平會師外征，掃除滿清，矢不相侵。❽如龍乃委楚雄去，

---

❹ 欽定平定雲南回匪方略卷七，以下簡稱方略。
❺ 續雲南通志稿卷八十一。
❻ 同上。
❼ 方略卷九。
❽ 佚名：滇變雜記。

退守澂江，藉口就撫，仍不時犯省城。

咸豐十一年（一八六一）三月，如龍合徐元吉、楊振鵬等，由澂江破呈貢縣，二次圍省城，傳信捆石上，拋入城頭，以入城相要脅。旋以元吉戰死，解圍退回館驛。❾是時如龍總統東西回營，號稱三迤大元帥。同年十一月，如龍督大衆三次圍省城，提督林自清屢戰不利，昆明局面日危。如龍遣諜入城，四處張貼告白，以「伐罪弔民」爲職志，斥林自清「借滅回之虛名，啓漢夷之實禍，有十罪而無一功。」最後復謂：

本帥之提兵而來者，非與官民爲難也。爲何氏耳！爾等與其再從何氏，誤國殃民，何如共誅何氏，息事寧人？況何氏之於回也，不問良莠，概行屠殺。若本帥之於漢也，逆者勦，順者撫，凡投和者即秋毫不犯，各府廳州縣及省垣遠近俱有明徵。爾等果開城迎接，細獻何氏，則官民回漢，從此共敦和好，永享昇平，上爲國家，下爲百姓，豈不善哉！倘再附和何氏，抗拒大兵，城破之時，恐不能再分玉石也。省垣安危，在此一舉，惟智者裁之。

文中仍看不出其求撫之願望，反而更表現出其瞻顧自雄之本色。林自清係署雲南提督，負責一省軍事，如龍以自清一人爲攻擊對象，顯有離間守城軍民用意，而達成其不戰而屈之目的。

---

❾ 方略卷十。

自清果大懼，遂要巡撫徐之銘，決意請和。⑩

三

依照「欽定平定雲南回匪方略」卷十三，雲南巡撫徐之銘（時徐兼署總督）之奏報，謂同治元年（一八六二）二月馬如龍之降清，乃因兵敗被迫，出於主動。其言曰：

> （上敘清軍連日之屢勝）臣一面出示，剴切開導，解散脅從，一面嚴督攻勦。林自清（署雲南提督）又復臨陣宣示皇仁，許以首先倡議來歸者，立予優保官階。岑毓英（署澂江府知府）親帶兵練赴省援應，途遇各回，就便勸導。該回等棄戈投地，哭訴回漢搆釁，實因前官辦理不善所致。岑毓英允爲到省代陳，回夷等欣然自散。適武生馬如龍馳赴省城，約林自清出城面訴，林自清遂於二月初一日、初三日，兩次單騎出城相見。馬如龍自稱：「係從前殉難九江鎭總兵馬濟美之姪，世受皇恩，情願解散，招撫回夷，各安生業。」岑毓英於二月初七日抵省，馬如龍約與相見，仍申前請，岑毓英許之。馬如龍等遂親赴各壘，勸導解散。

---

⑩ 馬觀政：滇垣十四年大禍記。

今依張濤所著之「滇亂紀略」所載，則與上奏大有出入。謂毓英先至如龍營開誠勸誘，如龍始降。且於其入城之初，所部紀律之壞，如龍之跋扈，道之甚詳：

（上略）如龍議和，遣毓英往說之。毓英親詣如龍營，從者不十人，信宿飲食，談笑自如，如龍頗敬重之。……壬戌二月，如龍率黨入城，要求百端，之銘無不應。檄如龍署臨元鎭，奏賜回掌教馬復初二品伯克，其黨楊振鵬署中協，餘均授官有差。如龍兼用大元帥銜，僞印大如斗，與鎭印並列。回黨佔據民房，取民女。一時民間競相嫁娶，不復成婚嫁之禮。街市不敢售豬肉，一時無賴爭投回教，俗呼爲「假回子」。之銘承如龍無所不至，紀綱掃地矣！

濤生逢其時，且於事後二十年追述，自無所隱避，故所記應較可信，不似徐之銘之一惟粉飾，而誇張其事功也。復據「馬負圖（龍）私記」，看出如龍降清時之狐疑，並知回軍之與清吏和談，如龍並未親臨其事：

十多位大紳耆進城（後）（按：當係岑毓英等，此日應爲同治元年正月二十六日），楊振鵬等十多人來貞慶觀（按：爲如龍大營所在地），同馬雲峰（如龍）將公事商議停妥進城。先拜會林提臺，請領去拜會徐撫臺，賓客款待，情誼殷勤。此日公事尚未商議停妥，金烏西墜，玉兔東升，將楊振鵬留在中協署住宿，馬錫恩等送出城。此日……日落西山，尚不見楊振鵬等趕回。馬雲峰言：「馬龍，你今日不容我進城，是你愛我之好意。但進城之十多人，恐怕著你害死了，如何對得住衆人？」圖言：「城中有多少明白利害之人，不有你在外，他們也不敢去，我也不容他們去。有你在外，不惟不致受害，猶恐恭維不到，只管放心，勿庸疑慮。」話猶未完，馬佐已到。言：「公事尚未議定，徐撫臺林提臺將楊振鵬留在中協署內住宿，馬錫恩等十多人已送出城，恐元帥掛望，使我先回來報信。」轉瞬間，馬錫恩等十多人亦到，將所商議之事稟明。

二十八日，如龍再遣馬龍（負圖）往議，同書記當時如龍部下之心情曰：

衆人恐有去無回，嗟嘆不已。言：「一個讀書人敢似此說話行事，眞個實在難得，但此去他全無懼色，我們到捏著一把汗，放心不下。」

馬龍（負圖）與徐之銘暢談至日落，始定議。之銘用官轎自大東門送馬龍出城。至馬如龍與徐之銘、林自清相見情形，同書復有詳細之記載：

（正月）三十日，兩位大人派人於南城外，右邊城牆處，用長枋板搭浮橋一座，請馬雲峰准於二月一日來南城樓上相會。商議公事畢，由三四牌坊、長春坊，出大東門趕回。男婦老幼塡街塞巷，觀之如堵。

二月初一日，兩位大人差官擺全副職事，送札子、印信、頂翎、朝珠、蟒袍、補褂、靴帽。二路之上，笙簫鼓樂，吹吹打打，送來貞慶觀，委馬雲峰署理臨元鎮總兵篆務。派昆明縣將封得登仕街施應貴大公館一所，打掃潔淨，派闔城之大紳耆接進坐鎮。初四日，兩位大人與馬鎮臺心氣相合，肝膽相照，結為金蘭昆仲，人雖異姓，義勝同胞。……初六日，兩位大人會銜，將委馬如龍署理臨元鎮總兵篆務事件具奏。

是徐之銘等對馬如龍委曲求全無所不至，而如龍之降，顯係被動。作者為如龍宗兄，係如龍軍中極重要之幕僚。及如龍降清，仍隨如龍辦理糧臺、鹽課局、釐金局、文案，並曾充當迤東總統。所記略同於「滇亂紀略」，應為可信，則「欽定平定雲南回匪方略」中徐之銘之奏報，顯係揑造之詞也。

四

惟是時馬如龍降清之志仍未堅定。如龍果自始為回民伸冤而用兵，則咸豐八年（一八五八）二月初次受撫之後，當不致再叛。今既以討伐林自清而來，又何復相提攜，顯與初衷相違背。今論如龍之二次降清，其用意有二：一則索求爵位；一則乘機擴張勢力，徐圖大舉。蓋咸豐八年（一八五八）東回之降，爵賞僅及馬德新，亦不過四品頂戴而已。德新於回族中位雖尊崇，而無實力。清廷不明真象，欲賴之鎮撫回衆，非但德新嫌其品級低微，更為掌握實力之馬如龍所不悅。此次之降，馬德新授二品伯克，而如龍署臨元鎮總兵，其黨楊振鵬等均有爵賞，其收穫亦夠大矣。所尤應注意者，馬如龍既不肯居杜文秀之下，又何能以一總兵而滿足其野心，因之其三叛，欲求更大之報酬，固不無可能也。無怪清廷之疑慮，而責徐之銘招降之不當。

先是咸豐十一年（一八六一）十一月初十日，清廷疑徐之銘鋪張戰功，復以其聲名狼藉，予以撤任。十二月二十二日，命張亮基督辦雲南軍務；復以新任總督潘鐸到任需時，所有雲南巡撫印務，著張亮基即行接署。⓫ 同治元年（一八六二）三月，及聞馬如龍就撫，認爲徐之銘「於文武官員委署重務任意紊亂，且鎮將重任，輒令甫經投誠未有官職之回人署理，勢將不可復制。」「昏庸謬妄，實已罪不勝誅。」命潘鐸、張亮基迅速赴任，「遵照前旨，將徐之銘撤任，聽候查辦，其爲馬如龍等代辦各缺，自應分別撤任。」⓬ 是清廷僅就常理推斷，尚不明雲南省城守軍之實力，及疆吏所處之地位也。

同年九月，總督潘鐸抵昆明，於瞭解雲南情況後，上奏清廷，認爲徐之銘「辦理撫局，所保全者甚大。」朝旨再變，諭潘鐸、徐之銘曰：

> 徐之銘在滇年久，熟悉情況，一切地方事宜，潘鐸正可與之和衷商榷，妥爲籌辦，徐

⓫ 方略卷十一。

⓬ 方略卷十三。

之銘亦當振刷精神。勉策桑榆之效，正不必以萬里孤臣，自危自阻也。⓭雖張亮基嚴劾徐之銘「心術譎詐」，「潘鐸驟與親近，難保不墮其術中。」而清廷竟不爲所動，改調亮基署貴州巡撫，命即折回黔省。⓮

五

是時對雲南大局有明確認識者，厥惟岑毓英。毓英廣西西林縣人，以諸生從軍，於咸豐六年（一八五六）率勇赴雲南助剿回亂，九年（一八五九）由典史署宜良縣，十年（一八六〇）兼署路南州，十一年（一八六一）兼署澂江府，馬如龍既降清，徐之銘乃以毓英攝布政使。毓英忌如龍專擅，然知非利用如龍不足以安回衆，故陽與友善，而陰圖之。毓英說總督潘鐸遣如龍攻梁士美，而密飭士美堅守臨安，復暗調昭通鎮總兵楊盛宗以助之，使其自相角逐，而坐收漁人之利。「滇亂紀略」記其事曰：

潘鐸到滇後，見馬如龍仍稱大元帥，其黨尤驕横不法，且與杜文秀聲息相通，官賊並

⓭ 方略卷十七。

⓮ 同上。

處，軍務無下手處。深思遠謀，欲作先清內患之計，因詢諸馬如龍曰：「勦賊應自何路始？」如龍與臨安府城之梁士美有隙，請先除之。鐸知士美守臨安保境非叛也，欲除如龍，遂詐許之。如龍率衆往攻，鐸密敕士美固守，弗與戰，又密檄調昭通鎮總兵楊盛宗速赴臨安，與士美夾擊如龍，擬俟盛宗至省，先誅城內回黨，掃清根本重地。如龍果墜術中而不自知。同年十月，毓英佐如龍督衆赴臨安，道經江川，被梁士美伏兵截殺，傷亡甚多。及抵館驛，復遭士美圍攻，進退頗失據。十二月，毓英藉故先回省，欲從事佈置，以實現其事先之計劃。⑮

徐之銘之爲人，庸懦無能，其招降馬如龍乃憂懼省城之勢危，但圖因循於一時，對於善後一無佈置，任憑回衆之跋扈而不敢問。今聞毓英將有非常之舉，深恐撫局一破，禍亂再起，而影響其祿位，竟洩其謀於馬德新。「滇亂紀略」復記曰：

> 如龍既率衆赴臨，省城首匪無多，僅有回掌教馬復初（德新）、署中協楊振鵬等數十人，並各回匪眷屬，本易圖也。奈（楊）盛宗路遠，一時未集。之銘知其謀，以爲已與回和，誓不相害；今反而行之，無以對回衆，遂密洩於馬復初（德新）。復初（德新）懼，星夜調署尋霑營參將馬榮，率黨五千，假稱赴臨安救援。（同治二年）正月初八日入城，

---

⑮ 方略卷十八，馬負圖私記。

馬榮住五華書院，其黨分踞城隍廟、翊靈寺、藎忠寺等處。其後省城糜爛，潘鐸被弑，馬德新自署總督，自非徐之銘始料之所及。幸得岑毓英左右其間。陽尊德新、馬榮，而陰激馬如龍定大難，始將局面扭轉。

六

馬德新、馬榮、楊振鵬等，素與杜文秀通聲氣，即是馬如龍於楊榮之變前，當亦在模稜之間。馬榮於襲據昆明後，曾致書杜文秀求援。「馬負圖私記」載其事曰：

有馬濴（榮）書識，暗與圖言：「杜文秀有信回馬濴（榮），言：『省城於正月十五日業已得手（按：是日潘鐸遇害），請本帥迅速下來，以定大事，功莫大焉。但教門之吉凶禍福，成敗利鈍，在此一舉。楊（振鵬）、田（慶餘）諸公深通韜略，暢曉戎機，諸事協衷商辦，以期妥善，不可視爲兒戲。本帥准於二月初旬，改裝伴卒，督率大隊到省，商定大事。』」

而「滇垣十四年大禍記」，所記岑毓英陽與馬榮委蛇之對答，更刻劃入微。

> 十七日，毓英詣昭靈觀，見馬榮曰：「滿祚將終，洪王（按：指洪秀全）領有十餘省，而公等又得雲南，豈非天意耶？我雖清吏，然皆幕燕釜魚，公等若不我害，能爲公等勷辦筆墨，運籌帷幄。」榮曰：「恐爾詐耳！」岑曰：「吾素知貴教尊重天經，凡盟誓皆捧天經作證，今吾以沐浴而來，願憑天經以爲誓。」榮許之，置天經於庭，岑捧經叩頭，誓畢而言曰：「今大事已定，可立老把爸爲平南王，速通使杜元帥爲一氣。」榮曰：「王可稱乎？」曰：「可，若暫不稱王，俟大元帥到省再決。今人人自危，可請老把爸護理總督，以安人心。」榮遂與毓英親至老把爸第，跪而請之。老把爸不從，且面斥其非。
>
> 十八日，岑令回漢男婦年邁者六十餘人，手捧香花，赴老把爸前哀求。斯時火巷、威遠街、登仕街一帶，擁擠不能過人。毓英入請，言未盡，而健有力者，即將老把爸扶入轎內，毓英、馬榮傍侍，肩往督署，時老把爸甫將禮拜畢，首纏白巾，尚未脫也。

作者馬觀政係回教徒，其於岑毓英諸多詆毀；而於馬德新，以其爲回教領袖，則倍加推崇。甚且謂其自署總督而非出其本意者。回民馬安禮所作「滇南回回總掌教馬公墓誌」亦記曰：

> 同治二年，馬榮襲省，潘文毅公被害，省中文武百官縮首畏死，無能爲計。時提督馬雲峰（按：此時如龍僅署臨元鎮總兵）方以梁仕（士）美跋扈臨安，奉命征討在外，省中逆寇縱橫，官賊橫處。公以宿德盛名，爲各教所推服。官吏士民請公主持省事。公謂巡

撫徐公、藩司岑公云：「公等誤矣！余安能以潔白之身，而處危疑之地？」堅執不從。無如滇中士民紛紛促起曰：「事急矣！公不挺身援拯，省城遂爲賊有，民遭魚肉，奈何！」公不得已，乃出撫慰强寇，保安弱民，密徵馬軍門星夜回省，勦除逆寇。

亦有意爲德新洗刷，均與事實不符。張濤之「溪亂紀略」記其事如下：

（上略）復初（德新）陳執事，乘八人輿，首挽布帕，入督署，紅示曰：「欽賜二品伯克滇南總掌教護理雲貴總督馬，爲上任事：本護督部堂，擇於癸亥年正月十八日到任視事。」示末亦只書癸亥年，不用朝廷年號，（此目睹者）眞叛逆也。毓英短衣戰靴，紅頂花翎，往謁復初（德新），復初（德新）喜。毓英密馳蠟丸書，責如龍以大義，趣令回援。如龍得書，痛哭誓師，必欲除賊。如龍之忠，毓英有以激勵之也。

張濤世居昆明，自謂當時年十五歲，其家中曾於十五日兵亂時被劫，以父出未歸，於十七日私出找尋，親見督轅馬復初紅示。而「滇垣十四年大禍記」撰於華寧，「滇南回回總掌教馬公墓誌」係事後追述，語多諂諛，且以回民記回事，均不若「滇亂紀略」之真實。是馬德新之自署總督，雖由於民間之請求（實係岑毓英所縱使），如謂其無叛清之志，則不足信。

是時毓英部衆不過五百人，且陷於敵，而如龍實力在握，基於個人英雄思想，因欲創立一番功業。故於二月初驅走馬榮重返省城後，態度大異於前。「滇亂紀略」謂其「下令毀大元帥印，去僞銜，禁止人呼爲元帥，反邪歸正自此始。」蓋是時省城盡在其控制之下，將來雲南提督捨其莫屬，欲其盲目從亂於未可知之將來，不知總綰一省軍事於目前。加以忠君思想深入人心，如龍降淸之志遂以堅決。

（臺北，大陸雜誌，第二〇卷，第一期，民國四十九年一月，頁一四至一八。）

一〇 同光新政

——李鴻章與清季洋務運動——

一、前言

晚清近四十年之政局，李鴻章實爲關鍵人物，後人對其批評毀譽參半，毀者譏其因循苟且，喪權辱國；譽者稱其盡瘁國是，膽識過人。鴻章以一詞臣，典掌兵戎，轉戰南北，總制北洋，内參樞機，外當交涉之衝，垂三十年之久，其目光之遠大，手腕之敏捷，迥非時人所能及。曾國藩稱其：「才大心細，勁氣内斂」，才大雖不盡切，心細勁氣内斂則當之而無愧。蓋鴻章之成功，端賴於忠忍。同治中葉，捻軍縱橫中原，鴻章以統帥之尊崇，平定江蘇之首功，屢遭革職之罰，而進退如故，乃抵於成。光緒初年，英使威妥瑪（Thomas Francis Wade）因滇案下旗出京，戰禍將開，而鴻章卒消弭於談笑之間。

甲午中日之戰，係鴻章事業成敗之關鍵，其以七十三歲之暮年，内受譴責，外支殘局，不畏清議，出任和議，雖遭狙傷，猶能從容交涉，不辱朝命。旋更輿櫬使俄，賀尼古拉二世加冕，進而訪問歐美諸邦，其精神尤足稱道者。庚子拳禍，國祚將絕。鴻章慘澹折衝，與聯軍締結和約，焦勞以歿，亦滿清之功臣也。

至於鴻章之失敗，軍事方面則因任人之不當，貪婪無度。洋務方面則因皮毛之改造，假手官僚。外交方面則因昧於世界大勢，受欺於强鄰。

鴻章之練兵也，時間較日本爲早，費用較日本爲多，然其自同治以來，數十年間所遺習海陸軍留學生，未聞一人歸而任要職者。而惟以親屬及淮軍將領所賴；於是葉志超、衛汝貴之流皆得尸位，擾民剋餉，飾敗潛逃，此軍事所以失敗也。

鴻章對於洋務之設施可分爲四端：一曰交通，如電報、鐵路、輪船招商局。二曰礦業，如漠河金礦、開平煤礦。三曰工業，如上海機器織布局。四曰商業，如組織公司與外人通商。因其實行官辦，以安插私人，不講求效率與改進，故賠累者局多，此洋務之所以失敗也。

鴻章之外交手腕，採以夷制夷政策，以息事寧人爲原則。中法之役，欲利用英、德以制法。中日之役，欲利用俄、英以制日。及德據膠州灣，又欲利用英、法以制德。其結果，成效未見，反受其害。至其晚年之聯俄主張，無異引狼入，此外交之所以失敗也。

總之，鴻章以中上之材，因緣機遇，成不世之業；然不幸缺乏近代知識，上受制於腐敗之清廷，中守制於保守之同僚，下受制於愚昧之國人，而周旋於列强之間，移禍避釁，使清廷苟延數十年之國運。及其終也，兩宮西狩，京畿殘破，孤心持全局，嘔血以薨，其功亦不可没。梁啓超批評鴻章，「不學無術，不敢破格是所短；不避勞苦，不畏謗言是所長。」謂鴻章有才氣而無學識，有閱歷而無血性，非無鞠躬盡瘁死而後已之心，而彌縫偷安，未嘗立百年大計以遺後人，大致尚屬公允。茲摘論其與清季洋務之關係，以就正於史學先進。

二、製器與練兵

鴻章爲同光新政之關鍵人物，當時各種洋務設施多由鴻章開其端。其仿外人製器造船之思想師承於曾國藩，而習見於上海。先是咸豐十年（一八六〇）曾國藩既總督兩江，主持長江流域對太平軍戰事，目睹西洋之巨砲兵船，於咸豐十一年（一八六一）七月十八日上疏朝廷曰：「輪船之速，洋砲之遠，在英法則誇其所獨有，在中華則震於所罕見，若能陸續購買，據爲已有，在中華則見慣而不驚，在英法亦漸失其所恃。」認爲「今日和議既成，購買外洋器物尤屬名正言順。購成之後，訪募覃思之士，智巧之匠，始而演習，繼而製造，不過一二年，火輪船必爲中外官民通行之物，可以剿髮逆，可以勤遠略。」❶及克復安慶，乃設局試造洋器，「全用漢人，未雇洋匠，雖造成一小輪船，而行駛遲鈍，不甚得法。」❷曾文正公手書日記同治元年（一八六二）正月二十一日條記曰：

接周弢甫信，買洋船一只，灣泊城下，欲余登船閱看，定奪其價，已議定五萬五千金，

❶ 曾文正公全集奏稿卷十四，頁九至十一。
❷ 同上書奏稿卷二十七，頁七至八。

一委員朱筱山別駕押坐來皖，因與朱同登舟一看，無一物不工緻，其用火激水轉輪之處，倉卒不能得其要領，少荃、申夫、著生等亦均往閱看。

對鴻章之思想當發生重大之影響。其後鴻章奉命東援上海，多靠英國輪船運輸之力。抵滬之後與常勝軍併肩作戰，漸感中國武器之遠遜外人，同年八月十五日鴻章致國藩書曰：「華爾打仗，實係奮勇，洋人利器彼盡有之，鴻章近以全神籠絡，欲結一人之心，以聯各國之好。渠允爲我請外國鐵匠，製炸彈，代購洋鎗，若學得一兩件好處，於軍事及通商大局皆有小益。」❸十二月十五日再致國藩書曰：

鴻章嘗往英法提督兵船，見其大砲之精純，子藥之細巧，器械之鮮明，隊伍之雄整，實非中國所能及。其陸軍雖非所長，而每攻城劫營各項軍火皆中土所無，即浮橋雲梯砲臺，別具精工妙用，亦未曾見。……深以中國軍器遠遜外洋爲恥，日戒諭將士虛心忍辱學得西人一二秘法，期爲增益。❹

所論更爲具體。於是命所部淮軍習洋操用洋槍，聘洋人爲教練，守禦上海，迭奏奇功。同年

❸ 李文忠公全集朋僚函稿卷一，頁五二至五四。
❹ 同上書朋僚函稿卷二，頁四六至四七。

鴻章在上海設西洋砲局三所，一所由英人馬格里（Macartney）所主持，直隸知州劉佐禹助之，雇洋匠照料鐵爐機器，中國工匠幫同工作。一由副將韓殿甲主持，一由蘇松太道丁日昌主持，均不雇用洋人，由中國工匠仿照外洋方法製造。同治二年（一八六三）三月十七日，鴻章致國藩書曰：

> 西洋炸砲重者有數萬斤數千斤，輕者數百數十斤，戰守攻具，天下無敵。鴻章現雇洋人數名，分給各營敎習，又募外國匠人，由香港購辦造砲器具，丁雨生即來監工，又托法英提督各代購大砲數尊，自本國寄來，大約今年底可漸集事。每思外國兵丁，口糧貴而人數少，至多一萬人爲率，即當大敵。中國用兵多至數倍，而經年積歲不收功效，實由於槍砲窳濫，若火器能與西洋相埒，平中國有餘，敵外國亦無不足。俄羅斯、日本從前不知砲法，國日以弱，自其國之君臣卑禮下人，求得英法秘巧，槍砲輪船漸能製用，遂與英法相爲雄長，中土若於此加意，百年之後長可自立，祈師門一倡率之。❺

及蘇州克復，鴻章移馬格里之局於此，以「西洋諸國以火器爲長技，欲求制取之，必須盡其

---

❺ 同上書朋僚函稿卷三，頁十六至十七。

所長，方足奪其所恃。」❻同治三年（一八六四）四月，鴻章致書總理衙門，極力陳說練兵製器之不可緩，且預示中日兩國在東方勢必互爭雄長，其間成敗優劣，將以兩者之自強程度為定。略曰：

鴻章竊以為天下事窮則變，變則通，中國士大夫沈浸於章句小楷之積習，武夫悍卒又多粗蠢而不加細心，以致所用非所學，所學非所用，無事則嗤外國之利器為奇技淫巧，以為不必學；有事則驚外國之利器為變怪神奇，以為不能學。不知洋人視火器為身心性命之學者已數百年，一旦豁然貫通，參陰陽而配造化，實有指揮如意從心所欲之快。……中國文武制度事事遠出西人之上，獨火器萬不能及。……前者英法各國以日本為外府，肆意誅求，日本君臣發憤為雄，選宗室及大臣子弟之聰秀者往西國製器廠師習各藝，又購製器之器在本國製造，現在已能駕駛輪船造放炸砲。去年英人虛聲恫喝，以兵臨之，然英人所持為攻戰之利者，彼已分擅其長，用是凝然不動，而英人固無如之何也。夫今之日本，即明之倭寇也，距西國遠而距中國近，我有以自立，則將附麗於我，窺伺西人之短長；我無以自強，則將效尤於彼，分西人之利藪。日本海外區區小國，尚能及時改轍，知所取法，然則我中國深維窮極而通之故，夫亦可以皇然變計矣。……鴻章以為中國欲自強莫如覓製器之器，師其法而不必盡用其人，欲覓製器之

❻ 李文忠公全集奏稿卷七，頁六三。

器與製器之人，則或專設一科取士，終身懸以爲富貴功名之鵠，則業可成藝可精，而才亦可集。❼

同年夏，總署奏准派京營武弁八名、兵丁四十名，至蘇州學習槍砲炸彈各種製造運用方法。同治四年（一八六五）五月，鴻章復在上海虹口購買洋人機器廠一座，價銀四萬兩，能修造大小輪船及開花砲洋槍各件，改稱江南製造總局，委派知府馮焌光、沈保靖主其事。適曾國藩前派之容閎自美國購買機器運到上海（價銀六萬八千兩），乃併入製造總局。同治六年四月，國藩、鴻章奏准撥留江海關稅二成充作經費，一成專作爲製造輪船之用。乃於上海城南購地七十餘畝，興建新廠，內分汽爐廠、機器廠、熟鐵廠、洋槍廠、木工廠、鑄鐵廠、火箭廠。同年七月，中國自造第一號輪船竣工，命名恬吉號，取四海波恬，廠務安吉之意。國藩認爲「中國自强之基或基於此。」製造局另附設譯書局，聘英美人繙譯外國書籍。截止光緒初年，譯書近百種，其中自然科學類佔四十七種，工藝軍事類佔四十五種，其著者如「汽機發軔」、「汽機問答」、「運規約指」、「泰西採煤圖說」等❽是爲清季自强之開端。

同治九年（一八七〇）八月三日，曾國藩因辦理天津教案不容於清議，改調兩江總督，旨命鴻章代之。十月清廷裁撤三口通商大臣，以總督兼任，改稱北洋通商事務大臣。時天津

---

❼ 同治朝籌辦夷務始末卷二十五，頁九至十。

❽ 曾文正公全集奏稿卷二十七，頁七至九。

已有三口通商大臣崇厚，於同於治六年（一八六七）在城南海光寺所設之機器製造局，鴻章接任後，於同治九年（一八七〇）十月二十六日奏曰：

查製器與練兵相爲表裏，練兵而不得其器則兵爲無用，製器而不得其人則器必無成。西洋軍火日新月異，不惜工資而精利獨絕，故能橫行於數萬里之外，中國若不認眞取法，終無由以自强。竊謂士大夫留心經世者，皆當以此爲身心性命之學，庶幾學者衆，而有一二傑出，足以强國而贍軍。❾

乃將天津機器局大加擴充，奏派湖北保用道沈保靖爲督辦，分設兩局，一仍在海光寺舊址，用機器製造洋鎗砲架，兼製大小輪船等物，一新設在城東八里大沽東北，稱爲東局，專製火藥及各種軍械水雷。同治十年（一八七一）四月，乃籌設洋式砲臺於大沽口。從此鴻章肩負北洋防務及中外交涉重任達二十餘年之久。

三、方言館留學與遣使

同治二年（一八六三）鴻章在江蘇巡撫任內，以上海、廣東兩口係外人總匯之地，書籍

❾ 李文忠公全集奏稿卷十七，頁十六。

較富，見聞較廣，於正月二十二日奏請仿照京師同文館成例，添設外國語言文字學館。略曰：

伏維中國與洋人交接，必先通其志，達其欲，周知其虛實誠僞，而後有稱物平施之效。互市二十年來，彼酋之習我語言文字者不少，其尤能談我經史，於朝章憲典吏治民情言之歷歷，而我官員紳士中絕少通曉外國語言文字之人。各國在滬設立翻譯官，遇中外大臣會商之事，皆憑外國翻譯傳述，亦難保無偏袒揑架情弊。中國能通外語者僅恃通事，凡關局軍營交涉事務，無非僱覓通事往來傳語，而其人遂爲洋務之大害。……洋務爲國家懷遠招攜之要政，乃以樞紐付若輩之手，遂至彼己不知，情僞之莫辨，操縱進退，迄不得其要領，此非細故也。……彼中人所擅長者測算之學，格物之理，制器尚象之法，無不專精務實，泐有成書，經譯者十纔一二，必能盡閱其未譯之書，方可探頤索隱，由粗顯而入精微，我中華智巧聰明豈在西人之下，果有精熟西文，轉相傳習，一切輪船火器等技巧，當可由漸通曉，於中國自強之道，似有裨助。[10]

旋奉旨允准，乃挑選上海、廣州近郡年十四歲以下「資稟穎悟，根器端靜」之文童，聘西人教習，兼聘漢教習以經史文藝訓讀，是即上海、廣州廣方言館之由來。

---

[10] 李文忠公全集奏稿卷三，頁十一至十三。

容閎爲清季洋務運動之倡導者，對於推動留學外國獻替尤鉅。然其頗憾於鴻章，其所著「西學東漸記」比較國藩、鴻章之爲人曰：

當時七八省政權皆在（國藩）掌握，凡設官任職國課軍需，悉聽調度，幾若全國聽命一人。顧雖然如此，而從不濫用其無限之權威。財權在握，絕不聞其侵呑涓滴以自肥，或肥其親族，以示後來彼所舉以自代之李文忠，不可同日而語矣！文忠絕命時，有私產四千萬以遺子孫，文正則身後蕭條，家人之清貧如故也。總之文正一生之政績，實無一污點，其正直廉潔忠誠諸德，皆足爲後人模範，故其身雖逝，而名足千古。其才大而謙，氣宏而凝，可稱爲完全之眞君子，而爲清代第一流人物，亦舊教育中之特產人物，是即一八六三年秋間，予得良好機緣所欲往謁者也。……

李文忠雖爲曾文正所薦舉以自代之人，顧其性情品格與文正迥不相侔，其爲人感情用事，喜怒無常，行事好變遷，無一定宗旨，而生平大病，尤在好聞人之譽己。其外貌似甚鹵莽，實則胸中城府甚深，政治之才固遠不逮文正，即其人之忠誠與人格，亦有不可同日而語者。設有燃犀史筆傳之，則其一生行爲，如探海燈燭物，秋毫無遁形矣。⓫

⓫ 容閎「西學東漸記」頁八三至一一〇，民國二十三年六月上海商務印書館版。

其評價殊失公平。同治六、七（一八六七、一八六八）間，容閎嘗條陳四則，由江蘇巡撫丁日昌轉奏朝廷。其一、三、四三項特假以陪襯，（按：第一項建議清廷組織一合資之汽船公司，負責漕運，須純粹華股，公司中之經理職員亦概用華人。第三項宜設法開採礦產，以盡地利。第四項宜禁止教會干涉人民訴訟，以防外力之侵入。）其所注意而希望必成則為第二項：

政府宜選派穎秀青年，送之出洋留學，以爲國家儲蓄人材。派遣之法，初次可先定一百二十名學額以試行之，此百二十人中，又分爲四批，按年遞派，每年派送三十人，留學期限定爲十五年，學生年齡須以十二歲至十四歲爲度，視第一第二批學生出洋留學著有成效，則以後即永定爲例，每年派出此數。派出時並須以漢文教習同往，庶幼年學生在美，仍可兼習漢文。至學生在外國膳宿入學等事，當另設留學生監督二人以管理之，此項留學經費，可於上海關稅項下，提撥數成以充之。⓬

其後經丁日昌屢與國藩、鴻章研商，遲至同治九年（一八七〇）九月十六日，始專摺奏定留學章程十二條（按：該章程係容閎與刑部主事陳蘭彬在南京所擬定），並決定在滬設局訪選各省聰穎幼童，每年以三十名爲率，四年計一百二十名，分年搭船出洋肄業。在外肄習十五年

⓬ 同上書，頁一〇一至一〇二。

後，按年分起挨次回華。通計首尾二十年，需銀一百二十萬兩，由江海粵在洋稅項下每年指撥六萬兩⓭。

同治十一年（一八七二）正月十九日，國藩、鴻章復奏請以刑部主事陳蘭彬、江蘇候補同知容閎爲留學生正副監督，攜帶幼童出洋肄業，並奏准挑選幼童及駐洋應辦事宜如下：

一、挑選幼童不分滿漢子弟，俱以年十二歲至二十歲爲率，收錄入局，由滬局委員查考中學西學分別教導，將來出洋後肄習西學，仍兼講中學，課以孝經、小學、五經及國朝律例等書，隨資高下循序漸進，每遇房虛昂星等日，正副二委員傳集各童，宣講聖訓廣訓，示以尊君親上之義，庶不致囿於異學。

二、幼童選定後，取具年貌籍貫，暨親屬甘結，收局註冊，在滬局肄習，以六個月爲率，察看可以造就，方准資送出洋，仍由滬局造冊報明通商大臣，轉咨總理衙門查考。其成功則以十五年爲率，中間藝成後遊歷二年，以驗所學，然後回至內地，聽候總理衙門酌量器使，奏明委用。此次選定官生不准半途而廢，亦不准入籍外洋，學成後不准在華洋自謀別業。

三、出洋委員及駐滬辦事所有內外往來文件，應刊給關防，洋局之文曰：「奏派選帶幼童出洋肄業事宜關防」，滬局之文曰：「總理幼童出洋肄業滬局事宜關防」，經

⓭ 曾文正公全集奏稿卷三十，頁八至九。

臣刊刻飭發以資信守。

四、每年八月領發時憲書，由江海關道轉交稅務司遞至洋局，恭逢三大節以及朔望等日，由駐洋之員率同在事各員以及諸幼童望闕行禮，俾嫺儀節而昭誠敬。⑭

當時留學目的所以選定美國者，因同治七年（一八六八），美駐華公使蒲安臣（Anson Burlingame）卸任回國代中國出使西洋時，曾與美國於中美續約中訂定兩國互相優待留學事宜。自同治十一年（一八七二）秋至光緒元年（一八七五），四批留美幼童陸續出國，其中後世知名者有詹天佑、唐紹儀，梁敦彥等。光緒元年（一八七五），監督改爲區岳良，光緒二年（一八七六）復改爲吳子登，因不滿意學生沾染西洋風俗習慣，日毀容閎於鴻章之前。光緒七年（一八八一），因美國政府反對中國留學生入其陸海軍學校肄業，總署以其違背同治七年（一八六八）兩國條約，清廷乃撤回留學生，結束留學事務所⑮。

光緒二年（一八七六）三月二十六日，洋員德人在北洋教習砲隊操法三年期滿，鴻章奏派游擊卞長勝等七人隨同赴德學習陸軍⑯。同年十一月二十九日，鴻章與福建船政大臣沈葆楨聯銜奏准選派閩廠前後學堂學生十四名，藝徒四名，赴法國官廠學習製造駕駛，學生十二

---

⑭ 李文忠公全集奏稿卷十九，頁九至十。

⑮ 參照西學東漸記，頁一一六至一二六。

⑯ 李文忠公全集奏稿卷二十七，頁四。

名赴英國水師學堂學習水師作戰各法。原奏略曰：

西洋製造之精，實源本於測算格致之學，奇才疊出，月異日新，即如造船一事，近時輪機鐵脅，一變前模，船身愈堅，用煤愈省，而行駛愈速。中國仿造皆其初時舊式，良由師資不廣，見聞不多，官廠藝徒雖已放手自製，止能循規蹈矩，不能繼長增高，即使訪詢新式，孜孜效法，數年而後西人別出新奇，中國又成故步，所謂隨人作計，終後人也。若不前赴西廠觀摩考察，終難探製作之源。至如駕駛之法，近日華員亦能自行管駕，涉歷風濤；惟測量天文沙線遇風保險等事，仍未得其深際，其駕駛鐵甲兵船於大洋狂風巨浪中，布陣應敵離合變化之奇，華員皆未經見，自非目接身親斷難窺其秘鑰。查製造各廠法爲最盛，而水師操練英爲最精，閩廠前堂學生本習法國語言文字，應即令赴法國官廠學習製造，務令通船新式輪機器具無一不能自製，方爲成效。後堂學生本習英國語言文字，應即令赴英國水師大學堂及鐵甲兵船學習駕駛，務令精通該國水師兵法，能自駕鐵甲船於大洋操戰方爲成效。如此分投學習，期以數年之久，必可操練成才，儲備海防之用。⑰

乃定期三年，由華監督李鳳苞、洋監督日意格（Giquel）等率同赴歐。第一批學生於光緒三年

⑰ 同上書奏稿卷二十八，頁二十至二一。

（一八七七）二月出國，在法學習製造學生，多分赴各礦廠學習開採及烹煉、冶鑄、工藝諸法，均得有文憑，學成後並遊歷英、法、比、德各國新式機器船械各廠。在英學習水師戰法學生，先入格林尼次官校，後陸續調入鐵甲船學習，歷赴地中海、大西洋、美洲、非洲、印度洋等處操練排佈迎拒之方。離船後又專請教習補授電氣、鎗砲、水雷各法，均領有船長文憑。在此次所派留歐學生中，學習製造出色者有魏瀚、陳兆翱等，學習駕駛出色者有劉步蟾、林泰曾等。

清廷遣使歐洲始於同治五年（一八六六）正月斌椿之西行，其動機乃由於總稅務司赫德（Sir Robert Hart）之建議，欲其隨同前往英國，「沿途留心，將該國山川形勢、風土人情，隨時記載，帶回中國，以資印證。」[18]同治六年（一八六七）十月，復派美駐華公使蒲安臣（An-son Burlingame）代表中國赴歐美修約，亦僅在於洞悉「外國之情僞」與「隔閡之由」[19]，尚無正式遣使外洋之計劃。

同治十年（一八七一）七月，中日初議商約，鴻章以日本必爲中國之大患，奏請派員駐劄日本，管束中國商民，「藉採彼族動靜，冀可聯絡牽制，消弭後患。」[20]而清廷遲未採納。同治十三年（一八七四）日軍犯臺，海防議起，鴻章復奏請速派專使至日，偵其情僞，並建議

---

[18] 同治朝籌辦夷務始末卷三九，頁一至二。
[19] 同上書，頁二六至二八。
[20] 李文忠公全集奏稿卷二十四，頁二七。

遣使歐美諸國。略曰：

立國之根基不戰而詘人者攻心之上計，自來備邊馭夷將才使才二者不可偏廢，各國互市遣使所以聯外交亦可以窺敵情，而中國並其近者而置之，殊非長駕遠馭之道。……今臺事粗定，此舉未可再緩，擬請敕下總理衙門王大臣，遴選熟悉洋情明練邊事之三四品京堂大員，請旨賞給崇銜，派往劄日本公使，外託鄰邦報聘之禮，內答華民望澤之誠，儻彼別有詭謀，無難偵得其情，相機控制。聞該國橫濱、長崎、箱館各處，中國商民約近萬人，既經立約，未不可置之度外，俟公使到彼，應再酌設總理事官，分駐口岸，自理訟賦，以維國體。

不特此也，即泰西諸大邦，亦當特簡大臣輪往兼駐，重其祿賞，而定以年限，以宣威信通情欵，其在中國交涉事件，有不能議結，或所立條約有大不便者，徑與該國總理衙門往復辨證，隨時設法商議，可漸杜該使蒙蔽要挾之弊，以與通商大局有裨。㉑

光緒元年（一八七五）七月十日，鴻章復請於秘魯、古巴各地派駐使臣，保護華工，而清廷遲未實行㉒。會馬嘉理（A. R. Margary）案發生，英使威妥瑪（Wade）藉端要脅，其中

㉑ 同上書奏稿卷二十四，頁二七至二八。
㉒ 清季外交史料卷二，頁一七至一八。

有中國派欽差大臣至英謝罪之條，鴻章乃致函總署，建議「遣使不妨先期允辦」㉓，以便早結滇案。七月二十八日，總署乃奏請派候補侍郎郭嵩燾、候補道許鈐身爲出使英國正副欽差大臣，是爲中國遣使歐洲之肇端。嵩燾於光緒二年（一八七六）十月十七日由上海搭輪赴英，次年由總理衙門頒發國書，十一月間呈遞英王，成爲正式駐英公使。光緒四年（一八七八）四月，復向法政府呈遞國書，兼爲駐法公使。

四、輪船電報與鐵路

同治末年中國外患日趨嚴重，鴻章對世界大勢逐漸瞭解，知國家欲圖富強，練兵製器之外，更應著重交通礦產製造諸端。同治十三年（一八七四）鴻章奉旨籌議海防，十一月初二日乃上奏曰：

> 輪船電報之速，瞬息千里，軍器機事之精工力百倍。砲彈所到無堅不摧，水陸關隘不足限制，又爲數千年來未有之強敵。外患之乘幻變如此，而猶欲以成法制之，譬如醫者療疾，不問何症？概投古方，誠未見其效也。……臣洋務涉歷頗久，聞見稍廣，於彼己長短相形之處知之較深，而環顧當世餉力人才實有未逮，又多拘於成法，牽於衆

㉓ 同上書卷三，頁一四至一五。

和議，雖欲振奮而未由。易曰：「窮則變，變則通。」蓋不變通，則戰守皆不足恃，而和亦不可久也。㉔

光緒之後，風氣漸開，對外交涉益趨頻繁，鴻章見識因之日廣。光緒二年（一八七六）八月二十六日，鴻章致書丁寶楨曰：

中國積弱由於患貧，西洋方千里數百里之國歲入財賦動以數萬萬計，無非取資於煤鐵五金之礦，鐵路、電報、信局、丁口等稅，酌度時勢，若不早圖變計，擇其至要者逐漸仿行，以貧交富，以弱敵強，未有不終受其敝者。㉕

鴻章已深知欲中國富強捨興辦實業外無他策。光緒三年（一八七七）二月，中國首任駐英、法大臣郭嵩燾致書鴻章，建議經營輪船、電報、煤礦、五金、紗布諸端，以此乃「立國之本」，而「兵者末也」。㉖同年六月三日鴻章乃復嵩燾書曰：

㉔ 李文忠公全集奏稿卷二十四頁十。
㉕ 同上書朋僚函稿卷十六頁二十五。
㉖ 郭嵩燾「養知書屋文集」卷十一，頁一，文海出版社近代中國史料叢刊本。

西洋政教規模弟雖未至其地，留心諮訪考究幾二十年，亦略聞梗概。自同治十三年（一八七四）海防議起，鴻章即瀝陳煤鐵礦必須開挖，電線鐵路必應仿設，各海口必應添洋學格致書館以造就人才。其時文相（按：大學士文祥）目笑存之，廷臣會議不置可否，王孝鳳、于蓮舫獨痛詆之。曾記是年冬赴京叩謁梓宮，謁晤恭邸，極陳鐵路利益，請先試造清江至京，以便南北轉輸，邸意亦以為然，謂無人敢主持。復請其乘間為兩宮言之，渠謂兩宮亦不能定此大計，從此絕口不談矣。[27]

於是辦理交通、礦業、製造諸端，乃成為鴻章致力之目標。先是同治六、七年間，容閎之條陳四則，其一為中國宜設立一輪船公司，官督商辦，純粹華服，裝運漕米，兼攬客貨[28]。旋經總理衙門核准，飭由江海關曉諭各口試行辦理；而日久因循，未有成局。當時在華英商設有太古、怡和輪船公司，美商設有旗昌、金利源公司，操縱長江航運。同治十一年（一八七二）夏，鴻章於驗收海運之暇，與浙江總辦海運委員候補知府朱其昂，知府銜朱其詔等，研究輪船招商辦法，由其昂擬定輪船招商局章程，同年九月鴻章即札委其昂為總辦，咨報總署，請照户部核准練餉制錢撥借蘇浙典商章程，准其昂預領二千萬串，作為輪船招商局資本，並

[27] 李文忠公全集朋僚函稿卷十七，頁十二。
[28] 西學東漸記，頁一〇〇至一〇一。

示信衆商，預繳息金助賑，今後船局所有盈虧，與官無涉。是爲輪船招商局之緣起㉙。

同治十一年（一八七二）十一月二十三日，鴻章致函總署，說明設立招商局之目的，一在吸收本國游資，一在收回長江外海航運利權，一在挽救中國軍事上內外聯絡之缺陷㉚。同年十二月二十六日，招商局正式成立，初僅輪船四艘，光緒元年（一八七五）正月，招商局自認江海各輪保險事宜。光緒二年十一月，以二百二十二萬兩收購旗昌洋行，驟增巨輪二十餘艘，各通商口岸船步屯棧林立，遂駸駕怡和、太古之上。

同治四年（一八六五）鴻章任職江蘇巡撫期間，上海英領事巴夏禮屢代英商請架淞滬電線，鴻章及江海關道丁日昌不能拒，乃命署川沙廳丞河光綸、上海縣令王宗濂，嗾使鄉民於英商立桿之時，連夜潛行拔去㉛，其事遂寢。事後鴻章乃告人曰：「此爲以柔克剛之妙用」㉜。蓋其時中國不知電報之利，雖鴻章亦不例外也。光緒五年（一八七九），李鴻章於大沽北塘海口諸砲臺間試架電線以通天津，號令各營，頃刻響應㉝。於是中國始知電報之利。是時英商已自香港設水線至廣州，復欲循通商各口以達天津。至光緒六年（一八八〇）遂引通至上海之線，並自香港設陸線至九龍，而丹麥水線亦從吳淞引至上海，勢且延入內地。鴻章接受盛

㉙ 李文忠公全集奏稿卷二十，頁三二。
㉚ 同上書譯署函稿卷一，頁三八至三九。
㉛ 海防檔、電線，第二十二號第一七頁。中央研究院近代史研究所出版。
㉜ 李文忠公全集譯署函稿卷十三，頁五八。
㉝ 海防檔、電線，第二一八號第二六二頁。

宣懷建議，仿照輪船招商局辦法，募集商股，敷設津滬陸線，並設立電報學堂以培育人材㉞。同年八月十二日奏曰：

> 現自北洋至南洋調兵饋餉，在在俱關緊要，亟宜設立電報以通氣脈。如安置海線經費過多，且易蝕壞，應由天津陸路循運河以至江北，越長江由鎭江達上海，安置旱線，即與外國通中國之電線相接，需費不過十數萬兩，一半年可以告成㉟。

同月十四日諭命鴻章統籌辦理，鴻章即以盛宣懷任其事。而以架設津滬陸線爲首務。是時風氣漸開，各疆吏多贊其事。津滬陸線自光緒七年（一八八一）五月動工，至十月底工竣，計用銀十七萬八千七百兩。鴻章乃奏設電報總局於天津，以道員朱格仁司其事，並於紫竹林、大沽口、濟寧、清江、鎭江、蘇州、上海七處各設分局。因奏派盛宣懷爲全國電報局總辦。宣懷遂擬定全國電報經營辦法：

> 初創電線綿亘三省，地段甚長，非官爲保護不可。電報原爲軍務洋務緩急備用，自北至南所經之地，絕少商賈碼頭，其絲茶薈萃之區，尚無支線可通。線短報稀，取資有

㉞ 盛宣懷「愚齋存稿」附錄行述，頁九。

㉟ 洋務運動文獻彙編第六冊第三三五頁，世界書局影印版。

限，非官爲津貼不可。遵即試招商股，自八年三月初一日起改歸官督商辦。除由商於八年三月六日按期繳還官本銀六萬兩外，五年後分年續繳銀二萬兩，按年繳五千兩，負其計息，其餘不敷銀兩，以軍機處、總理衙門、各省督撫、出使各國大臣，如寄洋務、軍務電報，於信紙上蓋印驗明轉發，是謂頭等官報，應收信資，另冊存記，陸續抵繳，按年核明彙報。俟此項抵繳完畢，別無應還款，則前項官報亦不領資，以盡商人報效之忱。㊱

由鴻章奏請朝廷批准實行，而中國電報事業之基礎遂以建立。

同治二年（一八六三）冬，淮軍攻克蘇州後，旅滬英美僑商聯名請求鴻章修築上海至蘇州間鐵路，鴻章畏懼清議，未能接受。光緒三年（一八七七）四月十一日，中國首任駐英法大臣郭嵩燾致書鴻章，陳述鐵路之利，略曰：

來此數月，實見火輪車之便利，三四百里，往返僅及半日，其地方士紳力以中國宜修造火輪車相就勸勉。且謂英國富强實基於此。其始亦相疑阻，即以初抵倫敦蘇士阿摩登海口言之，往來車運用馬三萬餘匹，慮妨其生計也。迨車路開通，用馬乃至六七萬匹。蓋爲道途便利，貿易日繁，一火輪車止出一道，相距數十里以下來就火輪車者，

㊱ 同上書第六册第三三六頁。

用馬逾多也。

去冬道上海，見格致書院一火輪車道圖，由印度直通雲南；一出臨安以東趨廣州；一出楚雄以北趨四川，而達漢口，又由廣州循嶺以出湖南，而會於漢口，乃由南京至鎮江東出上海，又東出寧波，北出天津，以達京師。見之怪咋，謂雲南甫通商，即籌及火輪車路也。及來倫敦，得此圖，知已來自二十餘年前，凡其蓄意之所至，無不至也。[37]

故嵩燾認爲中國興建鐵路，可獲二利：一則「萬户猶庭户也，縣有水旱盜賊，朝發夕聞，則無慮有姦民竊發稱亂者。」一則「富民皆得自效，以供國家之用，即群懷踴躍之心，而道路所經，如人身血脈，血脈流通，政治美惡，無能自掩，則無慮有貪吏遏抑民氣爲姦利者。」[38] 至於建築方法，則建議仿照埃及先派學生出洋肄習，然後可以自行創辦，不必事事仰仗於外人。鴻章頗爲所動，乃計劃由開平礦務局自礦山至北塘修築運煤鐵路一條。籌備期間，清廷惑於群議，命令停辦。光緒六年（一八八一），鴻章始奏准自唐山煤山井至胥各莊修築鐵路二十里，以供運煤之需，爲我國自築鐵路之始。同年十一月，前直隸提督劉銘傳奏請籌造鐵路以圖自强，略曰：

---

[37] 養知書屋遺集卷十一，頁一。

[38] 同上書。

中國幅員遼闊，北邊綿亘萬里毗連俄界，通商各海口又與各國共之，劃疆而守，則防不勝防，馳逐往來，則鞭長莫及。惟鐵路一開，則東西南北呼吸相通，視敵所驅相機策應，雖萬里之遙，數日可至。雖百萬之衆，一呼而集。無徵調倉皇之慮，轉輸艱難之虞。㊴

銘傳主張應以京師爲中心，修築南北四幹道：「南路宜修二條，一由清江經山東，一由漢口經河南，俱達京師。北路宜由京師東通盛京，西通甘肅。惟工費浩費，急切未能並舉，擬請先修清江至京一路，與本年議修之電線相爲表裏。」㊵ 諭命南北洋大臣李鴻章、劉坤一依照銘傳摺内所陳，悉心籌劃，妥議其奏。鴻章同意銘傳主張㊶，而輿論囂然，翰林院侍讀學士張家驤反對尤力。内地築路計劃竟不獲實現。光緒十三年（一八八七）二日，鴻章建議海軍衙門請准興築津沽鐵路，北與唐胥鐵路相接。原奏略曰：

竊查鐵路之利，歷有年所，毀譽紛紜，莫衷一是。……今開平礦務局於光緒七年創造鐵路二十里後，因運兵運煤不便，復接造鐵路六十五里，南抵薊州運河邊閻莊爲止，

㊴ 劉壯肅公奏議卷二，頁一。
㊵ 同上書。
㊶ 李文忠公全集奏稿卷三九，頁二〇。

此即北塘至山海關中段之路，運兵必經之地，若將此鐵路南接至大沽北岸，北接至山海關，則提督周盛波所部盛字軍萬人，在此數百里間馳騁援應，不啻數萬人之用。[42]

同年三月，臺灣巡撫劉銘傳請准興築臺灣鐵路[43]。光緒十四年（一八八八）十月，李鴻章建議海軍衙門請准興築津通鐵路[44]。於是中國展開鐵路之建築計劃。

五、礦冶與織局

同治六年（一八六七）鴻章任職湖廣總督期間，十二月初六日於豫籌修約事宜摺中，力陳開礦之利，略曰：

> 聞外國挖煤製鐵之器與法，精巧倍於內地，故煤鐵視內地尤佳，滬寧各製造局仿造洋槍洋砲，所用煤鐵必向行內購辦，輪船亦然。據洋人云：「粵、閩、東、蘇山中，間有好煤」，若洋人擇地開挖，須請地方官酌定有無違礙，先行曉諭，發賣時照章抽捐，

---

42 洋務運動文獻彙編第六冊第一八六頁。
43 劉壯肅公奏議卷五，頁一九。
44 李文忠公全集海軍函稿卷三，頁八。

或用洋匠購造機器，自行開挖，准洋商販用，均由各督撫通商大臣臨時籌議，妥章辦理。推之產鐵產銅，未經開辦之處，彼若固請開挖，並可酌雇彼之精於是術者，由官督令試辦，以裕軍需而收利權㊺。

及鴻章移督直隸，乃亟亟以開礦爲目標，其方式採取官督商辦。光緒元年（一八七五）四月，奉旨在磁州試辦新式煤礦㊻。同年鴻章商同兩江總督沈葆楨，兼署湖廣總督湖北巡撫翁同爵，開採湖北廣濟縣所屬陽城山煤礦，及江西興國煤礦。奏派盛宣懷主其事。光緒二年（一八七六）正月初七日奉上諭：「李鴻章等奏鄂省試開採煤鐵礦一摺，據稱湖北廣濟縣所屬陽城山產煤甚旺，興國州所屬山地兼產鐵礦，兩處均可開採，現由李鴻章、翁同爵等撥資本制錢三十萬串，擬即試辦等語。此事爲該省創辦，必須詳細籌畫，以期悉臻妥協。翁同爵即飭令道員盛宣懷妥爲經理，並飭道員李明墀會同籌辦。」㊼鴻章爲此特致書翁同爵曰：

前家兄與執事咨照札令盛道宣懷會同江漢關李道勘議，在廣濟官山試開煤礦，主持大計，籌開利源，曷任欽佩。頃盛道來津面稱，該處煤苗旺而質堅，民情亦無疑阻，但

㊺ 同治朝籌辦夷務始末卷五五，頁十五至十六。
㊻ 李文忠公全集奏稿卷四十，頁四一。
㊼ 清德宗實錄卷二五，頁三。

若歸商辦，久恐爭利滋弊，請官爲籌本督辦，餘利可充防餉等情。並據稱道滬謁商沈幼師，亦甚慫恿。因思開辦之始，仍須由執事會同南北洋大臣奏明立案，會擬疏稿，奉呈核定。[48]

是爲鴻章經營煤鐵礦之始。鴻章另有開採湖北武穴、江西樂平煤礦計劃，亦欲委宣懷任其事。光緒元年（一八七五）十二月二十日，鴻章致書沈葆楨曰：

翁玉帥（按：湖北巡撫翁同爵）函復，以武穴開煤會奏以爲可行，俟杏蓀（按：宣懷字）到鄂商定，經執事詳加開導，添購機器，暫雇洋匠，或更踴躍樂從。江西樂平煤礦亦有可圖，峴帥（按：江西巡撫劉坤一）等疑慮多端，致生觀望。[49]

宣懷初用土法開挖廣濟煤礦，半年之間僅出煤二十噸，頗遭清議之抨擊。光者二年（一八七六）正月初九日鴻章致函宣懷曰：「開挖煤鐵之舉，既荷廷旨允行，一切自無阻撓，惟係開創利源，易招謗忌，務望實心實力廉正爲本，精覈爲用，先自立於不敗之地，始終不移，

---

[48] 李文忠公全集朋僚函稿卷十五，頁二九。
[49] 同上書朋僚函稿卷十五，頁三六。

庶幾可大可久。執事爲中土開此風氣，志願宏斯，勳名愈遠矣。」㊿蓋是時風氣未開，欲對宣懷有所慰勉也。

光緒三年（一八七七）七月，鴻章奏請開採張家口外科爾沁鉛礦51。同年八月鴻章飭派丁壽昌、黎兆棠、唐廷樞等，以資本二十七萬兩籌設灤州開平礦務局，並擬訂招商章程十二條，初擬兼採煤鐵，後因籌股不足，先專力開採煤礦。光緒七年（一八八一）四月，礦務局正式成立，此爲中國歷史上第一個大規模新式採礦機關52。光緒八年資本增至一百二十萬兩，其中多爲唐廷樞所募集。

先是光緒初年，黑龍江將軍恭鏜爲杜絕俄人覬覦起見，奏請籌設漠河金礦。光緒十二年（一八八六）十二月二十八日，鴻章奉旨派候補知府李金鏞前往查勘，同年十一月決定開採，由李金鏞擬定開辦章程十六條，集股金二十萬兩以爲資本53。光緒十四年（一八八八）十二月開始興工，一時屯牧並舉，成效日著，經常礦工有二、三千人之多。光緒十五年出金一萬九千餘兩，光緒十六年正月至八月出金一萬八千餘兩54。同年九月李金鏞積勞病故，鴻章奏

㊿ 同上書朋僚函稿卷十六頁一。
51 同上書奏稿卷二十九，頁四二。
52 同上書奏稿卷四十，頁四一至四三。
53 同上書奏稿卷六十一，頁四五至四七。
54 同上書奏稿六九，頁四一。

派袁大化接任。至光緒十九年（一八九三），三年之間所出砂金達六萬三千餘兩之多[55]。

此外鴻章主持之重要礦業，有光緒六年（一八八〇）開辦之山東嶧縣煤礦，光緒十三年（一八八七）開辦之熱河四道溝銅礦等。

光緒五年（一八七九）鴻章奏設機器織布局於上海楊樹浦，集股銀四十萬兩，以道員龔壽圖總其事，鄭觀應、經元善等助之。光緒六年（一八八〇）刊佈章程，由鴻章奏准，十年之內中國不另添設新廠[56]。惟因資本不充，人事不協，遲遲未能開辦。

光緒十四年（一八八八）夏，織布局復刊布新章，謂資本虧折將盡，已成殘局。一時輿論譁然，乃有整頓之議[57]。同年十一月初三日，鴻章致電兩廣總督張之洞曰：「鄭觀應經理不實，現甫從新整頓，集股無多，尚難大辦。」[58]是鴻章已著手整頓矣。光緒十五年（一八八九）七月二十四日，旨命兩江總督曾國荃、江蘇巡撫剛毅、護理江蘇巡撫布政使黃彭年，切實查明奏覆[59]。同年十月十四日國荃奏稱：

> 竊思北洋大臣李鴻章，當時剏設是局，誠以洋貨行銷中國，日增月盛，尤以洋布為大

[55] 同上書奏稿卷七六，頁一七。
[56] 同上書電稿卷十，頁三七。
[57] 洋務運動文獻彙編第七冊第四四九頁。
[58] 李文忠公全集電稿卷十，頁三七。
[59] 清德宗實錄卷二百七十二，頁九。

宗。是以轉令購買機器，設局仿造布匹，所以敵洋產而杜漏卮，用意至爲深遠。奈開辦之初，不得其人，以致股銀虧短，日久無功。❻⓿

光緒十七年（一八九一）五月二十八日，道員馬建忠爲上海織布局事致電鴻章曰：「織局前奉撥款四十萬兩，內代前局墊付約二十一萬，付添購已到機價約十三萬，付添造正廠與九十餘間住房約五萬，所餘僅兩萬餘，而一切薪工花本均不在內。」❻❶其困難之情狀可見一斑。

是時上海織布局所設織機僅二三百張，每日開織祇五六百匹，年纔十八萬匹，約當進口洋布八十分之二❻❷。因此建忠建議鴻章，或將原設織布局擴充貲本，或另設立新局，俾每年所織之布足敵進口貨十分之一，始能收回利權。推而廣之，織絨、織呢、織羽、織氈，皆可次第施行❻❸。

光緒十八年（一八九二）鴻章復添派紳商，增籌資本，努力經營，每日夜已可出布六百匹，銷路漸暢。光緒十九年（一八九三）九月十日，該局突焚於火，所有機房付之一炬。鴻章乃奏派盛宣懷赴滬，會同江海關道聶緝槼，商明前辦紳商，妥爲結束❻❹。

---

❻⓿ 洋務運動文獻彙編第七册第四五〇頁。
❻❶ 李文忠公集電稿卷十三，頁十。
❻❷ 馬建忠「適可齋記言記行」，記言卷一頁四「富民說」，文海出版社近代中國史料叢刊本。
❻❸ 同上書。
❻❹ 李文忠公全集奏稿七七，頁三八。

宣懷既抵港，經兩三月之整頓，復集股百萬，就原址另設華盛總廠。同年十二月三十日宣懷致電鴻章曰：

規復織局籌本百萬已有頭緒，股商遠慮他日辦好恐爲官奪，擬改爲總廠，亦照公共章程，請署廠名一律商辦。先舉廣東侯補知府盛宙懷爲總管，嚴作霖管銀錢，沈廷棟、褚成煒管工作，許春榮、楊廷杲、嚴瀠管買賣棉花、紗布，均稱董事。股票宣懷簽名，撤去批發所，在租界內設立公所，即爲督銷總局，由督辦稟請一提調駐局領置運單，查貨收捐，歸繳舊欠，總分各廠總管均爲公所董事，隨時集議。65

宣懷勸告華商另在上海、寧波、鎮江分設大純、裕源、華新、裕晉等十廠，布置年餘，次第開辦，鴻章即奏派宣懷爲督辦。光緒二十年（一八九四）三月二十八日鴻章奏曰：

總廠請辦紗機七萬錠子，布機一千五百張。各分廠請辦紗機四萬錠子至二萬錠子不等。其有兼辦織布者，請辦布機五百張至二百張不等。統共紗機三十二萬錠子，布機四千張。合之湖北辦紗機八萬錠子，布機一千張，共成紗機四十萬錠子、布機五千張，如果紗布暢銷，機器全行開辦，約計每日夜可出紗一千包，出布一萬匹，每紗一包通扯

---

65 同上書電稿十五，頁一四。

銀六十兩，每年約得紗價一千八百萬兩。每布一匹通扯銀二兩五錢，每年約得布價七百五十萬兩⑯

英人干德利（R. S. Gundry）所著「中國進步之標記」（"Signs of Progress" in China Present and Past. London. 1985.）比較宣懷接辦前後上海機器織布局之情形曰：

李鴻章早在一八七八年就已籌劃這個工廠，但是這個計劃一年一年地拖延下去，地買了，又圈了起來，地基也打好了，碼頭也開始建造，但這事情卻就這樣懸著。從美國得來的機器，多年都放在庫裏頭。……一八八七年計劃又被熱心地重行推行到底，並獲得了成功。這工廠所出產的布和綿紗，在市場上暢銷，且獲厚利。但在一八九三年秋天，整個建築物忽然被火燒掉。……人們立即向英國訂購十萬錠和一千五百織機的新機器，廠的建築工程不再像第一次拖延了十二年，而是在十二個月的裏頭全部完成。⑰

鴻章乃請准總署立案，今後不再設立新廠。甲午戰後，日人據約在華設廠製造，各國效尤，

⑯ 上書奏稿七十八，頁十。
⑰ 引自洋務運動文獻彙編第八冊第四五七頁。

華盛各廠漸感不支。拳亂之後，益不如前。

六、北洋海軍之經營

清季海軍始於同治五年（一八六六）左宗棠在福州創設之馬尾船政局，所編成之南洋水師，實力薄弱，不足以馳逐大洋，而被殲於甲申中法之役。北洋海軍之經營，爲同光年間鴻章辦理新政之重心，以日本爲假想之敵。中國之財力消耗於海軍建設者甚鉅，亦爲甲午戰爭中國失敗關鍵之所繫。

先是同治九年（一八九〇）秋，日本遣柳原前光來華，商議通商事宜，諭命鴻章妥籌覆奏。[68] 十二月初一日鴻章奏曰：

> 日本近在肘腋，永爲中土之患，聞該國自與西人定約，廣購機器兵船，仿製鎗砲鐵路，又派人往西國學習各色技藝，其志固欲自強以禦侮，究之距中國近而西國遠，籠絡之或爲我用，拒絕之則必爲我仇，將來與之定議後，似宜由南洋通商大臣就近遴委妥員，帶同江浙熟悉東洋情形之人，往駐該國京師或長崎，管束我國商民，藉以偵探彼族動

[68] 同治朝籌辦夷務始末卷七十七，頁二四。

靜，而設法聯絡牽制之，可冀消弭後患，永遠相安。69

固料及日本必爲中國之大敵。時內閣學士宋晉，以製造輪船糜費太鉅，請暫行停止製造，旨命鴻章覆議，同治十一年（一八七二）五月十五日鴻章奏曰：

臣竊維歐洲諸國百十年來，由印度而南洋，由南洋而東北，闖入中國邊界腹地，凡前史之所未載，亘古之所未通，無不款關而求互市。我皇上如天之度，概與立約通商以牢籠之，合地球東西南朔九萬里之遙，胥聚於中國，此三千餘年一大變局也。西人專恃其鎗砲輪船之精利，故能橫行於中土，中國向用之弓矛小鎗土砲，不敵彼後門進子來福鎗，向用之帆篷舟楫艇船砲划，不敵彼輪機兵船，是以受制於西人。居今日而曰攘夷，曰驅逐出境，固虛妄之論，即欲保和局守疆土，亦非無具而能保守之也。彼方日出其技與我爭雄競勝，絜長較短，以相角而相淩，則我豈可一日無之哉。……士大夫囿於章句之學，而昧於數千年一大變局。狃於目前苟安，而遂忘前二三十年之何以創鉅而痛深，後千百年之何以安內而制外，此停止輪船之議所由起也。臣愚以爲國家諸費皆可省，惟養兵設防練習鎗砲製造輪船之費不可省，求省費則必屏除一切，國無

69 李文忠公全集奏稿卷十七，頁五二至五三。

與立，終不得强矣！[70]

同治十三年（一八七四）日軍犯臺，海防議起，十一月初二日鴻章奏請儘速籌辦鐵甲兵船。認爲「今日所急惟在力破成見，以求實際而已。何以言之？歷代備邊多在西北，其强弱之勢客主之形皆適相埒，且猶有中外界限，今則東南海疆萬餘里，各國通商傳教往來自如，麕集京師及各省腹地，陽託和好之名，陰懷吞噬之計，一國生事，諸國構煽，實爲數千年來未有之變局[71]。而「日本則近在戶闥，伺我虛實，誠爲中國永遠大患。今雖勉强就範，而其深心積慮覬覦我物產人民之豐盛，冀倖我兵船之未齊，將來稍予間隙，恐仍狡焉思逞，是鐵甲船砲臺等項誠不可不趕緊籌備。」[72] 光緒元年（一八七五）六月，總署戶部聯銜奏請於關稅釐金項下，每年分撥南北洋大臣各二百萬，專爲建設海軍之用。南洋大臣沈葆楨以畿輔關係全局，款分力薄，請盡解北洋，是爲北洋海軍之歲費。因時常移作別用，每年實得僅二百萬左右，遷延歲月，迄無大成。光緒五年（一八七九），日本併吞琉球，鴻章益感海防之不可緩，十月二十八日奏稱：

---

[70] 同上書奏稿卷十九，頁四四至五〇。
[71] 同上書奏稿卷二十四，頁十一。
[72] 同上書奏稿卷二十四，頁二六至二八。

中國即不爲窮兵海外之計，但期戰守可恃，藩籬可固，亦必有鐵甲數隻游弋大洋，始足以遮護南北各口，而建國家立不拔之基。乃議之五六年而迄無成者，一由經費太絀，一由議論不齊，一由將才太少。然欲求自張，仍非破除成見，定購鐵甲不可。㉓

是年冬，沈葆楨卒於兩江總督任所，海軍之規劃乃專屬於鴻章。鴻章設水師營務處於天津，以道員馬建忠任之。光緒六年（一八八〇），中俄伊犁交涉期間，俄人以兵船擾我海口，雙方大戰迫在眉睫。鴻章以海防經費不足，六月初三日奏請利用招商局按年撥還之款，作爲購艦之需。略曰：

本年三月間，經臣奏定各省撥借輪船招商局官款，擬於該局運漕水腳項下分年扣還，計每年應撥還銀三十五萬餘兩，在各省多屬閑款，繳還之多少有無無關緊要，應請酌提招商局三居還款約一百萬零，抵作訂造鐵甲之需，分年撥兌，於軍國大計裨益非淺。目今時勢艱危極矣，議者攘臂言戰，每怪海疆防務有名無實，不肯籌集巨款。自來兵事非餉莫辦，即如俄兵號稱強盛，鐵甲船及後門鎗砲皆所素備，然曾紀澤來信，今春俄猶在英國銀行借一千五百萬金鎊，已合銀五千二百餘萬兩，又向德奧各國分借巨款，是其不惜糜費以與我爭勝，我猶執往日之軍器兵餉以禦強俄，得失之數可揣而知。且

㉓ 同上書奏稿卷三十五，頁二七至二八。

今之餉源更窘於咸同用兵之際，臣謬任北洋，海防歲撥經費僅解到三四十萬，而責以籌顧遼海千餘里洋防，雖才力百倍於臣者亦無可爲也。臣明知訂造鐵船即使款項湊手，亦須三四年乃可來華，但不及今定辦，以後更無可辦之資，能辦之人，而洋面毫無足恃。目前俄人窺犯固無從鎮扼，即日後他國憑凌亦將何以抵禦耶！[74]

同年七月，鴻章設水師學堂於天津，規章多仿自福州船政學堂，以吳贊誠爲總辦，嚴復爲總教習。光緒八年（一八八二）築旅順軍港，以丁汝昌統率北洋海軍，聘英人琅威理(Capt, W. M. Lang)爲總教習，海軍規模粗具。池仲祐「海軍大事記」記其事曰：

時海軍規模略具，乃聘英人琅威理，名爲總查，實司訓練。琅頗勤事，爲海軍官佐敬憚，中外稱之，一時軍容頓爲整肅。先是我軍與外人不甚往還，海上軍艦相遇往往交際闕如，自琅任事，始講往來迎送慶弔交接之禮，至今習以爲常。[75]

中法戰後，清廷深受刺激。光緒十一年（一八九五）九月，成立海軍衙門，以醇親王奕譞爲總理，慶郡王奕劻、鴻章爲會辦，曾紀澤爲提調，奕譞但駐衙門，實權則操於鴻章之手。

---

[74] 同上書奏稿卷三十七，頁三三至三四。

[75] 引自左舜生「中國近百年史資料續編」，頁三三〇，民國四十七年十一月中華書局版。

同年鴻章經營威海衛砲台，中國所訂購之鎮遠、定遠、濟遠三鐵甲來華，北洋海軍實力大增。時太后將歸政，奕譞乃移海軍經費作爲三海、頤和園工程費之用。光緒十二年二十四日，鴻章致醇親王奕譞書曰：

昨奉大咨，以奉宸苑承修三海工程款不敷用，奏准於發存匯豐銀行生息船款內暫提銀三十萬兩匯解鈞署轉交，一面札行粵海關監督，於前次派籌一百萬兩內撥還清款等因，自應遵照辦理。查發存匯豐行生息船款二百四十八萬兩，除已疊次買鎊匯支咨報有案，現僅實存銀一百零一萬餘兩，茲再提回三十萬兩，則祇存銀七十一萬餘兩，英德兩廠所定四船均限十八個月及二十、二十一個月完成，爲期均不甚遠，應找三分之二船價，須分批給付，一經英德使節來電，即須買鎊匯寄，刻不容緩。據曾、許兩使咨函，該四船求合新式添購砲雷，各項價目倍增，就前存船款計之，不敷之數約在八十萬兩以外，正在往返咨詢，擬另請尊處豫籌添撥，倘此次借提三十萬，粵海關一時未能清解，誠恐失信外洋，貽誤匪淺。[76]

三海工程如此，頤和園可想而知。此外海軍衙門供給東三省練餉爲數亦頗可觀，其影響海軍建設甚鉅。

---

[76] 李文忠公全集海軍函稿卷一，頁二十至二一。

光緒十三年，鴻章經營大連灣砲台，以固旅順後路。同年以頤和園將成，鴻章爲之購小火輪、裝電燈、演氣球，以開風氣；而物議浮騰。光緒十四年（一八八八），在歐所訂造致遠、靖遠、經遠、來遠四艦到津，鴻章親臨驗收，並大閱海軍，查勘砲台形勢。同年八月，北洋艦隊正式成立，海軍衙門奏設官制，設提督一、總兵二，計戰艦九艘、守口蚊子船六艘，魚雷艇六艘，練船三艘，運船一艘，共二十五艘，約四萬二千噸。光緒十六年（一八九〇）四月，鴻章奏准設水師學堂於劉公島，而北洋海軍略具規模。同年海軍總教習琅威理去職，海軍紀律因之廢弛。姚錫光「東方兵事紀略」記其事曰：

> 海軍之建也，琅威理督操綦嚴，軍官多閩人，頗惡之。右翼總兵劉步蟾與有違言，不相能，乃以計逐琅威理。提督丁汝昌本陸將，且淮人，孤寄群閩之上，遂爲閩黨所製，威令不行。琅威理去，操練盡弛，自左右翼總兵以下，爭挈眷陸居，軍士去船以嬉，每北洋封凍，海軍歲例巡南洋，率淫賭於香港、上海，識者早憂之。[77]

池仲祐「海軍大事記」記其經過尤詳：

> 先是北洋之用琅也，畀以提督銜，此在吾國不過虛號崇優，非實職也。而軍中上下公

---

[77] 姚錫光「東方兵事紀略」卷四，頁四至五，光緒丁酉年武昌刊本。

牘則時有丁、琅兩提督之語。故自琅威理及諸西人言之，中國海軍顯有中英二提督，而自海軍奏定章程言之，則海軍只有一提督兩總兵也。時值各艦巡泊香港，丁汝昌以事離船，在法宜下提督旗而升總兵旗，劉步蟾照辦，而琅威理爭之，以爲丁去我固在也，何得遽升鎮旗。不決，則以電就質北洋，北洋復電以劉爲是，由是琅拂然告去，然至終不悟爭執之理由，歸而懷憤，向人輒謂受我侮辱，英政府信之，有來質問者。厥後我擬派學生赴英就學，竟不容納，蓋惑於琅威理之言也。中英親睦之情亦坐是銳減，惜哉！78

光緒十七年（一八九一）四月，户部奏請南北洋購買外洋槍砲船隻機器暫停兩年，即將所省價款解部充餉。八月初八日，鴻章覆奏其事曰：

艦艇隖廠原有各機器，俱係西洋新式，靈巧異常，機關極脆，用久易敝。各口所設魚雷水雷，尤爲攻守利器，其雷筒電信等件，遇有缺壞，若不添配，遂成棄物。各廠局輪機器具，運動倍繁，損壞尤易，儻拘於停購二年之議，任其缺損，一物壞則全機俱停，一器乖則全船坐廢，製造闕則軍實立匱，操防缺則攻守無資，積年之功墮於一旦，所省甚微，所關甚鉅，此則萬難停緩。……

78 引自左舜生「中國近百年史資料續編」，頁三三六。

北洋現有新舊大小船艦共只二十五艘，奏定海軍章程聲明庫款稍充，仍當續購多隻，乃能成隊。而限於餉力，頗大難償。……忽有汰除之令，懼非聖朝愼重海防作興士氣之致意。[79]

清廷卒不能納，北洋海軍之建設乃陷入停頓之狀態。

七、新政之檢討

梁啓超於所著「論李鴻章」，評同光年間鴻章辦理新政失敗之原因曰：「知有兵事而不知有民政，知有外交而不知有內政，知有朝廷而不知有國民。日責人昧於大局，而已於大局先自不明。日責人畛域難化，故習難除，而已之畛域固習，以視彼等，猶不過五十步與百步也。」[80]又曰：「李鴻章實不知國務之人也，不知國家之爲何物，不知國家與政府有若何關係，不知政府與人民有若何權限，不知大臣當盡之責任，其於西國之所以富強之原，茫乎未有聞焉。以爲吾中國之政教文物風俗，無一不優於他國，所不及者惟鎗耳！砲耳！鐵路耳！

[79] 李文忠公全集奏稿七十二，頁三五至三八。
[80] 梁啓超「論李鴻章」，頁四十一，中華書局民國二十五年十月版。

機器耳！」[81]所見殊失公平。鴻章非不知政法制度爲百務之先，人民爲立國之本，以當時清政之積弊，牽於衆議，受制於環境，欲百廢俱興，實非易事。

光緒三年（一八七七）春，中國首任駐英法大臣郭嵩燾自倫敦致書鴻章，舉出日本留學英國學生二百餘人，多學習律法，講求經制，而學兵法者絕少。「治國之要應行者多端，而莫切於急圖內治以立富强之基。」[82]鴻章復書曰：

西洋政教規模弟雖未至其地，留心諮訪考究幾二十年，亦略聞梗概。自同治十三年海防議起，鴻章即瀝陳煤鐵礦必須開挖，電線鐵路必應仿設，各海口必應添洋學格致書館，以造就人才。其時文（祥）相目笑存之，廷臣會議皆不置可否，王孝鳳、丁蓮舫獨痛詆之。曾記是年冬底赴京師叩謁辛宮，謁晤恭邸，極陳鐵路利益，請先試造清江至京，以便南北轉運，邸意亦以爲然，謂無人敢主持，復請其乘間爲兩宮言之，渠謂兩宮亦不能定此大計，從此絕口不談矣。[83]

又曰：「人才風氣之固結不解，積重難返，鄙論由於崇尚時文小楷誤之。世重科目時文，小

[81] 同上書頁三九。
[82] 養知書屋文集卷十一，頁一至十。
[83] 李文忠公全集朋僚函稿卷十七，頁十二至十三。

楷即其根本。來示萬事皆無其本，即傾國考求西法，亦無俾益，洵破的之論。……果能傾國考求，未必遂無轉機，但考求者僅執事與雨生（按：丁日昌字），鴻章三數人，庸有濟耶！」[84]因之鴻章只能在舊政治機構下進行一枝一葉之改革，是以舊政治機構反而阻礙新政之推行。此外同光年間之自强新政，仍有以下數點弊端：

一、總理衙門雖爲辦理新政樞紐，因財政權操在督撫之手，不能約束其行動，何處應修鐵路，何處應設船廠，何處應鍊鋼鐵，無通盤之計劃。漢冶萍公司經營之不善即爲一例。

二、各種工業官督商辦之結果，無企業之精神，有官場之惡習，楊銓所著「五十年來中國之工業」，批評清季官督商辦工業之弊曰：

官督商辦工業幾無不失敗，即其變相之商辦工廠，因官習未除，亦百弊叢生，鮮克生利，其失敗之原因有二：㈠信任官紳萬能，不重專門人材。㈡依賴外人過甚，工程大權遂爲外人所專攬，其人大率爲工頭之流，月得多金遠過其在本國之享用，遂百計謀把持其地位，其後中國雖有相當人材，亦不能取而代之矣。[85]

---

[84] 同上書朋僚函稿卷十八，頁六。

[85] 楊銓「五十年來中國之工業」，引自「晚清五十年來之中國」，頁二二〇至二二一，香港龍門書店一九六八年九月版。

以招商局爲例，船式陳舊，用人較太古、怡和等公司多三倍以上，每一輪船引用親朋掛名分肥至二三十人之多。局董裝運私貨，碼頭停泊開船，無時間限制，購料任洋商漁利，真正工作人員如船長、大副、二副皆外人擔任，薪水較日本高二三倍，燒煤浪費，管車無責任心，而文應官差，送往迎來，習以爲常。

三、各項新政主持人，以雜佐出身者居多，彼等失意於科場，因其在滬、港接觸一些外國事物，閱讀一些翻譯書籍，乃藉以獵取功名利祿。當時惟容閎、郭嵩燾對外界最有認識，可借未能盡用其才。江康年「汪穰卿先生筆記」記上海製造局曰：

上海製造居總辦月薪，先止百元，後乃增至一千二百兩，欲其勿他取也。逮其後則薪雖優，而他取如故。至局中積弊極深，非外人所能知，即有所聞，亦一鱗一爪而已。聞從前之弊，惟議價處最甚，湘人王欽緩，窟穴其中數十年，後雖被逐歸，然已成富人矣！魏蕃室爲總辦，乃請購料皆用西國投標法，然特掩飾外人耳目而已！實則有指定之一二行，雖已投標，而暗中有傳遞，故每次得標者必此一二行。……又聞製局之煤，從前皆用寧波葉氏義昌成記之貨，別有結約，故煤至碼頭，雖亦派人驗看過磅，然不過虛行故事而已。至若小工之偷料偷煤，作工之惰，廠中要工又可至外爲外人工作，此則尤爲普通之事，不足爲異。又廠中以歷來總辦皆不以職務爲意，勤敏者無賞，怠惰者無罰，而升遷又不以其序，故相率偷惰，或謀他適。而洋員與華官亦絕無感情，不過支一日薪水，做一日工而已。[86]

四、一切設施多以軍事爲出發點，無健全之人事制度。而所聘洋員多非上乘之選，技術落伍，但爲薪金而來，不講求工作之效率。

鴻章於甲午兵敗之餘，憤清議之誤國，自強新政之不切實際，其所覆新疆巡撫陶模書曰：

> 論者皆知變法，但有治法，尤須有治人，尊意首重儲才，自是探源之論，邇日公車章奏，何嘗無深識危言，此在廟堂加以采擇，見諸施行而已。詳察當路諸公，仍是從前拱讓委蛇之習，若不亟改，恐一蹶不能復振也。兄撫膺衰疾，蒿目艱虞，獨居深念，仰屋竊嘆，亦思竭囊底之智，以助局外之談。然覼縷指陳，亦何以易群賢之所云耶！十年以來，文娛武嬉，釀成此變，平日講求武備，輒以鋪張糜費爲務，至以購械購船懸爲厲禁，一旦有事明知兵力不敵，而淆於群閧，輕於一擲，遂至一發不可復收。戰絀而復言和，且值都城危急，事機萬緊，更非尋常交際可比。兵事甫解，謗書又騰，知我罪我，付之千載，固非口舌所能分析矣！[87]

---

[86] 汪康年「汪穰卿先生筆記」卷二雜記，頁二十至二一，文海出版社近代中國史料叢刊本。

[87] 李文忠公尺牘下冊頁七八四至七八五，文海出版社五十二年七月影印本。

復致直隸總督王文韶書曰：「弟自顧衰齡，幸辭重寄，回憶在直最爲年久，凡事限於財力，無一可以稱心。」❽❽可爲鴻章當時心情之寫照。

（臺北，故宮文獻季刊，第三卷，第一、二期，民國六〇年十二月，六一年三月，頁二一——三三，三九——四九）。

❽❽ 同上書七九〇至七九一

一一　盛宣懷的事功

一、總論

（一）

晚清不經科第，出身佐貳，以辦理洋務位躋要津者頗不乏人，其著者若丁日昌、張蔭桓、盛宣懷等；而以宣懷貢獻尤鉅。

宣懷字杏蓀，江蘇武進人，生於道光二十四年（一八四四）九月二十四日，卒於民國五年（一九一六）三月二十五日，享年七十三歲。其事業之成就半由於時會，半由於人力。同光之際，辦理洋務爲一時之風尚，亦爲諸疆吏致力之目標。李鴻章居督撫之領袖，隱爲新政之樞紐，宣懷在鴻章幕，自易有所表現。況其才識膽略素爲鴻章所信服，倚之既殷，建樹自廣。甲午戰後，鴻章地位大不如前，而張之洞經劃新政大有後來居上之勢。其器重宣懷一如鴻章，故宣懷得以發揮其所長。

先是同治初年，李鴻章任江蘇巡撫，以平定太平天國爲急務，以領導洋務運動爲己任。

同治三年（一八六四）四月，鴻章致書總理衙門大臣恭親王奕訢曰：

鴻章竊以爲天下事，窮則變，變則通。中國士大夫沉浸於章句小楷之積習，武夫悍卒又多粗蠢而不加細心，以致用非所學，學非所用。無事則斥外國之利器爲奇技淫巧，以爲不必學；有事則驚外國之利器爲變怪神奇，以爲不能學。不知洋人視火器爲身心性命之學者已數百年。一旦豁然貫通，參陰陽而配造化，實有指揮如意，從心所欲之快。……

鴻章以爲中國欲自強則莫如學習外國利器，欲學習外國利器，則莫如覓製器之器。師其法，而不必盡用其人。欲覓製器之器，與製造之人，則或專設一科取士，士終身懸以爲富貴功名之鵠，則業可成，藝可精，而才亦可集。❶

此爲鴻章對西方科學之初步認識，以中國救世之要僅在於船堅礮利也。迨同治十二年（一八七三）臺灣事件發生，明年鴻章籌議海防，十一月初二日鴻章乃上奏曰：

輪船電報之速，瞬息千里，軍器機事之精，工力百倍。礮彈所到無堅不摧，水陸關隘不足限制，又爲數千年來未有之強敵。外患之乘幻變如此，而猶欲以成法制之，譬如

---

❶ 同治朝籌辦夷務始末，卷二十五，頁四。

> 醫者療疾，不問何症？概投以古方，誠未見其效也。……臣洋務涉歷頗久，聞見稍廣，於彼己長短相形之處知之較深，而環顧當世餉力人才實有未逮，又多拘於成法，牽於衆議，雖欲振奮而末由。易曰：「窮則變，變則通。」蓋不變通，則戰守皆不足恃，而和亦不可久也。❷

此時鴻章之思想已發生重大轉變，對當時世界大勢與中國所處之環境已有進一步之瞭解。光緒之後，風氣漸開，對外交涉益趨頻繁，鴻章見識因之日廣。光緒二年（一八七六）八月二十六日，鴻章致書丁寶楨曰：

> 中國積弱由於患貧，西洋方千里數百里之國歲入財賦動以數萬萬計，無非取資於煤鐵五金之礦，鐵路、電報、信局、丁口等稅，酌度時勢，若不早圖變計，擇其至要者逐漸仿行，以貧交富，以弱敵强，未有不終受其敝者。❸

鴻章已深知欲中國富强捨興辦實業外無他策。光緒三年（一八七七）二月，中國首任駐英法大臣郭嵩燾致書鴻章，建議經營輪船、電報、煤鐵、五金、紗布諸端，以此乃「立國之本」，

---

❷ 李文忠公全集奏稿，二十四，頁十。
❸ 李文忠公全集朋僚函稿，十六，頁二十五。

而「兵者末也」。❹同年六月三日鴻章乃復嵩燾書曰：

西洋政教規模，弟雖未至其地，留心諮訪考究幾二十年，亦略聞梗概。自同治十三年（一八七四）海防議起，鴻章即瀝陳煤鐵礦必須開挖，電線鐵路必應仿設，各海口必應添洋學格致書館以造就人才。其時文相（按：大學士文祥）目笑存之，廷臣會議不置可否，王孝鳳、于蓮舫獨痛詆之。曾記是年冬赴京叩謁梓宮，謁晤恭邸，極陳鐵路利益，請先試造清江至京，以便南北轉輸，邸意亦以爲然，謂無人敢主持。復請其乘間爲兩宮言之，渠謂兩宮亦不能定此大計，從此絕口不談矣。❺

蓋其時風氣尚未大開，雖鴻章亦知辦理洋務之難也。

（二）

鴻章之辦理實業，始自同治末年，亦即宣懷事業之發端。其後直至宣統三年（一九一一）夏罷郵傳部尚書止，先後四十餘年，宣懷一身肩負全國輪電交通諸要政。其事蹟大致可分爲兩階段：一在甲午之前，一在甲午之後；而國人眞正對各項建設有明白認識，實以甲午一役

❹ 養知書屋遺集，卷十一，頁一。
❺ 李文忠公全集，朋僚函稿十七，頁十二。

爲樞紐。

宣懷在甲午戰前，職銜不過一關道，而其對實業建設貢獻之鉅，遠非諸疆吏所能及。光緒初年，鴻章奏派宣懷以道員銜會辦輪船招商局，於收購旗昌洋行表現獨多。光緒三年（一八七七）二月二十四日，鴻章稟請宣懷送部引見之摺曰：

> 布政使銜直隸儘先補用道盛宣懷，經臣奏調軍營差遣。同治十一年創辦輪船招商局，因該員留心洋務，熟悉情形，委令會同道員朱其昂、唐廷樞等，妥爲籌辦，數載以來，招徠商股，承運漕糧，去冬復建議買併美國旗昌洋行，爲收回利權之計，辦理日有起色。光緒元年冬，又經臣會同江、楚各督臣，奏派該員督辦開採湖北煤鐵礦務，經營伊始，端緒漸彰。……
>
> 查盛宣懷，心地忠實，才識宏通，於中外交涉機宜，能見國家富強要政，心精力果，措置裕如，加以歷練，必能幹濟時難。惟事體關係重大，自應需之歲月，功效始著。❻

其對宣懷期望之殷於此可見。光緒五年（一八七九），鴻章奏派宣懷兼署天津河間兵備道。光緒六年（一八八〇），中國電報總局成立，鴻章復以宣懷任其事。數年之間，國內重要地區電線次第架設，而於拆除英國大東公司滬粵陸線，丹麥大北公司淞滬陸線更著令譽。光緒十年

---

❻ 李文忠公全集，奏稿二十九，頁九。

（一八八四）夏，鴻章奏派宣懷兼署天津海關道，而諸疆吏則爭欲攬爲己用。同年四月十六日鴻章奏曰：

布政使銜直隸候補道盛宣懷，辦理營務洋務賑務等差，均能殫精竭慮，不辭勞怨。……該道現經張樹聲（按：粵督）等奏調赴粵，何璟（按：閩督）等又奏調赴閩。……惟因其督辦各省電報事務繁重。……仍宜留直以爲臂助。臣查盛宣懷精明穩練，智慮周詳，於交涉重大事件，洞悉癥結，是以經辦數事，剛柔得中，不爲撓屈，歷著成效。今之熟悉洋務者往往於吏治民生易於隔閡，究之洋務與吏治不應分爲兩途，盛宣懷施措咸宜，經權悉協。❼

光緒十二年（一八八六），宣懷改調登萊青兵備道，兼山東海關監督。光緒十八年（一八九二）鴻章乃奏調宣懷實任天津海關道。其原奏曰：

（宣懷）志切匡時，堅忍任事，才識敏瞻，堪資大用。前委創辦輪船招商局，兩次收回旗昌各輪船碼頭，並增置新船多隻，歷年與洋商頡頏，挽回中國權利，關係通商大局。該道力任艱難，爲人所不能爲。又光緒六年以來隨臣創辦電線，緜亘十七省腹地，以

---

❼ 李文忠公全集奏稿，四十九，頁四五。

迄東三省、朝鮮、新疆各處，東與俄羅斯、日本，南與法、英、丹各國水線相接，遇有軍國重要事件，消息靈捷，均賴該道心精力果，擘畫周詳。……如以之調補津海關道，不特洋務地方及聯絡各營藉資熟手，而於國家商輪電線兩大要政輔益良多，臣亦得收指臂之助。❽

對宣懷歷年之成就有扼要之說明，於是宣懷外綰輪電，内參戎幕，鴻章信之有加於前。

光緒十九年（一八九三）九月，上海織布局被焚，李鴻章以洋貨紗布進口日多，非另設機器紡織廠不足以保護利權，乃命宣懷赴滬，會同江海關道，商請前辦紳商，一面規復舊局，一面招集新股，就原址設立華盛總廠。又勸告華商分設大純、裕源、裕晉各廠，布置年餘，次第開辦，而宣懷實以督辦負統籌之責。

(三)

先是漢陽鐵廠創始於光緒十六年（一八九〇），費鉅工艱，竭公帑五百餘萬而無大功，乃議改歸商辦。湖廣總督張之洞遂以此重任加諸宣懷。光緒二十二年（一八九六）四月二日之洞札委宣懷曰：

---

❽ 李文忠公全集，奏稿七四，頁三〇。

茲查有總辦招商局直隸津海關盛道，才猷宏達，綜核精詳，於中國商務工程製造各事宜均極熟習，經理商局多年，著有成效。……議定湖北鐵廠即歸該道招集商股，官督商辦。應即飭委該道督辦湖北鐵廠事務。所有廠內廠外凡關涉鐵廠之鐵山、煤礦、運道、碼頭、輪駁各船，以及應用委員、司事、華洋工匠人等，應如何派司職事？及應辦一切事宜，機爐應否添設？款項如何籌措？均由該道一手經理，督飭商董酌量妥辦，但隨時擇要稟報本部堂查考。❾

足見之洞對宣懷之信任。宣懷先後奏准開採萍鄉煤礦，派員出國考察，招股借債，艱苦備嘗。至光緒三十四年（一九〇八），成立漢冶萍公司，其發展雖不如理想，然中國言兵工製造者，必舉漢陽，而宣懷之勞績固不可沒也。

（四）

光緒二十二年（一八九六）九月，以湖廣總督張之洞、直隸總督王文韶之薦，清廷命宣懷以四品京堂候補，督辦鐵路公司事務。❿宣懷於覲見後，條述自強大計，分就練兵、理財、育才三大端論列其事，最後痛切而言曰：

❾ 張文襄公全集，批札，卷一〇〇。

❿ 清德宗實錄，卷三九五，頁七。

歐美致富致强之術，實不外聖經足食足兵之謨，舉而措之，要在知人用人而已。所慮拘牽舊制難以變通，又或慨然於物窮則變，意在振興，而尤慮天下督撫心志不齊，難以統籌全局。恐年復一年，外人耽耽視我，一無足恃，肆彼要求，得步進步，無兵則不能保守利權，無餉則不能充養兵力，二者互爲掣肘，甚至洋債不能再借，邊土不能自保，至其時始悔七年之病不蓄三年之艾，殆已晚矣。自古國家政事之張弛，强弱之機括，皆繫於君臣之謀慮，一轉移間，其效立見。⓫

其職掌雖僅限於鐵路，而著眼則關乎全局。同年十二月，鐵路總公司成立於上海。宣懷初所規畫者爲蘆漢、粵漢、滬寧三線，而目光則注意於全國。蘆漢鐵路借比款，自光緒二十三年（一八九七）開始興建，南北並舉，中間包括黃河鐵橋之鉅大工程，前後歷時八年，迄光緒三十一年（一九〇五）十月全線通車。滬寧鐵路借英款，開工於光緒三十年（一九〇四）七月；而粵漢鐵路則以與美國合興公司交涉廢約，陷於停頓狀態。其他經營之鐵路若汴洛、正太、淞滬、澤道、萍醴，或借洋債，或用公款，無不規劃切實，而作久遠之計。

宣統二年（一九一〇）十二月，宣懷出任郵傳部尚書。辛亥四月，內閣改制，簡派爲郵傳大臣。宣懷釐定全國路軌統一重量，幹路每碼八十五磅，枝路每碼七十五磅。⓬會給事中

⓫ 愚齋存稿，卷一奏疏一，頁三。

⓬ 愚齋存稿，卷二十郵傳部奏疏下，頁八。

石長信奏請鐵路宜明定幹路支路辦法，命宣懷妥籌詳議⓭。宣懷奏曰：

查各國商辦鐵路，自批准之後，苟能隨時集款，隨時興工，則六七年來，亦必已有成就。終不能化門戶鄉土之見，他年再援日本之例買歸國有，亦何不可。而無如經理之人或植黨以營私，或踏虛不務實，集茲鉅款已由閭閻搜括而來，乃猶不免虛糜坐耗，甚至侵挪倒帳，失之於董司之手者仍必索之於小民。此皆苦於當局者程度之不足副其責成，以致路工濡滯，耗費浩繁，皆出於意料之外。不知鐵路不能完工，則所入必不敷所出，遑論股分之息，是欲利地方而適所以害地方也。該給事中所奏利害間不容髮，速成之利國與民共之，延誤之害實亦國與民共之也。⓮

所論固甚明暢。其後革命軍利用民氣起義武昌，清室以亡。世人多謂由於宣懷之鐵路國有政策激變而成；不知滿清末年僞作改革以緩輿情，假藉立憲詐欺國人，民怨已深，覆亡無日，雖無鐵路國有問題發生，其國運亦斷不能久持，宣懷適逢其會耳！至宣懷收購川漢、粵漢鐵路辦法，即有失算，而其用心並非私圖，是以不能以成敗論人物也。

⓭ 宣統政紀，卷五十二，頁二十八。
⓮ 愚齋存稿，卷十七奏疏十七，頁一。

二、輪船招商局

（一）

宣懷獻身於中國實業建設，以經營輪船招商局開其端，其初僅居於襄贊之地位。先是英人享受條約特權，在上海設立太古、怡和等輪船公司，操縱中國長江及沿海船運，而上海美商如旗昌、金利源等輪船公司，資本亦頗雄厚。

同治六、七年間（一八六七、一八六八），道員許道身、江蘇候補同知容閎，建議兩江總督曾國藩、江蘇巡撫丁日昌，奏請朝廷，設立一輪船公司，官督商辦，純粹華股，裝運漕米，兼攬客貨。❶旋經總理衙門核准，飭由江海關曉諭各口試行辦理；而日久因循，未有成局。

初中國設廠造船，以兵輪爲主旨。同治七年（一八六八）六月，江南製造局恬吉輪竣工。同治八年（一八六九）五月，馬尾造船廠萬年青號復建成。此後製造既多，費用漸鉅，原定經費遂不足維持。於是乃有裁停閩滬廠局之議。同治十年（一八七一）十二月十日內閣學生宋晉奏曰：

❶ 容閎「西學東漸記」，頁一〇〇至一〇一。

閩省連年製造輪船，閩經費已撥用至四五百萬，未免糜費太重。此項輪船將謂用以制夷，則早經議和，不必爲此猜嫌之舉。且用之外洋交鋒，斷不能如各國輪船之利便。名爲遠謀，實同虛耗。將謂用於巡捕洋盜，則外海本設有水師船隻。……將欲用以運糧，而覈其水脚數目，更比沙船倍費。每年閩關及釐捐撥至百萬，是以有用之帑金，爲可緩可無之經費，以視直隸大災賑需，及京城部中用款，其緩急實有天淵之判。……江蘇上海製造輪船局，亦同此情形。應請旨飭下閩浙兩江督臣，將兩處輪船局暫行停止。❷

並有將已成各輪招商收租之說。同年十一月六日福州將軍兼署閩浙總督文煜之奏曰：

除江蘇一省原有滬局製造之船足敷應用，並浙省已咨准撥用一隻，均毋用添撥外，其餘沿海省份如廣東之香澳，山東之登州，奉省之牛莊，直隸之天津等處，均屬海道可通。且各該省每有雇買外國火輪夾板等船以資辦公之時，與其借資外洋，徒增耗費，曷若撥用閩廠船隻，既可省就地雇買之費，兼可節閩局薪糧之需。且不致以有用之船，置之無用之地，於試演新船撙節度支之道均有裨益。❸

❷ 同治朝籌辦夷務始末，卷八十四，頁三五。
❸ 海防檔，福州船廠，第二〇〇號，第三一一二頁。

(二)

同治十一年（一八七二）夏，北洋大臣李鴻章於驗收海運之暇，與浙江總辦海運委員候補知府朱其昂、知府銜朱其詔等，審縝研究輪船招商辦法，其昂告鴻章曰：

> 現在官造輪船內，並無商船可領。其昂等籍隸淞滬，稔知各省在滬殷商，或置輪船，或挾資本，向各口裝載貿易，俱依附洋商名下。若由官設立商局招徠，則各商所有輪船股本，必漸歸併官局，似足順商情而張國體。擬請先行試辦招商，爲官商浹洽地步，俟機器局商船造成，即可隨時添入推廣通行。又江浙沙寧船隻日少，海運米石日增，應請以商局輪船分裝海運米石，以補沙寧船之不足，將來雖米數愈增，亦可無缺船之患。❹

另由其昂擬訂輪船招商章程二十條。其要點如下：㈠設立輪船招商局於上海，一切官商應辦事件，均由商局會同辦理。管理商局者，必遴選精明公正之人員任之，一切官場習氣概須摒卻。㈡各省機器局所造商輪，由商局招商租用，並可由商局分招散股合資購買。若一時散股不足，可由商局請將所餘股分作爲官股。㈢爲鼓勵商人租用，應暫時格外減低租價。倘

---

❹ 李文忠公全集，奏稿二十，頁三二。

商人租買一時未能踴躍，准由商局承領，減低水腳，從事各口攬載，以資倡導。㈣由機器局速備商船以便開始招商租買，並准商人訂造，以資適用。商局得隨時察看招商輪船，倘行駛稍遲，或煤油稍費，准由商局隨時仿照便捷洋輪式樣，繪圖呈請續造，以期精益求精。㈤招商局須向外國保險，或由機器局或商局自行保險。㈥輪船招商之後，承運漕糧水腳耗米均照沙寧船隻辦理。天津需用機房，由商局會同商人向江浙海運局貸款建造。上海設立碼頭，備華輪停泊，由商局籌公款建立，載運商貨比照洋商納稅。㈦輪船招商後，所有舵工水手等，均歸該商選用。如中國舵工一時不能熟悉，准暫用洋人幫同駕駛。㈧由官招商開採煤觔，以備招商輪船及各口官輪需用。所有礦鐵等物，一併開採。❺其辦法。甚詳，揆之設廠造船，衡之持久變通，按之求富圖強，無不顧及。既爲廠局造船開立久遠與廣闊出路，並對船隻速率及日用煤量均有嚴格限制。

鴻章命天津海關道陳欽、天津道丁壽昌等覆核，皆認所議甚妥。同年九月鴻章即札委其昂爲總辦，咨報總署，請照户部核准練餉制錢撥借蘇浙典商章程，准其昂預領二千萬串，作爲輪船招商局資本，並示信衆商，預繳息金助賑。今後船局所有盈虧，與官無涉。是爲輪船招商局之緣起。❻

當是時南方疆吏對輪船招商局之設立皆持反對態度。同年十月鴻章特致函兩江總督何璟

---

❺ 海防檔，購買船礮，第五八九號，第九一一至九一五頁。

❻ 李文忠公全集，奏稿二十，頁三二。

曰：

> 滄州途次，連奉二十九日兩函，以朱守其昂議設輪船商局，沈道等稟稱窒礙多端，請暫緩辦等因。……誠如來示，運糧招商兩層，即經議有良法，將來亦待用需時，是議與不議等耳！且法者因時變通，尤待人而後行。凡事經始最難，若不認眞試行，焉知其法之良否？鴻章與執事分任通商，合力講求利病，爲他日官輪招商之嵩矢，庶於大局有裨。❼

未幾何璟因丁憂，江督由張樹聲署理，樹聲出身淮軍，爲鴻章舊部，鴻章乃致函說明舉辦招商局之決心曰：

> 與閣下從事近二十年，幾見鄙人毅然必行之事毫無把握，又幾見毅然必行之事阻於浮議者乎？茲欲倡辦華商輪船，爲目前海運尚小，爲中國數千百年國體商情財源兵勢開拓地步。我輩若不破群議而爲之，並世而生後我而起者，豈復有此識力。❽

---

❼ 李文忠公全集，朋僚函稿卷十二，頁二八。

❽ 李文忠公全集，朋僚函稿卷十二，頁三〇。

旋得樹聲覆信表示盡力支持，鴻章乃決定正式舉辦。惟朱其昂爲避免輿論攻擊，將初擬之招商局章程重新改訂。凡二十八款，其要點如下：

㈠輪船招商局股分每股規定銀一百兩，搭股多少隨意。每股官利按年息一分起算。有能代商局招滿三百股者准充局董，每月給薪水銀十五兩。自行搭股滿三百分者，此項薪水亦可照領。㈡華商如願以自置輪船入股商局者，得由商局會同保險洋行查看估價，作爲股分。㈢商局輪船暫由洋商保險，將來輪船漸多，擬由商局自行保險。㈣商局輪船裝貨報關等事宜，悉照洋船辦理。㈤海運漕糧應由商局輪船承裝，一切章程悉照沙寧船向例辦理；惟非商局輪船，不得承裝漕糧。㈥機器局所造商輪應由商局請領，以廣貿易。㈦每年二月十五日午前舉行商局股東大會。㈧商局在上海設立總局，各口設立分局。總局由總辦派定總執事一人，分局執事均由總辦商同總執事派用。輪船執事仿此。㈨商局公事繁重，業經直隸總督李派有總辦，所有公牘事件，悉歸總辦主裁。❾

嗣後招商局之組織即依此規程辦理。而前章程之優點，若解決廠局造船之出路等項，反被刪除。於是招商局僅成直接經營航業爲目的之機構，除非加入商局爲股東，無法享受特殊之優待。形成此後招商局發展過程中之重大障礙。

❾ 海防檔，購買船礮，第五九一，第九二〇頁。

（三）

同治十一年（一八七二）十二月十六日，招商局正式成立，鴻章即委朱其昂爲總辦。其昂與其兄其詔、道員胡光墉、李振玉等，集得多數商股，購得堅捷輪船三艘。所有津滬等地應需棧房碼頭，及保險事宜，均次第舉辦。復由鴻章咨得江浙督撫同意，撥交明年漕米二十萬石，由招商局輪船運津，其水腳耗米等項，悉照沙寧船定章辦理。至攬載貨物報關納稅，則照新關章程以免藉口。⑩

鴻章爲擴充招商局業務，於同治十二年（一八七三）七月十八日札委宣懷爲招商局會辦。其他任會辦者尚有徐潤及唐廷樞。唐、徐與鴻章素不相識，係宣懷之推薦而任命者。朱其昂因專辦漕運，公司業務統由宣懷所主持，而徐潤、廷樞二人，「於洋員貿易一道素所諳習」。於是助宣懷「釐定章程，廣招商股。」而商局「規模得以稍擴」。⑪

是時招商局纔有輪船伊敦、永清、福星、利運四艘。均係籌款自行購置，並無洋股在內，上海僅浦東碼頭一處。同年擬招商股百萬，以風氣未開，祇招得四十七萬六千兩。⑫然其昂、宣懷等力任艱難，規劃經營，不遺餘力。光緒元年（一八七五）二月二十七日鴻章奏曰：

---

⑩ 李文忠公全集，奏稿二十，頁三二。
⑪ 洋務運動文獻彙編，第六册，第五七頁。
⑫ 徐潤「徐愚齋年譜」，同治十二年癸酉，附記「招商局及仁濟仁和公司緣起」。

該員紳（按：指其昂、宣懷）等苦心經營，力任艱鉅，竟底於成。頻年迭加開拓，漸收利權。計自置輪船並承領閩船八號，現又添招股分，向英國續購兩號，分往南北洋各海口，及外洋日本、呂宋、新嘉坡等處貿易，迭次裝運江浙漕糧。上年秋間，承載銘軍赴臺灣，轉運糧餉源源接濟，均能妥速無誤。從此中國輪船可期暢行，實為海防洋務一大關鍵，所裨於國計民生殊非淺鮮。⓭

同年五月，新購日新輪駛歸，華商大有輪托由招商局代為經營。⓮六月，新購厚生輪駛歸。⓯招商局輪船既增，業務更形開展。光緒二年（一八七六）十月二十四日太常寺卿陳蘭彬奏曰：

招商局未開以前，洋商輪船轉運於中國各口，每年約銀七百八十七萬七千餘兩。該局既開之後，洋船少裝貨客三年共約銀四百九十二萬三千餘兩，因與該局爭衡減落運價，三年共約銀八百十三萬六千餘兩，是合計三年中國之銀少歸洋商者約已一千三百萬兩，將來擴而充之，中國可以自操其利，漏巵稍塞。⓰

⓭ 洋務運動文獻彙編，第六册，第七頁。
⓮ 海防檔，購買船礮，第五九七號第九三五頁。
⓯ 海防檔，購買船礮，第五九八號第九三五頁。
⓰ 洋務運動文獻彙編，第六册，第九頁。

於是內外大臣對招商局之觀念因之而改變。

光緒元年（一八七五）正月，招商局自認江海各輪保險事宜，每艘自兩萬元至四萬元不等。奠立中國自保船險之基礎。明年徐潤復合唐廷樞、陳菱南、李積善堂等創辦仁和水險公司，集資本二十五萬，試辦一年，獲利頗優。旋續招股二十五萬，共五十萬。光緒四年（一八七九）徐潤另創濟和水險公司，股金亦五十萬，外輪多有投保者，是爲國人經營輪船保險事業之開端。⑰

(四)

先是招商局既成立，洋商各輪船公司嫌忌之餘，以旗昌爲首，合力大跌水腳，以傾擠招商局。宣懷、唐廷樞、徐潤等，苦心擘劃，而力薄勢孤，至光緒二年（一八七六），局內商股損折殆盡，大有岌岌不可終日之勢。⑱

初旗昌公司規定經理人員三年輪換一次，是年十一月十七日（一八七七年元月一日）適屆更調之期，而公司股票落價，票面百兩，僅值五十六兩，加以攬載客貨又極疲滯，因有出售之意。乃托瑞生洋行總辦卜加士達來告招商局，謂欲全盤出讓，價款二百五六十萬，限數

⑰ 徐愚齋年譜，同治十二年癸酉，附記「招商局及仁濟仁和公司緣起」。

⑱ 愚齋存稿，卷三奏疏三，頁七。

日内決定。如逾十七日之期，公司新負責人至，即無從議及矣。時宣懷在湖北武穴，廷樞在福州，徐潤乃斷然決定，卒以二百二十二萬兩成交，並先付定金二萬五千兩，約期先交款百萬，其餘陸續分期償還。旗昌成本號三百萬，凡輪船二十七艘，上海金利源、金方東、金永盛相連之三碼頭，可泊輪船六七艘。另有中棧碼頭一處，可泊外洋巨輪。至於寧波天津等處碼頭棧房，並長江各埠碼頭棧房，皆係扼要之區。徐潤一面遣人至福州促廷樞返滬，並親至武穴就商於宣懷，宣懷大稱贊之。乃同至南京約同廷樞，於十一月十三日就商於兩江總督沈葆楨。葆楨於病榻傳見，初以無款難之，宣懷指籌各款數近百萬，婉轉陳詞，葆楨竟爲所動。⓳茲節錄葆楨與宣懷談話要點如下：

葆楨：中國利權所係，極當努力爲之，第需咨商北洋會籌具奏。

宣懷：洋人以冬至後十日爲歲終，即中國之十一月十七日也。公司主辦三年更換一次，今年適屆期滿，若逾十七之期，則受代人來，即無從更議。失此機會，恐彼國復集巨商以傾我，則非力所能支。

葆楨：旗昌併後尚有太古、怡和，傾軋仍復未已。

宣懷：太古、怡和船少，旗昌業已歸併，他族勢當降心相從。縱使依舊爭衡，而我所得之旗昌碼頭棧房已據便地，迥非從前遷就者比，主客之不敵人人所知，且船

⓳ 徐愚齋年譜，同治十二年癸酉，附記「招商局及仁濟仁和公司緣起」。

至二十七號，保險可歸本局，是又開一利源也。[20]故十一月二十七日葆楨奏曰：「不可失者時也，有可憑者理也，論時則人謀務盡，適赴借賓定主之機；論理則天道好還，是真轉弱爲強之始。」[21]於是宣懷等回滬，於同月十八日與旗昌洋行正式簽定合同，規定該行所有碼頭、輪船、棧房、船塢、鐵廠，及一切浮存料物，器皿等項，一概在內，作價二百萬兩。又漢口、九江、鎮江、寧波、天津，各碼頭洋樓、棧房，及花紅一切等項，作價二十二萬兩。翌日宣懷即付旗昌首次價款二十萬兩，並約定十二月十八日再付二十萬兩，明年正月十七日再付六十萬兩，旗昌即交盤統歸招商局經理。其餘之一百二十萬兩，另定期分別繳納。

是時葆楨所籌，連同增招商股，僅集款一百二十二萬兩，所短之一百萬兩，葆楨奏請各省協力籌撥，由招商局分作十年償還。其辦法：由江寧藩司認籌十萬兩，江安糧道認籌二十萬兩，江海關道認籌二十萬兩。其餘之五十萬兩，分由浙江巡撫籌撥二十萬兩，江西巡撫籌撥二十萬兩，湖廣督撫合籌撥十萬兩，均作該省商局之官本。[22]同年十二月初五日准如所請，諭命江西巡撫劉秉璋、浙江巡撫楊昌濬、湖廣總督李瀚章、湖北巡撫翁同爵，照數撥解。[23]

---

[20] 沈文肅公政書，卷七。

[21] 同上書。

[22] 同上書。

[23] 海防檔，購買船礮，第六〇一號第九五一頁。

是役也招商局驟增巨輪二十餘艘，從此各通商口岸船步屯棧林立，遂駸駕怡和、太古之上，宣懷之聲名亦因之而大著。

(五)

光緒三年（一八七七）九月十八日，山西道監察御史董儁翰，劾招商局自上年歸併旗昌洋行各輪船後，成本愈重，雖加增攬載漕糧，用資裨補，然每月仍須賠銀五六萬兩之多。並請招商局各輪船每屆運載漕糧之際，各上司暨官親幕友以及同寅故舊，紛紛荐人，平時亦復絡繹不絕。至所荐之人無非純爲圖謀薪水起見，求能諳練辦公者十不獲一。甚至官員中亦有掛名應差，身居隔省，每月支領薪水者[24]諭命北洋大臣李鴻章、南洋大臣沈葆楨，通盤籌劃。於招商局經費權衡出入，認真整頓。[25]同年十一月二十五日鴻章奏稱：「其本人及招商局總辦朱其昂、會辦盛宣懷等，向無向召商局中荐人，每遇載運漕糧時，各省容或有轉荐員紳之事，已屢飭其昂等，不可礙於情面，濫行收錄。現每年結算官利尚敷衍勻結，其暗中虧耗者僅輪船購價一項，不得謂月有虧賠也。」[26]光緒四年（一八七八）五月一日，其昂歿於天津。同月十四日，鴻章奏派其兄候選郎中朱其莼、湖北候補道朱其詔分別接辦其經手事宜。[27]

---

[24] 洋務運動文獻彙編，第六册，第十九頁。
[25] 清德宗實錄，卷五十八，頁四。
[26] 李文忠公全集，奏稿三十，頁二九。
[27] 李文忠公全集，奏稿三一，頁三八。

七月二十三日復命江蘇候補道葉廷眷幫同辦理。㉘而實權仍操之宣懷。

光緒五年（一八七九）十月，鴻章奏調宣懷署天津河間兵備道。時收購旗昌輪船公司案廷議紛紜，宣懷遂成爲衆矢之的。光緒六年（一八八〇）十月二十六日，國子監祭酒王先謙劾宣懷於收購旗昌之時，「營謀交通，挾詐漁利。」甚之誣稱旗昌原資本僅二百二十餘萬兩，且虧折大半，而宣懷等仍按原價開報。兩江總督沈葆楨竟受其慫恿，撥發巨款，任其私用。其撲風捉影，較之董儁翰且尤過之。諭命直隸總督李鴻章、兩江總督劉坤一認真整飭。㉙鴻章、坤一奏派江海關道劉瑞芬、津海關道鄭藻如、製造局道員李興銳察明按覆。

光緒七年（一八八一）正月十五日坤一之摺竟稱：「王先謙所奏未爲無因」。劾宣懷等「蠹帑病公，多歷年所。現在乃復暗中勾串，任意妄爲。」並指宣懷依外人交易規定，於收購旗昌時每兩抽取花紅五釐。私自以七折收購旗昌股票，對換足額，以飽私囊。謂宣懷「濫竽仕途，於招商局或隱或躍，若有若無，工於鑽營，巧於趨避，所謂狡兔三窟者。此等劣員有同市儈，置於監司之列，實屬有玷班聯，將來假以事權，亦復何所不至。」㉚請求即將宣懷予以革職，並不准其干預招商局務。而同年二月十一日鴻章之奏，則處處爲宣懷洗刷。謂宣懷「心地平實」，於收買旗昌之時「斷無詭詐之事」。稱讚宣懷曰：

㉘ 洋務運動文獻彙編，第六冊，第二八頁。
㉙ 清德宗實錄，卷一百二十二，頁十。
㉚ 劉忠誠公遺集，奏疏卷一七，頁一一至二一。

(宣懷)在臣處當差有年，廉勤幹練，平日講求吏治，熟諳洋務商情，遂委以會辦之銜，使之往來查察。盛宣懷與臣訂明不經手銀錢，亦不領局中薪水，遇有要務則與唐廷樞等籌商會稟。該員先在湖北開礦，繼赴直隸候補，臣向未責以專司招商局務，固與唐廷樞、徐潤不同也。即是盛宣懷首發其議，亦於大局有功無過。況當日者唐廷樞等於洋商已有成議，始邀盛宣懷由湖北前赴金陵謁見沈葆楨，其事前之關說，事後之付價，實皆唐廷樞等主之也。㉛

鴻章之偏愛宣懷於此可見。於是雙方形成意氣之爭。鴻章因之諷劾王先謙、劉坤一曰：

王先謙既謂上海及濱江碼頭多係南洋所轄地面，應請就近派員總理，臣何敢蹈越俎之嫌？貽人口實。且局務雖漸有起色，究竟用人立法是否合宜？臣亦未敢自信。方才實愧竭蹶，可否請旨敕下南洋大臣劉坤一，詢其於立法用人與保利權而息浮言之道，如已確有把握，請即責成劉坤一一手經理，臣即勿庸過問，以一事權。至盛宣懷本未專筦局事，現在直候補，尚多承辦經手要務，前因商局屢次代人受過，堅辭會辦一差，已於去年秋間准其不復列銜矣。臣因此事關係較鉅，義難緘默，不敢

㉛ 李文忠公全集，奏稿四十，頁二〇。

有所顧慮，亦不敢稍涉偏見。㉜

朝廷卒從鴻章奏，免宣懷之議。坤一憤懣之餘，於同年三月初三日復劾宣懷，詞連鴻章。其言曰：

> 臣與李鴻章奉旨查辦招商局事已兩次矣。前次李鴻章以爲不必調查，僅以分年拔還官本具覆，此次不得已而委查，又以劉瑞芬等查出各節爲錯誤。其人言何？且臣之所以奏參盛宣懷者，原不獨此兩端，亦非僅憑劉瑞芬等一稟。招商局收買旗昌輪船等項，糜費帑藏，以及收買此項輪船後折耗益甚，採諸物議，核諸卷宗，盛宣懷等實屬咎無可諉。……即將盛宣懷查抄於法亦不爲過，僅請予以革職，已屬格外從寬。㉝

朝廷不能決，諭命總理衙門公平處理。同年四月十四日主管總理衙門大臣恭親王奕訢奏稱：

> 查招商局由李鴻章奏設，局務應由李鴻章主政。惟歸併旗昌之時，沈葆楨以爲機不可失，逕行入奏，諒非該局員所能朦准。盛宣懷現在直隸當差，業經離局，應不准再行

㉜ 洋務運動文獻彙編，第六册，第五七頁。
㉝ 劉忠誠公遺集奏疏，卷十七，頁四六至四九。

干預局務。並令李鴻章嚴加考察，據實具奏，毋稍迴護。

至於商務要領，不外興利除弊兩大端，李鴻章倡設此局，洞悉情形，唐廷樞等均係李鴻章派委之員，該大臣責無旁貸，凡有關利弊各事，自應隨時實力整頓，維持大局，仍咨會南洋大臣，以收通力合作之效。34

於是雙方之爭議始息。時宣懷以避嫌故，請假歸里。光緒八年（一八八二）三月初六日鴻章奏稱：「（宣懷）因商局屢次代人受過，堅辭會辦，已於前年秋准其不預局務。臣迭經嚴加考察，該員勤明幹練，講求吏治，熟習洋情，在直有年，於賑務河工諸要端無不認真籌辦，洵屬有用之才，未敢稍涉迴護」。35 其對宣懷期望之殷於此可見。

（六）

光緒十年（一八八四），鴻章奏調宣懷署天津海關道，會中法戰事起，招商局船隻往來洋面，日有戒心。法人又有遇船劫奪之謠，一夕數驚，海上騷然。時道員馬建忠總辦船局事務，鴻章當機立斷，命建忠將招商局所有輪船碼頭全盤暫售於旗昌洋行，共價銀五百二十萬兩，規定換用美旗照常行駛，俟中法事定照價收回。一時內外大臣多有反對之論。六月二十五日

34 清德宗實錄，卷一百二十九，頁七，洋務運動文獻彙編，第六册，第六十六頁。
35 李文忠公全集，奏稿三二，頁四二。

上諭鴻章據實奏聞，同月三十日鴻章詳陳不得已之故，[36]奉旨：「所有商局輪船，俟事定後務當即行收回，以資轉運。」[37]同年九月，值旗昌行主米士德至津，鴻章乃命宣懷與堅訂居期收回密約，[38]而廷臣不明真像，責難之聲不稍息。會鴻章保奏建忠送部引見，十月二十六日御史盛昱劾建忠曰：

> 聞李鴻章此次保奏，堅稱招商局係屬暫押，假名美國，仍由該員一手經理，將來必可收贖。……奴才揆今日情事，縱不能將該員監禁爲質，似應即行革職，飭下總理衙門，責馬建忠以收贖招商局保狀。飭下李鴻章，責以羈管馬建忠保狀。招商局關係江海碼頭中外商務，勢不能不稍從權宜以冀收贖。如竟不能收贖，即將該員正法。如該員逃匿，即將李鴻章正法。使外國人聞之知小臣賢奸皆難逃聖明洞鑒。[39]

並劾唐廷樞「貪鄙近利，由輪船帳房出身。不過因粗習洋人語言，爲李鴻章所信任。往者招商總辦虧空甚深，近來開平煤礦侵挪尤鉅。」[40]明年夏，中法和議成，鴻章乃派宣懷會同馬建

---

[36] 李文忠公全集，奏稿五十，頁四五。
[37] 洋務運動文獻彙編，第六冊，第七四頁。
[38] 愚齋存稿，附錄行述，頁一一。
[39] 盛昱「意園文略」，卷二，頁十三。
[40] 「意園文略」，卷二，頁十四。

忠經理收回招商局事宜，國體商情兩臻妥協。事後宣懷奏曰：

臣不亮度，掬水覆地之餘，探食虎狼之口，倖而獲濟，乃有今日，然其時官商均不能出資相助，幾致束手，臣一身擔負抵借匯豐三十萬鎊，分作十年歸還。㊶

於是年來私售局產之浮言爲之頓息。

三、電報

(一)

中國電報之經營，由宣懷肇其端，終清之世全國各地之敷設，統由宣懷總其成，其貢獻之鉅，較之招商局且過之。

先是同治元年（一八六二），俄國爲爭取在華架設電線之特權，於正月九日由其駐京公使把留捷克照會總理衙門，請保留俄國優先在華設立電線之特權。❶總署覆稱：「銅線法施之

㊶ 愚齋存稿，卷三，奏疏三頁七。

❶ 海防檔，電線，第一號第一頁。

於中國，諸多不便。」「將來如准他國設立此法，自必先以貴國爲始。」❷ 其後俄使屢以爲請，總署皆婉拒之。

同治二年（一八六三）五月二十四日，駐京英使卜魯士照會總署，聲稱：「英國商民比色波，擬由恰克圖經北京至海口安設電線，並請在蒙古設寓鋪驛站。」❸ 同月二十五日總署覆書拒其請。認爲「正與上年俄國把大臣所議相同，諸多滯礙。」❹

同治四年（一八六五），上海英領事巴夏禮屢代英商請架淞滬電線，江蘇巡撫兼通商大臣李鴻章、江海關道丁日昌力不能拒，乃命署川沙廳丞何光綸、上海縣令王宗濂，嗾使鄉民於英商立桿之時，連夜潛行拔去。❺ 其事遂寢。事後鴻章乃告人曰：「此爲以柔克剛之妙用。」❻ 蓋其時中國不知電報之利，雖中興名臣亦不例外也。同治六年（一八六七）陝甘總督左宗棠爲此上書總理衙門曰：

> 前年宗棠在福建時，法國美里登即以爲請，宗棠面加辯駁，大意即謂：「安設地方或妨民間出入，或近田疇，或近墳墓，必非民情所願。民人拆毀，牲畜撞損，必有之事，

❷ 海防檔，電線，第二號第一頁。
❸ 海防檔，電線，第三號第三頁。
❹ 海防檔，電線，第四號第四頁。
❺ 海防檔，電線，第二十二號第一七頁。
❻ 李文忠公全集，譯署函稿十三，頁五八。

官司萬難禁制。且爾意不過爲貿易爭先起見，不知一商因信線買貨卸貨，各商即從而傚之，彼此齊同置貨卸貨，究竟不能獨得便宜，於商無益，徒招民怨也。」❼

宗棠尚且如此，其他疆吏可想而知。同治九年（一八七〇）三月三十日，駐京英使威妥瑪照會總署，擬設滬粵海線，❽總署不能拒，但規定線端不得引至岸上。❾

同治十三年（一八七四）四月二十九日，因日軍犯臺之故，福建船政大臣沈葆楨請自福州引陸線至廈門，復自廈門引水線至臺灣，以通消息。同年五月初一日諭稱：「所請設電線通消息，著沈葆楨等迅速辦理。」❿同年丹麥未經中國同意，架設福州至廈門陸線百餘里，鄉民毀之。丹麥駐京公使拉斯勒福抗議於總署，旨命閩浙總督李鶴年與之交涉。以十五萬四千五百兩代價，由中國買回拆毀。事後鶴年奏稱：

下游民情不願電線之設已非一日，自去年到今，始而呈阻，繼而毀竊，枝節叢生。迭經函咨總理衙門有案，雖目下買回官辦，權自我操，果於民志有所未孚，亦不能置之

❼左文襄公全集，書牘卷九，頁五十二。
❽海防檔，電線，第六〇號頁七九。
❾海防檔，電線，第六一號頁八二。
❿清穆宗實錄，卷三百六十六，頁一。

弗問。⓫

蓋其時風氣未開，雖有朝命而遷延未行。

(二)

光緒三年（一八七七）四月，福建巡撫丁日昌，首造臺灣南北電線，自旂後經府城展至雞籠（基隆），不僱洋人，而由學生六品軍功蘇汝灼、陳平國等司其事。⓬ 光緒五年（一八七九），李鴻章於大沽、北塘、海口諸礮台間試架電線以通天津，號令各營，頃刻響應，⓭ 於是中國始知電報之利。是時英商已自香港設水線至廣州，復欲循通商各口以達天津。至光緒六年（一八八〇），遂引通至上海之線，並自香港設陸線至九龍。而丹麥水線亦從吳淞引至上海，勢且延入內地。宣懷乃亟請於鴻章，仿照輪船招商局辦法，募集商股，敷設津滬陸線，並設立電報學堂以培育人材。⓮ 同年八月十二日鴻章奏曰：

> 現自北洋至南洋調兵饋餉，在在俱關緊要，亟宜設立電報以通氣脈。如安置海線經費

⓫ 洋務運動文獻彙編，第六冊，第三三二七頁。
⓬ 洋務運動文獻彙編，第六冊，第三三三四頁。
⓭ 海防檔，電線，第二一八號第二六二頁。
⓮ 愚齋存稿，附錄行述，頁九。

過多，且易蝕壞，應由天津陸路循運河以至江北，越長江由鎮江達上海，安置旱線，即與外國通中國之電線相接，需費不過十數萬兩，一半年可以告成。⓯

同月十四日諭命鴻章統籌辦理，鴻章即以宣懷任其事。而以架設津滬陸線爲首務。是時風氣漸開，各省疆吏多贊其事。同月二十六日兩江總督劉坤一致書鴻章曰：

伏查電報通達音信，瞬息千里，即無防務尚須籌議，以爲日後無窮之利；況值此時勢，尤應消息靈通。台端洞燭事幾，奏准籌辦，仰見藎謀周密，動合機宜，莫名欽佩。⓰

同年九月二十二日再致書鴻章曰：「鄙意西陲及東三省邊疆緊要之地居多，而路途寫遠，文報稽遲，亦應設立電線，俾得消息靈通，雖經費太鉅，措辦更難，然能辦得一處即得一處之益。」⓱鴻章乃設電報學堂於天津，以道員朱格仁司其事，首批學生三十二名。由宣懷及津海關道鄭藻如、候補道劉含芳等與丹麥大北公司訂立合同，從丹麥招雇洋匠來華教習。並委托其查勘線路，自海外採購各種物料器材。

⓯ 洋務運動文獻彙編，第六册，第三三五頁。
⓰ 劉忠誠公遺集，書牘卷十七，頁十四。
⓱ 劉忠誠公遺集，書牘卷十七，頁十七至十八。

津滬陸線自光緒七年（一八八一）五月動工，至十月底工竣，計用銀十七萬八千七百兩。鴻章乃奏設電報總局於天津，並於紫竹林、大沽口、濟寧、清江、鎮江、蘇州、上海七處各設分局。因奏派宣懷爲全國電報局總辦。宣懷遂擬具全國電報經營辦法：

> 初創電線緜亙三省，地段甚長，非官爲保護不可。電報原爲軍務洋務緩急備用，自北至南所經之地，絕少商賈碼頭，其絲茶薈萃之區，尚無支線可通。線短報稀，取資有限，非官爲津貼不可。遵即試招商股，自八年三月初一日起改歸官督商辦。除由商於八年三月六日按期繳還官本銀六萬兩外，五年後分年續繳銀二萬兩，按年繳五千兩，負其計息，其餘不敷銀兩，以軍機處、總理衙門、各省督撫、出使各國大臣，如寄洋務、軍務電報，於信紙上蓋印驗明轉發，是謂頭等官報，應收信資，另冊存記，陸續抵繳，按年核明彙報。俟此項抵繳完畢，別無應還款，則前項官報亦不領資，以盡商人報效之忱。⑱

由鴻章奏請朝廷批准實行，而中國電報事業遂以建立。

---

⑱ 洋務運動文獻彙編，第六冊，第三三六頁。

（三）

光緒八年（一八八二）九月，駐京英、法、美、德四國公使，紛請在上海設立萬國電報公司，架試自滬至香港及各口海線；英國代理公使格維納援照同治九年（一八七〇）總理衙門已允成案，持之更力。總署與鴻章往返函商，久不能決。同月二十四日鴻章致函總署曰：

> 奉二十日公函，以法、英、美、德四國公使函請由上海至香港添設海線，並准華商入股，經鈞處查照。……亟應援例駁阻。……再聞香港至粵省水線英商已經開辦，擬請尊處密詢粵省督撫，當援香港不准陸線通岸之例，設法阻擋。[19]

宣懷乃乘勢建議鴻章，駁阻不如自辦。同年十一月初四日所上鴻章之書稱：「歸併海線尚是中策，華商獨造旱線方爲上策。若准華商添設由滬至粵沿海陸線，成本較輕，修理較易，報費較省，則海線必衰，英人將聞之奪氣，即大北亦無所挾持。」[20] 其主張大爲諸疆吏所稱道。津海關道周馥爲此稟告北洋大臣張樹聲曰：

---

[19] 李文忠公全集，譯署函稿十三，頁一四。

[20] 李文忠公全集，譯署函稿十三，頁四十八。

電報一事，各國紛爭，現經傅相阻止，今日復聞英商（即東海公司）將赴總署嘵瀆，竟謂昔年總署許過此事，不知何日息爭。昨盛杏蓀欲從滬至粵設立旱線，誠息議收利之舉，傅相以數省民情不一，未便入告（總署亦未必奏）。馥愚度之，惟此策尚可自我設法，且有利無害也。望憲台贊成之。㉑

樹聲復書曰：「英商欲設粵滬線，惟盛杏蓀設立旱線之議，最爲力爭上游，可不煩言而解。」㉒ 兩江總督曾國荃聞之，乃致函讚譽宣懷曰：

> 電報迅速不惟有利於商民，實於洋務海防大有裨益。現因英、法各國請設各口海線，勸集華商先辦由滬至粵陸線，以杜外人覬覦之漸，而保中國自主之利權。碩畫周詳，無任佩紉。刻下招商集股勘路開辦，一俟傅相派員前來敝處，即當派員會同察度，並行知地方官一體照料保護。此間所設由省至港陸線，前增城鄉民頗有阻撓，嗣經委員極力開導，勸懲並施，現已安靜無事，不日可告成矣。㉓

㉑ 張樹聲往來函牘，甲一，頁三十。
㉒ 張樹聲往來函牘，甲三，頁二八。
㉓ 曾忠襄公全集，書札卷十七，頁三。

同年十二月初十日，奉上諭：「李鴻章奏，招商接辦由滬至粵沿海各省陸路電線，並抄錄章程呈覽一摺，前於天津至上海安置電線，李鴻章督率辦理，業已著有成效。茲據奏稱推廣興辦，擬自蘇州、浙江、福建通商各海口，以達廣東，與現在粵商所辦陸線相接，招集衆商合力籌辦，係爲因時制宜預杜外人覬覦起見，即照所議妥慎辦理。並著左宗棠、何璟、曾國荃、衛榮光、任道鎔、陳士杰、張兆棟、裕寬，嚴飭沿途各地方官一體照料保護，勿使稍有阻撓損壞。」㉔ 明年正月，鴻章遂命宣懷籌設滬粵陸線。四月七日宣懷與江海關道邵友濂、洋務局道員王之春，與英國大東公司總辦膡恩議定章程六條，拆除英國之滬粵陸線，並簽訂水線相接合同，其要點如下：

一、總公司不設水線至寧波、廈門、福州、汕頭、廣州，以及上海以南中國各海口等語。現因大東欲請於福州、汕頭擇定一處，離口設立躉船，安置線頭。中國電局亦得在新加坡、檳榔嶼兩處之中擇一處設立躉船，安置線頭。

二、中國電局專設上海至吳淞中國旱線以接大東海線，辦法照光緒九年二月二十三日所議洋子角接線合同辦理。

三、凡日本至香港，及香港至日本電報，經過上海吳淞旱線，中國電報局應照上海至香港電報費取每百分之一分，其中國各處往外洋及外洋至中國各處往來電報費，

㉔ 清德宗實錄，卷一百三十六，頁八。

應取每百分之二分五厘。

四、中國電報局置設上海吳淞旱線兩條，與大東水線相接，所有大東通報事宜，應由大東公司自己派人辦理。

五、中國電報局在吳淞海邊設立房屋，將中國電線頭與大東水線頭相接，而分華洋水旱電線界限。屋內另留住房一間，以便大東公司使用。㉕

同月十三日，宣懷復與丹麥大北公司代表恆寧生簽定章程，規定所有大北公司已設吳淞至上海旱線，由中國電報局付價三千兩，派員收回。所有機器電桿電線，統交中國接收。㉖於是宣懷分別建議各省疆吏，推動全國架設電線之計劃。

(四)

時左宗棠總督兩江，以外商復有添設水線自滬至漢口之議，光緒九年（一八八三）六月三日請准架設漢口支線。㉗同月十四日李鴻章請准自天津引線至通州。㉘同年十一月二十八日

㉕ 海防檔，電線，第四四四號第六〇四頁。

㉖ 海防檔，電線，第四六二號第六七四頁。

㉗ 左文襄公全集，奏稿卷六一，頁八。

㉘ 李文忠公全集，奏稿四六，頁三九。

兩廣總督張樹聲請准架設廣州至龍州線。㉙光緒十年（一八八四）四月二十四日，李鴻章請准架設自天津經山海關至旅順線。㉚同月二十六日，兩廣總督張樹聲請准架設廣州至香港線。㉛同年閏五月二十日，總理衙門請准將通州電局移設北京。引線兩條：一在內城泡子河附近設電局，專收發往來官電，由總署專用。一在外城東河沿附近設電局，專收商民報資，以貼公用。㉜爲避免通衢立桿礙衆之弊，宣懷建議鴻章，用地線自水關迤邐至總署。㉝同年六月二十二日兩江總督曾國荃請准架設自上海至江陰、吳淞等處支線。㉞同年十一月二十日盛京將軍裕慶請准架設營口至盛京線。㉟光緒十一年（一八九五）五月十日，直隸總督李鴻章請准架設自新義州經漢城至仁川線。以朝鮮非同內地，乃由宣懷擬具辦四條：

一、籌款　預計自盛京至新義州再展至仁川，加上至馬山浦軍用線，並常年修理費用，共需十四萬兩。自滬關及出使經費項下提用。

二、定章　爲避免他國猜忌，所有朝鮮境內架線費用，約計十萬兩，規定按年由朝鮮

㉙洋務運動文獻彙編，第六册，第三五三頁。
㉚海防檔，電線，第六〇五號，第九四〇頁。
㉛洋務運動文獻彙編，第六册，第三五五頁。
㉜海防檔，電線，第六二五號第九一三頁。
㉝李文忠公全集，譯署函稿卷十五，頁三六。
㉞曾忠襄公全集，奏議卷二十二，頁二十一。
㉟洋務運動文獻彙編，第六册，第三六二頁。

還銀五千兩，二十年免息還清。欠款未清期間，該線有中國電局代爲經營。

三、分任　華界電線約六百里，由中國官電局經理。自新義州至仁川約一千三百里，由中國電局與朝鮮政府立約派員代爲經理。所用人員均有中國電報學堂隨時撥用。

四、善後　中國境內常年維持經費由地方官就近籌劃，朝鮮境內所收報費不敷之數，由朝鮮政府另籌津貼。[36]

以其籌劃切實周密，大爲鴻章所稱道。五月十三日鴻章爲此特致函朝鮮國王曰：

今方世局日新，維持不易，朝廷軫念時艱，輒勞東顧，屏藩所寄，休戚相關，鴻章忝典邊籌，何敢稍分畛域。現經奏奉諭旨，當飭督辦電報總局盛道宣懷妥籌代辦。

時因國家歲支有常，宣懷籌劃架設各省電線費用，煞費苦心。同年八月十五日，鴻章請旨嘉獎宣懷之片曰：

再沿江沿海各省電線，係派布政使銜直隸候補道盛宣懷總理其事。該道首贊成議，會商各省地方官次第籌辦，事屬創始，而規劃精審，調度悉合機宜，用能妥速告成，遠

---

[36] 摘錄李文忠公全集，奏稿卷五十三，頁五十。

近無擾。復以經費有常，勸集華商巨款，將各省正線改歸商辦，俾公家久享其利，商人亦獲什一之盈，實能裨益大局。英、丹公司且於九龍及上海至吳淞安設陸線，方謂非常之舉，中國未必果行，遂群起相爭，多方撓阻。該道奉飭設法抵制，相機操縱，一面集資趕設沿海陸線，使彼狡謀廢然中止，保我自主之權，尤於國體商情所關匪細。今線路緜亘萬數千里，京外軍謀要政瞬息可通，成效昭著，其功實不可泯。該員才具優良，心精力果，能任重大事件，足以幹濟時艱，惟銜階已無可保，應如何優加獎掖之處，臣未敢擅擬。[37]

(五)

光緒十一年(一八八五)九月五日，直隸總督李鴻章、雲貴總督岑毓英請准架設廣西龍州至雲南蒙自線。宣懷認爲自南寧至蒙自，山路崎嶇，運料困難，需款在三十萬以上，且係邊荒僻境，商報絕無，常年設局修護之費，概須由官辦理，甚不合算。乃建議改接鄂線，由川入滇，而至蒙自。其間所經沙市、宜昌、夔州、重慶、瀘州、成都，皆生意繁盛，商報較多，所需經費木料沿途亦易辦置。朝旨准其請，如宣懷所議改道架設。[38]

---

[37] 李文忠公全集，奏稿五四，頁五二。
[38] 洋務運動文獻彙編，第六册，第三七〇頁

光緒十一年（一八九五）十一月初二日，直隸總督李鴻章、吉林將軍希元，請准架設自盛京經吉林省城至琿春線。[39] 同年十二月二十日，鴻章請准架設天津至保定線。[40] 光緒十二年（一八八六）三月十三日，鴻章請准代辦釜山至漢城線。[41] 光緒十三年（一八八七）二月二十二日，署黑龍江將軍恭鏜請准架設自吉林經齊齊哈爾至大黑河屯線。[42] 同年十月十七日，雲貴總督岑毓英請准架設自昆明至貴陽線。[43] 同年十一月二十七日，兩廣總督張之洞請准架設梧州至桂林，欽州至東興，南寧至滇邊剝隘，及瓊州環島之線。[44] 同年十一月二十九日，河南巡撫倪文蔚請准架設自山東濟寧至河南開封線。[45] 同年十二月十五日，雲貴總督岑毓英請准架設自滇邊剝隘，至雲南蒙自線，自剝隘至南寧線。[46] 光緒十四年（一八八八）四月十四日，直隸總督李鴻章請准架設自廣州經韶關、南雄、贛州、吉安至南昌線。並福建浦城、建寧，浙江蘭溪、衢州等線。[47] 同年五月五日，臺灣巡撫劉銘傳請准架設臺灣澎湖至臺南線。[48]

---

[39] 海防檔，電線，第七九四號第一二三五頁。
[40] 海防檔，電線，第八〇七號，第一二四八頁。
[41] 海防檔，電線，第八二六號，第一七五九頁。
[42] 洋務運動文獻彙編，第六册，第三八二頁。
[43] 洋務運動文獻彙編，第六册，第三九〇頁。
[44] 洋務運動文獻彙編，第六册，第三九三頁。
[45] 洋務運動文獻彙編，第六册，第三九五頁。
[46] 洋務運動文獻彙編，第六册，第三九六頁。
[47] 洋務運動文獻彙編，第六册，第四一一頁。
[48] 劉壯肅公奏議，卷二〇。

同年十一月初九日，兩廣總督張之洞請准架設廣州至潮州、汕頭線。㊾同年十一月十二日，直隸總督李鴻章請准架設龍州至鎮南關線，蒙自至老街線，及東興至海防線，分別與法線相接。㊿

光緒十五年（一八八九）五月十三日，兩廣總督張之洞請准架設廣州至三水線。。(51)同年九月二十一日，陝甘總督楊昌濬請准架設自保定經太原，由蒲州渡黃河，至西安線。(52)

光緒十六年（一八九〇）閏二月初四日，湖廣總督張之洞，請准架設自武漢至襄陽、樊城線。(53)同年八月十六日，雲貴總督王文韶請准架設自昆明至滇邊騰越線。同年十一月二日，湖廣總督張之洞請准架設自武昌經長沙、湘潭至廣州線。(54)

光緒十八年（一八九二）三月二十三日，陝甘總督楊昌濬請准架設自西安經蘭州、肅州至新疆迪化線。(55)同年四月二十七日，直隸總督李鴻章請准架設自北京出古北口至承德線。(56)

㊾ 洋務運動文獻彙編，第六冊，第四一一頁。
㊿ 李文忠公全集，奏稿六三，頁三九。
(51) 張文襄公全集，函牘卷一三二，頁一九。
(52) 洋務運動文獻彙編，第六冊，第四一七頁。
(53) 洋務運動文獻彙編，第六冊，第四二〇頁。
(54) 洋務運動文獻彙編，第六冊，第四二二頁。
(55) 洋務運動文獻彙編，第六冊，第四三九頁。
(56) 李文忠公全集，奏稿七四，頁二五。

同年閏六月十五日，直隸總督李鴻章請准吉林琿春，黑龍江瑷琿之電線，分別與俄線相接。57 同年七月十八日，鴻章復請准架設北京至張家口線。58 同年十一月初五日，鴻章請准架設天山南路線，自迪化經吐魯番、庫車、阿克蘇，至喀什噶爾。59 光緒十九年（一八九三）九月初十日，鴻章請准架設天山北路線，自迪化經綏來、烏蘇至伊犁。60 同年十一月二十四准出使英法義比大臣薛福成奏，沿江沿河偏架電線，以通消息，而防水患。61 光緒二十五年（一八九九）二月張家口至恰克圖線工竣，宣懷奏報經劃全國電線之經過曰：

> 自光緒六年臣奉文創設電報總局，開辦十八年，通行二十二省，漸有成效。並於吳淞、福州、廈門、香港，與英、丹國水線相接。於鎮南關、東興、蒙自、思茅，與法國旱線相接。於騰越邊界紅蚌河，與英國旱線相接。於琿春、黑河屯、恰克圖、伊犁，與俄國旱線相接。皆與各該國國訂立條款，至詳且慎。62

57 洋務運動文獻彙編，第六冊，第四四一頁。
58 洋務運動文獻彙編，第六冊，第四五〇頁。
59 李文忠公全集，奏稿七五，頁三六。
60 李文忠公全集，奏稿七七，頁二一。
61 清德宗實錄，卷三百三十，頁十二。
62 愚齋存稿，卷三奏疏三，頁一。

於是中國境內各重要線路皆次第完成。

四、上海機器織布局

(一)

鴉片戰後，中國進口貨物除煙土外，以紗布爲大宗。向時每歲進口值銀一二千萬，至光緒十八年漸增至五千二百餘萬兩，其中印度英國紗布將居半數。❶以致白銀外流，華民失業，是以國人早有設廠製造之議。光緒八年（一八八二）九月，張培仁所著「論勵精圖治之益」，力陳紡織之重要，其言曰：

自與西人通商以來，中國之銀溢於外國，而中國日窮。其大宗不過二端，鴉片煙外，厥惟洋布。查近年各省所銷之洋布，每歲不下三千萬兩，外洋之織機日增，中國之行銷日盛，以至中國所產之布滯銷，小民之生計愈艱，其勢已不能杜絕，則惟有自行開局仿辦，潛移外洋之利權，隱維小民之生計。前閱上海織布局新訂章程，所陳中國機器布勝於外洋者約有三利：大段言中國棉花本輕一利也。人工價賤二利也。水腳減省

❶ 鄭觀應「盛世危言」，卷七，頁二。

三利也。故以試辦三百張織機計之，每年共需銀三十六萬八千餘兩，可出各種布二十四萬疋，約可售銀四十四萬四千餘兩。除抵本銀，可餘七萬五千餘兩。推而行之，十年之後，中國之漏卮可塞，而局中需用男女工作皆當於近地僱用，小民生計亦不無裨益，是則其利固昭然若見矣。……

抑更善焉者，局中既僱洋工，當選華人之伶悟者從之學習，務致其精，數年之後，華人之精其藝者多，即可分置各州縣設局興辦。如此則洋工之鉅費省，本輕則利愈厚。由此推之，機器織綢之舉，厥利維均。蓋絲本輕，人工賤，水腳輕，三者與織布同。且織布僅行於中國，不過塞中國之漏卮，若織綢能行於外洋，並可獲外洋之厚利。❷

王韜則建議「織羢則設於天津、直隸，以取口外之羊毛。織布則設於上海、蘇州，以就其地之木棉。織綢則設於湖郡、杭州，以購其地之蠶絲。」認爲外人之貿易於中國者不過以布匹爲大宗，若我自織則物賤而工省，且無需乎輪船之轉運，其價必貶，西人又何能獨專其利哉。❸

(二)

先是光緒五年（一八七九）李鴻章奏設機器織布局於上梅楊樹浦，集股銀四十萬兩，以

❷ 引自靜娛亭筆記，卷一，頁四十四。

❸ 王韜「弢園文錄外編」，卷二，頁一四。

道員龔壽圖總其事，鄭觀應、經元善等助之。光緒六年（一八八〇）刊佈章程，由鴻章奏准，十年之內中國不另添設新廠。❹惟因資本不充，人事不協，遲遲未能開辦。

光緒十四年（一八八八）夏，織布局復刊布新章，謂貲本虧折將盡，已成殘局。一時輿論譁然，乃有整頓之議。❺同年十一月初三日，鴻章致電兩廣總督張之洞曰：「鄭觀應經理不實，現甫從新整頓，集股無多，尚難大辦。」❻是鴻章已著手整頓矣。光緒十五年（一八八九）七月二十四日，旨命兩江總督曾國荃、江蘇巡撫剛毅、護理江蘇巡撫布政使黃彭年，切實查明奏覆。❼同年十月十四日國荃奏稱：

> 竊思北洋大臣李鴻章，當時刱設是局誠以洋貨行銷中國，日增月盛，尤以洋布爲大宗。是以轉令購買機器，設局仿造布匹，所以敵洋產而杜漏卮，用意至爲深遠。奈開辦之初，不得其人，以致股銀虧短，日久無功。❽

光緒十七年（一八九一）五月二十八日，道員馬建忠爲上海織布局事致電鴻章曰：「織局前

❹ 李文忠公全集，電稿卷十，頁三七。
❺ 洋務運動文獻彙編，第七册，第四四九頁。
❻ 李文忠公全集，電稿十，頁三七。
❼ 清德宗實錄，卷二百七十二，頁九。
❽ 洋務運動文獻彙編，第七册，第四五〇頁。

奉撥款四十萬，內代前局墊付約二十一萬，付添購已到機價約十三萬，付添造正廠與九十餘間住房約五萬，所餘僅兩萬餘，而一切薪工花本均不在內。」❾其困難之情形可見一斑。

是時上海織布局所設織機僅二三百張，每日開織祇五六百匹，年纔十八萬匹，約當進口洋布八十分之二。❿因此建忠建議，或將原設織布局擴充貲本，或另設立新局，俾每年所織之布足敵進口貨十分之一，始能收回利權。推而廣之，織絨、織呢、織羽、織氈，皆可次第施行。⓫

(三)

光緒十八年（一八九二）鴻章復添派紳商，增籌資本，努力經營，每日夜已可出布六百匹，銷路漸暢。光緒十九年（一八九三）九月十日，該局突焚於火，所有機房付之一炬。鴻章乃奏派宣懷赴滬，會同江海關道聶緝槼，商明前辦紳商，妥爲結束。⓬宣懷奉命後，將所知廠中情形專稟鴻章。略曰：

伏查織布原局欲圖籌本規復，必須先將前賬結束，庶免人言搖惑，商情疑沮。茲查前

❾ 李文忠公全集，電稿卷十三，頁十。
❿ 馬建忠「適可齋記言記行」，記言卷一，頁四「富民說」。
⓫ 同上。
⓬ 李文忠公全集，奏稿七七，頁三八。

布局楊道抄賬，現存銀錢布疋大約僅敷抵還零星欠款。該局實計官款二十六萬五千三百九十兩，商股存銀五十五萬四千九百兩，又仁濟仁和保險局存銀八萬兩，龔升道在江海關任內存銀二萬兩，又楊藕記借墊各款銀十餘萬兩。

現據沈道楊守電稱，全局被焚之後，僅存基地、監工、女匠房屋，及損傷機器、鍋爐、鋼鐵、廢料，值銀諒必無多。職道到滬後，自當遵飭會同聶道遴派中西公正人員，逐項估價，籌議攤派。惟應如何攤派，章程必應先請憲示。……此次織布局尚欠官款規銀二十六萬五千餘兩，若以燼餘之地產物料儘數變價歸官，亦是不敷尚鉅，而該局存款股分莫不向隅飲恨。

查該局股分皆係各省紳商仰承憲臺札飭招商，踴躍入股，十年以來無利息。舊股則以百兩折成七十兩，補交三十兩，共計三十三萬四千九百兩。新股則係招商保險局奉飭將暫存生息之款作股分二十萬兩，又前津海關道遵飭附股二萬兩。存款則招商保險局奉札提暫存生息三十萬兩，以二十二萬兩作股分外，尚存八萬兩。

十月二十七日鴻章批覆曰：「(上略)按照商股銀五十五萬四千九百兩，及奉飭之存款銀十萬兩，如數秉公攤派。並查明舊股票摺，將各股應派分之銀數，填發新股票，與新局股分一律分利。舊股票摺均作廢紙，所欠北洋各局官款二十六萬五千三百九十兩，歸併以後，官商各

局廠，按每出紗一包捐銀一兩，陸續歸繳，免其分攤燼餘估價之項，以恤商情。」⓭

宣懷既抵滬，經兩三個月之整頓，復集股百萬，就原址另設華盛總廠。同年十二月三十日宣懷致電鴻章曰：

規復織局籌本百萬已有頭緒，股商遠慮他日辦好恐爲官奪，擬改爲總廠，亦照公共章程，請署廠名一律商辦。先舉廠東候補知府盛宙懷爲總管，嚴作霖管銀錢，沈廷棟、褚成煒管工作，許春榮、楊廷杲、嚴瀠管買賣棉花、紗布，均稱董事。股票宣懷簽名，撤去批發所，在租界内設立公所，即爲督銷總局，由督辦稟請一提調駐局領置運單，查貨收捐，歸繳舊欠，總分各廠總管均爲公所董事，隨時集議。⓮

宣懷勸告華商另在上海、寧波、鎮江分設大純、裕源、華新、裕晉等十廠，布置年餘，次第開辦，鴻章即奏派宣懷爲督辦。光緒二十年（一八九四）三月二十八日鴻章奏曰：

總廠請辦紗機七萬錠子，布機一千五百張。各分廠請辦紗機四萬錠子至二萬錠子不等。其有兼辦織布者，請辦布機五百張至二百張不等。統共紗機三十二萬錠子，布機四千

⓭ 李作棟「新輯時務彙通」，卷八十三商務門，盛宣懷「規復機器織布局稟稿並批」。
⓮ 李文忠公全集，電稿十五，頁一四。

張。合之湖北辦紗機八萬錠子，布機一千張，共成紗機四十萬錠子，布機五千張。如果紗布暢銷，機器全行開辦，約計每日夜可出紗一千包，出布一萬匹，每紗一包通扯銀六十兩，每年約得紗價一千八百萬兩。每布一匹通扯銀二兩五錢，每年約得布價七百五十萬兩。⑮

英人干德利（R. S. Gundry）所著中國進步之標記（"Signs of Progress" in China Present and Past, London, 1895）比較宣懷接辦前後上海機器織布局之情形曰：

> 李鴻章早在一八七八年就已籌劃這個工廠。但是這個計劃一年一年地拖延下去。地買了又圈起來，地基也打好了，碼頭也開始建造。但這事情卻就這樣懸著，從美國運來的機器，多年都放在倉庫裏頭。……一八八七年計劃又被熱心地重行推行到底，並獲得了成功。這工廠所出產的布和線紗在市場上暢銷，且獲厚利。但在一八九三年秋天，整個建築物忽然被火燒掉。……人們立即向英國訂購十萬錠和一千五百織機的新機器，廠的建築工程不再像第一次拖延了十二年，而是在十二個月的裏頭全部完成。⑯

---

⑮ 李文忠公全集，奏稿七十八，頁十。

⑯ 引自洋務運動文獻彙編，第六冊，第四三七頁。

足見宣懷經營之成效。鴻章乃請准總署立案，今後不再設立新廠。光緒二十一年（一八九五）春，英商怡和洋行新購紡紗機二萬錠，擬在上海設廠製造。正月十日宣懷致電總署曰：

> 倘不堅持，則連翩而至。我國所設之廠資本艱難，必被傾軋，恐已成者虧折停工，未成者裹足中止，而本國大利獨爲他國所擅。……所有運到之機器，如果不能載回，或由紡織公所給價買存，不令該商向隅，亦足以敦友誼。⑰

總署據以向英使交涉，怡和設廠之計劃乃未實現。於是中國收回利權日多，而紡織業遂因之而改觀。上海字林西報專載華盛總廠之規模曰：「上海楊樹浦設有紡織局，本華人刱立，辦理者極意經營，不遺餘力，西人初往觀，莫不歎爲奇舉。……該局地面約二百八十碼，後依黃浦，前臨馬路，去西人租界約十餘里，廠房長二百五十尺，寬八十尺，分樓三層，第三層尚未告成。有一大熜，高一百二十五尺，又有棧房。辦事房外另有軋花局，其去子之機器俱爲英國輥輪之法，紡紗機器係美國造者。織布機器尚未造成，爲英國造辦者。大汽機有五百馬力，亦美國造者，現已安置妥當，開工紡織。……當時工作，以早七點鐘起，晚至黃昏止，將來擬用電燈，而晝夜工作。所用華匠人，分檢棉花去其異質。聚二百五十人至三百人，西

---

⑰ 海防檔，機器局，頁二一一八。

匠三人教習各工。」⑱其後宣懷雖返天津任所，仍隱操其事。

（四）

甲午戰後，日人據約在華設廠製造，各國效尤，華盛各廠漸感不支。拳亂之後，益不如前。光緒二十七年（一九〇一）宣懷奏報華盛諸廠虧累情形曰：

（上敘接辦情形）日本衅生，馬關約定，商股觀望。未交之款，招之不來，機錠已開，勢無中止。商董竭蹶籌款，力已難支，而洋商得在口改製土貨之條，急起直追，來與我角。怡和、瑞記、公茂、鴻源各洋行，運機造廠先後開辦，花價因爭買而益漲，工價因爭僱而益昂，在上海華洋商廠皆聚於楊樹浦一隅，互相傾軋，無不虧本。而華商魄力太微，與各洋廠馳逐於咫尺之地，不待智者而策其必敗矣！裕晉廠見機獨早，稟請將全廠售歸德商，裕源廠亦稟請另招洋商入股，大純、華新均岌岌自危，不可終日。華盛機器倍多，虧折愈甚。……若聽其停工止辦，不特與抵拒洋貨本意不符，且機器一經停輟，必致銹損難修，無法收拾。自應准其另招新商，頂替改換廠名，再接再勵，核與商務章程毫無違礙。⑲

---

⑱ 新輯時務彙通，卷一百三農學門，附譯字林西報。

⑲ 愚齋存稿，卷五奏疏五，頁二〇。

其發展雖不如理想，而宣懷對中國紡織業之貢獻仍不可沒也。

五、漢冶萍公司

（一）

光緒初年，宣懷首建議雲貴總督劉長佑、雲南巡撫潘鼎新開採雲南銅礦。並與上海英商璧斯瑪定議，借款三百萬作爲資本。長佑奏其事，光緒二年（一八七六）四月奉旨：「雲南五金並產，據有礦山之利，自應設法開採，隨時體查情形，奏明辦理。」❶明年三月，長佑即檄宣懷總其事。就近商請南北洋通商大臣，覓僱洋匠，購製機器，俾便開辦。

是時宣懷復建議直隸總督李鴻章、兩江總督沈葆楨、兼署湖廣總督湖北巡撫翁同爵，開採湖北廣濟縣所屬陽城山煤礦，及江西興國鐵礦。由葆楨、同爵商得鴻章同意，即奏派宣懷主其事。光緒二年（一八七六）正月初七日奉上諭：「李鴻章等奏鄂省試開採煤鐵礦一摺，據稱湖北廣濟縣所屬陽城山產煤甚旺，興國州所屬山地兼產鐵礦，兩處均可開採，現由李鴻章、翁同爵等撥資本制錢三十萬串，擬即試辦等語。此事爲該省創辦，必須詳細籌畫以期悉

---

❶ 洋務運動文獻彙編，第七册，第八頁。

臻妥協。翁同爵即飭令道員盛宣懷妥爲經理，並飭道員李明墀會同籌辦。」❷ 鴻章爲此特致書翁同爵曰：

前家兄與執事咨照札令盛道宣懷會同江漢關李道勘議在廣濟官山試開煤礦，主持大計，籌開利源，曷任欽佩。頃盛道來津面稱，該處煤苗旺而質堅，民情亦無疑阻，但若歸商辦，久恐爭利滋弊，請官爲籌本督辦，餘利可充防餉等情。並據稱道滬謁商沈幼帥，亦甚慫恿。因思開辦之始，仍須由執事會同南北洋大臣奏明立案，會擬疏稿，奉呈核定。❸

是爲宣懷經營煤鐵礦之始。鴻章另有開採湖北武穴、江西樂平煤礦計劃，亦欲委宣懷任其事。光緒元年（一八七五）十二月二十日鴻章致書沈葆楨曰：

翁玉帥（按：湖北巡撫翁同爵）函復，以武穴開煤會奏爲可行，俟杏蓀到鄂商定，經執事詳加開導，添購機器，暫雇洋匠，或更踴躍樂從。江西樂平煤礦亦有可圖，峴帥（按：

---

❷ 清德宗實錄，卷二五，頁三。
❸ 李文忠公全集，朋僚函稿十五，頁二九。

江西巡撫劉坤一）等疑慮多端，致生觀望。❹

宣懷初用土法開挖廣濟煤礦，半年之間僅出煤二十噸，頗遭清議之抨擊。光緒二年（一八七六）正月初九日，鴻章致函宣懷曰：「開挖煤鐵之舉，既荷廷旨允行，一切自無阻撓，惟係開創利源，易招謗忌，務望實心實力廉正爲本，精覈爲用，先自立於不敗之地，始終不移，庶幾可大可久。執事爲中土開此風氣，志願宏斯，勳名愈遠矣。」❺欲對宣懷有所慰勉也。

（三）

光緒十五年（一八八九），中國方倡自修蘆漢鐵路之議，時張之洞任兩廣總督，認爲修鐵路必先造鋼軌，造鋼軌必先辦鍊鋼廠。以「兩廣地方產鐵素多，而廣東鐵質尤良。」乃選定設鍊鐵廠於廣州珠江南岸之鳳凰岡。同年八月電請出使英國大臣劉瑞芬代購鎔鐵大鑪二座，計劃「日出生鐵一百噸，並鍊熟鐵、鍊鋼各爐，壓板、抽條，兼制鐵路各機器。」❻

瑞芬奉命後，委使館洋員參贊馬格里與英國機器廠名梯賽特者，以銀十三萬一千六百七

---

❹ 李文忠公全集，朋僚函稿十五，頁三十六。
❺ 李文忠公全集，朋僚函稿十六，頁一。
❻ 張文襄公全集，奏議卷二十七。

十兩訂約製造。時之洞雖有設廠鍊鐵計劃，而煤究取之何處？鐵究取之何處？固未計及也。其後瑞芬回國，由薛福成繼任，梯賽特廠乃告福成曰：「欲辦鋼廠必先將所有之鐵石煤焦寄廠化驗，然後知煤鐵之質地若何？可以鍊何種之鋼，即可以配何樣之爐，差之毫釐，謬之千里，未可冒昧從事。」福成據以復之洞，之洞大言曰：「以中國之大，何所不有，豈必先覓煤鐵而後購機爐，但照英國所用者購辦一分可耳！」❼

同年十月之洞移督湖廣，新督李瀚章認爲廣東設廠糜費甚鉅，事多窒礙，同月十三日奏稱：「查合同所訂該廠應設鎔鐵大爐，日出生鐵一百噸，以每噸折合一千六百八十斤計之，每日傾銷鐵砂爲數甚鉅，非礦產饒富不足濟之。廣東出鐵之區，以惠州之歸善、永安兩縣爲最，小民開採日出無多，其餘查據各州縣稟覆，礦廠情形俱不見旺。」❽於是之洞乃決定移設於湖北。

之洞未赴任，以宣懷熟悉湖北礦脈情形，同年十月二十九日，特致電海軍衙門及北洋大臣李鴻章，派宣懷至滬相晤，一詢究竟。❾十一月底宣懷至滬，與之洞詳加考究後，之洞始赴鄂接篆視事。於是遣員帶同英德各國礦師，四處探勘煤鐵等礦，除湖北外，遠及湖南、江西、四川等省。結果仍以光緒三年（一八七七）宣懷督率英礦師勘得之大冶鐵礦（鐵砂含鐵

❼ 葉景葵「卷盦書跋」，附漢冶萍史本文。
❽ 海防檔，機器局，第八十號第一七七頁。
❾ 李文忠公全集，公牘卷一三二，頁三一。

質約百分之六十四）爲最良。之洞欣喜之餘，特於光緒十六年（一八九〇）三月二十九日致電海軍衙門及北洋大臣李鴻章曰：

> 大冶鐵礦據師及化學洋教習報稱：鐵質可得六十四分有奇，實爲中西最上之礦。其鐵礦露出山面者約二千七百萬噸，在地中者尚不計，即再添數爐，百年開採，亦不能盡。且附近之興國州兼出極好錳鐵，甲於各州，尤爲兩美。至湘、鄂兩省多產白煤，現經洋員化鍊，可用者十餘處，尤爲他省所罕有。煙煤亦在所需，亦經化煉，更屬不乏，雖遠近不等，多係近水。[10]

於是湖北設廠之計劃遂以確立。之洞乃覓地於大別山下漢陽近郊龜山之麓，是爲漢陽鐵廠之由來。[11]

宣懷聞之洞建廠計劃，以地偏山麓，距江較遠，轉運不便，屢電之洞勸阻，之洞不聽。同年十月十六日乃電鴻章曰：「大冶江邊煤鐵錳礦與白石均在一處，天生美利，如在江邊設廠，百世之功。惜在大別山上，轉運費力，屢諫不從，將來遷徙不易。」鴻章據之電之洞，之

[10] 張文襄公全集，公牘卷一三四。
[11] 張文襄公全集，奏議卷二十九。

洞仍不納。[12]光緒十九年（一八九三）春，之洞所購器機先後運送回國，除在英定製外，以比利時廠出品居多。起卸安裝甚費周折。同年二月二十五日之洞奏曰：

此項工程之艱鉅，實爲罕有。機器之笨重，名目之繁多，隨地異宜，隨時增補，洋匠亦不能預計。而起卸之艱難，築基之勞費，爐座之高大，布置聯貫各機之精密，……尤非他項機器局可比。……每一批機器物料運到，多至數萬件，或十餘萬件，必須數十日方能點清。每一種機器，必須四五個月方能安配完好。[13]

駐漢口美領事Child於建廠完成後，記其參觀之印象曰：「廠是在兩湖總督張之洞的倡議下建立的。工廠佔地約七十英畝，有一英里半長的鐵路從工廠通到楊子江邊，再到漢水，那裏有一個强力的機器把車子拉上一個約三百英尺的斜坡到平地。工廠是一位英國工程師設計的，規模宏大已極，安裝的全是最新式最進步的機器，這些機器，主要是從英國輸入的。」[14]惟終因廠址較小，加以原係水田，不得不以鉅資經營之。之洞復遣員四處尋覓煤礦，如大冶之王三石、道士洑、康中等地，最後始得馬鞍山煤礦。更因不知煉焦法，又懸賞徵求化驗。始知

---

[12] 李文忠公全集，電稿十二，頁四二。
[13] 張文襄公全集，奏議卷三三。
[14] 譯自 R. S. Gundry, "Signs of Progress" in China Present and Past, London, 1895.

馬鞍山之煤灰磺並重，不宜煉焦。不得已乃採購德國焦炭數千噸，與馬鞍山土焦攙合應用。洋船遠載，價昂量少，故漢陽鐵廠創辦數載，未能鍊得合用之鐵一噸，而鋼軌更茫渺矣。

(三)

當之洞請款設廠之初，聲稱用銀二百四十六萬八千兩，即可周轉不竭。朝旨允之。乃款盡而鐵未出，部吏責言日至，之洞百計張羅，自光緒十六年（一八九〇）至二十二年（一八九六）止，共耗資五百六十餘萬兩，其中馬鞍山及各處煤礦耗資亦數十萬。當時廠中共用洋員四十餘人，華員人數倍之，無煤可用，無鐵可煉，終日酣嬉，所靡甚多。官力既不能支，於是遂有招商承辦之意。光緒十八年（一八九二）之洞屢與宣懷電商經營辦法，至光緒二十二年（一八九六）遂委宣懷招商承辦。

宣懷接辦之初，全廠計包括十廠，即鍊生鐵廠，煉貝色麻鋼廠（Bessemer）、煉西門士鋼廠（Siemens－Martin）、造鋼軌廠、造鐵貨廠、煉熟鐵廠等六大廠，及機器廠、鑄鐵廠、打鐵廠、造魚片鈎釘廠等四小廠。而困難萬端，用煤僅可供十日之需。宣懷乃詳陳廠中現況曰：

> 詳查鐵廠實在情形，洋總管德培、洋礦師馬克斯、化鐵總管盧柏均稱：馬鞍山煤質磺多灰多，取製焦灰不宜鎔煉，是以先開一爐屢作屢輟。借資開平頭等焦炭，運到每噸需銀十三兩。加以鐵錳灰石均由大冶運來，每噸需銀數兩。加以薪工用項，練成生鐵每噸不過值銀二十兩左右，無不虧本。熟鐵鋼件皆由生鐵轉造，更無不虧本。又向鐵

政局開查支款，每月局用約需銀七萬餘兩，其中購煤之價只有一萬數千兩，如生鐵兩爐全開，月需焦炭三千六七百噸，開平、萍鄉煤兼用，煤價即需銀四五萬兩，尚須添購各項機器，而洋人三十六名可刪者合同未滿，必應用者尚須添雇，每月薪水一萬餘兩，有增無減，所出鋼鐵亦無暢銷之路，是以開煉以來售出生鐵無多。現據德培、盧柏函稱：合用焦炭僅供十餘日所需，又須停爐待炭，此辦理為難情形，固不能責效於前人也。⓯

是宣懷早逆料將來經營鐵廠困難必多。故告之洞曰：「職道從前創設電報，整頓輪船，規復布局，擴充紗廠，無不備極艱辛。及睹成效，無不橫生疑謗，以爲商務之利權專屬也。目前鐵廠人人視爲畏途，將來萬一經理得手，商人竟獲轉圜，又將人人視爲利藪。方謂職道招攬事權，大人輕忽委任，雖百喙亦難置辯。況此次以直隸道員越省代籌，且欲越省遙制，在職道因恐鐵廠屬於洋人，有礙國家自强大局，有負憲臺經始宏謨，不得已不避嫌怨冒險承接，在局外又以爲職道願舍關缺來膺鐵廠，以小人之私見，度君子之公心，一人毀譽何足惜，其如大局何？」⓰同年九月，宣懷出任督辦鐵路大臣，時鐵廠經宣懷數月經營已能日產鋼軌三

⓯ 張文襄公全集，公牘卷一〇〇，頁十一。

⓰ 同上。

華里，且無銷路遲滯之慮。[17]終因煤價昂貴，洋匠過多，賠累至二十餘萬。[18]乃一面於廠中行政大加整頓，將漢陽總廠行政區分爲銀錢、製造、收發三股，每股遴員董二人負其責。鐵山煤礦亦各派員董任其事。並於總廠設立總稽核處。另選煤礦於萍鄉，集股一百萬以爲開採之需。更奏請朝廷對於鐵廠出品准予免稅五年，以減低成本。光緒二十四年（一八九八）三月，宣懷奏請經營萍鄉煤礦摺曰：

> 萍鄉焦煤久經試用，最合化鐵，礦脈緜亘，所產尤旺，實爲最有把握之礦。但土法開採淺嘗輒止，運道艱難，人力難施。臣等深維大計，鐵廠利鈍之機全視萍煤爲樞轉，現已購辦機器，運萍大舉，一面勘明運道，定議先就該縣黃家源地方築造鐵路一條至水次，計三十餘里，路成之後，再籌展至長沙與幹路相接，並先於沿途安設電線，消息靈通，轉輸便捷。縻費在一時，收利在永遠。此後取之不盡，用之不竭。漢陽即可並開兩鑪，大冶亦可添設鑪座。至於大出土貨，開造無盡之藏，以爲民生之利，尤朝廷廣闢地利之至意。[19]

---

[17] 愚齋存稿，卷二五電報二，頁一。
[18] 愚齋存稿，卷二五電報二，頁一八。
[19] 愚齋存稿，卷二奏疏二，頁一二。

於是經營萍鄉煤礦遂爲鐵廠之急務。宣懷奏准不另設立公司，而由宣懷札委湖北試用知縣張贊宸司其事，除鐵廠使用機器開採外，私人土窿所出之煤，概由鐵廠照時價收買，不准他商收購。[20]惟因萍鄉運道非短期可竣，而鐵廠用煤不可一日缺，故暫仍取自開平煤礦。光緒二十五年（一八九九）十月，宣懷奏稱：

> 湖北漢陽鐵廠基礎已立，盧漢鋼軌皆係自造。槍炮所需精鋼亦能自鍊。……鄂廠化鐵僅有兩鑪，而一鑪尚須拆改，現止一鑪可用，每日出鐵不及一百噸，貨出愈少，則合價愈貴，故鋼鐵精美一如洋產，而資本尚較重外來。[21]

光緒二十六年（一九〇〇）二月，復奏稱：「因焦炭遠購開平，價值奇昂，商本賠折已逾百萬，其危殆情勢較之十餘年前之輪電兩局更有過之。惟盼二三年間萍鄉煤礦炭鑪運道一律告成，或可添集商本，漸收利益。」[22]可知當時鐵廠業務仍未改善也。光緒二十七年（一九〇一）十一月，漢陽鐵廠免税期滿，宣懷奏准復展限五年。

光緒二十八年（一九〇二）九月，萍鄉煤礦已成鐵路漸可通達。宣懷計借墊鐵廠三百二

---

[20] 愚齋存稿，卷二奏疏二，頁一六。

[21] 愚齋存稿，卷三奏疏三，頁六四。

[22] 愚齋存稿，卷四奏疏四，頁二四。

十萬，虧折商本至一百四十萬之多。㉓而所製鋼軌，經化驗含燐過多，不能使用。因派湖北鐵廠三品銜候選郎中李維格，帶同工程司一名，攜大冶礦石，萍鄉焦炭，及鐵廠所製鋼軌零件，赴歐美各國取法研究。經美國鋼鐵學會介紹會員中鋼鐵化學名家，將大冶鐵礦萍鄉煤礦加以化驗。結果認爲二者均係無上珍品，可以鍊成極佳之鋼，而漢陽鐵廠所煉之鋼軌，則因含燐過多，實爲劣品。但所帶零件均係上等之鋼所製成。再三研究，始知張之洞原定機爐之煉鋼法係用酸法，不能去燐，而大冶鐵礦含燐過多，適與相反。至所攜零件則係鹻法所製，可以去燐，故又成佳品。蓋之洞向英國初定機爐時，以不得中國煤鐵之性質，故照英國所用酸法配置二大爐，另以鹻法製一小爐相贈，其意不過爲敷衍主顧而已，而中國則靡去十餘年之光陰，耗數百萬之資本。㉔故李維格回國後，乃建議宣懷，欲挽救鐵廠，非購置新機，改造新爐不可。宣懷允諾，而憂無款可籌，乃與日商簽訂預支礦石價三百萬元之約，用作改良舊廠之用。

(四)

光緒三十一年（一九〇五）萍醴運煤道工竣，㉕光緒三十二年（一九〇六）醴洙鐵路復

㉓ 愚齋存稿，卷八奏疏八，頁二一。
㉔ 卷盦書跋，附漢冶萍史本文。
㉕ 愚齋存稿，卷十一奏疏十一，頁三四。

竣工。㉖鐵廠業務仍未好轉。而鐵廠五年免稅之期復屆滿，宣懷乃奏准再延長五年。光緒三十四年（一九〇八）二月，宣懷奏准合漢陽鐵廠、大冶鐵礦、萍鄉煤礦，爲漢冶萍公司。並瀝陳歷年經營之困難曰：

（上敘奉命接辦經營）當時煤礦未成，化鐵甚少，外狀顚危，人情觀望。尚賴輪電兩局各華商，及通商銀行、紡織公司各華商力顧大局，陸續湊入股分銀二百萬兩，以立根本。臣不自量力，一身肩任，初謂籌款數百萬即足辦理，實不知需本之鉅有如今日之深入重地者。……重息借貸，百計騰挪，開闢萍鄉煤礦以濟冶鐵之需，添造新式機爐以精煉鋼之法，鐵路、輪船、碼頭棧駁處處鈎連，無一可缺，借貸利息愈久愈增。查自光緒二十二年五月奉飭招商接辦起，至三十三年八月止，鐵廠已用商本銀一千二百萬餘兩，煤礦輪駁已用商本銀七百四十餘萬兩，其中老商股票由二百萬兩加股共成五萬百元，合銀三百五十餘萬兩。商息塡給股票銀七十九萬五千兩，公債票銀五十萬兩，預支礦價軌價約合銀三百餘萬兩，其餘外債商欠將及一千萬兩，抵押居多，息重期促，轉輾換票，時有尾大不掉之虞。㉗

㉖ 愚齋存稿，卷十三奏疏十三，頁二。

㉗ 愚齋存稿，卷十四奏疏十四，頁十三。

環境如此，而宣懷之志仍不動搖。當時鐵廠兩爐每日已可出鐵二百噸。宣懷預計是年冬第三爐成，每日可出鐵五百噸。明年第四爐成，可出鐵八百噸。[28]然終清之世鐵廠業務竟不能改善，究其過非盡在於宣懷。倘之洞創立時，先遣員出洋考察，或者成功可以較速，糜費可以較省。惟以當時風氣之錮蔽，苟無之洞鹵莽爲之，恐大冶鐵礦，萍鄉煤礦，至今未必大量開採。甚矣！功罪之難言也。

六、鐵路

（一）

宣懷對於中國實業建設之貢獻，以鐵路爲最大，其後竟因鐵路國有政策而罷職，清室因之而亡，宣懷亦結束其數十年之政治生涯。

先是同治年間，各國紛請在華修築鐵路，因風氣不開，反對者衆，未能實現。及臺灣事件發生，少數疆吏始知鐵路之不可緩。光緒二年（一八七六）英商首築淞滬鐵路，試車之日，因輾斃人命，激起衆怒，由上海道馮焌光向英領事交涉，以二十八萬五千兩收回自辦。兩江

㉘ 同上。

總督沈葆楨竟認爲「鐵路雖中國必興之業，然斷不可使後人藉口，曰是沈某任兩江時所創。」❶下令拆毀，移運臺灣。其畏懼輿論，可以概見。光緒三年（一八七七）四月十一日，中國首任駐英法大臣郭嵩燾致書北洋大臣李鴻章曰：

> 來此數月，實見火輪車之便利，三四百里，往返僅及半日，其地方士紳力以中國宜修造火輪車相就勸勉。且謂英國富强實基於此。其始亦相疑阻，即以初抵倫敦蘇士阿摩登海口言之，往來車運用馬三萬餘匹，慮妨其生計也。迨車路開通，用馬乃至六七萬匹。蓋爲道途便利，貿易日繁，火輪車止出一道，相距數十里以下來就火輪車者，用馬逾多也。去冬道上海，見格致書院一火輪車道圖，由印度直通雲南；一出臨安東趨廣州；一出楚雄以北趨四川，而達漢口；又由廣州循嶺以出湖南，而會於漢口，乃由南京至鎮江東出上海，又東出寧波，北出天津，以達京師。見之怪咋，謂雲南甫通商，即籌及火輪車路也。及來倫敦，得此圖，知已來自二十餘年前，凡其蓄意之所至，無不至也。❷

故嵩燾認爲中國興建鐵路，可獲二利：一則「萬户猶庭户也，縣有水旱盜賊，朝發夕聞，則

---

❶ 梵天廬叢錄卷六，頁一，沈葆楨七則。
❷ 養知書屋遺集，卷十一，頁一。

無慮有姦民竊發稱亂者。」一則「富民皆得自效，以供國家之用，即群懷踴躍之心，而道路所經，如人身血脈，血脈流通，政治美惡，無能自掩，則無慮有貪吏遏抑民氣爲姦利者。」❸至於建築方法，則建議仿照埃及先派學生出洋肄習，然後可以自行創辦，不必事事仰仗於外人。

光緒六年（一八八〇）九月，開平礦務局開始建築唐胥鐵路，自唐山至胥名莊，以供運煤之需。爲我國自築鐵路之始。❹同年十一月，前直隸提督劉銘傳奏請籌造鐵路以圖自强，略曰：

> 中國幅員遼闊，北邊綿亘萬里毗連俄界，通商各海口又與各國共之，劃疆而守，則防不勝防，馳逐往來，則鞭長莫及。惟鐵路一開，則東西南北呼吸相通，視敵所驅相機策應，雖萬里之遙，數日可至。雖百萬之衆，一呼而集。無徵調倉皇之慮，轉輸艱難之虞。❺

銘傳主張應以京師爲中心，修築南北四幹道：「南路宜修二條：一由清江經山東；一由漢口經河南，俱達京師。北路宜由京師東通盛京，西通甘肅。惟工費浩繁，急切未能並舉，擬請

❸ 同上。
❹ 孫毓棠「中國近代工業史資料」第六四一頁。
❺ 劉壯肅公奏議卷二，頁一。

先修清江至京一路，與本年議修之電線相爲表裏。」❻諭命南北洋大臣李鴻章、劉坤一照銘傳摺內所陳，悉心籌劃，妥議具奏。❼一時輿論囂然。同年十一月二十一日翰林院侍讀學士張家驤奏稱鐵路之弊曰：

溯自各國通商以來，凡海口有馬頭地方，洋人無不蓋造房屋，置買地基。清江浦乃水陸通衢，若造成鐵路，商賈行旅輻湊駢闐，必較之上海、天津更爲熱鬧。洋人工於貿利，其從旁覬覦，意想可知。雖該處無設立馬頭條約，而未必能禁其往來。設或借端生事，百計要求，則將何以應之。利尚未具，患已隱伏，此一弊也。自清江浦至京相距一千數百里，其中豈無田畝、屋廬、墳墓、橋樑阻隔不通之處。開造鐵路將於阻隔之處一律平毀乎？抑使民自爲遷徙乎？其事之窒礙，不問可知。若沿向來官道營造，臣南北往來數次，所過官道介於田畝之間，屋廬之側，墳墓之旁，橋樑之上者，隨處有之。火輪車電掣風馳，易於衝突，必至貽害民間。即使設法繞越，善爲布置，將來造成之後，尋常一切行人以及往來車馬，將准其同行，則必須另開一條孔道，俾之行走，竊恐此令一下，民間必不樂從，勢迫刑驅，徒滋騷擾，此二弊也。天津立招商局，購備輪船，現在獲利雖微，資本尚無虧蝕，若鐵路既開，則由上海、

❻ 同上。
❼ 李文忠公全集，奏稿三九，頁二〇。

漢口入京者，大半歸於陸行，天津馬頭即將從此而衰。蓋南北轉運之物，來往之人，只有此數，水便則由水，陸便則由陸，此贏彼縮，勢所必然。竊恐所購輪船漸歸無用，從前資本無處取償，是鐵路之制未興，而招商局數百萬款項棄於一旦。即以利言，亦已自相矛盾。且開造之費，動需千萬，目前各處設防，西事未蕆，庫款支絀，籌撥維艱，而復耗費鉅資，以求不可必得之利，虛靡帑項，賠累無窮，此三弊也。❽

因反對者衆，內地築路之計劃仍不獲實現。

(二)

中法戰後，國人深受刺激，觀念日漸改變。光緒十三年（一八八七）二月，海軍衙門請准興築津沽鐵路，北與唐胥鐵路相接。主管海軍衙門大臣醇親王奕譞原爲守舊派領袖，至是竟奏曰：

> 竊查鐵路之利，歷有年所，毀譽紛紜，莫衷一是。……今開平礦務局於光緒七年創造鐵路二十里後，因運兵運煤不便，復接造鐵路六十五里，南抵薊州運河邊閻莊爲止，此即北塘至山海關中段之路，運兵必經之地，若將此鐵路南接至大沽北岸，北接至山

---

❽ 洋務運動文獻彙編，第六冊，第一三七頁。

海關，則提督周盛波所部盛字軍萬人，在此數百里間馳騁援應，不啻數萬人之用。❾

於是中國展開鐵路之建築計劃。同年三月，臺灣巡撫劉銘傳請准興築臺灣鐵路。❿光緒十四年（一八八八）十月，李鴻章建議海軍衙門請准興築津通鐵路。⓫光緒十五年（一八八九）三月，兩廣總督兼署廣東巡撫張之洞，遂提出興築南北幹道主張。欲自蘆溝橋經河南以達漢口。其奏略曰：

中國物產之盛甲於五洲，然腹地奧區，工艱運貴，其生不蕃，其用不廣。且土貨率皆質粗價廉，非多不利，非粗不多，非用機器化學，不能變粗賤爲精良，化無用爲有用。苟有鐵路，則機械可入，笨貨可出，本輕費省，土貨旺銷，則可大減出口厘稅以鼓舞之。……方今强鄰環伺，外患方殷，內而沿海沿江，外而東三省秦隴沿邊，回環何止萬里，防不勝防，費不勝費。若無輪車鐵路應援赴敵，以靜待動，安所得無數良將精兵，利砲鉅餉而守之。⓬

❾ 洋務運動文獻彙編，第六册，第一八六頁。
❿ 劉壯肅公奏議，卷五，頁一九。
⓫ 李文忠公全集，海軍函稿三，頁八。
⓬ 張文襄公全集，奏議卷二十五，頁一一。

之洞之計劃分全路爲四段，八年完工。即蘆溝橋至正定，正定至黃河，黃河至信陽，信陽至漢口。每年由朝廷籌撥二百萬作爲經費，並開採山西鐵礦，在正定、清化設廠提鍊，以供鋼軌所需。同年八月二日，旨命蘆漢鐵路先自兩端試辦。並著李鴻章、張之洞會同海軍衙門，將一切應行事宜妥籌開辦。⓭惟遷延數載，迄未實行。

甲午戰後，中國朝野上下始知鐵路之利，反對之聲已告匿跡。光緒二十一年（一八九五）五月，督辦軍務處集議經營鐵路，廣西臬司胡燏棻復以興辦蘆漢鐵路爲請。惟其認爲漢口至信陽山路崎嶇，工費較鉅，主張取道襄陽。至渡河之路，尤宜在鄭州以西，滎陽以東。⓮是時內外大臣對於先築路線爭論不已，有主張關東路者，有主張京清路者。因蘆漢路居於腹地，便於通引分布，加以張之洞極力堅持，清廷卒採納胡燏棻意見。於十月二十日正式頒旨興建，並即以胡燏棻董其事。⓯

(三)

清廷初欲官督商辦，分段興建，一時洋商紛紛活動。宣懷乘勢建議之洞，設立一鐵路總公司，統籌經營。光緒二十二年（一八九六）三月二十六日，張之洞爲此特致電直隸總督王

⓭ 清德宗實錄，卷二百七十三，頁一。

⓮ 道咸同光奏議卷六，頁一。

⓯ 清德宗實錄，卷三七八，頁六。

文韶曰：

弟與盛道熟商，官款難撥，而注意商辦，洋股不准，而注意華商。華商無此大力，無此遠識。如輪船電報，初招商股甚難，及見成效，股票原本一百兩者，群起加數十兩爭購其票。以此類推，路未成華股必少，路既成華股必多。窮思利害，莫如仰承意旨，先舉商務總辦，設立蘆漢鐵路招商總局，一面招集華股，一面責成商務總辦，由商籌借洋債，先行舉辦。奏明即蘆漢鐵路作保，分作二三十年歸還。路成招到華股，分還洋債。收到車費，抵付洋息。厘訂官督商辦章程，雖借資洋款僱用洋匠權利仍在中國，不致喧賓奪主。否則終屬空談，坐延歲月，必不能刻期而成。[16]

之洞之意，則欲請宣懷總理其事。同月二十八日文韶逕電宣懷曰：「蘆漢鐵路必應辦，亦非不能辦，惟誤信華商集款之易，斯爲大謬，然其機已動，便有辦法。昨復香帥電，當已得見，此事非異人任，我弟勉之。」[17] 宣懷聞之洞、文韶有薦其總辦蘆漢鐵路之意，頗感力薄任重。惟其自始即反對利用洋債，同月二十九日宣懷致翁斌孫侍講書曰：

---

[16] 愚齋存稿，卷二四電報一，頁一二。

[17] 愚齋存稿，卷二四電報一，頁一六。

香帥招赴鄂商辦鐵政，適接十二寄諭，因論蘆漢事甚詳。頃聞香帥電商夔帥，以宣稍有閱歷，擬會請設立蘆漢鐵路招商總局，責成總辦。微論才力不勝，憂讒畏譏，何堪任重？旨意以華商承辦不得洋人入股爲主腦，乃洋人覬造鐵路意甚深譎，倘南北幹路難絕洋股，有事之秋，彼必守公共例禁，運兵械糧食。且此端一開，俄請築路東三省，英請築路滇、川、藏，法請築路兩粵，交錯疆域，始則借路攘利，終必因路割地，後患無窮。[18]

同年七月二十五日張之洞、王文韶乃會銜保薦宣懷組織公司，督辦蘆漢鐵路。[19]八月九日，諭命宣懷著即來京，以備諮詢。[20]九月十三日宣懷奉旨覲見，十四日乃以四品京堂候補，督辦鐵路公司事務。[21]宣懷於覲見之後敷陳自强大計曰：

皇上深惟至計，創興南北鐵路。顧鐵路所以速徵調通利源，爲自强之一端，非幹路既成，即可坐而俟其疆也。泰東西諸邦，用舉國之才智以興農商工藝之利，即藉舉國之商利以養水陸之兵，保農工之業，蓋國非兵不强，必有精兵然後可以應徵調，則宜練

---

[18] 愚齋存稿，卷二四電報一，頁二六。

[19] 張文襄公全集，奏議卷四十四，頁十九。

[20] 清德宗實錄，三百九十四，頁七。

[21] 清德宗實錄，三九五，頁六。

兵。兵非饟曷練？必與商務然後可以擴利源，則宜理財。兵與財不得其人，雖曰言練日言理，而終無可用之兵，可恃之財，則宜育才。故築路與練兵、理財、育才互相爲用。㉒

十月初，宣懷出都，勘察蘆溝橋一帶地勢，十二日返津後，復奏曰：

造端宏遠，頭緒紛繁，開辦事宜，當先提絜綱領，次第興舉。天下華商以上海爲會歸，南北幹路由蘆漢而發軔。今議設立總公司於上海，而於天津、漢口皆分設一局，一面派員帶同洋工師勘路繪圖，開宗明義，視聽有屬，然後可以號召衆商。㉓

朝旨准其請，著補授太常寺少卿。十一月初六日，宣懷抵滬。十二月成立鐵路總公司，決定北路先造蘆溝橋至保定段，南路先造漢口至信陽段。以責任重大，惟恐遭受時忌，同月二十三日特致電總署大臣翁同龢曰：

蘆漢事大，原知受任後必有浮言，故力辭於先，不獲請而定。請官款一千三百萬，請

㉒ 愚齋存稿，卷一奏疏一，頁三。

㉓ 愚齋存稿，卷一奏疏一，頁十八。

先開銀行而後集股，請政府主持，勿爲群言淆亂。今惟恪守原議辦理，不曠時日，不再請添官款，期於必成，但總須由內主持。[24]

（四）

據宣懷估計，蘆漢一路用費約計四千萬兩。由於一時招股不易，惟憑官款或外債。總署原議撥南北洋官款三百萬作爲官股。其中分配北洋之五十萬兩，僅由海防捐項下挪出二十四萬兩，其餘二十六萬兩改由廣東支付。而分配南洋之兩百五十萬兩，劉坤一則限定作爲淞滬、蘇寧鐵路專款。故宣懷實際可動用者僅五十萬兩。其他户部所允撥發之官款一千萬兩，亦須洋債議妥始可發給，故興築蘆漢款源仍惟有賴於外債。

宣懷初欲借美款，以美國在華無政治野心，而其路工之精甲於天下。但與紐約公司代表華胥賓接洽之後，因華胥賓堅持「中美雙方同售股票，包利，並合分餘利，或借款包造。」宣懷知不可行，乃於光緒二十三年（一八九七）三月，奏請速撥官款一千萬，利用本國資金，從速分道開工。俾造成一段，抵借洋債一段。[25]同時另與比商開始交涉，以比國小邦，重工業，但斤斤於購物賸工而無他求也。同年四月二十六日宣懷與比商代表馬西（Masy）海沙地

---

[24] 愚齋存稿，卷二五電報二，頁三六。

[25] 愚齋存稿，卷一奏疏一，頁二三。

(Rizzard) 議定借款合同十七款，其要點規定，借款四百五十萬鎊，四釐九扣，期限三十年，前十年付利不還本，由國家批准，以鐵路收入作擔保。[26] 幾經波折，同年九月約成。十月，漢陽孝感段開工興築。乃由宣懷奏准取直徑入豫，不經襄樊。[27] 並定路軌四尺八寸五分，爲今後全國軌式。[28] 其後南北並舉，中間包括黃河鐵橋之鉅大工程（黃河鐵橋長九百九十餘丈，合華里六里許）。宣懷屢赴工地親爲規劃，前後歷時八年，迄光緒三十一年（一九〇五）十月十七日，黃河鐵橋工竣，全線始告通車。是日於橋邊舉行通車典禮，朝廷派唐紹儀會同驗收。宣懷奏其盛況曰：

（十七日）午刻在橋邊搭篷設宴，各國公使或親自京來，或派參贊隨員同來觀禮。外務部左侍郎聯芳亦自京來，湖廣督臣派湖北鹽法道馮汝騤、常備軍協統黎元洪等隨同閱看。中外歡會，僉稱黃河大橋爲中國歷史向未經見之事，即外國亦不多睹。從此同軌風行，南北中央之土產礦產工藝製造暨一切因路所生之利皆可以次發達，上衛京畿，下鞏江防，富國裕民，此爲起點。[29]

---

[26] 中國鐵路借款合同，頁三。
[27] 愚齋存稿，卷一奏疏一，頁三八。
[28] 愚齋存稿，卷二十七電報四，頁一〇。
[29] 愚齋存稿，卷十二奏疏十二，頁一〇。

宣懷以蘆漢北段實起自北京正陽門外，至是請改稱京漢鐵路，以副名實。㉚

(五)

光緒二十三年（一八九七）十二月，以湘鄂粵三省紳商之請，之洞、宣懷奏准三省自築粵漢鐵路。㉛並奏調中國工程師詹天佑、鄺景陽實地測勘。電請駐美大臣伍廷芳，就近與美國紳商籌議借款事宜。另欲設立粵漢鐵路公司，以便經營。㉜光緒二十四年（一八九八）正月初五日諭稱：

現在時局日亟，所有中國緊要幹路枝路，除蘆漢業經開辦外，粵漢一路尚未定有切實規模，自應預爭先著。若由湘、鄂、粵三省紳商自行承辦，仍歸總公司總其綱領，實於大局有俾。唯是造路資本，借款辦法，通行章程。必與蘆漢一氣貫注，始可收通力合作之效。著王文韶、張之洞、譚鍾麟、譚繼洵、陳寶箴、許振褘，隨時會商盛宣懷妥議招股借款各節，並選舉各省紳商設立分局，購地鳩工，認眞辦理。各國如有以承辦此路爲請者，即由總署王大臣告以三省紳商自行承辦已有成議，或可杜其要求。此

㉚ 愚齋存稿，卷十二奏疏十二，頁八。
㉛ 愚齋存稿，卷二十一電奏一，頁九。
㉜ 愚齋存稿，卷二奏疏二，頁七。

路貫通湖南腹地，銜接武昌，不特取徑直截，練兵開礦諸凡有益，該大臣等當妥速籌辦，力任其難，以收實效。㉝

是清廷之初意決定粵漢鐵路由三省紳商自辦。旋以三財省財力有限，難期有成，同年三月二十四日由宣懷與美國合興公司代表巴時，訂立草約合同十五條，專款一條，由伍廷芳在華盛頓簽字，規定借款四百萬磅，粵漢全路由該公司承造。光緒二十六年（一九〇〇）六月，宣懷復與合興公司續訂合同二十六條，亦由駐美大臣伍廷芳簽字，改借美金四千萬，九折實收，年息五釐，以鐵路及全路產業作抵押，五十年償還，頗受輿論所指摘。其後復因與合興公司交涉廢約，粵漢鐵路之建築乃陷於停頓之狀態。

光緒二十五年（一八九九）二月十七日，宣懷在滬與英商怡和行議定草約五款，合辦廣九鐵路。㉞同年十月，宣懷奏請經營蘆漢支路以保利權。略曰：

蘆漢幹路南岸係在滎澤過河，查滎澤縣東南至開封府約計一百七十里，西至河南府約計二百五十里。又郾城東南至周家口約計一百二十里，路甚平坦，鋪軌極易。自汴以達齊魯，自洛以通秦隴，自周家口以達淮河，商務來源極遠，應請歸入總公司蘆漢幹

㉝ 清德宗實錄，卷四百十四，頁三。
㉞ 愚齋存稿，卷四奏疏四，頁六四。

路籌款接造，以免各國覬覦，促我生機。㉟

是爲隴海鐵路之發端。光緒二十八年（一九〇二），宣懷與俄國華俄道勝銀行議定正太鐵路借款章程二十八款，另行車合同十款，規定借法金四千萬佛郎，合華金一千三百萬兩，九折計算，年息五釐，自售票之第十年起，分二十年勻還，以該路收入作抵押。因山道崎嶇，正太路軌改用華尺三尺三寸窄軌。㊱同年九月，淞滬鐵路竣工，計用官款一百零二萬兩。

（六）

光緒二十九年（一九〇三）二月，宣懷與英商訂約，興築滬寧鐵路。借英金三百二十萬鎊，九扣，年息五釐，以鐵路收入擔保，五十年償還。㊲同年八月，籌借比款一百萬鎊，合法金二千五百萬佛郎，興築蘆漢鐵路河南支線，東起開封，西至洛陽。利息期限悉照蘆漢鐵路章程辦理。㊳

光緒三十一年（一九〇五）三月，宣懷與英商福公司議定澤道鐵路借款合同十款，借英金七十萬磅，興築自山西澤州礦區，至河南衛輝道口鎮鐵路，年息五釐，九扣交付，自約成

㉟ 愚齋存稿，卷四奏疏四，頁五。
㊱ 愚齋存稿，卷七奏疏七，頁二九。
㊲ 愚齋存稿，卷九奏疏九，頁一。
㊳ 愚齋存稿，卷十一奏疏九，頁十二。

之日起第十年，分二十年贖還。㊴ 同年七月，萍醴運煤鐵路竣工，係漢陽鐵廠所興築，用款一百四十八萬九千餘兩。㊵ 同年八月宣懷奏請設鐵路法文速成學堂，培養鐵路員工。略曰：

臣前在上海奏辦南洋高等學堂，並選派學生出洋肄習，以為預儲工程司之用。惟所習皆英文，亦非備行車任使。……查蘆漢路如站長票房車首等項，向用法文，現今官立民立各學堂法文尚少，路工未竣以前逐段行車需人孔亟，遴選未能盡善，流品因以不齊，每至更換無人。……宜先設鐵路法文速成學堂，凡蘆漢、正太、汴洛各路，需用車務人員，皆可取材於此。㊶

同年十月，因蘆漢鐵路工竣，宣懷奏報交卸鐵路差使，並瀝陳歷年經營情形曰：

臣於光緒二十二年蒙恩簡派督辦鐵路大臣，於上海地方設立鐵路總公司。先辦蘆漢路，續辦正太、滬寧、汴洛等路。查蘆漢鐵路二千五百餘里，中隔黃河，工程最為艱鉅。臣受任之始，議論紛紜，有謂路工難以蕆事，有謂黃河大橋萬不能成，有謂路成收利

㊴ 愚齋存稿，卷十一奏疏十一，頁九。
㊵ 愚齋存稿，卷十一奏疏十一，頁三四。
㊶ 愚齋存稿，卷十二奏疏十二，頁五。

不敷還本，將爲外人所佔，即微臣自揣才力短絀，責任過重，亦惴惴以弗克告成爲懼。……今幸全工告蕆，橋通之後，京漢三日可達，快車沿途不停，三十六點鐘可達，商民喜便，路利日增，將來正太、汴洛、道清枝路，脈絡貫通，利益更必豐厚，按期還本，確有把握。㊷

其功成不居之精神至堪敬佩。朝旨裁撤鐵路總公司，滬寧鐵路工程由唐紹儀接辦。於是宣懷經營之鐵路事業告終；而滬杭甬鐵路及粵漢、川漢鐵路，因發生風潮，終清之世竟未能如期完成。

（臺北，傳記文學，第十四卷，第三、四、五期，民國五十八年三、四、五月，頁一三－二一，六三－七〇，六七－七五。）

㊷ 愚齋存稿，卷十二奏疏十二，頁十七。

一二　李鴻章與甲午戰爭

一、前　言

甲午戰爭是我國近代史上劃時代之大事，其重要性不下於鴉片戰爭。戰前中國國際地位雖每況愈下，仍不失爲遠東大國，列强僅有在華謀取特權之企圖，尚無滅亡中國之野心。戰後日本代中國而起，各國紛紛在華租借港灣，劃分勢力範圍，激發國人之民族意識，而革命排滿，維新變法之運動因之興起。

甲午戰爭同時爲李鴻章事業成敗之關鍵，戰前鴻章總制北洋，內預新政，外當交涉之衝，垂三十年之久。戰後雖辦事總署，開府嶺南，聲望地位遠非昔年可比。倘無庚子國變，收拾殘局，則後人之評價當又不同也。

鴻章之辦理外交，採以夷制夷之策，以息事寧人爲原則，熱中權位，受制於環境，思想無法適應時代，逢迎於上，見欺於下，此固鴻章聲名之累，亦近代中國之不幸也。

二、台灣與琉球問題

日本之初通中國，鴻章欲利用以制西方，及見其國勢日强，建設海防乃以日本爲假想之敵。然對日交涉處處遷就，雅不願訴之以武力。日本乃得一進尺，肇致甲午之兵釁。

同治九年（一八七〇）九月，日本首次遣柳原前光來華議定商約，總署不允所請，鴻章致書恭親王奕訢曰：「日本距蘇浙僅三日，精通中華文字，其甲兵較東島各國差强，現以英法美諸國受其欺負，心懷不服，而力難獨抗，中國正可聯爲外援，勿使西人倚爲外府，宜先通好，以冀同心協力。」❶總署從之，始允其另簡派全權大臣來華會議，遂有同治十年（一八七一）七月中日修好條約之簽訂。

同治十一年（一八七二）三月，日外務大臣副島種臣再來華，藉口「上年與中國所定條規，恐與新議條例不合」，要求修改。鴻章以日人失信，所遞照會交津海關道擲還。復經日使請求，始予接見，面加指駁，日使「囁嚅縮伏，迭稱所言極是正理，自知惶愧。惟回國不能銷差，乞將照會暫存。」相持一月，鴻章以日使「理屈詞窮，但求略予轉圜，俾得及早回國。」始允「豫爲商量，然總以必須換約後始可議辦。」❷日使遂歸。

---

❶ 同治朝籌辦夷務始末，卷七十七，頁三五。
❷ 同上書，卷八十六，頁四十二、頁四十四。

先是同治十年（一八七一）十月，琉球漁民遭颶風漂至台灣東部，爲牡丹社山胞所掠，死五十四人，餘十二人由台灣地方官保護回國。日本乃用作藉口，企圖併吞琉球，出兵台灣。同治十二年（一八七三）四月，日使副島種臣來華換約，其繙譯鄭永甯告總署大臣曰：「台灣生番弒害琉球人民之事，擬遣人赴生番處說話。」「嗣後儻有日本人前往，好爲相待。」❸總署疑日人將有所圖，告其事於鴻章，鴻章復書曰：「第思台灣生番戕害琉球難民一案，原與日本無干。……琉球係我屬國，盡可自行申訴。」並引福建游擊吳世忠語：「番人趫捷强狠，山徑深險異常，英美商船曾被侵害，屢發兵船往勦失利，皆無如何，後乃講和而止。日本力更不逮，斷無能爲。」❹可見其昧於台灣形勢，尚不瞭解日人之野心。

同治十三年（一八七四）三月，日軍登陸台灣東部，復先後遣柳原前光、太久保利通來華交涉。六月十一日鴻章與柳原前光會於天津督署，事後鴻章函告總署曰：「深知若輩伎倆，又恨其行徑詭變，不得不嘻笑怒罵，厲聲詰責。」❺而其七月十六日致總署「論台事歸宿書」，仍請總署以禮待日使，償款以了和局。略曰：

平心而論，琉球難民之案已閱三年，閩省並未認眞查辦，無論如何辯駁，中國亦小有

---

❸ 同上書，卷九十三，頁二十七。
❹ 李文忠公全集，譯署函稿卷一，頁四十四至四十五。
❺ 同上書，譯署函稿卷二，頁三五至三六。

不是。萬不得已，或就彼因爲人命起見，酌議如何撫卹琉球被難之人，並念該國士兵遠道艱苦，乞思犒賞餼羊若干，不拘多寡，不作兵費，俾得踴躍回國，且出自我意，不由彼討價還價，或稍得體，而非城下之盟可比，內不失聖朝包荒之度，外以示羈縻勿絕之心。❻

復又明認琉球爲日本所有。是時龜山，瑯璚一帶日軍總數不過三千人，因不服水土，死亡相繼；復以山胞襲擊，已成進退維谷之勢。而華軍源源東渡，倘一接觸，日軍必然悉數就殲。巡視台灣大臣沈葆楨深窺日使狡謀，遺書鴻章曰：「大久保之來，其中情窘急可想，然必故示整暇，始肯就我範圍，是欲速之意在彼不在我，我既以逸待勞，以主待客，自不必急於行成。」復奏曰：「倭備雖增，倭情慚怯，彼非不知難思退，而謠言四布，冀我受其恫嚇，遷就求和，倘入彼彀中，彼必得一步又進一步，但使我厚集兵力，無隙可乘，自必貼耳而去。」❼總署卒不能堅持，以五十萬兩轉圜成議。此種因循畏事之態度，爲鴻章辦理外交之一大失策，而日本從此益輕中國。光緒元年（一八七五）五月，乃駐兵琉球，禁止與中國往來。光緒四年（一八七八）四月，中國駐日公使何汝璋，與日本交涉歸還琉球無結果，致書鴻章曰：

❻ 同上書，譯署函稿卷二，頁四二至四三。

❼ 姚錫光「東方兵事紀略」卷一，頁八，光緒丁酉武昌刊版。

日本國小而貧，自防不暇，何暇謀人？……陸軍常備止三萬二千人，海軍止四千人，輪船止十五號，多朽敗不可用者。……且謂今日固不敢因此開衅也。若又以日人無情無理如瘈狗之狂，如無賴之橫，果爾則中東和好終不可恃，阻貢不已，必滅琉球。琉球既滅，行及朝鮮。否則以我所難行日事要求，聽之何以爲國，拒之是讓一琉球，邊衅究不能免，欲尋嫌隙，不患無端。❽

其言頗爲中肯，而鴻章覆書曰：「琉球以黑子彈丸之地，孤懸海外，遠於中國而邇於日本。……中國受琉球朝貢本無大利，若受其貢而不能保其國，固爲諸國所輕；若專恃筆舌與之理論，而近今日本舉動誠如來書所謂無賴之橫，瘈狗之狂，恐未必就我範圍。若再以威力相角，爭小國區區之貢，務虛名而勤遠略，非惟不暇，亦且無謂。」❾鴻章明知日本之野心，而態度竟如此消極。光緒五年（一八七九）閏三月，琉球遂爲日本所夷滅。一時清議主張東征，翰林院侍讀學士王先謙持之尤力。十一月二十六日鴻章之「議覆中外洋務條陳摺」略曰：

王先謙之條議，以日本併吞琉球，藐視中國，意在整軍經武，大張撻伐，懲彼强鄰。斯事關係較重，必深籌乎彼此進退之機宜，熟審乎本末輕重之分數。日本國小財匱，

---

❽ 李文忠公全集，譯署函稿卷八，頁二至四。

❾ 同上書，譯署函稿卷八，頁四至五。

其勢原遜於泰西諸國，惟該國近來取法西人，於練兵製器各務刻意講求，頗有振興之象，中國水師尚未齊備，餉需亦未充足，若彼不再肆鴟張，似仍以按約理論爲穩著。但倭人性情桀驁，設令狡焉思逞，亦不可無以待之，中國自強之圖誠難一日稍緩矣。⑩

鴻章知日本次一侵略目標將爲台灣及朝鮮，乃請朝廷早爲經營，以便防患於未然。光緒三年（一八七七）正月十六日鴻章之「籌議台灣事宜摺」，主張接受閩撫丁日昌建議，盡速建設台灣。略曰：

琉球距台北千餘里，現日本分兵踞琉球，難保不漸思吞噬。……若夫台灣經久事宜，應以舉辦礦務墾務爲興利之大端。鷄籠煤礦開採已有端緒，硫磺、煤油、樟腦、茶、鐵諸利，亦應逐漸開拓。或借官本，或集公司，該撫（按：指丁日昌）奏以靜待動，以柔克剛，萬一遇有外侮，當能操縱合宜，不至遽有戰事。所謂十年後成本可還，二十年後庫儲可裕，殆非虛語。……

鐵路電線二者相爲表裏，無事時運貨便商，有事時調兵通信，功用最大，東西洋各國富强之基胥賴此以充拓。丁日昌到台後疊次函稱，該處路遠口多，防不勝防，非辦鐵路電線不能通血脈而制要害，亦無以息各國之垂涎，洵篤論也。惟鐵路需費過鉅，似須煤鐵開採有

---

⑩ 同上書，奏稿卷三十五，頁四七。

效，就地取料，工力較省。陸路電線則移省廈已成之器爲之亦尚易爲，至購鐵甲船練水雷軍，不獨台防當辦，南北洋海防尤爲亟務。⓫

光緒五年（一八七九）七月十四日復建議朝廷，密勸朝鮮通商西洋，以免孤立無援，爲日所逞。⓬同年夏，美前總統格蘭忒（Grand）來華遊歷，返國道經日本，鴻章乃請其從中調處。十月，日人竹添進一郎藉口運米助賑來中國，上書鴻章，表示願意疏通內閣。明年二月，竹添復來天津，面告鴻章謂：日本政府願將琉球南部鄰近台灣之宮古、八重山二群島分與中國，中國應改訂中日通商條約，使日本商人在華受「一體均霑」之利益。

七月，總署與駐京日使宍戶璣開始交涉，依中國意欲三分琉球，以北部各島屬日本，中部各島復琉球，「俾延一線之祀，庶不負存亡繼絶之初心。」⓭南部各島歸中國，而日本持之甚力，因中俄伊犁問題交涉嚴重，總署卒以日願定議。約上，廷臣交論不已，十月初四日奉上諭：「李鴻章係原議條約之人，於日本情事素所深悉，著該督統籌全局，將此事應否照總理各國事務衙門原奏辦理，並此外有無善全之策，切實指陳，迅速具奏。」⓮鴻章以是約遺害甚大，十月初九日奏稱：「今俄事方殷，中國之力暫難兼顧，且日人多所要求，允之則大受

⓫ 同上書，奏稿卷二十九，頁一至二。
⓬ 同上書，奏稿卷三十四，頁四十四至四十五。
⓭ 光緒朝中日交涉史科，卷二，頁八。
⓮ 同上書，卷二，頁十四。

其損，拒之則多樹一敵，惟有用延宕之法最爲相宜。」⑮琉球問題遂成懸案。

三、朝鮮問題之演變

中國傳統之宗藩觀念，從不過問藩屬之內政外交。但倘其領土主權遇到侵犯，必不能坐視不救。越南如此，朝鮮亦如此。甲午戰爭以前鴻章之對日交涉，即本此原則進行。此與近代國際公法宗藩觀念不合，而爲日本所否認，亦爲中日兩國在朝鮮衝突之基本原因。

光緒初年，中國在朝鮮之威信甚高，本可主持其外交，而鴻章及總署大臣則聽任其直接與日本交涉，是又明認朝鮮爲自主之邦，予日人覬覦之野心。江華島事件發生後，日本遣黑田清隆率兵船赴朝鮮問罪，另遣森有禮來北京與總理衙門交涉。十二月二十三日鴻章致總理衙門書曰：

> 兩國怨怒則兵端易開，度朝鮮貧弱其勢不足以敵日本，將來該國或援前明故事，求救大邦，我將何以應之。雖執條規責問日本不應侵越屬國，而彼以關說在先，中國推諉不管，亦難怪其侵越，又將何以制之？即仍永遠兩不過問，而使朝鮮失望，日本生心，似已薄待屬國鄰邦，顯示天下以不廣。更恐朝鮮爲日本陵逼，或加以侵佔，東三省根

⑮ 同上書，卷二，頁十五。

本重地遂失藩蔽，有唇亡寒齒之憂，後患尤不勝言，此皆不可不預爲籌及者也。……宜由鈞署迅速設法密致朝鮮政府一書，勸其忍耐小忿，以禮接待，或更遣使赴日本報聘，辯明開礮擊船原委，以釋疑怨，爲息事寧人之計。至該國願與日本通商往來與否，聽其自主，本非中國所能干預，如此立言，似亦不爲失體。倘朝鮮允從，固可暫弭兵釁；如必不從，而我所以字小國待與國之心亦交盡矣。倘異時朝鮮或再乞援，日本或譏膜視，我亦得有詞以自解。❶

十二月二十八日森有禮偕譯員鄭永寧謁鴻章於保定，聲稱「取了高麗有何利益」。鴻章親書「徒傷和氣，毫無利益」以贈之。❷是明認朝鮮爲獨立自主之國，中國僅基於大國立場從中排解。明年二月，日韓議定江華條約，中國並無反對之表示，此爲鴻章對日外交之一大錯誤。

是時俄國勢力亦侵入朝鮮，韓國處於中日俄三國勢力角逐之下。鴻章最初認定日本小民貧，自防不暇，焉能謀人；而俄國方逞志於遠東，欲攫取朝鮮港灣爲海軍根據地，並計劃派遣軍事教官前往韓國，❸故應聯日以制俄。

同年九月初，日使副島種臣過津晤鴻章，告以日本「懼俄吞噬」，願與中併力抵禦。二十

---

❶ 李文忠公全集，譯署函稿卷四，頁三十至三十一。
❷ 同上書，譯署函稿卷四，頁三三。
❸ Pomahob 原著、民耿譯述「帝俄侵略滿洲史」頁四一，商務印書館民國二十六年三月版。

三日日使森有禮復至，謂：「黑龍江東岸俄人方鳩集蒙古高麗人民，開拓日廣。」日本「方欲與中國高麗併力拒俄，豈肯同室操戈，自開衅隙。」❹ 鴻章頗信之。

光緒三年（一八七七）春，日本發生內亂，鴻章特撥借子彈十萬發，以盡「救災卹鄰」之誼。❺ 光緒四年鴻章致書朝鮮執政李裕元，勸其聯日以備俄。略曰：

日本豐臣秀吉時雖稱兵貴國，然近者西鄉隆盛弄兵潢池，不戢自焚。彼國君臣鑒於國小多難，不敢復勤遠略。聞駐日公使何如璋云：「日本近以俄人有事四方，貪得無厭，欲與貴國聯爲輔車，共同防俄，頗疑貴國不肯傾誠相待。」邇來俄與土耳其和議已成，西事方臧，必將東略，執事志在謀國，幸早聯日防俄，以備不測。❻

光緒五年（一八七九）春，日本已併琉球，圖韓日切，鴻章對日始有戒懼之心。五月，前福建巡撫丁日昌條陳海防事宜，認爲「朝鮮不得已而與日本立約，不如統與泰西各國立約，日本有吞噬朝鮮之心，泰西無滅絕人國之例，將來兩國啓釁，有約之國皆得起而議其非，日本不致無所忌憚。」英使威妥瑪（Thoma2 F. Wade）亦建議總署：「朝鮮若不與各交通，必爲

---

❹ 李文忠公全集，譯署函稿卷六，頁三一至三二。
❺ 同上書，譯署函稿卷七，頁三至四。
❻ 庸盦全集，外編卷三，頁三九，台北廣文書局民國五十二年九月影印版。

琉球之續。」❼總署乃奏請飭命鴻章就丁日昌所陳各節，致書朝鮮：「俾知理貴因時，治期可久，知彼知己，利害宜權，庶該國可免之虞而中國亦藉資屏蔽之力。」七月九日鴻章復致書朝鮮太師李裕元，文出幕僚薛福成手筆，略曰：

倭人性情桀驁貪狡，爲得步進步之計，貴國隨時應付，正自不易。……近查日本行事乖謬，居心叵測，極應中爲之防，有不能不密陳梗概者。……琉球乃數百年舊國，並未開罪於日本，今春忽發兵船劫廢其王，吞其疆土，其與中國與貴國，難保將來不伺隙以逞。中國兵力餉力十倍日本，自恃可以制之，惟嘗代貴國審度躊躇，似宜及此時密修武備，籌餉練兵，愼固封守，仍當不動聲色，善爲牢寵。凡交涉事宜恪守條約，勿予以可乘之端，一旦有事則彼曲我直，勝負攸分。……貴國既不得已而與日本立約通商，各國必從而生心，日本轉視爲奇貨。爲今之計，似宜用以敵制敵之策，次第與泰西各國立約，籍以牽制日本。……近日各國公使在我總理衙門屢以貴國商務爲言，因思貴國政教禁令悉由自主，此等大事豈我輩所可干預，惟是中國與貴國誼同一家，又爲我東三省屏蔽，奚啻唇齒相依，貴國之憂即中國之憂也。所以不憚越俎代謀，直抒衷曲，望轉呈貴國王察核。❽

❼ 光緒朝中日交涉史料，卷一，頁三一至三二。
❽ 盦庸全集，外編卷三，頁四十至四十二。

光緒六年（一八八〇）六月，美使薛斐爾（R. W. Shufeldt）至韓訂約，朝鮮不納。明年五月，乃至天津轉求於鴻章。會朝鮮派金永植率學生來天津，請求代爲主持外交，鴻章乃命幕僚周馥、馬建忠與薛斐爾會商。美方所提約稿以日韓條約爲藍本，中國則堅持約內需載明「朝鮮係中國屬邦，政府仍得自立」字樣，而爲薛斐爾所堅拒。❾故光緒八年（一八八二）四月馬建忠在韓會同韓國議約代表申櫶、金宏集與薛斐爾所議定之商約，因恐「固執廢事」未將此條列入，其後與英德兩國所訂之商約亦同。僅由朝鮮另備一照會，聲明爲中國屬邦而已。❿鴻章不早爭宗主權於日韓江華條約，而圖改變於韓國與美、英、德訂約之時。復因不被各國所承認，退而只求朝鮮承認中國爲上邦。事後鴻章奏稱：

若必令將中華屬國載在約內第一款，朝鮮即可遵行，美爲合衆聯邦，尚不肯允，英德龐然自大，更無允行之理。彼與中國朝鮮皆係立約平行，若朝約內載明中屬，自覺有礙體面，我亦未便强令更正。但有照會另行聲明載在盟府，日後各國設相侵陵，或朝鮮有背畔之處，中國儘可執義責言，不致竟成法越覆轍。⓫

---

❾ 李文忠公全集，奏稿卷四十三，頁三四至三六。
❿ 馬建忠「適可齋記言記行」，卷四，頁十二至十三，文海出版社。近代中國史料叢刊本。
⓫ 李文忠公全集，譯署函稿卷十五，頁二十。

其味於國際公法可知，益乎朝鮮成爲越南之續也。

光緒八年（一八八二）六月，朝鮮因王紀閔氏與大院君爭權，發生壬午之變。時鴻章方丁母憂在籍，署理直督張樹聲遣馬建忠、丁汝昌、吳長慶率軍東渡平定韓亂，中國在朝鮮勢力大增。清廷命鴻章，悉心籌度善後，鴻章不同意清議派給事中鄧承修、翰林院侍讀學士張佩綸等之東征主張。八月十六日鴻章先議鄧摺，於比較中日海軍實力後，以爲中國「船少力孤，情見勢絀，不能遠服，萬一日本窺我虛實，簡精銳轉向，他日踏間抵瑕，爲先發制人之舉，尤宜豫籌所以應之。」⑫二十二日復議張摺，認爲「跨海東征之舉，以整練水師添備戰艦爲要，戰艦足用，統馭得人，則日本自服。……日本步趨西法雖僅得其形似，而所有船礮略足與我相敵，若必跨海數千里與角勝負，制其死命，臣未敢謂確有把握。第東征之事不必有，東征之志不可無，中國添練水師實不容一日稍緩。」⑬九月十八日，張佩綸復奏陳朝鮮六事：（一）理商財，（二）預兵權，（三）救倭約，（四）購師船，（五）防奉天，（六）爭永興。⑭十月初七日鴻章逐條議覆，認爲所議六事「皆臣近日籌畫所及，但辦理自有次第。」⑮鴻章推薦前駐津德領事穆麟德（Paul George Von Möllendroft）、侯選中書馬建常襄辦朝鮮海關，兼理外交事宜，吳長慶部繼續留駐朝鮮，中國在韓國地位大異於前。時張謇在吳長慶幕，上書鴻章，

---

⑫ 光緒朝中日交涉史料，卷四，頁十三至十四。
⑬ 同上書，卷四，頁十六至十七。
⑭ 張佩綸「澗于集」，奏議卷二，頁六三至六五，文海出版社近代中華國史料叢刊本。
⑮ 李文忠公全集，奏稿卷四十五，頁七至十二。

請援漢玄菟、樂浪郡例，廢韓國爲郡縣；援周例置監國；或置重兵守其海口，而改革其內政，或令自改，而爲練新軍，聯東三省爲一起，鴻章不納。⑯

光緒十年（一八八四）十月，日本駐韓公使竹添進一郎，利用中法戰爭機會，操縱開化黨發動甲申之變，爲清軍所平定。明年二月爲撤兵問題，日使伊藤博文與鴻章會於天津。伊籐堅持日本在朝鮮與中國地位平等，三月四日卒依日方要求成議，規定將來朝鮮如有亂事發生，中日兩國均得派兵，應先行文知照。⑰此爲鴻章對日外交之又一錯誤，亦爲甲午戰爭之主要導火線。鴻章於三月五日奏報成約之原因曰：

竊惟去冬十月朝鮮之變，竹添陰助亂黨，而朝王亦難免開門揖盜之譏。日本先發難端，而華軍亦有乖投鼠忌器之義。日本最貪小利，同治十三年台灣生番之役，優給卹銀，略示寬大。此次乘中法交訌之會，借朝鮮兵爭之事，尋衅而來，冀收漁人之利，而其顧望未嘗不奢。駐日使臣徐承祖函稱：該國王調集廣島、熊本兩鎮之兵預備戰爭，伊籐來華隨帶水陸將弁多人，沿途偵探虛實，朝鮮君臣聞日使北來，舉國震恐，臣等方慮事機決裂，重貽君父之憂，茲幸法夷效順，日人亦就範圍，臣等秉承廟謨，反復辯折，倖免隕越，以後彼此照約撤兵，永息爭端，俾朝鮮整軍經武，徐爲自強之謀，並

⑯ 張孝若「南通張季直先生傳記」，頁四十三，民國十九年上海中華書局版。
⑰ 光緒朝中日交涉史料，卷八，頁十五。

無傷中日兩國和好之誼。[18]

同日復致函總署曰：「該使（按：指伊籐博文而言）久歷歐美各洲，極力摹訪，實有治國之才，專注意於通商睦鄰富民强兵諸政，不欲輕言戰爭，併吞小邦，大約十年之内日本富强必有可觀，此中土之遠患，而非目前之近憂。」[19] 於是中日兩國在朝鮮之爭端暫息。會中國將大院君李昰應釋回，閔妃憾之，頗有引俄自固之心。一時傳聞俄韓密約之説甚熾。[20] 光緒十二年（一八八六）八月十五日，鴻章致書醇親王奕譞，論俄日窺韓曰：「韓雖可慮，有俄在旁，日斷不遽生心，我當一意聯絡俄人，使不侵佔韓地，則日亦必縮手。」[21] 鴻章漸有聯俄制日之意。九月二日俄駐華代理公使拉德仁（Radolin）謁鴻章於天津督署，告鴻章曰：「朝鮮介在中俄日三國之間，無論何國要取其地，其餘兩國必不答應。」鴻章答曰：「朝鮮如永遠遵守屬邦名分，中朝斷無侵佔其地之理，似恐俄國有此意，俄國能否與我立一密約。」拉德仁曰：「此約乃俄國所願立，外部來電有此意。」[22] 鴻章已有與俄訂立密約之心。惟鴻章仍欲操縱俄日之間，從中漁利。光緒十三年（一八八七）正月二十四日，鴻章致日本内閣總理大臣伊籐

---

[18] 李文忠公全集，奏稿卷五十三，頁二六至二七。
[19] 同上書，譯署函稿卷十七，頁八至九。
[20] 清光緒朝中日交涉史料，卷八，頁四三。
[21] 李文忠公全集，海軍函稿卷二，頁一四。
[22] 同上書，譯署函稿卷一八，頁四二。

博文書曰：

歐洲合縱連橫之局，積釁經年而發見於近日。頃聞新報又似少弭，然厝新伏火終於必燃，法懷會稽之恥，誓報東門之役。俄背海上之盟，謀開南牧之路。惟英與德豈能晏然。昔人之論縱橫者，以三晉之合離爲秦楚之强弱，今則局勢闊遠，合兩洲之大而爲七雄，又非春秋戰國之比。亞洲獨表東海，眞爲局外，不能爲宋之弭兵，但可爲魏之兩謝，涼州倚柱自可遠觀，我兩國正如金甌無一敗缺，結束戎兵，明其政刑眞其時也。㉓

光緒十四年（一八八八），鴻章以英素畏俄佔領朝鮮港口以經略太平洋，日亦懼俄勢力南侵，主張中俄英三國訂立條約，共同保護朝鮮，以防止日本之侵犯。曾致電中國駐俄大臣洪鈞，與俄外部研商辦法。以俄國注重在於中俄兩國共同維持朝鮮領土之完整，中國則希望俄國明白承認朝鮮爲中國之藩屬，因此聖彼得堡之交涉迄無結果。㉔

光緒十七年（一八九一）六月，丁汝昌率北洋艦隊訪日，受到日本朝野之熱烈歡迎。鴻章爲此致書駐京日使大鳥圭介曰：

㉓ 李文忠公尺牘，上册，頁九八至九九，文海出版社影印版。

㉔ 李文忠公全集，譯署函稿卷一九，頁二〇至二二。

日前丁軍門統率北洋兵艦道出東溟，渥承瀛州賢士大夫殷勤款接，盤敦之雅，聯若一家。長兄忝在使車，得陪盛會。前得家信及丁軍門來電，詳述各節，欣悅至深。日來新報傳佈五洲，俾知我兩國同文共城之邦，交誼日親，尤為可喜。來書過為爲推挹，愧不敢承，而慰愜之情則彼此無異也。㉕

當是時日本國內黨派之爭方熾，對外復忙於修約之交涉，畏俄謀韓甚於懼華，因思利用中國以制俄。其外相井上馨曾於光緒十一年（一八八五）五月告中國駐日大臣徐承祖曰：「以後高廷用人及大政，均屬其請命中朝，方准黜陟。」明認中國在朝鮮之宗主權。㉖其後袁世凱監督韓政成功，日本利用中國防俄之目的固達，而中國在朝鮮之勢力日漸膨脹，日本遂不能忍；故甲午東學黨亂起，雙方乃不免一戰。

四、中日朝鮮撤兵交涉期間之外交活動

光緒二十年（一八九四）五月，朝鮮東學黨之亂略定，而日本拒不撤兵，要求共同改革朝鮮內政，李鴻章則全部希望寄托於列強之干涉。初依英國。英國對於韓國問題，以防俄國

㉕ 李文忠公尺牘，下册，頁五三一。

㉖ 光緒朝中日交涉史料，卷八，頁一二。

入侵之故，向主承認對華之宗屬關係，初頗偏袒於中國。五月六日鴻章致電總署曰：「頃英歐使（歐格納－Sir Nicholas R.O, Coner）過談，亦不以日派兵爲然。謂已致電駐韓領事，駐日英使，設法勸解。」㉗同月二十九日駐天津英國領事攜歐格納函復來告鴻章曰：「（歐使）屢電外部與駐英倭使，商令撤兵再議善後。又電駐倭英使與說，皆未允。」鴻章因請英領事速電歐格納，轉告英外部，「令水師提督帶十餘鐵甲快艦徑赴橫濱，與駐使同赴倭外署，責其以重兵壓韓，無禮擾亂東方商務，與英大有關係，勒令撤兵再議善後，讓倭必遵。」㉘總署旋電鴻章曰：「連日英使來署，述其外部來電，屬令從中調停。又歐使已接竇電，英派兵艦赴倭之說，歐似不以爲可，未電本國。」㉙

鴻章復以「日雖忌英，不若畏俄。」㉚欲賴俄人之支持。五月十七日駐華俄使喀西尼（A.P.Kaccnhn）休假返國，道經天津，謁鴻章辭別，鴻章告之曰：「昔日俄使拉德仁與中國約定，互不侵犯朝鮮領土，而今日本大軍駐韓，意殊叵測，俄爲朝鮮近鄰，豈能漠視；且中日兩國軍隊留韓，勢必發生衝突，妨礙遠東和平，特望電告貴國外部，轉電駐日公使，勸導日本與中國同時撤兵，以免後患。」喀使深以爲然。答稱：「日內即致電，想外部亦同此

㉗ 李文忠公全集，電稿卷第一五，頁三六。
㉘ 清光緒中日交涉史料一三，頁三十。
㉙ 姚錫光「東方兵事紀略」卷四，議款篇第八頁十九，文海出版社近代中國史料叢刊本。
㉚ 清光緒中日交涉史料，卷一三，頁一九，李文忠公全集，譯署函稿卷一五，頁四七。

意。」㉛翌日鴻章回拜俄使，重申日本野心及中國之立場曰：「日以重兵協議，實欲干預朝鮮內政，爲侵奪之謀，華決不允。」並詭稱：「英有調停之意，中國因俄韓關係密切，願請俄國代執其勞。」以堅俄國干涉決心。喀氏謂：「俄韓近鄰，斷不容日妄行干預。」並稱：「使華以來惟此件亦涉於俄國，關係甚重，務望彼此同心力持。」㉜五月二十二日鴻章致電總署曰：「喀使奉該國電覆，即令巴參贊（按：巴布羅夫－M.Pavloff）來告，俄皇已電諭駐倭使，轉致倭廷，勒令與中國商同撤兵，俟撤後再會議善後辦法。如倭不遵辦，電告俄廷，恐須用壓服之法。」㉝鴻章深以爲喜。

六月七日鴻章再電總署曰：「頃喀使遣巴參贊、來領事過晤，稱接俄廷電復，日韓事明係日無理，俄只能以友誼力勸日撤兵，再與華會商善後，但未便用兵力勸，强勒日人。至朝鮮內政應革與否？俄亦不願預聞。」㉞俄之態度大異於前。當時鴻章曾詰巴布羅夫，「五月二十二日喀西尼曾遣爾等來告，俄廷要勒令日撤兵再議，如日不聽，尚有第二層辦法，是前後語意不符。」巴氏答稱：「吾等亦覺不符，恐俄廷另聽旁人間阻。」㉟六月十三日鴻章再電總署曰：「接汪使（按：中國駐日大使汪鳳藻）本日電：『頃駐倭俄使遣人告謂：此時在我勸

㉛ 李文忠公全集，電稿卷一五，頁四七，清光緒朝中日交涉史料，卷一三，頁一九。
㉜ 清光緒朝中日交涉史料，卷一三，頁二十。
㉝ 同上書，卷一三，頁二四。
㉞ 李文忠公全集，電稿一六，頁一二。
㉟ 同上書。

既無益，須由貴政府另籌良策。』㊱ 俄國之志可知矣。

鴻章並求援於法國。六月三日中國駐英大臣龔照瑗致電鴻章曰：「法頗願調停」，勸中國「應確有備戰之勢」㊲。同日鴻章覆電照瑗曰：「法外部擬如何調法？願聞其詳，各口現均備戰守。」同月四日鴻章致電總署曰：「頃接龔使電，謂法喀外部（按：法外長阿托尼—Gabriel Hanotaux）晤慶常（按：中國駐法參贊），謂已請總統示，即勸倭與中和商。英俄先出調停者，緣商務界務有關，皆議院喜與聞。法出於睦誼，一面探商英俄再作辦法，請勿宣。」六月七日鴻章再電總署，謂接龔照瑗來電，稱法外部表示：「英俄相忌，倘法言過激，恐不利中，英俄有關韓商界，望和結，語甚激。法若出公議，當隨英俄後。」㊳ 態度固不積極也。

鴻章另借助於德國，六月八日鴻章致電中國駐俄德大臣許景澄曰：「望商德外部，電飭駐日韓各使，力勸日撤兵，再與華商辦善後；否則將開釁，恐擾大局。」㊴ 同月十一日景澄覆電鴻章，謂德外交大臣馬沙爾（Baron Von Marchall）告以允電駐日德使哥屈米德（Gutschmid）「偕同調處」中日爭端。㊵

是時德法兩國表面對遠東局勢有所關切，暗中則圖見好於日本。其駐東京公使與日外相

㊱ 東方兵事紀略，卷四，議款篇第八，頁十九。
㊲ 李文忠公全集，電稿一六，頁四。
㊳ 東方兵事紀略，卷四議款篇第八，頁二一。
㊴ 李文忠公全集，電稿一六，頁一二。
㊵ 同上書，電稿一六，頁二三。

陸奧宗光私人相晤時，竟稱：「欲使中國覺醒古來迷夢，絶不可不加以大打擊。」[41] 其無强行干涉之意至爲明顯也。

鴻章更希望美國之調停。六月八日中國駐美大臣楊儒致電鴻章曰：「頃（美）外部云：接駐華代辦電，中堂請美約同各國勸韓撤，伊未接電先已飭駐倭美使告倭政府，勸早退兵，勿干韓政。」[42] 同日鴻章覆電楊儒曰：「英俄力勸倭照約撤兵再商，未允。望告謝外部（按：美國務卿格萊錫－W. Q. Gresham），仍電催其駐倭使，會各國使力勸其保和局，否則勢將決裂。」[43] 六月十三日楊儒再電鴻章曰：「晤謝外部，據稱中堂須美排解，甚慰本懷，當可電駐日美使力勸共保和局，但美不願會同俄英各國，恐各國別懷意見，於事無益。」[44] 是時美國在政治及經濟上尚無積極在遠東發展之意，雖有勸告，完全出自希望和平之意，而不願做進一步之行動也。[45]

列强中鴻章惟依俄援助最爲殷切。六月二十日，日軍已在漢城架砲設防，勢將發動戰爭，俄使喀西尼忽遣參贊巴布羅夫至天津告鴻章曰：「已電請國家派兵驅逐，看倭人現在情勢須動兵。」鴻章詢俄水師提督現駐東方歲操有幾船。巴曰：「有大兵船十隻，調往仁川甚便。」

---

[41] 陸奧宗光「蹇蹇錄」，龔德柏譯本，頁三九，商務印書館民國十八年四月版。
[42] 清光緒朝中日交涉史料，卷一四，頁二一。
[43] 李文忠公全集，電稿一六，頁一五。
[44] 同上書，電稿一六，頁二〇。
[45] 蹇蹇錄，頁三九。

鴻章曰：「貴國如派船，我海軍提督亦可派往會辦。」巴曰：「甚好，俟本國回電即知會。」鴻章電告總署，竟喜俄人「真動公憤，未必收漁人之利。」㊻

總署王大臣頗不信俄國有此義舉，同月二十一日覆電鴻章曰：「俄以倭不聽勸，意在動兵，其力固足制倭，然謂『非欲收漁利』，其誰信之？此時俄若派兵驅倭，我固未能阻止，但不可倚以爲助，致事後別生枝節，我軍會辦一節，殊未妥協，宜再酌電覆。」㊼而社會輿論亦均持驚奇疑懼態度；惟鴻章仍迷信之。七月一日中日兩國宣戰後，鴻章誤認俄政府必有行動，而俄軍終不出。其實各國在華利害不同，外交政策非其駐外公使所能決定。日本對中國認識最清，其外相陸奥宗光於其所著之「蹇蹇錄」中，認爲甲午之戰中國之失敗，「無非緣於自始不確立自己立腳之地，秉持外力之援助，圖一時之僥倖而已。」復曰：「該國自始即採取求歐洲列強干涉，速行終止中日戰爭之政策。」「又彼（按：指鴻章而言）與總理衙門合同，屢懇求外國代表援助，且電訊其駐歐洲各國之使臣，使直接哀求各駐在國之政府。」㊽「中國政府不顧污辱自國之體面，一味向強國乞求哀憐，自開門户，以迎豺狼。此種愚笨雖屬急在燃眉，出於不得已，然促成歐洲強國干涉東方事件之危機。」㊾鴻章過份任信俄國，以致軍事處處被動，爲導致甲午戰敗之重要原因。

㊻ 李文忠公全集，電稿一六，頁二八。
㊼ 清光緒朝中日交涉史料，卷一五，頁一五。
㊽ 蹇蹇錄，頁四二。
㊾ 同上書，頁七七至七八。

五、清議之誤國

鴻章自始知中國海陸軍之不可恃，然受掣於清議，對日交涉不敢輕易讓步。是時德宗年少氣盛，户部尚書翁同龢以漢文師傅參予軍機及總理衙門事務，清望傾國，日以金石自娛。囿於環境，對外知識殊爲淺陋。而張謇新大魁，遂入翁門，輕燥主戰，其言論足以影響翁之態度。及朝鮮撤兵交涉起，翁主對日强硬，李主讓步。翁主拒日，李主依賴外人。翁乃暗示朝臣交章議論，要皆不切實際之言，但憑一時情感衝動而已。茲摘舉翁文恭公日記數則以見一斑：

（六月十四日）是日軍機見起，上意一力主戰，並請懿旨，亦主戰，不准借外債。余與高陽（按：李鴻藻）皆主添兵，調東三省及旅順兵遠赴朝鮮。余又謂清釐朝鮮内政不爲失禮，此二端皆入覆奏。……看電報，看奏摺，主戰者五摺，議無所決。㊿

（六月十五日）上至書房，臣入奏昨日事，大致添兵，仍准講解。上曰：「撤兵可講，不撤兵不可講。」又曰：「皇太后諭，不准有示弱語。」(51)

㊿ 翁文恭公日記，頁六九七一，文海出版社影印版。

(51) 同上書，頁六九七二。

（六月十八日）上以翰林院代遞曾廣鈞摺令閱，所陳七條，主滅日本，語殊豪縱。先退，至軍機處看摺，諸公早集，余聯沅摺三策：上攻東京，次守海口，下與倭戰。請廷議切片保劉銘傳、劉錦棠、劉永福、陳湜，安維竣片參軍機總署。52

（六月十九日）上以龐鴻書摺令閱，請明宣戰事，並規東京。53

（六月二十日）上以準良摺令閱，四條：宣戰、封港、調遣。54

六月十三日，諭命翁同龢、李鴻藻與軍機大臣總理衙門大臣會同詳議朝鮮事。六月十六日由同龢領銜，合李鴻藻、世鐸、額勒和布、張之萬、孫毓汶、徐用儀、奕劻、福錕、崇禮、廖壽恆等奏曰：

倭人以重兵駐韓，日久未撤，和商迄未定議，不得不速籌戰事，此乃一定辦法。……應請飭令李鴻章派兵進發，妥籌布置。……中國本有保護朝鮮之權，此次派兵前往，先以護商爲名，不明言與倭失和，稍留餘地，以覲動靜。現在倭兵在韓益肆獗猖，而英使在京仍進行和商之說，我既預備戰事，如倭人果有悔禍之意，情願就商，但使無

---

52 同上書，頁六九七五至六九七六。

53 同上書，頁六九七六。

54 同上書，頁六九七七。

礙大局，仍可予以轉圜，此亦不戰而戢人之術也。……現察倭人之意，以整頓朝鮮內治保其土地爲主，祇以中國允其商議不甚切實，但催令先行撤兵，是以未能就範。此時既派大兵前往與之相持，亦可不必催令撤兵。彼如仍請派員與議，則倭人所請各條如有不妥，我可議駁。如果有裨政務，亦可由我飭行，既行保護利權，亦不失上國體制，屆時再當請旨遵行。倘仍要求必不可行之事，或逕先逞兇鋒，則大張撻伐，聲罪致討，師直爲壯，各國當亦曉然共喻矣！[55]

清廷之決策可知矣。先是五月二十二日清廷飭鴻章從速準備應變，慎防俄國干涉之不足恃，或另有覬覦別謀。[56] 二十八日再旨寄鴻章曰：「現在倭燄愈熾，朝鮮受其迫脅，勢甚岌岌，他國勸阻亦徒空言，將有決裂之勢，李鴻章練海軍業已有年，審量倭韓情勢，應如何先事圖維，熟籌措置。倘韓竟被逼攜貳，自不得不聲罪致討，彼時倭兵起而相抗，亦在意料之中，我戰守之兵及糧餉軍火必需事事籌備，確有把握，方不致臨時諸行掣肘，貽誤事機。」[57] 時鴻章奏稱北洋鐵快各艦，能備海戰者只有八艘，認爲韓事「若能善了，自較用兵易於收束。」二十九日乃命户部先行籌備兵費二三百萬兩以備隨時指撥，並詢鴻章，「究竟海軍所練之兵共有

[55] 光緒朝中日交涉史料，卷十四，頁四十。
[56] 同上書，卷十三，頁二五。
[57] 同上書，卷十三，頁二九至三十。

若干？此外北洋分紮沿海防軍若干？及直隸綠營兵丁可備戰守者，著即逐一詳細覆奏。」58 六月二日鴻章覆陳北洋海陸現況及佈置情形，並比較日本在韓兵力曰：

戰艦以鐵甲爲最快，北洋現有定遠、鎭遠鐵甲二艘，濟遠、致遠、靖遠、來遠快船五艘，均係購自外洋，平遠快船一艘造自閩廠，前奏所云戰艦即指此八艘而言。此外超勇、揚威二船均係舊式四鎭蚊礮船，僅備守口，威遠、康濟、敏捷三船，專備教練學生。利運一船專備轉運糧械。……歷考西洋海軍規則，但以船之新舊礮之大小遲速分强弱，不以人數多寡爲較量。自光緒十四年後，並未添購一船，操演雖勤，戰艦過少，臣前奏定海軍章程及兩次校閱疏內，迭經陳明在案。

沿海陸軍除膠州台工經始未成外，山東威海衞則綏鞏軍八營，又親慶軍兩營。山東煙台則嵩武軍四營，直隸北塘口仁字兩營，大沽口礮隊六百七十名，臣前摺所謂分布直東奉三省海口把守礮台合計二萬人者指此。其分駐天津青縣之盛軍馬步十六營，軍糧城之銘軍馬隊兩營，蘆台之武毅軍兩營，皆塡紮後路以備鐵輔游擊之師。至綠營兵丁疲弱已久，自前督臣曾國藩及臣創練海軍，漸收實用，無如直隸地面遼闊，與東奉晉豫接壤，北界多倫圍場，皆盜賊出沒之區，經年扼要巡防，備多力分，斷難抽調遠役。……

58 同上書，卷十三，頁三十一。

現在倭兵備調者實有五萬，必須力足相埒，至少亦須二三十營，若移緩就急，調出一營即須添募一營以補其缺，方免空虛無備，為敵所乘。59

是中國兵力自守已感不足，焉有餘力遠役朝鮮。而同日清廷諭曰：「日人挾制朝鮮，倘致勢難收束，中朝自應大張撻伐，不宜借助他邦，致異日別生枝節。」60 德宗之昧於敵我實力，以及清議之誤國於此可見。時人王伯恭曾在吳長慶幕，留居朝鮮，瞭然於當時中日兩國之實力，深知無戰勝之希望。所著「蜷廬隨筆」記其勸翁同龢改變戰議之事如下：

是時張季直新狀元及第，言於常熟（按：翁同龢籍常熟），以日本蕞爾小國，何足以抗天兵，非大創之不足以示威而免後患，常熟韙之，力主戰。合肥奏言不可輕開釁端，奉旨切責，余復自天津旋京，往見常熟，力諫主戰之非，蓋常熟亦我坐主，向承獎助者也。乃常熟不以為然，且笑吾書生膽小。余謂臨事而懼，古有明訓，豈可放膽嘗試。且器械陣法百不如人，似未宜率爾從事。常熟言：「合肥治軍數十年，屢平大憝，今北洋海陸兩軍如火如荼，豈不堪一戰耶！」余謂：「知己知彼者，乃可望百戰百勝，今確知己不如彼，安可望勝？」常熟言：「吾正欲試其良楛以為整頓地也。」余見其意不可回，遂亦不復與語，與

59 同上書，卷十四，頁五。
60 同上書，卷十四，頁四。

辭而出，到津晤吾友秋樵，舉以告之。秋樵笑曰：「君一孝廉，而欲與兩狀元相爭，其鑿柄也固宜。」[61]

王照「方家園雜詠記事」亦同情於鴻章，認爲同龢不能辭甲午兵敗之咎責，其言曰：

甲午之役，翁同龢延攬僞清流之淺躁書生文廷式、志銳等，蒙蔽聖聰，多方掣李文忠之肘，軍政出於多門，而責勝敗之效於一人。七十老翁蒙漢奸之惡名，幾有求生不得求死不能之勢，賴太后干預變計，倚文忠求和，始收殘局，而翁黨仍百端諉過，無識之清議仍暗地潛煽。[62]

鴻章晚年時常向其幕僚自述生平辦理新政之不順手，及甲午戰爭失敗之關鍵。每一論及，輒憤慨不已。吳永「康子西狩叢談」記曰：

予（按：鴻章自語）少年科第，壯年戎馬，中年封疆，晚年洋務，一路扶搖，遭遇不爲不幸，自問亦未有何等隕越，乃無端發生中日交涉，至一生事業掃地無餘，如歐陽公所

---

[61] 王伯恭「蜷廬隨筆」，頁六，文海出版社近代中國史料叢刊本。
[62] 王照「方家園雜詠紀事」，頁二十一，文海出版社近代中國史料叢刊本。

言，半生名節被後生輩描畫都盡，環境所迫，無可如何？又曰：功計於預定而上不行，過出於難言而人不諒，此中苦況將何處宣說？又曰：我辦了一輩子的事，練兵也，海軍也，都是紙糊的老虎，何嘗能實在放手辦理，不過勉强塗飾，虛有其表，不揭破猶可敷衍一時，如一間破屋，由裱糊匠東補西貼，居然成一淨室，雖明知爲紙片糊裱，然究竟決不定裏面是何等材料。即有小小風雨，打成幾個窟窿，隨時補葺，亦可支吾對付，乃必欲爽手扯破，又未預備何種修葺材料，何種改造方式，自然眞相破露，不可收拾，但裱糊匠又何術能負其責？[63]

乃係有感而發，亦甲午戰爭失敗之癥結所在。

六、軍事之失算

甲午戰爭之失敗，海軍艦舊，陸軍兵單，以及清議之誤國，固均爲重要原因，然倘鴻章能力籌戰守，爭取主動，亦可爭取時間，不致一敗塗地。是年四月三日至二十一日，鴻章大閱海軍，事後奏報多贊褒之詞。認爲陸戰隊槍礮陣法靈變純熟，快利無前，各處洋操實無其

---

[63] 吳永口述、劉治襄筆記「庚子西狩叢談」，卷四，頁一二九，文海出版社近代中國史料叢刊本。

四。」「合操水師全軍，萬礮並發，起止如一，英法俄日各國均以兵船來觀，稱爲節制精嚴。」[64]而鴻章從未查問各艦彈藥之儲備，軍械局長張士珩以及鴻章所信任之洋員德璀琳（Herr Gustav Detring）竟未提醒。[65]蓋定遠，鎮遠之十吋口徑砲爲北洋海軍最大者，非日艦所能敵，其可用之開花巨彈僅三枚，定遠一而鎮遠二，其練習用之小彈亦奇絀。及兩國宣戰後，丁汝昌請求添補，已不能及。[66]

七月二十七日清廷以日艦屢窺海口，丁汝昌「畏葸無能，巧滑避敵，難勝統帶之任。」嚴諭鴻章：「於海軍將領中遴選可勝統帶之員，於日內覆奏，不得再以臨敵易將接替無人等詞曲爲迴護，至誤大局。」二十九日鴻章覆奏北洋海軍實力，並爲丁汝昌剖辨，略曰：

查北洋海軍可用者只鎮遠、定遠鐵甲船二艘，爲倭船所不及，然質重行緩，喫水過深，不能入海汊內港。次則濟遠、經遠、來遠三船，有水線甲穹，行駛不遠。致遠、靖遠二船前定造時號稱一點鐘十八海里，近因行用日久，僅十五六海里，此外各船愈舊愈緩，海上交戰能否趨避，應以船之遲速爲準，速率快者，勝則易於追逐，敗亦便於引避，若遲速懸殊，則利鈍立判。西洋各大國講求船政以鐵甲爲主，必以極快船隻爲輔，

---

[64] 李文忠公全集，奏稿七十八，頁十三至十八。
[65] 參照蔡爾康「中東戰紀本末」。
[66] 張蔭麟「甲午戰前中國之海軍」，天津大公報史地周刊第一、二期，民國二十三年九月二十一及二十八日。

胥是道也。詳考各國刊行海軍冊籍，內載日本新舊快船推爲可用者共二十一艘，中有九艘自光緒十五年後分年購造，最快者每點鐘行二十三海里，次亦二十海里上下，我船訂購在先，當時西人船機之學尚未精造至此，僅每點鐘行十五至十八海里，已爲極速，今則至二十餘海里矣。近年部議停購船械，自光緒十四年後我軍未增一船，丁汝昌及各將領屢求添購新式快船，臣仰體時艱款絀，未敢奏咨瀆請，臣當躬任其咎。倭人心計譎深，乘我力難添購之際，逐年增置，臣前於豫籌戰備摺內奏稱：海上交鋒恐非勝算，即因快船不敵而言，儻與馳逐大洋，勝負實未可知，萬一挫失，即設法趕緊添購亦不濟急。惟不必定與拚擊，但令游弋渤海內外，作猛虎在山之勢，倭尚畏我鐵艦不敢輕於交鋒，不特北洋門户恃以無虞，且威海、仁川一水相望，令彼時有防我海軍東渡襲其陸兵後路之慮。

蓋今日海軍力量以之攻人則不足，以之自守則尚有餘。用兵之道貴於知己知彼，舍短用長，此臣所以兢兢業業以保船制敵爲要，不敢輕於一擲以求諒於局外者也。至論海軍功罪，應以各口能否防護有無疏失爲斷，似不應以不量力而輕進，轉相苛責。丁汝昌從前剿辦粵捻曾經大敵，疊著戰功，留直後即令統帶水師，屢至西洋藉資閱歷及創辦海軍，特蒙簡授提督，情形熟悉，目前海軍將才尚無出其右者。各將領中如總兵劉步蟾、林泰增等階資較崇，惟係學生出身，西法尚能講求，平日操練是其所長，未經戰陣難遽勝統帶全軍之任。且全隊並出，功罪相同，若提督以罪去官，而總兵以無功超擢，亦無以服衆心。若另調他省水師人員，於海軍機輪理法全未嫻習，情形又生，更慮憤事貽誤，臣所不敢出也。[67]

八月十八日黃海戰後，中日之戰勝負已分，某洋員自述其親歷海戰之經過曰：

鴨綠江之戰，日本吉野艦所發快砲絡繹不絕，定遠、鎮遠兩艦僅發一砲，而吉野之砲已約有四十彈叢集我艦。是以人在艦面測量準頭之成法實無所用，聶格爾斯即緣是不成而死。準頭既不能得，即使亦有快砲，其彈僅入海以饗魚鼈耳！且我艦甫開一砲，燭燄歷三四分鐘不散，豈不殆哉！其時余在定遠，欲改用機器砲，苦於各砲之不同式，配彈之綦難，欲量準頭，又苦不能得。故是役也，幸而邂逅相遇，日本不虞我至，未籌戰備耳！倘隨帶水雷船以來，乘我砲煙繚亂時，潛蹤轟我，恐我輩已無類矣。[68]

此外官兵作戰精神之欠缺，佈陣之零亂，判斷敵情之錯誤等，均爲失敗重要因素。陸軍方面：遲至六月中，日軍已在漢城架砲設防，鴻章始分水陸兩路增援牙山。八月中平壤戰前，華軍至韓者不足兩萬人，既不疾趨漢城分道爭利，又不擇險分屯互爲策應，但日督韓民於平壤城內外築壘而守。是時清廷從待郎志銳、長齡奏，擬派重臣前往節制各軍，七月二

---

[67] 李文忠公全集，奏稿七十八，頁五十二至五十四。

[68] 王炳耀「甲午中日戰輯」，卷三附錄「鴨綠水戰雜記」，文海出版社近代中國史料叢刊本頁六十六。

日鴻章覆總署電曰：「派赴平壤衛汝貴、馬玉崑、左寶貴各軍，皆係鴻章舊部，練習西洋新式槍砲多年，屢飭該統將等和衷商辦，凡其力所能及者，當可無誤機宜。若另調素不相習之大員，前往統率，有損無益，轉不足以維繫軍心。現在平壤以北電線可通，鴻隨時往復指示，尚能周詳，似暫無須另派統率。」[69] 鴻章不肯輕付權柄於人，身居天津，鞭長莫及，而戰地情勢朝夕萬變，將士各一心，不相統屬，又焉能制勝於千里之外。

及葉志超拜總統之命，諸將多不服。志超畏敵，托病請求收回成命，七月二十九日清廷從鴻章請，旨電志超曰：「葉志超因病懇請開缺就醫，復懇收回成命，另派總統等語。葉志超孤軍禦敵，冒險出圍，督率有方，堪勝總統之任。現雖暫時患病，著毋庸開缺，在營安心調理，一俟痊癒即統全軍合力進剿，無許固辭。」[70] 果志超實病，軍事間不容髮，寧有暇任其在營從容療養耶！

是時鴻章軍報多不實，六月二十六日成歡之戰華軍實大敗，潰退北走，而鴻章誤敗爲勝。七月二日鴻章覆友人檀璣書曰：

倭人突以重兵擾我屬邦，截我運船，釁自彼開，不能不與決戰。我前月二十五、六日葉軍大捷於牙山，斬馘二千餘名，乘勝進紮，聞距漢城僅七十餘里，已催北路各軍剋

---

[69] 李文忠公全集，電稿卷十六，頁三十八。

[70] 同上書，電稿卷十六，頁六十二。

日前進，並飭海軍各艦齊往迎擊，南北合勢，水陸併用，以冀及早驅除。省三中丞（按：指劉銘傳）特召不起，現在前敵諸軍有進無退，但須輪船電線無所阻滯，一切進止皆有秉承，原不必另設統帥，惟朝鮮內治不修，實無善後之策。㉑

平壤戰前數日，鴻章致書黑龍江將軍依克唐阿曰：

現前敵各軍駐紮平壤者約三十營，南路葉聶之軍亦已轉戰而北，與諸軍會合，共折損不過二百餘人，全軍聲勢頗壯，各路續調及新募各營取齊總進，足以一戰。倭人志在久踞漢城，分路並進，各路要隘布置已極嚴密，自非厚集兵力不能一舉掃除。來示謀定後動，實爲扼要之論，足見老於兵事者斷不以浪戰爲快意也。㉒

是以此後清軍處處被動，一敗再敗，戰局乃不可收拾。八月二十日，以海軍挫於黃海，陸軍敗於平壤，廷臣交劾，請治鴻章貽誤軍機之罪，鴻章憂懼，始以軍事實情上奏，並請另簡重臣督辦軍務。略曰：

㉑ 李文忠公尺牘，下册，頁七八〇至七八一。

㉒ 同上書，下册，頁七八一至七八二。

現值水陸兩軍新有挫失，兇燄日張，臣督率無方，罪戾叢積，謗議咎責，實無可辭。至此事本末及統籌全局情形，有不敢不披瀝直陳於聖主之前者。方倭事初起，中外論者皆輕視東洋小國，以爲不足深憂，而臣久歷患難，略知時務，夙夜焦思，實慮兵連禍結，一發難收。蓋稔知倭之蓄謀與中國爲難已非一日，審度彼此利鈍，尤不敢掉以輕心。凡行軍制勝，海戰惟恃船砲，陸戰惟恃槍砲，稍有優絀則利鈍懸殊。倭人於近十年來壹意治兵，專師西法，傾其國帑，購製船械，愈出愈精，中國限於財力，拘於部議，未能撒手舉辦，遂覺稍形見絀。海軍快船快砲太少，僅足守口，實難縱令海戰，臣前奏業已陳明。至陸路交鋒，倭人專用新式快槍快砲，精而且多，較中國數年前所購舊式者尤能靈捷及遠。此次平壤各軍，倭以數倍之衆，布滿前後，分道猛撲，遂至不支，固由衆寡之不敵，亦由器械之相懸，非戰陣之不力也。……以北洋一隅之力，捕倭人全國之師。……就目前事勢而論，惟有嚴防渤海以固京畿之藩籬，力保瀋陽以顧東省之根本，然後厚集兵力再圖大舉，以爲規復朝鮮之地。奉天地廣兵單，與臣相距過遠，且爲將軍及練兵大臣駐紥之處所，一切調度未便遙制，應請特簡重臣督辦，以便調遣，而專責成。[73]

清廷乃命湖南巡撫吳大徵、藩司魏光燾、臬司陳湜、道員李光久等募軍北援。十二月十九日

---

[73] 李文忠公全集，奏稿七十八，頁六十一至六十二。

授兩江總督劉坤一爲欽差大臣，飭命駐紮山海關，督辦東征軍務，[74] 鴻章所主持之對日軍事乃告一結束。

（臺北，新時代雜誌，第十二卷，第四、五期，民國六一年四、五月，頁一九至二三，二二至二七。）

[74] 光緒朝中日交涉史料，卷二十八，頁十七。

一三　三國干涉還遼之交涉

一、前　言

甲午戰爭爲中國國際地位降落之關鍵，亦爲列强在華劃分勢力範圍之開端，其導因乃自三國干涉還遼所引起。

甲午戰爭前，中國初聯日以制俄，繼聯俄以制日。迨朝鮮撤兵交涉起，復欲依西方列强阻日侵略。各國雖有勸和表示，實無積極干涉之意圖。及中國戰敗，日本侵據遼東，各國以利害所關，對於遠東局勢始表關切。

三國之干涉還遼，以德國發動最早，惟其行動不若俄國之積極。至於兩國利用機會以實現其侵華之野心則無不同，隨時均欲以中國作犧牲與日本達成妥協。法爲俄同盟，其遠東外交政策多受俄國所左右，而其興趣則欲攫取台灣及澎湖。

日本雖同意放棄遼東半島，但要求以鉅金作擔保，使中國不易籌措，繼續佔有遼東。而中國朝鮮則大感興奮，竟思乘勢廢棄全約，甚至有再戰之準備。故贖遼價款，雙方爭執最力。其間俄袒華，德助日，卒因法國居間，以三千萬兩成議。

其後三國紛向中國索取還遼報酬，俄欲借地築路，德望借港泊船，法則要求談判兩國商務界務，而中國則從此多事矣！茲討論其事，以就正於史學先進。

二、俄德法三國對中日戰局之態度

一八九四年六月，中日朝鮮撤兵交涉既起，身負中國外交重任之李鴻章，欲俄援助最爲殷切；俄政府亦頗有出面調停之意。其目的思增加俄國在遠東之聲望，且可避免清廷對英國之信賴。是時俄國駐北京公使喀西尼（A. P. Kaccnhn），報告俄國政府，認爲但用口頭恐赫，不難使日本就範。並以中日兩國大小富貧懸殊，即使日本輕於開釁，亦難僥倖獲勝。故俄國態度不夠積極而有力。

八月一日，中日兩國正式宣戰。八月九日，俄廷爲中日事件舉行特別會議，外交大臣吉爾斯（Giers）發言大意曰：「朝鮮本身雖不足道，然由於其軟弱，若被交戰國之一方統治，可能成爲敵視俄國之工具。倘日本佔領朝鮮半島南部，則吾人將不易保持航行日本海面之自由。」❶與會大臣交換意見後，作成下列之結論：

一、爲俄國之利益著想，不應積極干涉中日戰爭。

二、促使中日兩國尊重俄國在朝鮮之利益。

❶ Krasny Arkhiv（紅檔）1932. Volume 52.

三、注意中日戰爭之結果，保持朝鮮之現狀。

四、撥付必要之款項，增兵朝鮮邊境，以應付意外之情況。❷

經俄皇亞歷山大三世批准，作爲俄國遠東外交之基本政策。吉爾斯乃致電喀西尼曰：「必須認清在朝鮮可能加於吾人之任務，乃在於事件之未來發展，而不在於中國或日本對俄國之友誼。」❸俄國遂採取觀望之態度。

同年一月，平壤、黃海之戰後，中日雙方勝敗已經決定，俄國對遠東局勢始表關切。然在其西伯利亞鐵路尚未完成前，由於運兵之困難，實無助華對日作戰之能力，況俄皇亞歷山大三世新逝，而日本野心尚未暴露，故除加强其遠東防務外，不願有所舉動。十月十二日，喀西尼過天津，晤李鴻章。鴻章責俄不爲中國之助，喀氏則託詞狡辯，願作調人勸解兩國終止戰爭❹。

迨日軍渡鴨綠江，英美先後發起調停。十一月十日，日駐俄公使西德二郎奉其外相陸奧宗光命，訪晤俄外交大臣吉爾斯，探詢俄公使中日和議態度。吉爾斯竟答稱：「本大臣之意見，在今日中國尚未直接向日本乞和，日本政府未明言媾和條件，以爲干涉之時機尚早。」❺十一月底，日軍已侵陷旅順、大連，俄國各大臣間對中日和談之意見仍未一致。直至兩國直

---

❷ 同上書

❸ 同上書 Volume 51.

❹ 李文忠公全集，譯署函卷二〇，頁五四。

❺ 陸奧宗光「蹇蹇錄」，第一四章。

接遣使議約，俄國遠東之外交政策仍躊躇不定。

一八九五年元月二十日，俄廷之特別會議中，陸軍大臣萬諾夫斯基（Wannowski）主張：「倘若中日間和談基礎，破壞俄國遠東利益，俄國應佔領朝鮮半島南端之巨濟島。」海軍代理大臣契哈乞夫（Chihacheff）認爲：「旅順口及威海衛一旦落入日軍之手，則俄國遠東之利益將被破壞。」外交臨時代理大臣基斯敬（Shishkin）表示：「勃海灣係俄國之勢力範圍，不容日本在該港灣鞏固其勢力。」海軍代理大臣克來美爾（Cremer）建議：「佔領滿洲一部分，以對抗日本之發展。」亞洲司長克卜尼斯特（Kapnist）之意見：「假使日本要求溫和，俄國應採取不干涉政策。倘若觸犯俄國遠東利益，則必須見機行事。由於俄國無充足資源壓制日本，最好與其他國家尤其英國取得協議。」侍從武官長奧布魯乞夫（Obrucheff）指出：「中國愈弱，對俄國愈有利，英國較俄國更需要儘速恢復通商。假使日本想佔領若干中國港口及港口地帶時，則俄國應與其他列强共同反對此種佔領，或者爲自己尋覓獨立之土地保證。」經討論後，接受財政大臣維特（Witte）建議，不作單獨之調停，而採取下列之步驟：

一、增强太平洋艦隊實力，盡可能較日本爲强。

二、與歐洲列强主要法國達成協議，倘中日和約侵犯俄國重要利益，或朝鮮獨立時，則對日本施以共同之壓力。

三、如與列强協議失敗，對於遠東新發生事件，當再開會討論應付辦法❻。

---

❻ Krasny Arkhiv. 1932. Volume 52.

經俄皇尼古拉二世（Nicholar II）批准，作爲今後俄國之遠東政策。二月十六日中國駐俄德大臣許景澄，奉總署命往晤俄國外交臨時代理大臣基斯敬，告以中俄利害相關，懇其勸日停戰。基斯敬則謂：「前勸日未允，若俄獨用威制，恐於歐洲全局有礙。」景澄再四與之理論，聲明：「戰不停，和必難成，三國中非俄格外相助，難得力。」基斯敬僅允將中國意奏告俄皇決定❼二月二十日基斯敬遂告景澄曰：「俄主面告，威脅停戰，致各國嫌釁難辨，然中俄交誼篤，東海局面俄英法皆關注，俄力可助，必肯爲，惟請中國商講，如日要索太過，必立即出約英法勸其退讓。」❽三月二日景澄致電鴻章，謂基斯敬復告之曰：「昨面商英法二使，均稱得本國信，以此時日未說明情節，頗難勸解。」❾足證其時俄國騎牆觀望之心。

德國在中日戰爭期間，頗不願干涉戰事之進行，直到中國正式請求列强調停時，德國態度仍甚消極。一八九四年十一月十二日，德外交大臣馬沙爾（Baron Von Marrchall）告中國駐俄德大臣許景澄曰：「現揣倭願奢，中國所擬恐彼不允，難辦調處。」景澄請求德國先與試商，馬氏不表同意。復請德國酌與各國同辦，馬氏仍云：「難以允從。」最後景澄請其轉奏德皇再作決定，而馬氏「意甚堅拗」。十一月十四日景澄再商馬氏，馬氏答稱：「已達德主，實因講法無把握，並非推託，已電德使達署。」景澄告以德國若觀望，他國亦必牽掣。馬氏則

❼ 許文肅公遺集，電稿卷一〇。清光緒朝中日交涉史料，卷三三，頁三三。
❽ 許文肅公遺集，電稿卷一〇。清光緒朝中日交涉史料，卷三三，頁四一。
❾ 李文忠公全集，電稿二〇，頁二〇。

曰：「或請中國設法先告倭，俟彼說出真情，再商各國。」[10]可見德國初欲坐觀風色之意圖。

德國早欲在中國沿海攫取一島嶼或港灣，作爲遠東商務及軍事之根據地。德皇威廉二世主張佔領臺灣。一八九四年十一月十七日德國首相何倫洛熙（Prince Von Hohenlohe）接德皇電旨曰：

> 吾人在亞洲需要一個據點，因爲德國之商業每年值四億馬克。在這方面余提起臺灣，該地在六十年代已爲歐倫堡伯爵（Count Zu Eulenburg）率領之使節被認爲適宜，並推薦於當時之普魯士政府；因此建議密速與日本達成協議，並訓令德國艦隊迅速準備。因爲余已祕密發現法國已想奪取臺灣[11]。

何倫洛熙將德皇意電告外交大臣馬沙爾。馬氏則認爲佔領臺灣困難甚多，而欲乘機取得中國他項利權。同日馬氏覆電何倫洛熙曰：

> 照余看來，現在企圖將臺灣割讓給德國和日本達成諒解，似乎已無成功希望。因爲日本自己視臺灣爲勝利品，德國欲於此時提出此種要求，必引起列強之猜疑，勢將損害

---

[10] 許文肅公遺集，電稿卷一〇。

[11] Die grosse Politik der Europaischen Kabinette（德國外交部檔案）Volume 9, Chapter 57, No. 2219.

吾人之外交政策[12]。

德國駐北京公使紳珂（Baron Schenck Zu Schweinsdery）則主張佔領膠州灣或澎湖列島。十一月二十三日紳珂致電德首相何倫洛熙曰：

> 位於山東海角之膠州灣，帝國駐天津領事在其本年一月十四日之報告中曾經提及。該地中國所計劃之軍事建築尚未達到重要地步，澎湖列島或也可以考慮[13]。

馬沙爾建議德皇，應先英人佔領舟山群島，一八九五年二月一日其所致德國駐倫敦大使哈慈菲爾德（Count Von Hatzfeldt）之電曰：

> 趕快佔據位於杭州海灣尾梢及吳淞以南之舟山，那對於吾人是可願望之事。早在一八六九、一八七〇年，公認爲中國通李希霍芬（Richthofen）教授，在其上俾斯麥公爵之詳細報告中，強調建議奪取該島。彼盛讚舟山擁有一個易守及易設防之港口，彼今日仍相信，如果採用適當之措施，如設立自由商埠，該島不難發展成爲商業大都市，不

---

[12] 同上書，No. 2220.

[13] 同上書，No. 2221.

但能吸取鄰居寧波之商業，並能在該方面之交通上起而代替上海之地位，因爲上海海港不易收容大船進出。……

照目前所見，問題是趕快與中國政府開始祕密談判，無論如何，在中日和平成立前，討論以出賣方式將舟山群島割讓與德國⓮。

李鴻章奉派赴日議和時，分訪駐北京各國公使乞援，一八九五年三月三日，紳珂致電德外交大臣馬沙爾曰：「李鴻章以中國政府名義請求德國在日本方面爲減輕和平條件作機密之斡旋，彼相信不能接受威脅中國生存之大陸土地割讓之要求。」⓯此時德國官方宰割中國之目標雖不一致，然爲本身利益著想，自不願日本據有中國大陸之土地。三月六日馬沙爾首次電令德國駐日公使哥屈米德（Baron Von Gutschmid），勸告日本政府勿要求中國大陸土地之割讓。三月八日哥屈米德乃至日本外務省，向日本外務次官林董宣讀口頭之覺書⓰。日本政府最初認爲「從來關於中日事件，德國政府之言行往往有難倚信之感。」加以媾和草約已由日皇裁定，不容再有變動，對其勸告並不十分注意⓱。故林董答覆哥屈米德曰：「日本政府欲對

⓮ 同上書，No. 2222.
⓯ 同上書，No. 2225.
⓰ 蹇蹇錄，第二〇章。
⓱ 同上書。

鼓舞德政府作此通牒之友好精神表示崇高之感謝，基本上日本政府對德國警告並未加以考慮。」⑱日本駐德公使青木周藏特機密告德首相何倫洛熙曰：「日本軍事當局視旅順與它一部分內地之割讓必不可免，在彼等目光中，割讓一島，例如臺灣，還是第二位。」⑲惟是時德國尚無強制干涉之意，同年三月十九日德首相何倫洛熙上奏德皇威廉二世，說明德國對中日交涉應持之立場曰：

> 如果吾人加入英俄只限於恢復中日間和平之干涉，則吾人將立刻沈重負擔此一國際事務，而且或許要連累吾人相當之犧牲。因爲很顯明對付一個勝利之日本，只有武裝干涉，或在戰場上運用優秀軍事力量，始能提供成功之希望。

同時認爲如若有利可圖，能得適當之補償，德國未嘗不可採取干涉行動。故該報告復稱：

> 從這些考慮看來，似乎當特別利益發現作爲吾人犧牲之補償時，吾人立場將必須有所改變。在中國海岸線上取得德國艦隊與商業根據地，數十年代來，已經有人鼓吹與主

---

⑱ Die grosse Politik der Europischen Kabinette. Volume 9, Chapter 57, No. 2226.

⑲ 同上書，No. 2227.

張[20]。

佔領中國港灣既爲德國之固定政策，惟如何徵得中國之同意，則有待外交之運用。

法國在中日戰爭期間，其外交政策動搖不定，最初觀望英國態度，後恐俄國與德國接近，惟俄國之政策是從。一八九四年十一月七日，中國駐英法大臣龔照瑗，晤法外交部長阿諾托(Gabriel Hanotaux)，請法國代中國主持公論。阿氏告照瑗曰：「願電商各國，調停中日戰爭。」[21]並密告中國駐法參贊慶常曰：「日欲奢，講無濟，日已費數萬萬，必取償。籌鉅款，添用洋將練兵，堅忍持，大局可保，和議易成；否則不堪設想。」二月十六日阿氏再告慶常曰：「和局已與英俄商，極力調處，俟倭說出索項，即爲參酌。」[22]其後法國乃開始與俄國接洽，等待時機之來臨，以採取共同之行動，保障兩國在遠東之利益[23]。

三、三國干涉還遼之動機

中日馬關議約期間，俄國表面反對日本之苛求，暗中則欲承認日本之勒索，以換取他日

[20] 同上書

[21] 李文忠公全集，電稿一八頁三五。

[22] 清光緒朝中日交涉史料，卷二四，頁一三。清季外交史料卷一〇六頁一三。

[23] Gerard, A. Ma Mission en China (1893－1897). Paris, 1918.)

在華之特權。其居心之狠毒，較德法爲尤甚。

一八九五年二月九日，喀西尼告天津稅務司德璀琳（Herr Gustav Detring）曰：「俄已與英法訂約，明告日本不得過於得意，現已候閱看日本需索條款，如所索過奢，三國必能設法調停。」❶ 二月二十日俄外交大臣吉爾斯告中國駐俄德大臣許景澄，謂俄皇曾告之曰：「威脅停戰致各國嫌釁，礙難辦。然中俄交誼素敦，東海局面俄英法皆關注。俄力可助，必肯爲力，惟請中國速與商講，如日要索太過，必立即出來約英法勸其退讓。」❷ 同時俄皇親告中國弔唁亞歷山大三世專使王之春曰：「倭非屬邦，頗怵發難，倭李赴議，倭若妄勒索地，當邀英法調處，此時雖不明助，然亦斷不他助。」❸ 景澄竟誤信俄國確有「禁日佔地之意」❹。

二月二十六日俄駐法公使莫倫根（Morenheim）密告中國駐法參贊慶常曰：「俄法英有保大局杜侵占之約，應俟倭說出索項，如華難允，再出評論，方能得力。……英法俄現集戰艦六十，不難立斷日路，因不欲輕發，姑觀日動靜。」❺ 三月二日吉爾斯再告許景澄曰：「昨面商英法二使，均稱得本國信，以此時倭未說明情節，頗難勸解。」並代達皇意，勸李鴻

---

❶ 清季外交史，卷一〇六，頁一。
❷ 清季外交史，卷一〇六，頁二〇。清光緒朝中日交涉史料，卷三三，頁四六。
❸ 清光緒朝中日交涉史料，卷三六，頁六。
❹ 清季外交史料，卷一〇六，頁二〇。
❺ 清光緒朝中日交涉史料，卷三四，頁五。

章早日就道，赴日議約❻。一似對華甚爲關切者。

三月二十日，羅拔諾夫（Lobanov）出任俄外交大臣。四月四日日外相陸奧宗光命其駐俄公使西德二郎向俄國外交部提出中日媾和草約。羅拔立表同意，特取出中國地圖，詢問西德二郎，遼東半島究竟多大？西德二郎告之曰：「由金州廳北方入海之處，向東在此南部地方。羅拔「似稍安心。」❼

四月六日羅拔諾夫建議俄皇曰：「余固不同意日本之佔領遼東半島，因爲此種佔領會經常威脅北京，甚至威脅朝鮮之獨立，況就俄國利益著想，此種佔領亦最不愜意。但余不主張用强硬辦法逼日本退讓。倘確切證明其他列强亦有同樣顧慮，俄國始用非常友誼之態度向日本指出旅順口之佔領將永遠阻礙日本恢復對中國之良好關係，及成爲破壞東方和平之藉口。」❽

羅拔諾夫認爲目前俄國在遠東之策略如下：（一）在太平洋上取得不凍港。（二）合併便於西伯利亞鐵路通過之一部分滿洲土地。由於英國是俄國「在亞洲之最主要最危險之敵人」，日本在反抗英國之海上優勢時，「或者在某些時候需要俄國幫助」。故羅拔認爲「與日本妥協，並非絕對不可能。」❾

---

❻ 李文忠公全集，電稿二〇，頁一九。
❼ 蹇蹇錄，第二〇章。
❽ Krasny Arkhiv. 1932. Volume 52.
❾ Pomahob 原著，民　耿譯述「俄帝侵略滿洲史」頁五五。

同日羅拔諾夫復報告俄皇曰：「如果吾人滿足於吾人在遠東之現狀，而僅在於鞏固自己之地位，當然没有比中國更好之盟邦。……中華帝國在今日破壞之情形中，即令北京政府會進行一些必需之内政改革，亦很難即刻復原，以至威脅俄國，吾人不能希望有更合式之鄰居。」但是「如果吾人不得不用急進之行動以滿足吾人在極東之迫切要求，情形就完全不同。」「吾人應該不使其他列强得悉，審慎放棄對日本之任何敵對行動，以便將來不損害俄國和日本政府之友好關係。」[10]

俄皇極同意羅拔諾夫之主張，在其報告上批曰：「正是」。認爲「俄國無疑必須領有終年通行無阻之港口，此一港口應在中國大陸之上。」命令羅拔諾夫「即與法國達成諒解，不反對中日和約之履行，但無論如何要取得俄國所願意取得之自由港口作爲報酬。」[11] 足證俄政府藉僞善友誼侵佔中國港灣之陰謀。

是時許景澄，奉總署之命屢向羅拔諾夫交涉，請俄國外部致電日本政府，阻止日本索地要求。四月十二日羅拔告景澄曰：「俟達俄主酌定再覆」。景澄堅詢俄國對中日議和立場，羅拔竟稱：「不願干預」[12]。其用心可謂險惡矣！

至於德國，對當時英國在遠東之消極政策甚表不滿，極欲找尋藉口作爲侵入遠東之機會。

---

[10] Krasny Arkhiv. 1932. Volume 52.
[11] 同上書。
[12] 許文肅公遺集，電稿卷一〇。清季外交史料，卷一〇〇，頁二三。

故一面派遣海軍駛往遠東，作爲武力後盾，一面向中國表示關切之意。一八九五年三月十四日德外交大臣馬沙爾告中國駐俄德大臣許景澄曰：「德國願中日兩國講和，所索不宜太過。」⓭ 三月二十三日馬氏致電德國駐俄代辦齊爾緒基（Von Tschivschky），立向俄國外交部表示：「吾人相信德國在遠東利益，與俄國利益並不衝突，因此吾人準備與俄國進行交換意見，及最後一道之交涉。」⓮是德國已有聯絡俄國干涉中日和約之意。同月二十五日齊爾緒基覆電馬沙爾曰：「羅拔諾夫公爵接受提議，證實兩國東亞利益之一致，相信俄國君主將歡迎與吾人交換意見，及將來共同行動之建議。」⓯兩國意見漸趨接近。

四月一日日本媾和草約提出後，德國大感恐慌不安。同年四月馬沙爾致電駐俄代辦齊爾緒基，對於遼東半島之割讓，深表關切與焦慮。「因爲它足以危害歐洲之和平」。倘日本「將旅順變成第二直布羅陀，會使日本控制直隸海灣，因此事實上降中國地位爲日本之保護國。」故命齊爾緒基速向羅拔諾夫「坦白詳細討論此一問題。」⓰

是時德國前任駐華公使巴蘭德（Brandt），對德國遠東外交政策頗有決定性影響。巴氏一向主張中國對日交涉採取强硬態度，經常在柏林報刊尤其是德意志論壇（Deutsche Rundschau）發表主張，認爲自歐洲各國利益著想，「絕不容許中國被壓碎」。並隨時與天津稅務司

⓭ 清季外交史料，卷一〇七頁二五。清光緒朝中日交涉史料，卷三五，頁三八。

⓮ Die Grosse Politik der Europaischen Kabinette. Volume 9, Chapter 57, No. 2228.

⓯ 同上書，No. 2229.

⓰ 同上書，No. 2232.

德璀琳通消息，促其勸請中國，對日交涉勿存怯弱之心。

當美國調停中日和議之初，一八九四年十一月十六日巴蘭德曾密電李鴻章，力持戰議，欲圖邀利⑰。鴻章竟誤信其「語意似尚切實，不妨籠絡爲我所用。」⑱迨日本提出媾和草約，一八九五年四月六日，巴氏建議外交大臣馬沙爾曰：「如果德國能成功減輕日本之條件，使之不能給任何歐洲列强一個它自己奪取領土之口實，對德國而論，是一個最有利之結果。」⑲巴氏另上書德皇，認爲德國干涉中日和約，不僅可得到俄法英諸國之同情，離間俄法同盟，且可爲將來佔領中國港灣舖路⑳。遂爲德皇所採納，亦爲此後德國對華外交之基本政策。一八九五年四月十一日巴蘭德致電天津稅務司德璀琳曰：「各國議論中國讓地事，均不以爲然，中國應勿急於成議。」㉑四月十九日復致電天津海關道盛宣懷曰：「德國現在極力糾約俄法兩國，各吩咐其駐東京使臣，向日本外部關說，馬關條約三國不允，定要更改，又俄國吩咐駐北京公使，亦將此意知照中國。」㉒四月二十日翁文恭公日記記其事曰：「盛電謂巴蘭德甚出力，合德糾約俄、法出論云云。同官或議爲不足恃，余與蘭孫力斥之，在上前亦切陳之。三

---

⑰ 清季外交史料，卷一〇〇，頁七。
⑱ 同上書。
⑲ Die Grosse Politik der Europaischen Kabinette. Volume 9, Chapter 57, No. 2235.
⑳ 同上書，No. 2238.
㉑ 李文忠公全集，電稿二〇，頁三七。
㉒ 清季外交史料，卷一〇九，頁七。

刻退，在書房復申言之。………訪張樵野（蔭桓），彼亦謂然，此機不可失。」㉓爲此後巴氏來華要求借港泊船之伏機。

法國總理李播（A. Ribot）及其外長阿諾托，對於中日和約之關切，主要目的在於欲自中國方面取得一種補償。初命其駐英大使杜費林（Dufferin）向英國政府接洽，思與英國聯合勸告日本放棄佔領中國大陸土地，因英國態度消極，始與俄國相洽商㉔。

當時台灣、澎湖爲法國之最大目標。一八九五年二月巴黎法國周報社論曰：「華擧台灣以讓日，恐有某國不許。」㉕暗示法有干涉之意。三月十九日，德首相何倫洛熙（Prince Von Hohenlohe）所上德皇之報告，認爲：「自一八八五年以來，法國對台灣已有主權之要求。」㉖四月六日，俄外交大臣羅拔諾夫上俄皇之報告亦稱：「法國政府似乎反對將澎湖列島割讓給日本。」㉗

一八九五年四月二日，法駐俄大使蒙得培羅（Count de Monte－bello）在休假期滿前返抵聖彼得堡，與俄國外交大臣羅拔諾夫作如下之談話：

㉓ 翁文恭公日記，册三四，頁三〇。
㉔ Gérand, A. Ma Mission en China. Volume 1, Chapter 3.
㉕ 王炳耀「甲午中日戰輯」(三)，附衷私議以廣公見論。
㉖ Die Grosse Politik der Europaischen Kabinette. Volume 9, Chapter 57, No. 2227.
㉗ Krasny Arkhiv. 1932. Volume 52.

一、俄國對於日本佔領遼東半島（連同旅順口），法國對於日本佔領澎湖列島，均非常不滿，如日本不願自動放棄，則可能進行强迫措施。

二、假使俄法兩國政府同意不反對中日和約之履行，將發生一個問題，即兩國是否要求酬報。如以海南島西北之中國小島作爲酬報，法國可以認爲滿意。㉘

中日媾和草約公佈後，法國輿論一致主張應與俄國採取一致行動。巴黎法國官報社論曰：「法決不任日本佔華土地，與俄見解相合，故俄若有舉動，法必攜手同行。」㉙四月十三日法駐俄大使蒙得培羅，密告中國駐俄德大臣許景澄曰：「法國專聽俄廷定奪。」㉚爲法國遠東政策之具體說明。

法國駐華公使施阿蘭（Gérand）明知日本佔領遼東半島，「縱使不威脅俄國之邊境，亦在中國與朝鮮間構成一塊外國領地，並使日本成爲北直隸灣的主人，甚至逼近中國京都。」㉛但竟建議法國政府，勿採取干涉之行動。因爲「即以俄法海軍以逼日本，然無陸軍之支持，亦不能發生功效。」㉜會中國駐英法大臣龔照瑗及特使王之春，奉清廷命屢向法國外交部交涉，

㉘ 同上書。
㉙ 甲午中日戰輯（三），附袁私議以廣公見論。
㉚ 許文肅公遺集，電稿卷一〇。
㉛ Gérand, A. Ma. Mission en China. Volumel, Chapter 3.
㉜ 蹇蹇錄第二〇章。

請求代保台灣，法外交部長阿諾托乃祕告王之春曰：「俄阻遼東，法願阻台灣，希中國緩批准。」[33] 是法確有保台之意。阿氏並致電其駐日公使呂班（Dubail），及駐俄、德大使，分向三國試探，思據澎湖爲己有。一八九五年五月四日（按：是日日政府已接受三國之勸告，放棄遼東半島。）德外交大臣馬沙爾致電其駐英大使哈慈菲爾德（Count Von Hatzfeldt）曰：

> 法國大使謂其政府亦認爲日本政府之答覆不能滿意。彼第一次提起澎湖列島，且試圖表示：「通過現今之計劃，俄國已得其所欲，如澎湖列島仍爲日本無限制佔領，德、法將一無所得。」余答辯：「余認爲此時再變改使日本不利之計劃，似乎過遲。」[34]

同時法外長阿諾托亦告中國駐法參贊慶常，關於台、澎問題，欲與中國「先立一約，庶法保護有據。」[35] 故五月八日倫敦路透社消息：「聞法廷現欲掣肘日本在台灣及澎湖水陸軍士，已與日本開議，間有法報不悅法廷辦理此事。又謂法國不能任日本管轄台灣、澎湖，係受俄國之愚。」[36] 可見法國之欲染指台、澎，爲當時輿論所公認。

至於俄國，僅希望中立及禁止澎湖設防，保證歐洲船隻通過臺灣海峽，而不贊同法國之

---

33 張文襄公全集，卷一四五電牘二四，頁二。
34 Die Grosse Politik der Europaischen Kabinette. Volume 9, Chapter 57, No. 2260.
35 翁文恭公日記，册三四，頁三六。
36 李文忠公全集，電稿二〇，頁五五。

願望。羅拔諾夫爲此告德國駐俄大使拉度林(Frince Von Radolin)曰：「必須阻止日本在此一領土上設防，形成第二個直布羅陀，而爲歐洲航行一嚴重而長久之威脅。又必須約束日本，不將此一列島割讓給任何列强。」復稱：「三國最好限於馬關條約之解釋，如果修改全約，則英國將易找干預吾等之藉口。」[37]

德國對法國之要求反對極爲强烈。五月十一日，德外交大臣馬沙爾致電其駐俄大使拉度林曰：

> 請極度機密通知羅拔諾夫。駐台北(德)副領事昨日來電：「台灣巡撫告稱，中國駐巴黎公使已與法政府開始談判關於法國反對日本併吞台灣事，法國似乎有意，但尚未協議，法國軍艦將到此間。」
>
> 中國此一陰謀顯明之目的在於使列强捲入對日本戰爭，因爲不經過戰爭日本決不會放棄台灣，經過戰爭之後，法國輿論也許將要求台灣作法國之賠償。
>
> 此一新而不可估計之困難前途，適使俄德兩國堅持其迄今爲止之計劃，趕緊結束。[38]

同日拉度林面告羅拔諾夫，認爲法國之要求，「就目的和正理而言，似乎完全超出行動計劃範

---

[37] Die Grosse Politik der Europaischen Kabinette. Volume 9, Chapter 57, No. 2264.

[38] 同上書，No. 2267.

圍之外。」聲稱：「吾等行動計劃迄於今日，局限於日本在中國本土上併吞；況且吾等最初要求之動機，在於政治平衡，或中國京城之永久威脅。倘今日另在一完全不同之基礎上作新之要求，是否可行？殊成疑問。關於此一點，吾等當和與中國有商業利益之國家——英國——進行交換意見。」㊴

由於德國態度之强硬，俄國復改變其主張。羅拔諾夫向拉度林保證，若俄國之要求遭到日本拒絕，即撤消設防問題，而「滿意於台灣海峽自由航行之一般保證。」倘若遭到反對，「將不堅持」。但爲滿足法國輿論起見，「至少要試一試。」㊵故五月十六日，羅拔諾夫告中國駐俄德大臣許景澄曰：「俄國不及顧台，亦不能向日本說話，德國已由領事告台民，不能保護，實無他策。」㊶十九日，德外交大臣馬沙爾直接致電總署，恐嚇中國如約交割台灣，㊷於是情勢一變，法國乃正式向中國表示今後將永不過問台澎之割讓。茲節錄五月十二日法國駐華公使施阿蘭與總署大臣問答如下：

施：台灣一事接（法）外部來電，前與慶常商及保護，因恐倭不聽勸，北路或有戰事，法欲以台灣駐兵。今已允讓遼東，與前情形不同，中國既將台灣許與日本，自不便再

㊴ 同上書，No. 2268.
㊵ 同上書，No. 2272.
㊶ 清光緒朝中日交涉史料，卷四四，頁二八。
㊷ 同上書，卷四四，頁三二。

想別法，致啓衅端，本國亦不便出而干預，現在此事可作罷論。

總署大臣：王之春曾與外部見面否？

施：外部不願接見有兩個緣故，一因王大臣張羅借款，人多雜亂，有失體面；一因中國本有駐法使臣，今王大人路過法都，若久留不去，令人生疑？謂台灣之事稍有漏洩，於中國甚爲危險，應令王大人即行回國爲妥。

總署大臣：台灣百姓不願歸日本，立將變亂，貴國如能設法保護，非但台民感激，貴國亦可大得利益。

施：目下總不能辦，深恐兩相索累，倘日後台灣出有別項情形，法國或另有打算亦未可定[43]

同日翁文恭公日記記其事曰：「昨慶（按：慶親王奕劻）、孫（毓汶）、徐（用儀）至各館致謝，法使獨言台灣不願干預，恐中國危險，並欲撤王之春回云云。」[44]五月十七日再記曰：「見許（景澄）電，知俄覆絕台事，又見台民公電，爲之流涕。」五月十八日復記曰：「台灣事三國皆覆絕，於是派李經方會同日本樺山商辦事宜。」[45]其後法國乃轉移目標，向中國勒索

---

[43] 同上書，卷四四，頁二一。

[44] 翁文恭公日記，冊三四，頁四〇。

[45] 同上書，頁四一。

代還遼東之酬報。

四、三國干涉還遼之談判

德國既反對日本佔領中國大陸土地，乃運動俄法一致行動。一八九五年四月八日德外交大臣馬沙爾致電德駐俄代辦齊爾緒基曰：

> 據歐洲列強看法：「日本併吞旅順對中日重建良好關係乃永久之障礙，長遠威脅東亞之和平。」應以友誼方式通知日本帝國政府。在奉陛下諭旨後，準備訓令駐東京代表，立刻同俄國代表向日政府遞送此一聲明，請將上述之事通知羅拔諾夫。❶

四月十一日，俄廷爲遼東問題舉行緊急會議，羅拔諾夫就當前形勢與各國對中日和約態度作簡短之報告後，財政大臣維特認爲：「照目前形勢，倘俄國採取行動，當屬有利。吾人不必提出阿穆爾邊界之重新勘定，亦不必攫取任何領土，以免同時開罪中日兩國。吾人不能任日本佔領南滿，倘要求不獲實現，不得已惟有採取必要之行動，諒不致引起對日戰爭。因爲當吾人被逼而決然行動時，歐洲各國以及日本咸相信吾人早已準備成熟。吾人但派遣軍艦開始

---

❶ Die Grosse Politik der Europaischen Kabinette. Volume 9, Chapter 57, No. 2237.

對日本海軍作敵對之示威，並轟擊日本海港，但不可佔領任何土地。這樣吾人將變成中國之救命恩人，中國必然會看重俄國之功績，將來會同意以和平方法修改兩國之邊界。」❷經彼此交換意見後，作如下之決議：

一、在中國北方保持「戰前狀況」，先以友誼方式勸告日本放棄佔領滿洲南部，因爲此種佔領破壞吾人之利益，並將經常威脅遠東和平。假使日本堅持拒絕吾人之勸告，則對日本政府宣布吾人將保留行動之自由，將依照吾人之利益而行動。

二、正式通知歐洲列強及中國，俄國並無任何侵略他國之意圖，爲保衛吾人之利益起見，吾人認爲必須堅決主張日本放棄佔領滿洲南部。

三、將此結論呈請皇帝陛下聖明裁奪❸。

惟此時羅拔諾夫對日外交政策，實仍動搖不定。彼既不願日本佔領遼東半島，亦不願與日爲敵。欲與日本結盟共同勒索中國，又不相信日本之誠意。故對此次會議之決議，未即呈送俄皇。四月十四日，法國駐俄公使蒙得培羅，代表法國向俄政府提出法國外部所擬對中日和約之兩項應付辦法：即承認日本佔領遼東半島，而以取得「海南島旁之一中國小島」爲抵償。

❷ 俄帝侵略滿洲史，頁五六。

❸ Krasny Arkhiv. 1932. Volum 52.

二爲强迫日本放棄遼東半島，以見好中國，留作他日索取報酬之餘步。同日羅拔諾夫將與蒙氏之談話呈送俄皇。俄皇批示：「同意法國第二種假定，即與法國一致不反對中日和約之執行，以便取得吾人所希望不凍港之抵償。」四月十五日羅拔諾夫始將俄廷會議之決議呈送俄皇❹。俄皇爲明瞭參加會議者之各人意見，特於當日召見維特（Witte）、萬諾夫斯基（Wannowski——陸軍大臣）、羅拔諾夫、亞列克謝夫（Alexeieff——海軍元帥）四人入宮覲見。維特重申其主張，「別人或是全未反對，或是稍稍反對一下。」結果俄皇卒採取維特之建議，而批准會議之決定❺。於是俄國態度一變，乃聯合德法共同實行對日之干涉。

四月十七日羅拔諾夫召見德駐俄代辦齊爾緒基，特作爲如下之聲明：

> 英國之背棄，將擔任維持俄國東亞之利益——即歐洲之利益——之義務，單獨加予俄國身上。俄國政府決定立即以友誼方式直接向日本政府提出不要永久佔領中國本土之請求，希望德法兩國加入此一行動，如日本不接受此項友誼忠告，俄國正考慮三國對日本在海上採取共同軍事行動，其目的爲切斷日軍在中國大陸與其本國一切交通，使其陷於孤立❻。

---

❹ 同上書。
❺ 維特「回憶錄」，卷一，頁三七。
❻ Die Grosse Politik der Europaischen Kabinette. Volume 9, Chapter 57, No. 2243.

另分電其駐柏林及巴黎公使，直接向德法兩國提出保證。是時俄京輿論一片干涉還遼之聲。聖彼得堡官報特發布消息曰：「俄廷於日割中國陸地及海地一節，決不准行，故調駐泊地中海一軍星夜駛往太平洋，俟其時至，即伸阻止之權力。」❼德皇威廉二世，獲知俄國之決心後，遂下令其艦隊東來，與俄國遠東海軍採取一致之行動。

一八九五年四月十日，日本鑒於國際形勢之不利，其議和代表伊藤博文應中國要求，於馬關第四次會議中改提日方草約修正案，通商各條雖有更動，賠款亦減少一萬萬兩，而割讓土地並無改變❽。是時中國已獲悉三國聯合干涉計劃，故總署大臣徐用儀乃於四月十二日以日方約稿通知各國駐華公使❾。

四月十七日，馬關條約簽字之日，俄駐德代辦查爾可夫（Tsch arykow）奉俄外交大臣羅拔諾夫命，通知德外交大臣馬沙爾曰：「日本和平條件之審查，迫使俄國政府得到之信念，即日本佔據遼東對中國首都乃係經常之威脅，同時將使朝鮮之獨立成爲虛影。因此將成爲東亞和平之永久阻礙。俄國在東京代表將以上述意見通知日本政府，勸其肯定放棄該半島之佔領。」同日馬沙爾致電德國駐日本大使哥屈米德（Baron Gutschmid），等待俄法駐日公使向日本政府提出抗議後，亦作同樣之表示❿。但措詞應盡量婉轉，理由如下：

---

❼ 王炳耀「甲午中日戰輯」(三)，附哀私議以廣公見論。
❽ 李文忠公全集，電稿二〇，頁三七。
❾ Gerand, A. Ma Mission en Chine. Volume 1, Chapter 3.
❿ Die Grosse Politik der Europaischen Kabinette. Volume 9, Chapter 57, No. 2244.

顧及日本之友誼，德國政府拒絕去年十月七日英國干涉中日糾紛之提議。今日日本之和平條件顯然過度，它將損害歐洲及德國之利益，雖然後者範圍尚小。因此吾人不得不從事抗爭，如有必要，吾人知道怎樣加以强調。日本必須讓步，因爲與三國爲敵絕無成功之希望⓫

並告哥屈米德，如果日本政府同意舉行列强會議解決遼東半島問題，應立即覆電告知。四月十九日法駐俄公使蒙得培羅奉法外交部長阿諾托命，正式通知俄外交大臣羅拔諾夫，表示法國願意參加干涉還遼行動。二十日復將法國之計劃，面告德國駐俄代辦齊爾緒基，並決定當天在東京採取行動⓬。後因三國意見未盡協調，聯合行動較預定時間遲緩三日。日外相陸奥宗光於其所著之「蹇蹇錄」中記其事曰：

該三國已約定提攜干涉，則駐東京俄德法各公使之運動固應一致。惟彼等之進退頗爲齟齬，甚屬可怪。四月二十日德公使一人來外務省，面晤林次官，謂受本國政府極重要訓令，今雖不能言明其國名，然明日當與其國公使等來訪，欲面晤外務大臣。林次官答稱：「伊藤、陸奥兩大臣皆不在東京，尤其外務大臣現在抱病，有何事件，余當

⓫ 同上書，No. 2245.

⓬ 同上書，No. 2247.

代爲接洽。」該公使已預約明日與他國公使同來。然至翌二十一日則謂發生妨礙，希延期一日，而其翌日又未同他國公使來會。如斯遷延直至二十三日，三國公使始一齊來外務省，蓋因俄法公使接其本國政府訓令過於遲延所致，足察三國政府因事出於急遽，致訓示其代表之手續亦缺一致。

四月二十三日，俄駐日本公使希特羅渥（Xntpobo）、德駐日本公使哥屈米德（Banon Von Gutschmid）、法駐日本公使呂班（M. Dubail），聯袂至日本外務省，面晤外務次官林董，各代表本國政府口述覺書。德國公使之覺書曰：

> 日本在此次戰爭過程中，屢次獲得德國之同情，爲顧全對日本友誼起見，德國去年十月七日曾拒絕英國提議列强干涉中日之糾紛。又皇帝陛下政府本年三月六日建議日本政府速締和約，並減輕條款。至於中國請求列强干涉一節，德國曾表示，在無居間及合理條件下簽訂和約，將對日本有利。又嘗强調大陸領土割讓之要求，將特別惹起干涉。不幸日本並不考慮這些不自私之建議。
>
> 現在日本之和平條件顯然過度，已損害到歐洲及德國之利益，雖然後者之範圍尚小。因此皇帝陛下政府不得不提出抗議，如有必要，將對其抗議予以加强⑬。

---

⑬ 同上書，No. 2252.

俄國公使之覺書曰：

俄國皇帝陛下之政府，查閱日本國向中國所要求之媾和條件，認爲遼東半島如爲日本所有，不特有常危及中國首都之虞，且同時朝鮮之獨立，亦爲有名無實，實爲將來遠東永久和平之障礙。因此俄國政府向日本政府重表誠實友誼，勸告日本政府放棄領有遼東半島⑭。

法國公使之覺書略同俄國。由於哥屈米德之覺書措詞强硬，顯然超出四月十七日德外交大臣馬沙爾之電示。因此大召德政府所不滿。同月二十四日馬沙爾報告德皇曰：「吾人應避免露出吾人對日本比俄法還要不能容忍，致兩國懷疑吾人之最後目的，並給彼等以造言機會，謂吾人乃對日本行動之靈魂。德國將來也許需要與日本在一個共同目標上達到諒解。」⑮其欲暗中取悅日本之心可知。故認爲哥屈米德之「粗暴行動」，將給德日關係「留下一個極深之創傷。」⑯

林董初聆三國公使覺書，「顯然露出驚慌之色」，立即表示：「三國對日本暫時佔據遼東

---

⑭ Krasny Arkhiv. 1932. Volume52.
⑮ Die Grosse Politik der Europaischen Kabinette. Volume 9, Chapter 57, No. 2253.
⑯ 同上書，No. 2252.

半島，例如等到賠款交付時爲止，是否也要抗議。」三國公使聲明：「土地問題祇是決定性佔領。」⑰是晚三國公使在俄國公使館交換竟見，研究進一步行動辦法，所得之印象：「此次行動不會受到像從前幾次干涉企圖之同樣命運，反可促成一個對列強能接受之妥協。」⑱固早料定日本必將接受三國要求也。

五、日本同意放棄遼東

先是日本擬定對華議和草約之初，其首相伊藤博文、外相陸奥宗光，亦料及佔據遼東半島勢必引起列強之反對；故陸奥與中國外交顧問科士達（Forst John W.）談話時，曾表示日本之要求「係軍部態度所逼迫而成」。❶伊藤所上日皇之報告亦稱：

> 不論與中國媾和使節之談判成立與否？若一旦明言媾和條件，難保不招第三國之容喙干涉，或係不能免者也。至其干涉之性質如何？程度如何？雖以如何賢明之政治家，固不能預料，尤以使他國毫不干涉，更屬不能保證。若假定此種干涉爲早晚不可免者，

⑰ 同上書，No. 2251.

⑱ 同上書，No. 2252.

❶ Forst, John W. Diplomatic Memoirs. Boston & New York, 1909.

則觀察時機，以外交上之手段盡力操縱，固不待言。❷

日本議和草約提出之翌日（一八九五年四月二日），日政府以德國首先反對日本佔領中國大陸土地，特命其駐德公使青木周藏，向德國外交部有所接洽。思以承認英據舟山，俄據北滿，德據中國東南一省爲交換條件，以減少對日之阻礙。茲節錄青木與德國外交部顧問米爾堡（Von Mühlberg）之祕密談話如下：

青木：日本將要求南滿之一部分，尤其是遼東半島，包括旅順在內，使其成爲直隸灣之直布羅陀。無此領土，朝鮮之獨立將祗存在於紙上。爲顧慮到中國皇帝之體面，日本現無奪取瀋陽之意；惟對於俄國地位頗感困難。俄國爲鋪設西伯利亞鐵路，向南接至波西圖海港（Possiet Harbour），已視北滿爲其所有，至於其他之事，與日本無關，俄國可直接與中國解決。

米爾堡：日本之佔領台灣是値得及最後之時機。

青木：微笑不答。

米爾堡：舟山群島預定給英國，並無根據。德國完全有權在華南要求一省——此種佔領要比我們所有非洲殖民地還有價値。

❷ 蹇蹇錄，第一五章。

青木：日本已向德國陸軍大臣許倫道夫（Brons Art Von Schelendorf）作同樣之暗示，並得其回答，將報告德皇作最後之決定❸。

馬關條約簽字後，翌日（四月十八日）日外相陸奧宗光電令其駐俄公使西德二郎，駐德公使青木周藏，分別以中日定約事通知兩國政府，拒絕洩露其內容，但表示希望與兩國保持友好關係❹。是時俄德法三國聯合干涉形勢已成，德外交大臣馬沙爾警告青木曰：「吾人去年拒絕干涉而對日本表示之善意，迄今尚未得到一些回答，相反日本卻將吾人數月前所提之忠告置之不理。迫使德國不能不採取進一步行動。」❺於是西德及青木電告陸奧曰：「察知歐洲強國中必有干涉之勢」。陸奧因致電首相伊藤博文曰：

> 據青木、西公使來電，歐洲各大國之強力干涉似不能免，是蓋由於最初對於歐洲各大國不言明我要求條件，彼等今日始公然得知，故得提出申明妨礙之機會。……然我政府已成騎虎之勢，雖冒如何危險，除表示維持現今地位一步不讓之決心外，無他法。❻

---

❸ Die Grosse Politik der Europaischen Kabinette. Volume 9, Chapter 57, No. 2231.

❹ 蹇蹇錄，第一九章。

❺ Die Grosse Politikder Europaischen Kabinette. Volume 9, Chapter 57, No. 2246.

❻ 蹇蹇錄，第一九章。

足見日本初尚不願接受三國要求也。是時俄艦分泊中日兩國海面者凡二十九艘，計七萬三千噸，奉令限期退回本港。其東西伯利亞總督統轄之現役兵預備兵咸集中海參威，並通告當地日領事曰：「奉本國政府令，本處爲接戰地區。」中國外交顧問科士達在煙台曾見，當時「俄國政府在中國海域集中未曾有過之最可怕艦隊，包括十七艘軍艦，數艘水雷艇，及其他俄國海軍船隻。」「俄國爲使此一示威給人更深刻印象起見，每艘船到此拋錨，便立刻進行暗灰色『出陣化裝』，並除去索具，作戰鬥準備。」❼一時傳聞俄國遠東艦隊「準備在二十四小時內隨時可以出發作戰。」❽故四月二十三日三國正式提出抗議後，日本政府感到「非常驚訝與憂慮」。日首相伊藤博文記其事曰：

若不接受，將不辭武力干涉之氣勢，於是迄今醉於戰勝而狂歡無度之國民，矜誇發揚國威國權之功，而揚揚得意之政府當局，遇此青天霹靂，突然失色，幾乎不知所措。此際若拒絕三國之忠言，必須有和彼等見諸砲火間之決心，而以我國（日本）戰後疲勞之實力，決不可能應付彼等，然而若唯唯諾諾接受其要求，則戰勝之光榮將突然消逝，對外則貽笑列國，對內則將引起國民之公憤❾。

---

❼ Foster, John W. Diplomatic Memoirs.
❽ 蹇蹇錄，第一九章。
❾ 日本帝國議會誌卷三頁九六九。

四月二十四日，日內閣在廣島舉行緊急會議，討論對策。伊藤提出三案請求討論：

一、即令遭遇新增加敵國之不幸，亦斷然拒絕俄德法之勸告。

二、招請列國會議，處理遼東半島問題。

三、接受三國勸告，將遼東半島交還中國⑩。

經出席各大臣反覆討論後，認爲第一案，由於「當時我（日）陸軍悉全國之精銳駐屯遼東半島，我（日）强力之艦隊亦悉派往澎湖島。國內海陸軍備殆已空虛，而去年來繼續長期戰鬥之我（日）軍隊人員，軍需固已皆告疲勞缺乏，今日對於三國聯合之海軍固不待言，即單與俄國艦隊抗戰，亦甚無把握。」⑪故決定不可與第三國破裂，而招請列强會議，處理遼東半島問題。時日本外相陸奧宗光養痾舞子，曾於二十四日電告伊藤傳文，建議暫對三國分別答覆，以便單獨交涉。二十五日晨，伊藤自廣島來訪，大藏大臣松方、內務大臣野村，亦由京都來會，再度研商。陸奧認爲若招請列國會議，各國爲自身利益，勢必別生枝節，馬關條約終且破滅。爲恐中國利用機會，復決定「即令對於三國最後不能不完全讓步，然對於中國則一步不讓。」⑫經日皇裁可，陸奧乃分別電令駐俄德法三國公使，分向三國政府進行交涉。以三國之干涉還遼係由俄國所領導，故特命西德二郎向俄國外部表示：「在我皇帝陛下既經批准媾

---

⑩ 蹇蹇錄第一九章。

⑪ 同上書。

⑫ 同上書。

和條約之今日，放棄遼東半島實爲我政府至難辦理之事。」「日雖割取遼東半島，但毫不使俄國在遠東之利益受危害。至關於朝鮮獨立問題，日本政府可採取使俄國政府十分滿足之措施。」⑬

同月二十六日西德二郎與俄外交大臣羅拔諾夫作長時間之辯論，羅氏則以需請示俄皇後始能所有決定。二十七日俄外交部逕答覆西德二郎曰：「俄國皇帝陛下因俄國之勸告没有推翻之充分理由，故對日政府之請求，不能允諾。」西德遂電告陸奥曰：「俄國所提出抗議之程度不能確知，但風聞目下俄國政府已派遣運送船隻在敖得薩（Odessa），正作派出軍隊之準備，故對俄國之干涉，覺悟問題重大庶較安全。」⑭日本政府乃有所驚懼。

四月二十八日，西德二郎再電陸奥宗光曰：「在東洋俄德法同盟艦隊之全力當已爲貴大臣所深悉，不顧開戰之危險，排斥彼等之提議，果爲我國之得計否？本使不能知，是蓋由戰果如何以決其得失故也。然彼我兵力比較上貴大臣若覺到底不能抵抗彼等，則如本使前電拋棄接續朝鮮之土地，了結目下難問題爲得計。」因此西德二郎建議：「爲圖此事之和平結局，放棄永遠佔有遼東半島，惟作償金之擔保。暫時佔領該半島，而大大增加其金額，使中國永久不能還清爲上計。然目下俄國尚恐其勸告不爲日本所容，法國亦恐其企圖不能貫徹，故未

⑬ 伊藤博文「祕書類纂」，附件第八一件。
⑭ 同上書。

達最後時機，盡禮拒絕彼之勸告亦爲一策。」[15] 陸奧頗爲所動。

陸奧宗光復以英國在華商業利益最大，欲離間英俄關係爲日之助。四月二十五日電告駐英公使加藤，以下列覺書照會英外部：

> 俄國對於滿洲東北部及朝鮮北部之覬覦，因此次俄國之干涉足可推察。日本政府關於此事，認爲英國之利害與其他歐洲各國不同，在目前形勢切迫之際，日本政府能希望英國之助力至如何程度乎？[16]

同月二十七日英外相金姆勃雷（Lord Kimberley）面告加藤曰：「英國對日本雖抱友情，而俄德法三國亦係友邦，英國此時除彼此酌量以自己之決斷及責任行動外無他法。」明日再告加藤曰：「英國政府曩已決定守局外中立，此次亦欲維持同一之意向。英國對於日本雖抱最懇篤友情，同時亦不能不考慮自國之利益，故不能應日本之提議援助日本。」於是加藤致電陸奧，稱「英國不過於半吞半吐間謝我（日）之請求而已。」[17] 謂據德國駐英大使哈慈菲爾德（Count Von Hatzfeldt）相告，德國與俄國之對日政策，決不容第三國從中破壞。

---

[15] 蹇蹇錄，第一九章。
[16] 同上書。
[17] 同上書。

當是時，德國外交大臣馬沙爾亦向駐德日使青木周藏表示，希望日本認清此次干涉還遼之主動乃係德國，而非俄法，以表示態度之堅決⑱。

陸奧更以美國介成中日馬關和議，而美國在華無領土野心，曾於四月二十六日致電駐美公使栗野慎一郎，命其告美國務院曰：「遼東半島之割地，係中國讓予日本者，其條約已經日皇批准之今日，不特萬難拋棄，且日本政府不認有拋棄之必要。」⑲同月二十九日栗野覆電曰：「美國承認於局外中立不相矛盾之範圍內與日本協力，對於媾和條約之批准，已電訓駐北京美國公使勸告中國從速實行。」⑳陸奧認爲美國之答覆，自美國之政綱而言，對日本之友誼已不爲薄；惟既云「局外中立範圍內協助」，故不能望其有力相援也。

四月三十日，陸奧被迫，電命西德二郎向俄國外交部提出下列之覺書：

日本帝國政府業已最慎重查閱俄國德國皇帝陛下，及法國特命全權公使閣下，以其本國政府名義向帝國政府所提出之覺書。日本國皇帝陛下政府，對俄國德國皇帝陛下，法國大總統政府之勸告，已熟加考慮。茲因再度表示重視兩國間所存之親密關係，故對馬關條約在已交換批准因而保全日本帝國名譽與尊嚴之後，同意以另外追加條約方

---

⑱ Die Grosse Politik der Europaischen Kabinette Volume 9, Chapter 57, No. 2258.

⑲ 蹇蹇錄，第一九章。

⑳ 同上書。

式，作如下之修改：

第一、帝國政府對於放棄除金州廳外全部奉天半島之領土永久佔領權一事，應以相當之金額作爲報酬，可與中國直接協議訂定之。

第二、帝國政府在中國對日本完全履行其條約上之義務前，有佔領上述土地作爲擔保之權利。㉑

復命青木周藏、曾根俊虎以同樣覺書照會德法兩國。五月三日西德致電陸奧曰：

本使於本月一日向俄國政府提出我國之覺書，爲求貫徹我國之提議，曾極力加以辯論。本月三日俄國外務大臣言明對我覺書不能滿足，並云：昨日已開內閣會議。在該會議上，因日本國領有旅順口頗有障礙，故閣員一致決議主張維持最初之勸告不可動搖。且告以該決議已經俄國皇帝陛下之裁可。

關於此事，本使雖向俄國外務大臣作盡可能之努力，但仍不能使俄國政府提出另外處理本件之方案，爲本使所最感遺憾者。㉒

㉑ 祕書類纂，附件第八二號。
㉒ 同上書，附件第八三號。

同時德外交大臣馬沙爾亦致電駐日德公使哥屈米德曰：「遼東半島之重要，端在旅順。因爲日本欲永久佔領，吾人認爲其答覆不能滿意。請即與俄法代表聯合作此一意義之聲明，並給日本一個回答期限。」㉓馬氏並告駐德日使青木周藏曰：「德國政府欲保持日本正當之自尊，因此準備忠告中國政府，直接向日本接洽，於和約批准交換後，以一個補充協定及增加賠款爲交換條件，立刻退還遼東半島。使外表上日本之放棄將被視爲對一個戰敗者之慷慨行爲。」㉔

五月四日日本內閣在京都舉行緊急會議，由外相陸奧宗光提議，完全接受三國勸告，放棄遼東半島之所有權，至於馬關條約之批准交換則絕不變更。經與會大臣同意，乃分命駐三國公使照會俄德法三國政府。㉕五月九日三國駐日本公使先後至日本外務省作口頭之通知。對日本之措施表示「祝賀之意」。㉖

五月十日日皇特頒發勅詔曰：「關於交還半島讓地之一切措置，朕特命政府與清政府商訂。」㉗預留向中國索取償金之餘地。

初日本輿論對於割讓遼東半島有贊成與反對兩派。一般國民均熱望遼東半島之佔領，而

㉓ Die Grosse Politik der Europaischen Kabinette. Volume 9, Chapter 57, No. 2261.
㉔ 同上書，No. 2262.
㉕ 祕書類纂，附件第八四號
㉖ 同上書，附件第八五號、八六號、八七號。
㉗ 清季外交史料，卷一一二，頁一九。

有識之士鑒於各國情勢，則認爲政府此舉過於鹵莽。及三國干涉發生，日政府被迫接受勸告，兩派對政府措施均表不滿，一時大有舉國鼎沸之勢。六月十五日東京群衆大會，決議多端，建議政府：（一）爲復興帝國光榮迅速擴張軍備，刷新外交。（二）對遼東半島之交還中國，請內閣究明其責任。（三）扶持朝鮮獨立，維持帝國在該國之地位勢力。㉘陸奧宗光於事後檢討此次日本應付三國之決策曰：「此次三國干涉之突來，在中日媾和條約批准交換期日已迫之時，而政府爲一時處理對三國及中國之問題百計盡後，竟快刀斷亂麻，施彼此不使錯亂之策，對於中國全收戰勝之結果，同時使俄德法三國干涉不至再擾亂東洋大局之治平，在我已進至能進之地，止於不能不止之處，余信不論以何人當此局面，亦決無他策」㉙。固認爲日本政府對於拒還遼東已盡其最大之努力也。

六、中國善後之經營

先是日方提出約稿後，中國朝野對條文多表不滿；尤反對土地之割讓。四月十六日欽差督師大臣劉坤一抵京之電奏，力主整軍再戰❶。同月年二十二日，署理兩江總督張之洞抵京

㉘ 大日本帝國會議誌。
㉙ 蹇蹇錄，第二〇章。
❶ 劉忠誠公遺集，電奏卷一，頁二一。

之摺，認爲約稿各款萬不可允，建議乘機密結外援以爲我助。❷他若山東巡撫李秉衡、河巡撫劉樹棠、湖北巡撫譚繼洵、江西巡撫德馨、廣西巡撫聯桂等，均有反對割讓遼東之言論。而京官戶部尚書翁同龢、京畿道監察御史劉心源、陝西道監察御史熙麟、江南道監察御史鍾德祥、浙江道監察御史易俊、河南道監察御史宋承庠、翰林院侍讀學士文廷式、馮文蔚，編修楊天霖、黎榮翰、王榮商、黃曾源、李桂林，祭酒陸潤庠，禮科掌印給事中丁立瀛，戶科掌印給事中洪良品等，亦先後聯銜上奏，有所陳述❸。故四月二十四日翁文恭公日記記其事曰：

言者大率謂和約當毀，余雖懦不贊成，而公論不可誣，人心不可失，則日夕在念，思所以維持之，卒不能得，則歎息抑鬱瘀傷成疾矣❹。

時總署爲爭取各國之同情，逐日將馬關談判情形通知各國駐華公使。四月十八日夜，俄國駐北京公使喀西尼首先通知總署，謂已接到俄政府指示，希望中國勿急於批准和約❺。及聞三國正式提出干涉，朝野爲之色動。李鴻章喜極，致電總署曰：「日本百姓因屢戰皆捷，

❷ 清季外交史料，卷一〇九，頁二四。
❸ 清光緒朝中日交涉史料，卷三八至四十。
❹ 翁文恭公日記，册三四，頁三二。
❺ Gérard, A. Ma Mission en Chine.

現在無殊酒醉，如將中國擬讓奉天之地辭而不受，則必激成內亂。」❻張之洞逕致電王之春，請其就近商請法國外部，如能脅日廢除全約，「我必以厚利相報」❼。

四月二十三日，旨電駐俄德大臣許景澄，向俄外部致謝，懇請三國告日展緩停戰換約之期，欲圖對全約有所挽回也。另命總署大臣分赴各國公使館，囑將展期換約一事各電本國政府。❽同月二十六日，正式發國電向三國表達謝意❾。同日另電景澄，因此次三國干涉還遼，巴蘭德頗爲出力，除已傳旨嘉獎外，關於展期換約一節，仍請巴氏「盡力相助」。❿一時主戰派大爲抬頭，總署大臣慶親王奕劻、孫毓汶、榮祿等，在六天之內訪問三國公使五次，聲稱台灣人民拒絕日本管轄，已在準備抵抗，希望三國支持中國，一併收回台灣。⓫同月十九日翁文恭公日記記其事曰：「電九，內一乃俄請暫緩批准和約也。書房一刻，極言批准之不可速，然無益也。」⓬二十三日再記曰：

與慶王同見起，上以李鴻章覆電，言台灣事不能與伊藤說，甚怒。又詰問：「昨日徐

---

❻ 李文忠公全集，電稿二〇，頁四二，清光緒朝中日交涉史料，卷三九，頁二二。
❼ 張文襄公全集，卷一四四電牘二三，頁三一。
❽ 清光緒朝中日交涉史料，卷三九，頁八，清季外交史料卷一一〇頁二。
❾ 清光緒朝中日交涉史料，卷三九，頁一四，清季外交史料，卷一一〇，頁七。
❿ 清光緒朝中日交涉史料，卷三九，頁一四。
⓫ Gerard, A. Ma Mission en Chine.
⓬ 翁文恭公日記，册三四，頁三〇。

用儀見喀使語如何？」用儀奏：「喀希尼云：『得本國電碼多誤，不能讀，今電回國。』但云遼東不允倭佔，請緩批准約章。」又云：『俄廷不食言』。至問以如何辦法？則無實語。」上遂命奕劻、孫毓汶、榮祿今日往見喀使，傳感謝之意。並告以批准不能過緩，即電俄要回音。又命發電旨詢許景澄，亦以此節詳告。論及台民死守，上曰：「台割則天下人心皆去，朕何以爲天下主？」孫毓汶以前敵屢敗對，上詰責以賞罰不嚴，故至於此，諸臣唯唯引咎而已⓭。

二十五日旨電欽差督師大臣劉坤一、直隸總督王文韶，垂詢和戰大計。⓮三十日復命坤一、文韶備戰事。⓯於是清廷遂動搖於和戰之間。翁文恭公日記記其事曰：

（四月二十六日）是日，先召臣入養心殿，數語即退。軍機見時，傳懿旨，謂和戰重大，兩者皆有弊，不能斷，令樞臣妥商一策以聞。

（四月二十八日）上以和約事徘徊不能決，天顏憔悴，書齋所論大抵皆極爲難，臣憾不能碎首以報。已正，散。是日許（景澄）電語雖云可無誤限期，其實皆延宕耳！⓰

⓭ 同上書，頁三一。
⓮ 清光緒朝中日交涉史料，卷三九，頁八。
⓯ 同上書。
⓰ 翁文恭公日記，册三四，頁三三至三四。

四月三十日劉坤一、王文韶電奏同日抵京。坤一之電曰：「坤志在兵戎，宗社所關，惟有殫竭血誠，力任戰事，此外非所敢知。」[17] 文韶則稱：「力小任重」，「兩月以來，無日不戰兢惕厲」，請李鴻章即回本任[18]。並謂就目前而論，「究竟是否可戰，臣實不敢臆斷。現在事可勝不可敗，勢成孤注，與未經議約以前情形又自不同。」[19] 對於未來戰事，均無信心把握也。

馬關條約第十一款規定，該約經兩國政府批准後，於一八九五年五月八日在煙台交換生效。日政府恐三國復助中國延期換約，變動全約，四月二十四日託請美國駐日公使譚恩（Edwin Dun），致電美國駐華公使田貝（Charles Denby），告總署大臣，謂日皇已將中日和約批准，中國究在何時批准該約？[20]

當是時中國駐俄德大臣許景澄，奉總署命屢晤俄外交大臣羅拔諾夫，請俄國聯絡德法勸日延期換約。四月二十六日羅拔諾夫面告景澄，謂三國之干涉還遼係「爲大局出勸，非與中國約同，緩批一層，請勿直告爲妥。」[21] 明白表示不願過問換約事。同月二十七日覆旨電景澄再詢問俄國外交部，中國可否權詞答復日本，因三國之公勸，暫緩批准和約。並催請俄國派

[17] 清光緒朝中日交涉史料，卷四〇，頁二一。
[18] 同上書，卷三九，頁二三
[19] 同上書，四〇，頁二七。
[20] 祕書類纂，附件第八八號。
[21] 清光緒朝中日交涉史料，卷三九，頁二三。

艦隊駛泊遼東海面，爲我臂助，中國願與俄國簽定密約以爲酬勞。㉒。

同月二十八日，總署託請美國駐華公使田貝，致電美國駐日公使譚恩轉告日本政府，説明中國不能立即批准和約之故。㉓ 同日再電許景澄，即日詢商俄外部，仍請出面阻日換約。同月三十日景澄電告總署曰：「昨復商羅拔，如限期迫近，非權答可宕，擬但以三國出論礙難批准告之。彼云：『本部總不願中國牽説三國之事。必不得已可言：聽聞三國與日本商改新約，是否仍可批准，專作商詞，然能不説尤妙。』」㉔ 是俄國不肯進一步援助中國矣！

總署復屢次電詢議約大臣李鴻章，以換約時間迫促，可否即以三國勸我暫緩批准爲詞，通知日本延期換約。鴻章電稱：「改約另議適速其決裂興兵，爲大局計不敢孟浪。……只可俟另派大員於換約時詳切與商，或三國商阻定局，另有辦法。」㉕ 而外交顧問科士達亦至京，面晤總署王大臣，力言和約宜早批准爲妥計㉖。總署大臣意仍不決。

五月一日，俄外交大臣羅拔諾夫再告景澄曰：「緩換約俄國委難照辦。」景澄答曰：「約

㉒ 清季外交史料，卷一一〇，頁七。
㉓ 祕書類纂，附件第八九號。
㉔ 清光緒朝中日交涉史料，卷四〇，頁三〇。
㉕ 清季外交史料，卷一一一，頁七。
㉖ 翁文恭公日記，册三四，頁三四。

若交換，恐於三國商改有礙。」羅拔則稱：「批而不換約仍無用，即使已換亦不能阻三國所商。」[27]

景澄電告總署，總署大臣意漸動。同日翁文恭公日記記其事曰：「劉（坤一）雖電復可戰，而同列頗摘其一二活字，謂非真有把握也。許（景澄）電回，未得確實語。……得盛杏孫（宣懷）函，言三國不足恃，遊說耶！抑實情耶！」[28] 惟總署在絕望之前仍欲冒然一試。同日竟托駐華美公使田貝致電駐日美公使譚恩曰：

> 中國政府請貴大臣轉電日本政府，現聞俄法德三國與日本商改中日新約，須俟定議，十四日換約之期太促，擬展緩十數日再行互換，望即轉商候覆。[29]

日政府拒中國之請，五月三日經駐日美公使譚恩致電駐華美公使田貝轉告中國政府曰：

> 日本政府對交換批准媾和條約，不但認爲無必須延期之必要，反之認爲爲恢復和平，應毫不猶豫交換批准條約，最爲緊要。若是由於俄德法三國所提議之結果，致對媾和

---

[27] 清光緒朝中日交涉史料，卷四一，頁二一。
[28] 翁文恭公日記，冊三四，頁三五。
[29] 李文忠公全集，電稿二〇，頁四三。

條約須加修改，在此場合，按照規定，與其在換約前處理，不如在換約後處理，便易得多㉚。

會天津一帶大風雨，防軍被災甚鉅，廷臣始不復言戰爭。翁文恭公日記記其事曰：「北洋報，初四五天津大風雨。初五寅卯間海嘯，新河上下多營被沖，水深四五尺，淹斃甚多。計六十餘營被其害，北自秦皇島，南至堤子口皆然。……上意幡然有批准之諭，臣對以三國若有電來，何以處之？上曰：『須加數語於批後，爲將來地步。』於是戰慄哽咽，承旨而退。書齋入侍，君臣相顧揮涕，此何景象耶！退擬批，與孫（毓汶）力爭。」㉛是清廷復欲批准和約矣！

五月四日，日本接受三國勸告，通知三國，除金州廳外放棄佔領遼東半島，中國朝野大感興奮。署理兩江總督張之洞奏請審愼換約，以便詳加斟酌㉜。欽差督師大臣劉坤一則主張酌許三國分地償款，使其代我擊日㉝。惟李鴻章及駐外大臣知三國之不足恃，力主如期換約。鴻章電總署曰：

竊聞三國勸緩批准，各外部並未明言，似難授爲確據。若逕告日本，恐彼藉口，責我

㉚ 祕書類纂，附件第九一號。
㉛ 翁文恭日記，冊三四，頁三六。
㉜ 清光緒朝中日交涉史料，卷四三，頁九。
㉝ 清季外交史料，卷一一一，頁一三。

反約。蓋停戰第二款，兩國不允批准，即將此約作爲廢止云。約既廢止，立即決裂，三國各行其志，未肯助攻，轉無從商改。若暫行批換，我仍可與三國互商，敬求妥愼籌辦㉞。

是時總署王大臣，爲換約事爭執不決。翁同龢力主展期換約，慶親王奕劻、孫毓汶、徐用儀等則持反對態度。三國駐華公使均勸清廷早日將約稿批准用電發下，以免誤事。翁文恭公日記記其事曰：

（五月六日）余創議，乘此與日本照會，將換約展期，孫、徐堅不可，至於攘袂。

（五月七日）余力言發電告日本展期換約，與同列爭論，聲徹户外。又爭於上前，乃定議退。與萊山定政府致彼信詞，甚卑柔，同列尚多詰難也㉟。

五月七日總署復諉稱因三國所囑，中國已決定延期批准和約，託請田貝致電譚恩，照會日本政府曰：

㉞ 清光緒朝中日交涉史料，卷四二，頁六。

㉟ 翁文恭公日記，冊三四，頁三七。

連日以來，俄德法三國屢囑暫緩互換，候信辦理，至今尚無覆信。因念三國與中國素敦睦誼，未便拂其調停之意。且前次日本覆信原因，尚無須行展緩情形，今聞所商遼東之事已有辦法，與前日情形不同，與其俟互換之後再行更改，似不若於未換以前妥爲商議㊱。

日本則聲明三國之干涉還遼時間在馬關條約已經定約之後，不能影響全約，僅同意延長休戰五天，而此期限中國應從速批准換約。㊲（按：依照一八九五年三月三十日之中日停戰條約規定，自即日起二十日内中日雙方停止戰鬥。四月十七日馬關條約簽字後，同日兩國所定停戰展期專條規定，自該約簽字日起，得更展期停戰二十一日，即一八九五年五月八日夜十二點鐘。）

五月八日晨，俄國駐華公使喀西尼，德國駐華公使紳珂，法國駐華公使施阿蘭，各受本國指示，通知總署，請總署大臣至俄國公使館會議。及慶親王奕劻至，乃告以日本已接受三國勸告，放棄整個遼東半島，並催請中國即速交換和約㊳。是日總署大臣會商對策，外交顧問科士達亦列席，科氏記其事曰：

㊱ 祕書類纂，附件第九二號。
㊲ 同上書，附件第九三號。
㊳ Gérard, A. Ma Mission en Chine.

會議之目的在於使軍機大臣深知皇帝批准和約之必要。余曾强調現在條約已不是李鴻章之條約，而是中國皇帝之條約，因爲在簽字之前每一個字均電達北京，中國皇帝根據軍機處之意見，始授權簽字。假若今日中國皇帝拒絕批准，則將在文明世界之前失掉體面，而中國軍機大臣亦應負其責任。

皇帝之師傅（按：指翁同龢而言）詢余，西方國家發生戰爭時，是否有一方向他方割取土地之事，從此點看，中國大臣之國際知識程度可以略知一二㊴。

翁文恭公日記五月八日條亦記曰：「是日徐君（按：徐用儀）持德紳珂函來，謂不換約則德國不能幫，余笑置之。已而許景澄電至，謂旅順亦肯還，至換約一節，俄外部云已經明告，則中國換約大臣自能辦理，固未嘗催令換約也。而同人轟然，謂各國均勸換，若不換則兵禍立至。而敬子齋特見恭邸，絮語刻餘，恭邸亦爲之動。余力爭不回，見起（慶邸同見），則上亦催令即刻電伍廷芳如期換約。」㊵是中國決定換約矣。同日總署託田貝致電譚恩轉告日本政府，聲明中國決定換約㊶。另由李鴻章電告日首相伊藤博文。旋伊藤覆電同意㊷。同日夜十一時三十分，中國換約代表伍廷芳、聯芳，交日本換約代表伊東美久治照會三件。其一聲明

㊴ Foster, John W. Diplomatic memoirs.

㊵ 翁文恭日記冊三四頁三八。

㊶ 祕書類纂，附件第九四號。

㊷ 清光緒朝中日交涉史料，卷四四，頁一一。

「聞俄法德三國與日本商改中日新約，將來如有與此約情形不同之處，仍須隨時修改。」另一聲明：「以後應將台灣一事，重爲慮及，另作辦法。」再一則聲明：「中國已得三國照會，知日本允還遼東半島，中國正準備接收。」伊東拒不收，强之攜去。翌日，伊東仍將照會退回。中國企圖利用三國干涉修改全約之目的終不達。四月十五日李鴻章復電伊藤博文曰：「貴大臣辦事私衷，遵允俄法德友邦相勸，棄讓遼東原佔各地，其條款應行商改之處，嗣後再議，足徵力顧大局，從此各國和好永敦，中外欽佩。」[43]仍預留日後交涉之餘地也。

七、贖遼代價之爭持

日本既接受三國勸告歸還遼東半島，一八九五年五月十一日，俄外交大臣羅拔諾夫電命俄駐德公使查雷可夫（Charaikoff），通知德外交大臣馬沙爾曰：「日本不能通過對中國過度金錢之要求，或無限期撤退遼東半島佔領時間，使其已作之諾言或多或少成爲幻影。」[1]旋由俄外部代擬還遼辦法大綱三端：

一、日本不應向中國要求還遼賠償，如日本堅持，則設法減低至適度數目。

二、決定半島撤退之時間，最好在支付第一期賠款之後。

[43] 同上書。

[1] Die Grosse Politik der Europaischen Kabinette. Volume9, Chapter 57, No. 2268.

三、台灣海峽自由通航，保證澎湖列島不設新防務，並不割讓該島於第三國。❷

五月十七日，羅拔諾夫將該辦法分告德法駐俄公使。第三項辦法原爲法國所提出，法外部之用意在滿足本國之輿論，同時使國際間咸知此次干涉還遼之成功，歸於法國之主動。德國最初極不同意第三項辦法，後經協商，始於五月二十三日分由三國駐日公使，向日外務省提出下列四點要求：

一、日本依三國忠告，放棄中國大陸領土，爲此可能要求之賠款必須作適度之調整。

二、部分之金錢義務償付後。儘可能從速自中國大陸撤退。

三、日本尊重通過台灣海峽航行之完全自由，並不轉讓該島給任何第三國。

四、達成諒解後，將由日本政府與三國間換文解決❸。

清廷初聞日本欲中國以鉅款贖回遼東，五月十日旨電駐俄德大臣許景澄，駐英法大臣龔照瑗，分向三國外部表示：「償費一事係兵費外添出之款，中國力量萬難措辦。」另命景澄請托巴蘭德代爲力爭❹。五月十六日，復電景澄曰：「此事既藉三國之力始允歸地，若中國自與相商，恐難就範，仍須三國始終相助，較易結束。」❺是中國仍欲依外力制日苛索也。

五月二十三日，俄外交大臣羅拔諾夫以三國致日照會副本遞交許景澄。景澄請求將來議

---

❷ 同上書，No. 2272.

❸ 同上書，No. 2275.

❹ 清光緒朝中日交涉史料，卷四四，頁一七。

❺ 同上書，卷四四，頁三二。

交遼東仍由三國派員參預，羅拔竟稱：「德法不願」，況「與公勸初意不符」，拒之❻。五月二十四日，總署再電景澄，向俄外部表示：「中國負累已重，力難再加價款。」請其代中國竭力駁阻❼俄國仍無積極援助意。

是時日本「意存要挾，索望甚奢」，初議贖遼代價一萬萬兩，恐三國不允，自動減低至五千萬兩❽。七月十九日，日代理外相西園寺公望約晤三國駐日公使，對於交還遼東半島提出備忘錄如下：

一、日本政府鑒於中國償付交還遼東半島價值相當之款額殊屬困難，特將交還遼東半島之賠款數目，定爲五千萬兩。

二、日本政府準備於中國償清上項賠款及戰費賠款第一次應付數目後，將軍隊撤至金州，並於中國交付第二次戰費賠款，及交換修訂通商航行條約後，全部退出遼東半島。

三、日本政府宣佈，承認台灣海峽爲公共航路，並不歸日本管轄，亦非日本獨自利用，且不將台灣及澎湖列島讓與他國。❾

俄國僅同意日本第三項聲明，認爲第一、二兩點過於苛刻。七月二十三日，羅拔諾夫以日方所擬辦法通知許景澄，二十五日復告景澄曰：「日本索賠過多，退期遷延，意頗不善，不給

❻ 清季外交史料，卷一一二，頁二二。
❼ 清光緒朝中日交涉史料，卷四五，頁三。
❽ 清季外交史料，卷一一八，頁五。
❾ Die Grosse Politik der Europaischen Kabinette. Volume 9, Chapter 57, No. 2284.

費斷不能辦，現惟核減賠數，撤去商約，冀早結局。已商德法，如所覆意同，即電駐使商辦。」❿另電俄國駐德公使奧斯登根（Count Osten－Sacken），照會德外部曰：「日本要求五千萬兩作爲放棄遼東半島之賠償，似乎過度，故必須運用壓力使日本將其要求減低至一半之數。」⓫

德國則認爲日本之要求並不過份，主張立予接受。其外交副大臣羅登漢（Baron Von Rotenhan）告奧斯登根曰：「五千萬作爲贖還這樣一個大而重要地方，余認爲實寬和而合理。一般而論，日本之金錢要求係圍繞著合理之範圍。余甚惑疑日本是否能將中國賠款償付其戰爭費用，依余個人意見，作爲調停人，吾等活動之目的，乃促成對雙方能接受之永久協定。爲達成此目的，接受日本之提案乃最佳之途徑。」⓬七月三十日，羅氏爲遠東情勢報告德皇曰：「爲對歐洲日後之影響，應阻止特別是法俄兩國之共同反日，甚至作戰之行動。陛下相信日俄均欲戰爭，只等待雙方準備之完成。」⓭是德國爲謀本國之利益不肯結怨日本也。

法國之態度，則介乎俄德之間。八月六日，法駐德公使歐培脫（Oporto），奉其外交部長阿諾托命，通知德外交副大臣羅登漢曰：

---

❿ 許文肅公遺集，電稿卷一〇。
⓫ Die Grosse Politik der Europaischen Kabinette. Volume 9, Chapter 57, No. 2285.
⓬ 同上書。
⓭ 同上書，No. 2286.

法政府將把交涉之主動交給俄國。法國同意德國對於日本放棄遼東索價之意見，認爲五千萬兩之要求並非不能接受。另一方面日本不但要求退還遼東之賠款，並要在該款償付後，保留該半島作爲日後其他支付之擔保，法國認爲似乎並不合理。因此法國主張當日本已經收到一個確數——約一千萬兩作爲第一期償款時，應即撤出遼東半島⓮。

於是俄德乃直接進行交涉。德國駐俄公使拉度林 (Prince Von Radolin) 於八月上旬屢次與俄國外交大臣羅拔諾夫會談。羅拔以中國財政困難，贖遼代價應以二千五百萬兩爲限；拉氏則認爲日本因遵重三國要求，已作極大之犧牲；況遼東半島戰略價值甚高，所索贖款並不爲多⓯。羅登漢甚至主張馬關條約第八條中規定日軍自威海衛撤退辦法，應適用於遼東半島⓰。惟其爲表示對俄讓步起見，特於八月十二日電令駐俄公使拉度林，向羅拔諾夫作如下之聲明：

吾人贊同日本必須放棄中日商約之簽訂作爲撤退遼東之先決條件，吾人更進一步贊同，必須誘說日本，使其遷就一個可能最短之撤退期限，並必須在中國支付一億五千萬兩

⓮ 同上書，No. 2288.
⓯ 同上書，No. 2290.
⓰ 同上書，No. 2287.

賠款後，立刻離開半島。此一億五千萬兩，是由五千萬兩退還遼東之賠款，及戰爭賠款第一、二期一億萬兩所組成[17]。

八月十三日，羅拔諾夫通知拉度林，聲稱：中國無力量立刻支付一億五千萬兩賠款。建議遼東日軍之撤退，應在第一期戰費一億兩支付後立刻實行。至於贖還遼東之五千萬兩，希望仍能減少。果難實現，主張中國分六期同時與馬關條約規定之最後一億兩繳納[18]。

八月十九日，德外交大臣馬沙爾特致電拉度林曰：「爲儘量迎合俄國意旨，皇帝陛下昨日宣佈，同意日本退還遼東之賠款要求，應減至三千萬兩。」但主張：「在遼東半島完全撤退前，由一億五千萬兩減低至一億三千萬兩，必須全部支付。」[19]故八月二十一日羅拔諾夫通知中國駐俄德大臣許景澄曰：「德廷不願減日本索費，本部力主核減。近日德稍鬆口，又議交賠費即退遼，不牽首二期兵費，德謂須并付，故尚未決。」[20]以表示對華之關切。

八月二十二日，羅拔諾夫卒接受德國建議，命俄國駐德大公查雷可夫（Tsharykow），照會德外交大臣馬沙爾曰：「俄國皇帝深感德國皇帝減少日本要求退還遼東賠款之動機，以日本於此款支此付後立刻撤出遼東爲條件，吾人接受此三千萬兩以代替五千萬兩之數目，吾人

---

[17] 同上書，No. 2291.
[18] 同上書，No. 2292.
[19] 同上書，No. 2293.
[20] 清光緒中日交涉史料，卷四七，頁一，清季外交史料，卷一一七，頁一。

同意放棄依照戰爭賠款支付條件分期支付之原意。」㉑法國外長阿諾托亦於八月三十日通知駐巴黎德國代辦許恩（Von Schoen）表示在賠款分期數目上，與德國意見相同。但「爲一切有關方面利益計，應儘速促成遼東之全部撤退，不應使之依靠第二期賠款之及時支付。」㉒於是三國意見乃遂一致。

九月四日，德外交大臣馬沙爾致電駐日德公使哥屈米德曰：「等俄法代表接到類似訓令後，汝授權與彼等立刻恢復談判，並通知日本政府，根據三國一致之意見，三千萬兩足夠爲退還遼東之賠款。」並告哥屈米德曰：「關於撤退時期，汝應等候日本之提議，如果日本政府將撤退依靠於第一二期賠款之支付，汝祇將其建議作爲參考，不可使用壓力。」㉓其用意在暗中取悅日政府，以圖減少日後德國在華索取利權之阻力。

九月十一日，俄駐日公使希特羅渥（Xntpobo），德駐日公使哥屈米德（Banon Von Gutschmid），法駐日公使呂班（Dubail），同至日外務省，面致日代理外相西園寺公望備忘錄，建議遼東半島之贖款應減少至三千萬兩，一俟該款付清，日軍即行撤出遼東半島。西園寺當允待日政府內閣會議後再予答覆。㉔

當是時日政府因不明瞭三國原意之不同，震於聲勢卒接受三國之要求。十月七日，西園

㉑ Die Grosse Politik der Europaischen Kabinette. Volume 9, Chapter 57, No. 2294.
㉒ 同上書，No. 2301.
㉓ 同上書。
㉔ 同上書，No. 2302.

寺邀三國公使至日本外務省，以下列之備忘錄交付三國公使：

日本政府爲迅速確實解決遼東問題起見，已決定：

㈠將遼東半島之賠款減至三千萬兩。

㈡不以簽訂中日通商航行條約爲半島撤兵條件，並願於三千萬兩賠款交清後，三個月以內實行撤兵。㉕

十月十八日，三國公使同至日外務省，對日政府「賢明謙和」之態度，「深致讚美之意」㉖。於是遼東之歸還，有待於中日兩國之直接交涉。

中國聞三國已協議贖遼價款定爲三千萬兩，內外大臣意見頗不一致。有認三國已爭持在先，若再有異議徒敗大局。兩江總督劉坤一爲此致書總署大臣翁同龢曰：「還我遼東，實得西人之力，如加款未能全駁，似不可强人所難。」㉗而反對者頗不乏人。八月二十四日，吏科掌印給事中余聯沅奏稱：「倘倭不交地，我即不交此先約五千萬之款，請俄爲我居間以轉圜，而倭亦斷不敢因我以開衅於俄，未嘗不可就我範圍，而速蕆歸遼之局。」㉘九月二十五日，户

㉕ 同上書，No. 2304.
㉖ 同上書，No. 2305.
㉗ 劉忠誠公遺集，書牘卷一一，頁六一。
㉘ 清光緒朝中日交涉史料，卷四七，頁五。

科掌印給事中洪良品奏稱：「以勦回需餉爲詞，權自留用三千萬，以五百萬剿回逆，以五百萬練禁兵，以二千萬營一陪都，照熱河例以備巡幸。」㉙固皆憤懣之辭也。

總署欲循外交途徑，不付贖遼價款。以俄國助我最力，八月二十三日，致電駐俄德大臣許景澄曰：「歸遼之議發自俄廷，若仍賠費，則於俄之初意未合，且於中國交誼亦未爲完足。現在德既鬆口，即當趁此定議，一面令日本將遼地交還，一面由中國將首二兩期兵費一併交付，如此則於日有益，於中無損，而俄國從中說合亦易於措詞。」㉚欲以首二期兵費一次還清爲條件，以省去贖遼之代價。景澄屢向羅拔諾夫交涉，八月二十八日，羅拔告景澄曰：「不賠實辦不到，現三國公議減去二千萬兩，此乃與德再四爭執，纔無異議。」並云：「俄已盡力商辦兩月之久，尚無成說，可見事極費手。」㉛八月三十一日，總署再電景澄曰：「賠費減去二千萬，在俄雖極費力，而中國實不能照辦，現日使在京，儻彼允減讓，豈非轉虛俄廷美意。」㉜命景澄切實與羅拔磋磨。九月四日，景澄復與羅拔晤談，羅拔一則云：「商減費手情形，前已密達，此時萬難想法。」再則云：「三國公議已定，惟請中國體察實情，免再耽延。」㉝

㉙ 同上書，卷四七，頁一四。
㉚ 同上書，卷四七，頁一。
㉛ 許文肅公遺集，電稿卷一〇。
㉜ 清光緒朝中日交涉史料，卷四七，頁九。
㉝ 許文肅公遺集，電稿一〇。

十月九日，俄外交副大臣基斯敬（Giers）正式以三國協議之還遼辦法通知中國駐俄德大臣許景澄，並稱已得日政府之承認㉞。同時戰後日本首任駐北京公使林董亦正式向總署要求簽訂還遼專約。翁文恭公日記記其事曰：

（十月九日）申正，林與鄭永昌來，面交知會一件，謂：「奉天南邊交還中國，請派全權會議。」余答：「此事貴大臣從未提及，曾經三國說合，當知照三國。」彼唯唯而去。㉟

同日旨電許景澄，以該約關係重大，「拒之則事機恐誤，允之則三國失歡。」命景澄再告俄外部，還遼之議既創自俄廷，中國斷無撇三國與日開議之理。十月十一日，復電景澄曰：「遼費三千萬兩，雖經三國定議，並無明文告知中國，中國亦並未允許，必應切商俄外部，如再減讓，中國方可照辦。」㊱ 十二日另電駐法大臣慶常（按：是時慶常專任駐法大臣）切告法外部，贖遼價款非再商減，中國斷不能定議㊲。

十月十二日　許景澄約晤俄外交副大臣基斯敬，研商贖遼價款。基斯敬堅稱：「此數業經三國公議減定，日既覆允，礙難再與商減。」景澄告以中國力量難辦。基斯敬則云：「俄德

㉞ 同上書。
㉟ 翁文恭公日記，册三四，頁八五。
㊱ 清光緒朝中日交涉史料，卷四七，頁二〇。
㊲ 同上書。

爭論賠數幾致不合，再有異議，恐啓嫌隙，即法國亦不謂然。今早已電駐使與日外部互換照會，事已定局，實非本部推諉。」景澄以三國定議中國不能照允反爲不美動之，基斯敬竟謂：「如此則遼事必至決裂，還請中國照議了結，於大局有益。」景澄又述中國是否即與駐北京日使商訂還遼條約，基斯敬答曰：「付款收地等事中國可與商辦。」㊳同日法外交部長阿諾托亦告慶常曰：「倭恃緩延宕，法俄約德力逼定議，如再商減，倭必翻議誤大局。」㊴於是中國削減贖遼價款之努力乃告失敗。

十月十四日，旨派李鴻章爲歸還遼旅全權大臣，與駐京日本公使林董議商還遼事宜。同日鴻章分電駐俄德大臣許景澄、駐法大臣慶常曰：「日昨已與三國駐京公使商妥，均允致電本國商減遼費，請即切商三國外部，格外相助，力勸再減一半。」㊵十月十七日，復電駐日大臣裕庚，探詢日本對遼事態度，能否再爲少減㊶。

十月十六日，許景澄致電李鴻章，謂俄外部云：「俄國不能允助商減遼費，喀（西尼）使亦無來電。」㊷明日再電鴻章曰：「德外部不允助力，亦未接紳（珂）使電，詳情已由參贊

㊳ 同上書，卷四七，頁二八。許文肅公集遺集，電稿卷一〇。
㊴ 清光緒朝中日交涉史料，卷四七，頁二八
㊵ 李文忠公全集，電稿二一，頁四三。
㊶ 同上書。
㊷ 同上書。

電署，此事三國係稱自行公辦，故一經定議，不肯再商，若撤三國，又恐不易收束。」[43]十月十八日，駐日大臣裕庚電亦至，謂日代理外相西園寺公望堅稱：「歸遼價款三千萬絕不能減。」[44]鴻章失望之餘，致電景澄曰：「遵旨商減，亦知無益，四國謀合，何從撤開？以後交涉煩難，愈多棘手，雖欲變法自強，無人無財無主持者，奈何！」[45]乃係有感所發也。

十月二十日，鴻章與日使林董會於總署，鴻章藉口「償款數目係三國所許，中國初未預議，現派臣（鴻章）面商，自須另行議減。」林董則稱：「此係三國定議之數，斷難再減分釐。」十月二十五日，鴻章奏報連日與日使會議經過曰：「臣與往復辯駁竟日，脣焦舌敝，林董固執成說，毫不放鬆。……徒勞脣舌，無補纖毫，瞻顧徬徨，莫名憤疚。」鴻章之意「原冀爭回一分即有一分之益」，至此乃請旨裁奪[46]。會俄外交大臣羅拔諾夫屢催許景澄，請中國「早付遼費，早退日兵。」[47]清廷不得已，卒從三國所議。

十月二十九日，鴻章函邀林董至總署，於詳閱日使交來約稿後，仍懇減低贖遼代價。林董不允，乃欲減低紋銀成色。」聲稱：「三國雖經議定銀數，並未議定平色，現應就平酌改。」

---

[43] 同上書。
[44] 同上書，電稿二一，頁四四。
[45] 同上書。
[46] 清季外交史料，卷一一八，頁五。
[47] 清光緒朝中日交涉史料，卷四八，頁一。

林董認爲「改平即是減數，與三國定數不符。」堅不承認㊽。其他約稿八款中，第二款：「中國不將此地讓於別國」，於中國自主權有礙。第六款：「中國若不將償款如期交付，須按日給算軍費。」於中國信義之名有礙，鴻章要求删去。並要求在第一款内將退還地方疆界海面詳細載明，而將前擬訂之陸路通商章程作爲罷論。第三款内應添入：「撤兵之前不得將臺壘廠署及屬公物件毀壞搬遷。」反覆辯論，至十一月四日再度會商，始成定案。十一月八日兩國簽訂「日本交還奉天省南邊地方條約」六款，及專條一款㊾。十一月二十九日，雙方在北京互換生效㊿。明日遼東日軍開始撤退，清廷命盛京將軍裕祿、幫辦軍務伊克唐阿、宋慶等接收遼南地方。

（臺北，大陸雜誌，第二十九卷，第七、八、九期，民國五三年一〇、一一月，頁一二—一八，一四—二二，二三—二八。）

㊽ 同上書，卷四八，頁五。

㊾ 清季外交史料，卷一一八，頁一五。清光緒朝中日交涉史料，卷四八，頁六。

㊿ 清光緒中日交涉史料，卷四八，頁二一。

一四　辛亥革命之序幕

——興中會之創立與首次廣州起義——

一、引言

國父倡導國民革命，最早所組織之革命團體興中會，雖創立於檀香山，實醞釀於廣州，並決定以香港爲活動中心。香港於鴉片戰後道光二十二年（一八四二）南京條約中割讓於英國，至光緒二十一年（一八九五）興中會香港總會成立，英人經營達半個世紀，宗教團體之宣傳，學堂之鼓吹，民主自由浪潮與日俱增。加以澳門自嘉靖十四年（一五三五）租借葡萄牙已三百六十年，廣州自康熙二十三年（一六八四）正式開港已二百一十載，粵民開風氣之先，香山縣尤爲顯著。

光緒二十一年正月二十七日（一八九五年二月二十一日）香港興中會總會之成立，爲當地革命人士之大結合，同年九月廣州起義，爲辛亥革命之序幕，其價值至高焉！

二、革命團體之醞釀

國父革命思想雖淵源久遠，其立志排滿則在光緒十一年（一八八五）中法戰後，正式革命活動係光緒十三年（一八八七）起香港西醫書院肄業期間。國父喜與同學談革命，輒言：「醫生救人只幾命，革命救人無量數，吾欲革命，吾欲革命，吾此生舍革命莫屬矣！」❶當時助成國父在港粵活動之背景有以下數端：

㈠ 高級知識份子之結合

國父就讀西醫書院時，經常投稿各報紙，公開鼓吹改革。國父以同邑之鄭藻如（鄭屬香山縣籍，舉人出身，自光緒七年至十一年（一八八一至一八八五）曾任駐美公使，退隱在籍。）言論維新，特上書鄭氏，建議效法西洋，進行改革，而以興農桑、禁鴉片、普及教育爲首務。主張先倡行於香山縣，然後推廣於全國。光綫十七年（一八九一）國父復著「農功」一篇，同邑鄭觀應所編「盛世危言」加以選錄，潤飾其文字，剽爲己作。惟文中所稱：「吾邑孫翠溪西醫，頗留心植物之理。」殆指國父無異。末段並謂：「蓋天生民而立之君，朝廷之設官，以爲民也。今之悍然民上者，其視民之去死生來，如秦人視越人之肥瘠然，何怪天

---

❶ 鄭子瑜「總理老同學江英華醫師訪問記」，載民國二十九年一月二十六日香港華僑日報「中外要聞」版。

下流亡滿目，盜賊載途也！」❷隱寓革命之意，乃針對滿清政府而發。「盛世危言」一書對甲午戰後維新運動有極大之影響，該書版本甚多，而定稿於光緒十八年（一八九二），其序言與光緒二十年（一八九四）春　國父上李鴻章書四大綱領中：「人盡其才，地盡其利，物盡其用」三事相同，足見彼此思想影響之深刻。復據陳少白記載，光緒二十年（一八九四）春，國父由粵北上，準備上書李鴻章，途經上海，曾往見鄭觀應，並在其寓中邂逅王韜。王爲同治、光緒間維新人物，曾因同情太平天國逃避香港，主編循環日報，鼓吹變法。時已返滬，出長格致書院（Shanghai Polytechnic Institution and Peading Room），國父上李鴻章書王氏曾修正文字，並介紹李幕僚羅豐祿、徐秋畦先爲安排。以後　國父赴檀香山，係鄭觀應爲其設法，在江海關領取一張考察蠶桑事業護照而出國。❸

其時香港知識份子楊衢雲、謝纘泰等亦有志革命，光緒十六年（一八九〇），合劉燕賓、陳芬、黃國瑜、羅文玉、周超岳、溫宗堯、胡幹之、陸敬科等十六人，發起組織輔仁文社於香港，以發展教育開通民智爲宗旨。初假劉燕賓所辦之「炳記船務公司」爲會議所，至光緒十八年二月十五日（一八九二年三月十三日），始設機關於百子里一號二樓，楊衢雲年最長，

---

❷ 鄭觀應「盛世危言」，卷三，光緒二十二年成都重刊本。
❸ 陳少白「興中會革命史要」，頁七至八，中央文物供應社，民國四十五年六月版。

被推爲會長，❹三樓則爲輔仁文社社友宿舍，其社綱爲「盡心愛國」。❺是年楊衢雲、謝纘泰等由尢列引見，始與　國父相識，時爲　國父在西醫書院最後修業之一年，故該校時有衢雲之足跡。衢雲復經常造謁　國父於歌賦街楊耀記商店楊鶴齡寓，至則抵掌談天下事，達旦不倦。❻

(二) 清政之腐敗

自光緒十五年（一八八九）七月，至光緒二十一年（一八九五）三月，李翰章任兩廣總督將近六年之久，李氏在兩廣創行一種新例，凡官吏之在任或新補者，均須納費若干於督署，官吏既不滿此額外之費，勢不得不取償於人民。且中國官場每逢首長誕辰，其僚屬必集資以獻。某歲，李翰章生日時，屬吏醵金一百萬兩以充壽禮，此一百萬者，無非以誘嚇兼施，笑啼並作之法，取於人民之較富者。同時督署中經常有出賣科第，私通關節等事，每名定費兩千兩，因此而富者怨，貧者憤，知識份子尤不能平，凡此種種，皆足以增進革命之勢力。中日戰爭爆發後，李翰章召募鄉勇，成立新軍，以爲聲援。及停戰議和，乃裁遣四分之

❹ 馮自由「中華民國開國前革命史」，第一册，頁六，世界書局，民國四十三年四月版。另馮著「華僑革命開國史」，頁二至三，所記略同。民國三十五年，商務印書館版。

❺ 馬小進「香江之革命樓臺」，引自「中華民國開國五十年文獻」，第一編第九册，頁五〇九，中華民國開國五十年文獻編纂委員會，民國五十二年十月版，以下簡稱「開國文獻」。

❻ 馮自由「革命逸史」，第五集，頁九，商務印書館，民國五十四年十月版。

三，被裁遣者多流爲盜賊，即留營者亦憤懣不平，咸謂欲解散則全體解散，欲留營則全體留營，翰章竟充耳不聞。而舊有之巡防隊，則棄其軍服，四出劫掠，百姓憤極而圍捕之，囚其爲首若干人於某會館，不料巡防局員率大隊而出，撲攻某會館，將被囚諸人一律釋放，並將某會館搶奪一空。於是百姓特開會議，推代表一千人控訴於巡撫馬廷瑤，（按：光緒二十年十月八日，清廷授馬廷瑤廣東巡撫，光緒二十一年九月十日病死任上。）馬廷瑤斥爲犯上作亂，下領袖代表於獄，餘人悉被驅散，民怨因之而日深。❼

㈢　基督教徒之支持

基督教教徒因教義薰陶與西教士掩護，對民主政治之認識及反對專制之活動，較他人比較便利。光緒二十一年（一八九五）廣州之首次起義，即與基督教有絶大之關係。當時雙門底之聖教書樓，係教徒左斗山所籌設，王質甫爲司事，隱爲自由思想之推動機構。馮自由記其事曰：

> 廣州雙門底聖教書樓，爲基督教徒左斗山所設，其司事曰王質甫，總理初在廣州業醫，以同教之關係，假該樓爲診察所。左篤信新學，而病重聽，有大聾子之稱，凡屬上海廣學會出版之西籍譯本，如林樂知、李提摩太所譯泰西新史攬要，西學啓蒙十六種，

---

❼ 鄒魯「中國國民黨史稿」，第三篇，革命（甲），頁六五六，商務印書館，民國五十四年十月版。

萬國公報等類，皆盡量寄售，實爲廣州惟一之新學書店。店內後進爲基督教禮拜堂，每星期講道由王質甫兼任之。左又於衛邊街租一大廈，名曰「大光觀書樓」，陳列古今圖書及新舊約聖經，供人觀覽，延蘇復初主其事，左、王皆先後爲興中會員。❽該書樓實係興中會首次廣州起義之重要據點，左斗山、王質甫等，各有不同之表現。

(四) 外籍人士之同情

國父早年在香港西醫書院讀書期間倡言革命時，即得到中外有眼光人士同情與協助。英籍記者黎德（Thomas Ruid）、鄧勤（Chesney Tuncan）係其著者。黎德爲香港德臣西報（China Mail, Hong Kong Telegraph）記者，鄧勤曾任香港士蔑西報（Hong Kong Telegraph）主筆，二人乃在二西報撰文，抨擊滿清政治，鼓吹反對滿清思想，鄧勤且曾因此爲香港政府所告誡。❾其後興中會首次廣州起義，二人仍有其貢獻焉！

光緒十九年（一八九三）初冬，港粵革命同志在廣州城南廣雅書局內之抗風軒，討論組織革命團體，到會者除 國父外，有陸皓東、鄭士良、尢烈、程耀宸、程奎光、魏友琴等，雖未決定團體名稱，已決定以「驅除韃虜，恢復華夏」爲宗旨。馮自由記其事曰：

---

❽ 馮自由「革命逸史」，第一集，頁二〇，商務印書館，民國二十八年六月版。
❾ 羅香林「國父與歐美之友好」，頁七八，中央文物供應社，民國四十年十一月版。

翌年（光緒十九年）， 總理先後設藥局於澳門及廣州二地，外則以醫學問世，而實則日聚同志，相與計劃革命進行之方略。冬初，開會議於城南廣雅書局內南園之抗風軒，蓋九烈嘗爲附設書局內廣東輿圖局之測繪生，與局員習熟，因得借用之。時到會者有總理及程耀宸、奎光、壁光、陸皓東、魏友琴、鄭士良、九烈諸人。總理提議，宜先成立團體，以驅除韃虜，恢復華夏爲宗旨，衆贊成之，而不及制定會名。公（按：指楊衢雲）居港，弗克來會，次日九烈適往港，爲公道之，公大稱善。❿

其時在 國父上書李鴻章前數月，中日之戰尚未爆發，足證革命團體興中會之組織，既非李鴻章拒絕 國父改革建議，更非受清廷戰敗之影響。

三、興中會總會之成立

中國最早革命團體興中會，於光緒二十年十月二十七日（一八九四年十一月二十四日），成立於檀香山卑涉銀行（The Bank of Bishop & Co.,）華人經理何寬宅，參加同志除 國父及其兄孫德彰外，僅劉祥、何寬、程蔚南、宋居仁、李昌、鍾宇、鄧蔭南（松盛）、侯艾泉、

---

❿ 馮自由「興中會首任會長楊衢雲補述」，載「革命逸史」第五集，頁九。另見馬小進「香江之革命樓臺」，載「開國文獻」第一編第九冊，頁五一〇至五一一。

李杞、黃華恢、許直臣、李光輝、鄭金、黃亮、李祿、李多馬、夏百子、林鑑泉、鄭昭、劉壽、劉卓、曹彩、鍾木賢、陳南、宋育仁等二十餘人，多爲粵籍華僑，其中李昌、程蔚南係香港皇仁書院畢業生，經檀香山政府聘來充當法院翻譯者。國父爲大會主席，對外宣言，以「振興中華，挽救時局」爲宗旨。因 國父即將回香港從事實際活動，衆推舉劉祥、何寬爲檀島正副主席，主持該地革命活動之進行。⓫

十二月， 國父離檀島東歸，準備發動起義，興中會員鄧蔭南、夏百子、陳南、李杞、侯艾泉、宋育仁等先後追隨返香港。爲籌措軍費， 國父兄德彰以每頭六、七元賤價出售牧場中牛隻一部份，鄧蔭南亦鬻賣其糖榨和商店，得款六千餘元。⓬ 光緒二十一年（一八九五）正月初， 國父抵達香港，立約舊友陳少白、鄭士良、楊鶴齡、九烈、區鳳墀、陸皓東諸人會商，決定擴大興中會組織，聯合國內外志士共策進行。 國父親訪輔仁文社領袖楊衢雲商談合作，衢雲欣然從之。⓭ 經其介紹加入興中會者，有謝纘泰、黃詠商（襄）、周昭嶽、余育之、徐善亨、吳子材、朱貴全、丘四等數十人。乃租定香港中環士丹頓街十三號爲香港興中會總會會址，正月二十四日（一八九五年二月十八日），門口開始懸出「乾亨行」招牌爲掩飾，正月二十七日（二月二十一日），舉行正式成立大會，衆決議仍用興中會名稱，並一律舉

⓫ 馮自由「中華民國開國前革命史」，續編，卷上，「孫總理始創檀香山興中會」。又馮自由「中華民國開國前革命史」，第一册，頁四，則謂推舉 國父爲會長， 黃華恢爲司庫。

⓬ 馮自由「華僑革命開國史」，頁六。

⓭ 馮自由「華僑革命組織史話」，頁四，正中書局，民國四十三年六月版。

右手對天宣誓：「驅除韃虜，恢復中國，創立合衆政府，倘有貳心，神明鑒察。」當時會員有文獻足徵者共四十九人，其中十人爲知識份子，七人爲官吏，八人經商，三人勞工，十四人屬秘密會黨，七人職業不詳。⓮

關於香港興中會總會成立之初會長問題，多種記載均謂係黃詠商。如「革命先烈先進傳」內之「九烈事略」⓯、馮自由「革命逸史」第五集內「興中會首任會長楊衢雲補述」，⓰ 及馬小進「香江之革命樓臺」等文。馬文記其事曰：

翌年（即公元一八九五年）孫先生由檀抵香江，因即與尢烈先生及楊烈士衢雲等，組織興中會於香江中環士丹頓街十三號，其時爲光緒二十一年正月二十四日（即公元一八九五年二月十八日），門外榜名曰「乾亨」，開會時票舉黃君詠商（襄）爲會長，輔仁文社會員加入者，有楊烈士衢雲，及謝纘泰、周昭岳二君。迨後，黃君詠商（襄）因事辭職，繼之者爲楊烈士衢雲，但黃、楊二人雖爲會長，而主持會務者，則孫、尢二先生也。⓱

⓮ 吳相湘「孫逸仙先生」，第一册，頁一〇五，文星書店，民國五十四年十一月版。
⓯ 中國國民黨中央黨史史料編纂委員會編「革命先烈先進傳」，頁五〇三，中央文物供應社，民國五十四年十一月版。
⓰ 革命逸史第五集，頁一〇。
⓱ 開國文獻，第一編，第九册，頁五一〇至五一一。

馬小進曾加入香港興中會總會，參預首次廣州起義，所記可信程度頗大。另據「革命先烈先進傳」內「黃詠商略歷」記載：

詠商爲港紳議政局議員黃勝之子，與何啓有戚誼，詠商好讀易，研究湛深，嘗言：「物極必反，漢族已有否極泰來之象，清祚覆亡在即，吾人順天應人，此正其時。」與中會機關名「乾亨」，即是詠商所定，蓋取「乾元奉行天命，其道乃亨」之義也。爲助革命軍需，鬻其蘇杭街洋樓一所，以充軍費，得資八千元。⑱

詠商與興中會關係之深於此可見。蓋詠商爲港紳之子，在社會上有特殊之地位，故香港興中會總會成立之初，推之爲名義領袖，便於有所活動。另有余育之，係香港富商日昌銀號東主，素表同情革命者也。⑲香港興中會總會宣言，略同於檀香山興中會，但內容較詳盡，措辭較激烈。⑳另改訂章程爲十條，較檀香山興中會增加一條，規定總會支會權限以資遵守。㉑

⑱ 革命先烈先進傳，頁五二七。
⑲ 同上書。
⑳ 黨史委員會編訂「國父全集」，第一册，頁七五六至七五九，民國六十二年二月版。
㉑ 同上書。

四、興中會總會之發展

香港興中會總會成立後，立即通過各種社會關係發展組織。香港方面主要從事言論之鼓吹，廣州則爲實行發難之地。是時香港議政局議員何啓，常在中西各報發表中國改革意見，名重一時，國父曾往相訪，何允暗中相助，而不願列名黨籍，乃勸説香港英文報紙德臣西報記者黎德，士蔑西報主筆鄧肯，撰文指責清政腐敗，刊登報端。何啓本人亦印行「新政論議」，提出改革中國弊政應用「復古」、「因時」等十六策。五月七日，謝纘泰在上述兩種英文報紙，發表致滿清光緒皇帝公開信，促其覺悟，發奮圖強。㉒

二月十七日（三月十三日），國父與楊衢雲、謝纘泰、黃詠商等，初步會商襲取廣州革命行動。二十日，興中會幹部會議正式通過挑選會黨三千人，自香港乘船至廣州，擔任發動主力，並決定採用陸皓東所設計之青天白日旗爲今後革命軍之軍旗。㉓ 國父駐穗專任廣州軍事，鄭士良、陸皓東、鄧蔭南、陳少白、九烈等佐之；楊衢雲駐香港，專任後方接應事務，謝纘泰、黃詠商、余育之等佐之。

國父抵廣州，設機關多處，一在城內雙門底黃家祠中之雲崗別墅，一在東門外鹹蝦欄張

㉒ 謝纘泰「中華民國革命秘史」，頁九。

㉓ 革命逸史，第一集，頁一七。

公館，其餘儲物及招待同志處，省河南北不下數十所。並購得小輪船二艘，以爲往來運輸之用。國父、九烈駐雲崗別墅，憑其兩年前在廣州懸壺所獲致之聲譽，納交於達官顯宦，放言無忌，語雖涉及排滿，聞者僅以狂士目之而不介意。八月十八日，國父假藉𠞊立農學會事，刊緣起書於報端，廣徵同志。略曰：

伏念我粵東一省，於泰西各種新學，聞之最先，縉紳先生不少留心萬世之務，同志者定不乏人，今特𠞊立農學會於省城，以收集思廣益之實效。首以繙譯爲本，搜羅各國農桑新書，譯成漢文，俾開風氣之先。即於會中設立學堂，以教授俊秀，造就其爲農學之師。且以化學詳覈各處土產物質，闡明相生相剋之理，著成專書，以教農民，照法耕植。再開設博覽會，出重賞以勵農民；又勸糾集資本，以開墾荒地，此皆本會之要舉也。㉔

或謂該書出自區鳳墀手筆，區爲廣州有名之基督教牧師，長於文學，係　國父之漢文教師。嘗在德國柏林大學擔任漢文教授多年，歸國後寄寓廣州省河南瑞華坊其婿尹文楷家，　國父有時亦來同住，有所商討。㉕以「𠞊立農學會緣起書」，措詞表面婉轉而動聽，內涵則富積極

㉔ 國父全集，第三冊，頁一一至一三。

㉕ 區鳳墀事略，載「革命先烈先進傳」，頁五一〇。

性、建設性，粵中官紳多信之。潘寶璜、潘寶琳、劉學詢等數十人，署名贊助。籌備半載，粵垣人士加入興中會較香港尤爲踴躍，先後填寫誓約盟書者，有左斗山、魏友琴、程奎光、程璧光、程耀宸、陳廷威、王質甫、朱淇、朱浩、湯才、陳煥洲、程懷、梁榮、梁大砲、李芝、劉秉祥、黃麗彬、莫亨、程次、蘇復初等數百人。㉖城內防營及水師，與附城各處綠林，泰半聯絡就範，以俟大舉。㉗

五、首次起義之佈署

國父初計劃，發難之人貴精不貴多，首選敢死隊一百人潛入廣州城，以五人爲一隊，配備槍械炸彈，乘夜分別攻入都統、將軍、總督、巡撫、水師提督等官眷房屋，誅或執其長官，使全城無發號施令之人。更以同志，預伏城中要衝，截擊城外援兵。將橫街小巷鋪屋轟塌，阻礙交通，以二十人擔任攻衙署，二三十人禦援軍，二三十人圍攻旗界，任務完成同志，則分頭縱火，以壯聲勢，則大事可成。㉘

七月八日，以消息外洩，香港政府下令封閉乾亨行。㉙十日，香港黨人集會於西營盤杏

㉖革命逸史，第四集，頁一一，商務印書館，民國五十四年十月版。

㉗馮自由「中國革命運動二十六年組織史」，第九年，乙未。

㉘中國國民黨史稿，第三篇，革命（甲），頁六五七。

㉙中華民國革命秘史，頁九。

花樓酒家，陳少白、黃詠商、楊衢雲、謝纘泰等皆出席，何啓、黎德亦在座，衆推何啓主席，商討廣州起義方略，黎德則表示願運動英國政府，不干涉中國之革命行動。衆人對 國父之起義計劃頗表惑疑，多認爲人少力薄，過份冒險，不易輕試。乃決定九月九日重陽節（十月二十六日），各地民團會黨分從順德、香山、北江三路會集廣州，同時並舉。因是日廣東民間有掃墓風俗，四鄉大族子孫多遠道結隊前來省城拜祭祖塋，利用此一機會，聚各地黨人於廣州，不致招清吏之疑詰。另計劃向汕頭及西江兩岸分別招募兩軍，同時向廣州進逼。因汕頭及西江之人，與廣州有主客之分，語言不同，習尚歧異，用以進攻，無牽掛之慮，可一意以爭勝利。萬一他軍中途發生變化，此兩軍因來自遠方，蹤跡易顯，惟有死中求生。於是 國父「外起內應之計」，被改爲「分頭攻城」之策。㉚北江方面：決定由梁大砲負責召集；香山、隆都方面：決定由侯艾泉、李杞所領導。㉛會中並釐訂事成之後組織臨時政府步驟與政策，陳少白記其事曰：

> 孫先生又派人到內地去運動，聯絡那「綠林」營勇，其中如鄭金部下「安勇」，廣東北江的「綠林」，城外三元里有名的「鄉團」，香山、順德的「綠林」，這些都是準備起義的基本隊伍了。……這樣辦了幾個月，孫先生天天在香港、廣州間來往計劃，並在

㉚ 中國國民黨史稿，第三篇，革命（甲），頁六五七。

㉛ 革命逸史，第四集，頁一一。

> 廣州雙門底租了一間王氏家祠，假托開一個農學會，預備在九月九日就發動。爲什麼要定九月初九發動呢？這是很有意思的：我們以爲那一天是粵俗掃墓之期，無論什麼人都要回省城去，那時來往的人很多，我們預備起事的，香港方面有三點會員幾千人，如果在那天混到省城去，人家就不易注意了。㉜

旋復變更軍事計劃，區分前敵發難與後方勤務兩項，分途準備。前敵方面：由 國父與鄭士良、陸皓東等在廣州積極進行發難布署；後勤方面：由楊衢雲、黃詠商、鄧蔭南等，在香港籌款購械，連絡同志。推何啓擔任發言人，黎德盡力爭取英國朝野之同情。並由黎德及英人高文（T. Cowen）於八月二十一日草擬英文對外宣言，經何啓、謝纘泰修訂後，以便屆時應用。㉝

其時省河兵艦以鎮濤、安瀾二艦噸位較大，火力最强。其中鎮濤管帶程奎光係璧光胞弟，均已加入興中會，屆時必可響應。且美國化學師奇列早已應邀前來廣州，在河南咀頭秘密設立製造炸彈工廠。另由陳錦順統順德一路，劉裕統北江一路，麥某統龍洞一路，吳子才則擔任潮汕方面響應，以牽制嶺東清兵。除潮汕一路外，各路均定九月九日集中廣州候命。㉞

㉜ 興中會革命史要，頁九至一〇。

㉝ 中華民國開國前革命史，第一冊，頁一二。

㉞ 中國國民黨史稿，第三篇，革命（甲），頁六五八。

依照起義計劃，屆期楊衢雲率香港會黨約三千人，於前一日晚（九月八日）乘夜輪赴省垣，並以木桶暗裝短槍，冒充膠泥，瞞報海關，翌日晨抵達時，即齊用刀斧劈開木桶，取出槍械，首先向各重要衙署進攻。同時埋伏水上及附城之會黨，與自北江、順德、龍洞、香山、隆都等地先期到達之各隊，分別響應。並由自日本橫濱趕回參加起義之陳清，率領炸彈隊，在各要區投擲，以壯聲勢。乃將黨人朱淇撰就之討滿檄文，及印妥之安民佈告，張貼通衢。所有黨人概以紅帶纏肩爲標記，用「除暴安良」作口號。

六、總辦之選舉

香港興中會總會成立之初，名義上雖由黃詠商任會長、實由 國父及楊衢雲負實際會務之責。俟廣州起義在即，詠商懇辭，八月二十二日（十月十日），興中會主要份子乃在香港選舉總辦，俾起義後以資統率。因楊衢雲過去係輔仁文社領袖。在年歲及社會經驗都比較老練，然陳少白、鄭士良等擁戴 國父呼聲，與若干人擁戴楊衢雲提議，在會場中此起彼落， 國父立即表示支持楊衢雲，衢雲由是而當選。此一總辦職位，在起義成功後名曰伯理璽天德（即 President），爲合衆國政府之領袖。有關此一選舉，馮自由有關著作，記載大致類同。其所著「楊衢雲事略」記曰：

未幾，孫、楊共商起義進行工作，總理任廣州軍事運動，衢雲則駐香港，任募集死士及籌劃餉糈。是年秋，事機漸成熟，衆議舉會長爲建國時合衆政府大總統之預備。衢雲素有大志，堅欲得總統，謝纘泰等復擁戴之，總理不欲因此惹起黨内糾紛，表示退讓，衢雲由是當選。㉟

馮著「興中會首任會長楊衢雲補述」記曰：

八月十二日（按：此誤），衆在港開會，以發難在即，議舉會長一職，以總其成。公友謝纘泰力主舉公爲會長，持之甚堅，鄭士良、陳少白等則屬意總理，總理不欲因此惹起黨内糾紛，表示退讓，力誡士良、少白等勿與競爭，結果此席爲衢雲所得。㊱

馮著「中國革命運動二十六年組織史」記曰：

八月二十二日，因廣州運動成熟，將次發難，衆乃投票選舉會長，名之曰伯里天德，此職即起事合衆政府之大總統也。時會中分孫、楊兩派，競爭頗烈，中山不欲因此惹起黨内糾紛，表示退讓，結果楊衢雲當選，至廣州軍事仍由 中山主持一切，楊則在

㉟ 革命逸史，第一集，頁六至七。
㊱ 馮自由「華僑革命組織史話」，頁六，正中書局，民國四十三年六月版。

香港擔任募集同志及接濟餉械等事。㊲

另馮著「中華民國開國前革命史」、「興中會組織史」，㊳等書，所記相同。謝纘泰「中華民國革命秘史」，則明白指出香港興中會總會成立時，票擧黃詠商爲會長，後詠商請辭，衆擧楊衢雲繼其任。㊴獨陳少白「興中會革命史要」，所記不同於以上各書。其言曰：

九月初（按：此誤），我們在香港開一次會，人數很少，只有六七人，這是最後一次會議，爲什麼開這次會議呢？當時廣州和香港兩方面的事情完全預備好了，孫先生意思開這次會就是要公擧一個總統出來，可以由他發號施令，一開會當然一致通過擧孫逸仙當總統，通過之後，大家都同孫先生拉手，恭賀道喜。這件事情辦好，孫先生就想先到廣州，預備不再到香港來了，所有在香港的財政軍隊等等，交楊衢雲負責處理，我們也就預備都離開香港到廣州去。當時楊衢雲膽很小，不肯到省城來冒險，最後他也答應在九月初八晚上由他帶了三點會三千人，搭夜船到省城，天亮到岸，我們就馬上動手，這樣當然算是妥貼了，孫先生就把銀行裏存款，在香港所有軍械統

㊲ 第九年，（乙未）。
㊳ 革命逸史，第四集，頁一至二四。
㊴ 中華民國革命秘史，頁九至一〇。

統交給楊衢雲，預備他最後到省城帶來，他到了省城，就可舉事了。隔了一天，楊衢雲忽然對　孫先生說，可否把總統的地位讓給他，以後到省城事情辦好了，再還　孫先生。　孫先生聽了這幾句話，覺得事情還沒有開始，同志間就發生地位之爭，非常痛心，精神上也就受了很大打擊，所以就約了我同鄭士良三人開了一個會議，鄭士良聽到　孫先生說明了上面的事情，他就說：「這是不能答應的，我一個人去對付他，我去殺他，非殺他不可。」當時我就說：「這是不對的，殺了他在香港就出了人命案件，我們還能起事嗎？照我的意思，我們先到省城辦事，辦成功那就沒有問題了，辦不成功隨便什麼人做總統是沒關係的。」　孫先生就依照我的意思，在當天晚上再開一次聯席會議，出席的人中，還有一個英國人，和一個美國人，(係化學師)，是　孫先生由檀香山約來的。在會議席上，　孫先生就自己提出來，把總統的名義讓給楊衢雲，在事前我們既然說妥了，會議表決也是無理由的讓給楊衢雲做總統，第二天　孫先生就到廣州去，我們幾個人過了兩天也去了，只留楊衢雲一人在香港。[40]

就他種記載及常理推斷，　國父懇辭興中會總辦應在八月二十二日當天重要黨人集會選舉之時，而非數日後再度之集會。況陳少白爲自求表現，所記矛盾不合情理之處甚多，似不足採信。

---

[40] 興中會革命史要，頁一〇至一一。

七、廣州發難之失敗

九月初八日，除香港一路外，其餘黨人咸集中廣州總機關部待命發動。時楊衢雲分配武器，措施失當，人心怨望，以故軍械人員不能如期到達。九日晨，衢雲電告 國父稱：「貨不能來」，須改遲二日方能出發。衆大驚訝，乃聚議辦法。陳少白認爲：「屆期而不能舉事，必然外洩，若再發動，恐遭失敗。」 國父深以爲然，乃資遣黨人散歸，待命進止。並覆電衢雲曰：「貨不要來，以待後命。」㊶詎此電到時，港方機關部已將槍械六百枝改裝木桶交省港班輪保安號待運，上書「寄廣州聖教書樓司事王質甫收」封帖，㊷衢以槍械已下船，若再起回，反恐敗露，乃一面以「接電太遲，貨已下船，請接。」數語電 國父；一面仍令丘四、朱貴全於九月十日晚率同志二百餘人乘保安輪晉省。輪船啓椗後，丘、朱發現僞裝貨物內藏軍械之七大木桶，已因船上裝載雜貨，變易位置，且爲箱件積壓，一時無法取用。

除楊衢雲措施失當，人員失期，不能按時到達廣州外，清吏已偵知黨人起義消息。關於此事各種記載紛歧，綜合其途徑有三：㈠香港總督得悉吳子材等在港九購運軍械入粵，特電告兩廣總督譚鍾麟以防之。㈡粵省駐港密探韋寶珊，偵悉朱貴全等集合新安、深圳、沙頭等

㊶ 同上書。
㊷ 革命逸史，第一集，頁二〇。

地會黨三百餘人之消息，特電粵督戒備之。㈢黨人朱淇之兄朱湘（字爬生），冒朱淇名向省河緝捕統帶李家焯自首告密。朱湘舉人出身，時主持廣州西關清平局事，恐爲所累，企圖將功以贖罪。㊸

粵督譚鍾麟初不信革命黨人舉事，大笑曰：「孫乃狂士，好大言，焉敢造反？」惟重陽節廣州官廳例須加強巡邏，又以連日市面頗有謠言，故各地戒備更加注意。九日，國父故示鎮靜，仍起居如常，按時與黨人區鳳墀前赴省河南參加黃毓初牧師娶媳宴會，途遇探勇多次，區氏頗驚異，不解何做？但　國父談笑自若，卒化險爲夷。鄒魯記其事曰：

> 總理未離廣州時，李家焯遣人偵其行跡，至其所寓之河南歧興里，詢街口輿夫：「孫醫師是否寓此？」輿夫素受　國父惠，且知問者來意不善，乃詭言：「此間只有尹醫師。」偵者乃去。初九日，　國父與區鳳墀同赴黃毓初牧師宴，途遇李家焯所遣勇探，鳳墀詫曰：「何今日所遇營勇之多耶！」　總理曰：「來偵吾行跡。」鳳墀曰：「何故？」　總理曰：「道路皆云　孫文舉事，汝未知耶！」李部探勇以未得捕人之命，又爲　總理所道破，相顧而去，　總理談笑自若，旁若無人，亦可見　總理膽略之過

㊸ 中國國民黨史稿，第三篇，革命（甲），頁六五九。另據鄭子瑜「　總理老同學江英華醫師訪問記」，謂革命黨人槍械偷運至濠泮街時，桶破槍露，秘密爲警兵破獲，存疑。

人也。㊹

國父在黃宅飲宴自若，見兵警羅列，知事已洩，仍旁若無人，笑語同座曰：「此輩其來捕余者乎？」㊺既接楊衢雲來電，知事無可爲，命陳少白等儘速先返港，自己再設法脫身。陳少白記其事曰：

初八晚上，我們在廣州，什麼事都預備好了，只要等天亮就可動手。那時 孫先生住在河南尹姓的朋友家裏，陸皓東住在南關鹹蝦欄，我就住在雙門底總機關附近一個親威開的舖子裏。到初九日，天還沒有亮，我就起來，馬上跑到農學會，等了好久，並沒有消息。綠林首領、軍隊首領、民團首領等，都來討口號，等命令，而 孫先生卻還沒有來。本來香港船在早晨六點鐘就應該攏岸了，我們一直等到八點鐘，才見 孫先生形色匆匆的拿了一個電報來。一看，是楊衢雲打來的，電報說：「貨不能來」，我就同 孫先生商量：「這事怎樣辦呢？凡事過了期，風聲必然走漏，再要發動一定要失敗的，我們還是把事情壓下去，以後再說罷！」孫先生也以爲然，一方面就把領來的錢發給綠林中人，叫他們回去再聽命令，同時馬上打電報給楊衢雲，叫他「貨不

㊹ 中國國民黨史稿，第三篇，革命（甲），頁六六〇。
㊺ 革命逸史第四集，頁一一二。

要來，以待後命。」諸事辦妥以後，孫先生就同我想方法，覺得現在處境很危險，不走開恐怕過了期不能動身，還是離開廣州。孫先生說自己有事要辦，叫我先走，我就當晚乘「泰安」夜航船到香港去。㊻

足證楊衢雲之誤事與　國父臨事之鎮靜。九月十日，國父僱得一小火輪，駛離廣州，經順德至香山之唐家灣，途中司舵不諳航線水道，國父乃親自指導，卒能安抵目的。旋即上岸，僱肩輿赴澳門，再搭乘輪船轉香港，輾轉路途幾達一週。清省河緝捕統帶李家焯，分遣探弁，嚴防赴香港、澳門各輪船碼頭，伺捕　國父，同時並派人守伺廣州河南歧興里國父寓所，竟無所獲。

國父離廣州之日，譚鍾麟一面急調駐長洲營勇一千五百人至廣州佈防，一面命李家焯率兵至王家祠、鹹蝦欄等黨人機關搜查，捕獲黨人陸皓東、程耀宸、程奎光、程懷、劉次、梁榮等六人，及旗幟軍器軍服鐵斧等物，復令營官四處兜拿黨人，准其就地殺戮。另據黃溪「劉秉章事略」，是役因消息洩漏被捕遇難同志仍有劉大頭、劉長生、劉發友多人。謂　國父脫險，得之於劉秉章之力。其言曰：

秉章奉命運動綠林，預備攻城，初至英德，調劉大頭兄弟三百餘人，事爲安勇營劉居

㊻ 興中會革命史要，頁一一。

德部識破，大頭遇害於英城。繼赴清遠濱江招募二百餘人運省密佈，預作九九發難。詎暗運之軍火於九月初八日被扣，而吳子材在港所募之徒手被卓勇查拏，事盡洩露，幸得胡廣順即鳳璋在督署預知拏人消息，走報秉祥，迨轉身後，王氏書室已被圍矣。惟秉章機警，適賣花生仔在內，借花籃竄出重圍，奔向麥欄街機關，拉總理出走，始免於難。是役也，朱、邱、程、陸及秉祥胞兄長生，胞侄發友均遇害焉。❹❼

十一日晨，保安輪駛抵省河時，南海縣令李徵庸及省河緝捕統帶李家焯，已派兵在碼頭嚴密截緝，先登者丘四、朱貴全等四十餘人盡被捕去，後登諸人將符號毀棄，始得幸免。僞裝貨物內藏小洋槍二百餘桿，及裝子彈之木桶，亦被搜獲，各處同志聞訊，乃倉皇避難四方。

黨人既被捕，均視死如歸，承認革命排滿不諱，尤以陸皓東最爲慷慨激昂。皓東原隨國父同居，因雙門底聖教書樓尚遺留有黨人名册，欲往取之，衆阻之，皓東曰：「名册倘爲搜去，按册誅求，我黨尚有餘類耶！冒個人生命危險，以全多數同志，實分內事。」竟不顧勸告而去，焚之以滅跡，遂被逮獲。粤督譚鍾麟以案情重大，特合南海、番禺兩縣嚴刑審訊，希能逼供同黨，藉以大興黨獄，皓東不爲屈，振筆自書供辭，忠貞之氣足爲後人所式發。時美國廣州領事素敬皓東之爲人，特往訪南海縣署，指皓東爲基督教徒，向充上海電報局翻譯員，可作保證，絶非亂黨，南海縣令以皓東所書供詞示之，美領事乃無言而退。清吏以皓東

---

❹❼ 原載「興中會各同志革命工作史略」，引自「開國文獻」第一编，第九册，頁四七八至四七九。

不肯供出同黨，用釘插鑿手足齒腔，皓東死而復甦者數次，且曰：「汝雖嚴刑加諸余，但余肉痛而心不痛，汝其奈余何？」九月二十一日，皓東、丘四、朱貴全就義，程奎光在督署營務處受六百軍棍庾死獄中，程耀宸禁「大有倉」後卒，其餘程懷、程次、梁榮等六十餘人，譚鍾麟指爲愚民被惑，每人發給川資一元，分別遣散。[48]

八、黨人之善後

國父自廣州安抵香港後，喘息未定，即與先抵香港之陳少白、鄭士良、鄧蔭南等檢討失敗原因，共商善後辦法。綜合衆人意見，認爲此役失敗有下列數項因素：㈠楊衢雲在香港發運軍械，遣送人員，未能按定日期到達廣州。㈡朱淇之兄朱湘冒用其弟之名告密。㈢香港購運軍械計劃，爲粵省駐港偵探偵悉。㈣東北、西南兩路革命軍被阻，以致功敗垂成。時黨人多疑是役失敗，純由於朱淇告密所致，咸爲切齒，區鳳墀乃舉朱淇兄朱湘（甡生）冒名舉發姓末，代爲力辯，然黨人對朱終不能釋然。[49]

國父爲避免遭香港政府驅逐出境，乃就教於其師康德黎（Dr. James Cantile），康爲介紹往見英國律師達尼斯（Mr. Dennis），叩以政治犯能否留居香港，達尼斯答曰：「此事在香港

---

48 參照「革命先烈先進傳」，頁一至五。

49 中華民國開國前革命史，第一冊，頁二三。

尚屬創見，能否容許留居當依香港總督意旨辦理，但以迅速先行離去爲宜，免致被下令驅逐。」㊿國父乃與陳少白、鄭士良趕往輪埠，得知日本貨輪廣島丸將啓碇離港，乃購票登輪東渡。(51)國父記其事曰：

（廣州失敗後）乃得間道脱險至香港，隨與鄭士良、陳少白同渡日本，略住橫濱。時余以返國無期，乃斷髮改裝重遊檀島，而士良則歸國收拾餘衆，佈置一切，以謀捲土重來。少白則獨留日本，以考察東邦國情。(52)

可知國父固不因失敗而氣餒也。楊衢雲則赴越南西貢，從經印度抵南非，設立興中會支會於約翰斯堡（Johannesburg）、彼得馬里次堡（Pietermaritzbury）等地。(53)

此役討滿洲檄文底稿，藏於雙門底王家祠雲崗別墅之石壁內，後竟失蹤。尚有黨人名冊及宣傳文字，均藏於聖教書樓後方之禮拜堂，及事敗，由左斗山投入井内，得逃避清吏之搜索。左斗山後被捕，得廣州美領事保釋。(54)粵督譚鍾麟因聞黨人多屬教徒，密令道臺王存善

㊿ 羅香林「國父與歐美之友好」，頁四七，民國四十年十一月，中央文物供應社版。
(51) 興中會革命史要，頁一二。
(52) 有志竟成，國父全集，第一册，頁四九二。
(53) 革命逸史，第四集，頁一七。
(54) 陸丹林「革命史譚」，頁一一二，民國三十四年八月，獨立出版社版。

會同西牧師香秉文到輪船碼頭截拿，王質甫得香牧師密通消息，步行赴韶關，入江西走脫。[55]

此役革命黨人準備充分，人數衆多，就義同志慷慨壯烈。粵督譚鍾麟恐遭譴責，匿不上聞，粵籍京官劾之，清廷震恐，十月十六日（十二月二日）諭曰：

九月間香港保安輪抵省，附有匪徒四百餘名，潛謀不軌，千總鄧惠良等探悉，前往截捕，僅獲四十餘人。訊據供稱，爲首孫文、楊衢雲等共約四五萬人，潛入省城，剋期起事。現在孫文首逆遠颺，黨類尚多，竊恐釀成巨患。……著譚鍾麟、成允（按：廣東巡撫）嚴密訪查，務將首犯迅速捕拏，以期消患未萌。[56]

譚氏先已命南海、番禺兩縣於九月十一日出示緝拿 國父及楊衢雲等，兩縣令會銜發佈四字韻文告示：

現在黨匪，名曰孫文；結有匪黨，曰楊衢雲。起義謀叛，擾亂省城；分遣黨羽，到處誘人。借口招勇，煽惑愚民；每人每日，十塊洋錢。鄉愚貪利，應募紛紛；數日之前，聽得風聲。嚴密查訪，派撥防營；果獲匪犯，朱丘陸程。經衆指證，供出反情；紅帶

---

[55] 革命逸史，第一集，頁二〇。

[56] 清德宗實錄，卷三七八，頁一，臺灣華文書局影印版。

爲記，口號分明。鎗械旗幟，搜出爲憑；謀反叛逆，律有明刑。甘心從賊，厥罪維均；嚴拿重辦，決不從輕。城廂內外，兵勇如林；搜捕亂黨，決不饒人。惟彼鄉愚，想充勇丁；不知禍害，貪利忘身。一時迷惑，概予施恩；丟去紅帶，急早逃奔。回歸鄉里，安分偷生；免遭擒獲，身首兩分。特此告示，剴切簡明；去逆效順，其各凜遵。57

及奉上諭，復命廣東提刑司、按察使，於十月二十一日，出示懸賞花紅，緝拿「首犯」。國父名列「榜首」。示曰：

照得土匪孫文，糾結夥黨，暗運軍火，約期在省城滋事一案，當經拿獲匪犯陸皓東等多名審辦。惟尚有首要各匪孫文等在逃未獲，亟應懸賞緝拿，合行出示曉諭，爲此示諭闔屬軍民人等知悉。爾等如有拿獲後開賞格有名匪犯解案，一經訊明，定即如數給予花紅銀兩。銀封存庫，犯到即給，愼勿懷觀望。至此外案內被誘匪徒，准其改過自新，免予深究。如能拿獲後開首要各犯解案，乃一律給賞，各宜凜遵，毋違特示。計開

孫文即逸仙，香山縣東鄉翠微人，額角不寬，年約二十九歲，花紅銀一千元。

---

57 中華民國開國前革命史，第一册，頁二一。

夏亞伯，新會縣人，肥矮，面微黃，年約四十歲，花紅銀一百元。

李亞舉，香山縣隆都鄉藍下村人，身高眼大，髮多黑，年約五十三歲，花紅銀二百元。

李芝南，南海縣佛山人，年約三四十歲，花紅銀二百元。

楊衢雲，香山縣人，本籍福建，右手共缺三指，年約三十歲，花紅銀一百元。

劉秉章，清遠縣人，身高，年約三十歲，花紅銀二百元。

朱浩清，清遠縣人，年約二十七、八歲，花紅銀二百元。

陳少白，即夔石，新會縣外海人，年約二十八、九歲，花紅銀一百元。

王質甫，江西人，身中面白，年約三十七、八歲，花紅銀二百元。

湯亞才，花縣人，身高微麻，年約四十歲，花紅銀三百元。

吳子才，潮州人，身高額窄，年約四十歲，花紅銀二百元。

莫亨，順德人，身矮，年約二十五、六歲，花紅銀一百元。

陳煥洲，南海縣西樵鄉人，身胖微麻，年約三十二、三歲，花紅銀二百元。

侯艾泉，香山縣隆都鄉人，身高瘦，髮禿，年約五十歲，花紅銀二百元。

魏友琴，歸善縣南眞村人，面圓有鬚，年約三十七、八歲，花紅銀二百元。

黃麗，清遠縣人，矮瘦，年約三十四、五歲，花紅銀一百元。

光緒二十年十月二十一日示[58]

---

[58] 中國國民黨史稿，第三篇，革命（甲）頁六六一至六六二。

所開諸人籍貫、年齡、容貌多不相符，並輕描其事奏曰：

臣查粵俗好謠，每因小故，轉相附會，張大其詞，以搖人心。群不逞之途，乘機撞騙掠奪以取利，此他省所未有也。本年九月，廣州謠傳高州、惠州匪徒擊敗後咸集香港，衆四五萬，將攻省城，人言藉藉，府縣營弁紛紛面稟，臣謂此等匪徒一擊即散，首匪已誅，尚何能爲？高州距香港千里，惠州亦數百里，萬衆持械經過，各州縣關卡無見者，香港一隅驟增數萬人，何處棲止？每日需米數百石，何人供給？鄉州縣又不聞有搶掠者，食從何來？此必有匪人欲煽惑居民遷徙，乘機搶奪之事。切宜鎭定，勿涉張皇，但嚴查保甲，稽查奸宄，多購線眼密訪，匪蹤終當敗露。省城巡防勇丁及城外兵丁五六千人，尚復何慮。

旋據管巡勇知縣李家綽，率千總鄧惠良等，於初十日在雙門底王家祠，拏獲匪夥陸皓東、程懷、程次三名。又於鹹蝦欄屋內拏獲程耀臣、梁榮二名。搜出洋斧一箱，共十五柄。十一日，香港保安輪船搭載四百餘人抵省登岸，李家綽率把總曾瑞璠等，往查獲朱桂銓、丘四等四十五名，餘匪聞拏奔竄，經海關稅務司與釐廠委員於輪船內起獲毛泥桶，內裝小洋槍二百零五枝，子藥八十餘匣，當飭府縣提把隔別研訊。[59]

---

[59] 同上書，頁六六二至六六四。

據譚氏之奏，可知革命紀律良好，並無擾民之舉。譚氏旋遣委員至香港，要求引渡革命黨人，而 國父、楊衢雲等已離境，其他各人香港政府拒之。但爲避免政府糾紛，乃判令國父及楊衢雲、陳少白三人，五年之內不准在香港居留，黨人經此役後，暫時停止軍事活動。

九、結 語

廣州最早開埠通商，澳門、香港首先租借割讓於外人，影響所及，粵人民主自由思想遂爲他省所不及。興中會醞釀於光緒十九年（一八九三）冬 國父懸壺廣州時，曾在城南廣雅書局內南園之抗風軒集合同志，計劃組織革命團體。光緒二十年十月二十七日（一八九四年十一月二十四日），興中會成立於檀香山，國父本倡導革命但求實現目的，不重名位得失之心，推劉祥、何寬爲正副主席，並決定以香港爲活動中心。

光緒二十一年正月二十七日（一八九五年二月二十一日），香港興中會總會成立，初任會長爲黃詠商。八月二十二日（十月十日）以起義在即，選舉總辦，國父復推楊衢雲繼其任。黃詠商爲港紳議政局議員黃勝之子，與議政局議員西醫書院創辦人何啓有戚誼，何啓對革命事業素表同情。楊衢雲係香港改良團體輔仁文社社長，與 國父早所稔熟者也。

香港興中會總會組成人員，有高級知識份子，有工商界領袖，有基督教傳教士，有外籍記者專家，有會黨及散兵游勇。光緒二十一年（一八九四）九月廣州之役，係十六年後辛亥革命之序幕，國父駐穗專任廣州軍事，楊衢雲駐香港負責後方接應。國父曾發起農學會以爲掩飾，粵省官紳不明真象，署名贊助者甚多。此役之無功固由於消息洩露，清吏戒嚴，而楊衢雲之措施失當，人員失期，要亦爲重要因素。國父鎭靜應變，從容脫險。事後清吏通緝黨人，竟列國父爲「首犯」。惟此役雖失敗，黨人在　國父策畫下，在香港之活動並未因之而停頓，是以五年之後，仍以香港爲根據地，而有惠州革命之發動。

（臺北，中華民國中山學術會議論文集，民國七十年九月，第一冊，頁一—二一。）